珞珈法学论坛

第十卷

LUO JIA JURISTS' FORUM

武汉大学法学院主办

武汉大学出版社

目　录

法学专论

论法律解释过程中的"作者意图"

——兼评德沃金《作为解释的法律》一文中的法律解释观点

■　徐亚文*

一、西方法理学研究的解释学转向与法律解释中的"作者意图"问题

康德在《纯粹理性批判》中谈到法理学的纷争时说道："学者们还在为法下定义。"法律是什么？对于这个困扰法理学领域的问题，西方法学家有过长期争论。在早期，法学家将社会正义观念作为法的定义依据。乌尔比安就说过，"法学是神事人事，公正非公正之智术"；① 格劳秀斯说得更明确：法学是"从正义而生活之学"。② 古老的法谚——"法律乃善良及公平之艺术"、"公平与善良乃法律之法律"作为一般法理流传至今。在19 世纪初，英国人约翰·奥斯丁着力倡导法律与道德的分离，用政治权力界定法律概念，使法学研究从自然法转向人定法。"法理学研究实在法或严格称谓的法，而不考虑其好坏"、"法是无限主权者的命令"。③ 而在富勒看来，法又变成了使人们的行为服从规则治理的事业。法理学关于法的本质至今绝无一致答案的原因是十分复杂的。一般认为，原因

---

*　徐亚文，武汉大学法学院教授、博士研究生导师，法学博士。

① 引自郑永流：《安身立命，法学赖何？》，载刘士国主编《法解释基本问题》，山东人民出版社2003 年版，第 366 页。

② 转引自王勇飞编：《法学基础理论参考资料》第一册，北京大学出版社 1980 年版，第 42 页。

③ 转引自张文显著：《二十世纪西方法哲学思潮研究》，法律出版社 1996 年版，第 85 页。

之一在于，与现代汉语中的"法"、"法律"所不同的是，在西方语境里，"法"与"法律"存在二元表述，如拉丁语的 jus 和 lex，法文的 droit 和 loi，德文的 recht 和 gesetz，其中 jus、droit、recht 除指法律之外，还兼具权利、公平、正义之义。为了区别法、法律，学者们用"客观法"来指称那些客观存在、具体的现行法律规范；用"主观法"来指称属于主体的并需要通过主体活动实现的合法权利。但对主观的法的理解，很难取得一致的立场。原因之二在于，法律文本的意义确立于不同的主体。这类主体在法律职业共同体里一般有两类，一是法学家，二是像法官、检察官、律师这样的职业法律人。法学家对法的研习因其方法独特、视角差异构建了风格万千的法学流派；职业法律人对法律的解释，因其法律方法的不同形成了观点迥异的判决。

对法的理解存在的差异乃至对立，使法学流派和司法过程成为法理学的重要研究领域，并形成了法学方法与法律方法的差异。为了梳理西方法理学的观点，学术界依据哲学基础、方法论、基本范畴、兴起的地域（通常是学校、研究所、地区或国家）、领军人物确立若干标准，形成了自然法学派、分析实证主义法学派、社会学法学派等经典分类，国内介绍西方法学思潮和流派的论著也按照这种模式、体系展开。然而，这种法学流派的叙述方法是值得怀疑的。一是法学流派划分缺乏统一标准，使得把各"流派"并列介绍在逻辑上说不通。按照"应然"、"实然"的区分，学术界形成了自然法学派与实证法学派的区分。在实证法学派里，又把法规范和法行为作为法的"事实"对待，形成了研究法规范的分析实证主义法学和研究法行为的社会学法学。一旦我们把这三种流派并列时，就形成了逻辑谬误。二是很多流派的存在具有学理意义，划分标准依赖于研究者的个人目的。例如，关于比较法，它究竟是一门学科还是一种方法？这种争论始终没有结局。比较法学的泰斗达维德断言比较法只能是对各种法进行比较的方法，而比较法学的权威茨威格特和克茨认为比较法的历史本质上是一部学说史。① 三是一个学派往往有几个名称。如对凯尔森的法学，按照地域、基本范畴、方法论、哲学基础、创设人的分野，就同时可以有维也纳学派、规范法学派、纯粹法学派、新康德主义法学派、凯尔森学派等称谓。② 四是法学的日益开放使得传统的学派分野失去了基础，法学成为任何一门学科都可以轻易介入的领地。最近几十年以"法律与××"为名称的新兴研究，如"法律的经济分析"、"法律与文学"、"法律与社会"、"法律与语言"、"法律与人文"、"法律与性别"、"法律与种族"等后学的兴起，更难以将他们归为某一学派。这些法学研究的领军人物也宣称自己不属于任何学派，研究者也不轻易按照学派进行分类。这一法学发展史上的奇特景观本身就值得研究。对"法律是什么"的回答并不能成为法学流派的划分依据。如果套用奥斯丁的"法的存在是一个问题。法的优劣，则是另一个问题"来描述法理学研究的这种困境，那么我们可以说："法的存在是一个问题。法的定义，则是另一个问题。"

法学研究的解释学转向，似乎可以为我们学习西方法理学找到一种新的视角。在西方，解释学的发展大致经历了三个阶段。最初，解释学（Hermeneutik）源于希腊文词根赫尔墨斯（Hermes）。赫尔墨斯是古希腊神话中神的信使，他有着带翼的双足，他的职责就是来往于奥林匹亚与凡间，通过解释向人们传递神的信息和指示。"赫尔墨斯是神的信

---

① 参见［日］大木雅夫著，《比较法》，范愉译，法律出版社 2006 年版，第 18 页。
② 参见张文显著：《二十世纪西方法哲学思潮研究》，法律出版社 1996 年版，第 33 页。

使，他把诸神的旨意传达给凡人——在荷马的描述里，他通常是从字面上转达诸神告诉他的消息。然而，特别在世俗的使用中，Hermēneus（诠释）的任务却恰好在于把一种陌生的或不可理解的表达的东西翻译成可理解的语言……'诠释学'的工作就总是这样从一个世界到另一个世界的转换，从神的世界转换到人的世界，从一个陌生的语言世界转换到另一个自己的语言世界。"① 诠释就是一种翻译。基督教的神父们视自己为神意的传递者，为了获得对《圣经》的一致理解，他们发展出了神学解释学——一门正确理解和解释《圣经》的技术学。西欧中世纪的法学家们运用神父发明的这套学问解释法律，形成了"注释法学"，这也是法学解释学的最早形态。就诠释学本身而言，按照德国理论家 G. 艾伯林（Ebeling）的理解，在希腊语里包含三层意义：一是说或陈述，二是分析意义，三是转换语言。② 无论如何，诠释总是包含了理解、解释和翻译，诠释学是理解和解释的技艺学。解释学发展的第二阶段是作为一般哲学的解释学。德国哲学家施莱尔马赫在 1839 年出版《解释学与批判》，狄尔泰将各种具体形态的解释学如神学解释学、法学解释学等上升为一种关于理解和解释的一般哲学。此时的理解和解释仍旧属于方法论和认识论的范畴。解释学发展的第三阶段是哲学解释学。20 世纪德国哲学家海德格尔把解释学提升到哲学的中心位置，伽达默尔在 1960 年出版《真理与方法——哲学解释学的基本特征》这一"解释学的圣经"，使解释学由方法论上升为本体论。"哲学解释学把理解作为人的存在方式来把握，试图通过探究和分析一切理解现象发现人的经验方式，在人类有限的历史性的存在方式中发现人与世界的根本关系。"③ 按照我国学者洪汉鼎的说法，诠释学可以分为两类，一是独断型的，一是探究型的。前者是把文本中的为人所共知的意义应用到我们要解决的问题上，如宗教研讨圣经教义，回答宗教信仰和良心问题；研讨法律条文，按照法律条文断案。在这种情形下，经文和律法的意义是固定的、有效的，解释的意义就在于应用，通过阐明把个别纳入一般，是实践型的。后者以研究、探讨文本的真正意义为根本任务，重点在于为了获得真正的意义，必须要有哪些方法论准备。因为重构作品的意义和作者的原初设想，可能是正确的，也可能是谬误的。这种诠释是理论型的。在现代社会，这种分野发展成了两种对文本意义不同理解的诠释学观点："独断型诠释学代表一种认为作品的意义是永远固定不变的和唯一的所谓客观主义的诠释学态度，按照这种态度，作品的意义只是作者的意图，我们解释作品的意义，只是发现作者的意图。""我们不断对作品进行解释，就是不断趋近作者的唯一意图。"施莱尔马赫是这种诠释学的代表，理解和解释就在于重现或复制作者的意图，故理解和解释的本质是"更好理解"。探究型诠释学的态度认为"作品的意义并不是作者的意图，而是作品所说的事情本身，即它的真理内容，而这种真理内容随着不同时代和不同人的理解而不断变化。作品的真正意义并不存在于作品本身之中，而是存在于他的不断再现和解释中"。"对作品意义的理解，或者说，作品的意义构成物，永远具有一种不断向未来开放的结构"。伽达默尔是这种诠释学

① ［德］伽达默尔著：《真理与方法》第 2 卷，台湾时报出版社 1995 年版，第 103 页。转引自洪汉鼎主编：《理解与解释 诠释学经典文选》，东方出版社 2001 年版，第 2 页。

② ［德］伽达默尔著：《真理与方法》第 2 卷，台湾时报出版社 1995 年版，第 103 页。转引自洪汉鼎主编：《理解与解释 诠释学经典文选》，东方出版社 2001 年版，第 4 页。

③ 黄文艺：《比较法：批判与重构》，载《法制与社会发展》2002 年第 1 期。

的代表，理解的本质不是更好的理解，不是一种复制行动，而是创造性活动，是"不同理解"，① 受此影响，法解释学逐渐成为法理学研究的重要领域。②

其实，解释学对法学的影响由来已久，但作为独立学科的法理学毕竟是近代的产物，所以，解释学对法理学的影响主要表现在近现代。历史法学派的代表人物萨维尼揭示了法律解释的要素和结构，提出了对后世影响甚大的法律解释方法，如扩张解释、限制解释、立法解释和学理解释等。社会学法学的代表庞德在撰写他的法律史著作时就将书名定为《法律史的解释》，并把法学家们对法律历史的观点用解释（interpretation）而不用学派（school）来予以概括，其目的就在于"探究以一种清晰明确的方式向我们展示了思想家们所遵循的各种知识进路以及这个论题发展到今天的状况。我们据此可以比较不同思想家所采取的方法以及这些方法各自达致的成果。人们越是深刻理解他们自己的思辨立场，也就越能清楚地熟知其他人对这一主题所持的种种观点"。③ 庞德按照法律的伦理解释和宗教解释、政治解释、人种学解释和生物学解释、经济学解释、著名法律人的解释的体例对以往的法律史进行了梳理，把各自学派的思想模式作为当今法律科学中的一个要素进行思考，提出了他的社会工程理论——法的"社会工程解释"。

但是，西方法理学研究解释学转向的代表人物被公认为是美国法理学家德沃金。德沃金在20世纪60、70年代发表系列论文，并在1977年集结出版了《认真对待权利》。跟以往的西方法理学先贤一样，他一开始也集中论述了"法是什么"之类的本质主义问题，通过批判法律实证主义，试图在道德共识基础上寻找法律问题的正确答案。但是，他认识到，法理学的基本问题不是"什么是法"，对这个问题的纠缠只会导致毫无结果和毫无意义的争论。在他看来，法理学的基本问题是"什么是对我们的法律实践的最好的解释"？在《法律帝国》一书里，他鲜明地提出："法律是一种阐释性概念。对我们来说，法律的一般理论就是对我们自己司法实践的一般阐释。"④ 这样，德沃金的法理学完成了从"寻找法律问题的正确答案"到"寻找法律问题的最好解释"的转变，继续主导了西方法理学的发展方向。

然而，法理学研究的解释转向究竟应属于方法论意义上的还是本体论上的？是法学方法还是法律方法？或者发展出来的法解释学是一种独断型的还是探究型的？通过法律解释，解释者是要弄清"作者（立法者或法官）的意图"，还是在法律规则之外包含的利益、权力、文化或者政治？人们对此一直存在争议。也正如德国哲学家奥多·马克瓦德所言"解释学是一门艺术，即从文本中得出其中没有的东西。问题在于：既然有了文本，还要解释干什么？"⑤

① 洪汉鼎主编：《理解与解释　诠释学经典文选》，东方出版社2001年版，第18、19页。
② 关于这种转变，有的学者称为"语言学转向"，有的称为"解释学转向"，有的称为"解构主义转向"，有的称为"视角转向"。参见朱景文主编：《当代西方后现代法学》，法律出版社2002年版，第1页。
③ ［英］哈洛德·德克斯·特黑兹尔坦：《〈剑桥英国法律史研究丛书〉总序——法理学家对英国和其他地方法律发展的解释》。转引自［美］罗斯科·庞德著：《法律史解释》，邓正来译，中国法制出版社2002年版，第IX～X页。
④ ［美］德沃金著：《法律帝国》，徐常青译，中国大百科全书出版社1996年版，第364页。
⑤ 转引自［德］魏德士著：《法理学》，丁晓春、吴越译，法律出版社2003年版，第303页。

二、法理学围绕法律解释中的"作者意图"的争论

法律解释的真正目的是什么？英美法系和大陆法系均有过长期的争论，并形成了针锋相对的观点和诸多实践模式。

在英美法系的美国，法律解释的主要领域集中在宪法。以美国宪法修正案第 5、14 条"正当程序"条款为例，美国宪法修正案规定："不经正当法律程序，不得剥夺任何人的生命、自由或财产。"但是，具有挑战性的问题还是程序的"正当性"本身。"判断程序保障到什么程度才算正当，已成为正当法律程序最重要的问题。而判断标准的确立，也成了对法院的重大挑战。"① 从美国联邦最高法院的判例来看，根据制宪者的意图进行解释是首选的。美国各法院历来宣称：确定和尊重制宪者的意图是宪法解释的首要原则。在 1874 年，斯特朗法官代表最高法院宣称："每一个宪法条文的解释都必须表达制宪者的意图。"1905 年，布鲁尔法官又强调："宪法是成文法，其意义不可变更。制宪时的含义亦即今天的含义。"宪法解释的全部目标就在于揭示字义、确定和贯彻制宪者的意图。② 而寻找立法者意图的途径，在于详细考证制宪会议记录、代表和议员发言、导致宪法修正条款出台的事件、当时广为流行的出版物、制宪时的历史环境等因素。宪法的序言也是推测制宪意图的重要依据。宪法序言表明，制宪者的目的是"建立一个完美的合众国"、"树立正义"、"增进全民福利"等。因此，在涉及保护诸如生命、自由和财产这类基本权利的正当法律程序条款的解释时，法院一般会对其含义作出扩充解释，因为"拘泥于字面的解释……会导致权利贬值"。③ 这已成为美国联邦最高法院的一般解释规则。但是，依据社会利益的平衡进行解释被越来越多地采用。20 世纪初的美国是受社会学法学影响至深的时代。霍姆斯、庞德和卡多佐等社会学法学的代表人物均视法律社会学为宪法解释的正统依据。庞德 1943 年在《哈佛法学评论》上发表文章，提出宪法解释的任务之一就是权衡和平衡部分吻合或业已冲突的各种利益，并合理地协调或解决这些利益。利益平衡的解释方法在当今美国法院运用正当法律程序条款时居于主导地位。美国联邦最高法院在 1976 年马修诉杰德瑞案中，将这种方法概括为：法院和法官在对法律程序正当与否的判断过程中，需要同时衡量政府利益、私人利益的重要性以及程序本身的有效性三个因素，以确定正当程序要求什么样的程序保障。④ 在巴伦布拉特诉合众国案中，布莱克法官就告诫同事不仅要在判决中涉及被告的个人利益，而且要"考虑构成社会整体的人民的利益"。⑤ 在这一理论指导下，法律程序中的"正当性"因个案而有差异，并无绝对标准。显而易见的是，由于法官在审判中需要均衡各个不同的客观利益，难免会使法官参照当时

---

① 叶俊荣：《美国最高法院与正当法律程序：双阶结构与利益衡量理论的演变与检讨》，载焦兴铠主编《美国最高法院重要判例之研究：1990—1992》，"中央研究院欧美研究所"1995 年版，第 69 页。

② 参见［美］詹姆斯·安修著：《美国宪法判例与解释》，黎建飞译，中国政法大学出版社 1999 年版，第 67 页。

③ 参见［美］詹姆斯·安修著：《美国宪法判例与解释》，黎建飞译，中国政法大学出版社 1999 年版，第 42 页。

④ Mathews v. Eldridge, 424 U. S. 319 (1976)

⑤ Barenblatt v. United States 360 U. S. 109 (1959)

社会所普遍接受的道德和伦理观念、社会舆论上作出判决，判决未免具有太多的任意性。①

在大陆法系的德国，存在着法的决断主义与法的决定论的分歧。自由法学强调法官的造法功能，法官的评价就是法，并不受法律规定的约束。"法取决于法官的决断。"② 概念法学坚持法律对法官的决定作用，强调成文法的决定作用，否认法官的造法功能，被称为"法的决定论"。无论是哪种理论，都没有对法律解释进行深入探究。受德国法理学的影响，日本学者提出了利益衡量论，又通过对法的利益衡量论的批评，发展出法的议论理论。法的利益衡量理论认为："在解决纠纷时，可以先不考虑法律的规定，而依对当事人及当事人与社会利益的衡量或考量得出如何处理的结论，然后再找出可适用的具体法律依据。"③ 这种实用主义的路径，受到法的议论理论的批判。法的议论理论指出：法律解释必须区分发现的过程与正当化的过程，认为法律解释是正当化的过程。但是，无论是法的利益衡量论，还是法的议论理论，都主张立法者意思说，认为法的发现需要研究条文中的立法者意图。

在我国，法律解释主要是作为一种法律方法存在的，是同司法过程的法律发现、法律推理和法律论证联系在一起的。"法律方法是指法律职业者（或称法律人）认识、判断、处理和解决法律问题的专门方法，或者说，是指法律人寻求法律问题的正确答案的专门方法。"④ 法律解释主要是对法律的内容和含义所作的说明，方法主要有一般解释方法（语法解释、逻辑解释、系统解释、历史解释、目的解释）和特殊解释方法（如字面解释、扩充解释和缩小解释等），其目的在于法律发现。我国台湾地区的学者也持这种观点。"法学又称为法解释学或规范法学，乃以法规范为其研究对象，以确定其法意，良以法律用语多取诸日常生活，须加阐明；不确定之法律概念，须加具体化；法规之冲突，更须加以调和也。"⑤ 这里的法解释学是指法律方法。而法学方法，在中国大陆地区主要是指阶级分析方法、价值分析方法、实证研究方法等，从解释学的角度把法学看做解释的艺术，尚不多见。

三、对法律解释中的"作者意图论"的批判

法律解释者究竟能否发现"作者意图"呢？德沃金的理论也许能够给我们不少启发。受德国哲学家狄尔泰、伽达默尔和哈贝马斯等的影响，在 20 世纪 80 年代，德沃金在发表他的《法律帝国》之前撰写了《作为解释的法律》（*Law as Interpretation*）一文来表达自己的法解释学立场。其中对于法律与文学的区别和政治在法律解释中充当的角色的论述，对法律解释中的"作者意图"的批判性论证，至今读来，依然余味无穷。

在德沃金看来，法律实践是一种对解释的运用。这种运用不仅体现于律师对特定法律

① 参见徐亚文：《程序正义论》，山东人民出版社 2004 年版，第 69～74 页。

② 刘士国：《法的议论的理论及其借鉴意义》，载刘士国主编《法的基本问题》，山东人民出版社 2003 年版，第 2 页。

③ 刘士国：《法的议论的理论及其借鉴意义》，载刘士国主编《法的基本问题》，山东人民出版社 2003 年版，第 4 页。

④ 张文显主编：《法理学》（第三版），高等教育出版社、北京大学出版社 2007 年版，第 272 页。

⑤ 杨仁寿著：《法学方法论》，中国政法大学出版社 1999 年版，第 92 页。

文本或条文的解释，它具有更广泛的意义。法律的构想深刻并彻底地带有政治性。人们可以通过比较法律解释与其他领域或知识（尤其是文学领域）的解释，改善对法律的理解。"大多数法学家想当然的认为，解释一段特定的文本就是通过使用文本的措辞发现作者（立法者或者宪法委员会的代表成员）的意图。但是律师们发现在许多问题上无论怎样作者都没有意图，或者他的意图不可能被探知。许多律师站在更加怀疑的立场：法官假装他们发现了立法背后的意图，但这只是一层烟雾，在烟雾背后它事实上是法官强加的其个人认为法律应该是什么的观点。"① 为了论证法律解释中的"作者意图"的不可知性，德沃金将法律与文学进行了比较。

首先，文学或美学中的解释理论大多数内容被称为"探索文本的含义"，它一方面要探索"在何种意义下作者才会选择特定的词组和句子"，另一方面，要解释整体戏剧中的重点、主题、含义、意义、语气，例如，《哈姆雷特》是否一部关于死亡、世代或者政治的戏剧？德沃金认为，好的解释理论需要关注作者的意图，究竟是因为读者体会了作者意之所想时，解释才算成功呢；还是艺术只有在它有能力激发出有相同经历的读者产生共鸣的时候它才是好的呢？如果是后者，解释就必须把读者（或听众、观众）放在首位。通过这种方式，才能通过阅读作品的行为使作品拥有最好的价值。显然，在文学或美学中的解释理论中，德沃金对作者意图理论是持消极态度的。

其次，法律中的链条与文学中的链条是截然不同的。文学或美学作品的作者通常都是单一的，如莎士比亚写就了《哈姆雷特》、雨果创作了《悲惨世界》。"但现在假如一些小说家参加了一个特定的项目，他们抽签决定写作的章节，抽中最小的号码的作家写开头章节，然后传给抽中下一个号码的作者由他来续写小说而不是重新写，然后把作品传给抽中下一个号码的人……由此往下传接。现在除了第一章作者的所有小说家都有了解释和创造的责任，因为为了能够确认小说在解释的意义上是怎样的，每个人在都必须阅读所有以前的文字。作家们为了小说朝着一个方向长远地发展，必须判断小说的角色真正是怎样的，是什么样的动机指引着他们，小说发展的主题和关键点在哪里，小说有意或无意地使用了什么样的文学技巧，小说是否应该被扩展、强调、修剪、删节。这就是一种没有意图约束的解释，因为至少对于第二个之后的所有作家而言，根据这个项目的规则，没有一个作家的意图可以被解释者视为决定性的。有些小说事实上是通过这种方式写的。尽管为了揭示真相，下雨的周末在英国乡村小屋里玩的室内游戏有着与之相同的结构。但是在我想象中的实践里，作家应该认真地承担他们的责任，并尽可能意识到创作一篇前后一致的小说的责任，而不是写一系列各自独立的短小的故事，故事里只有角色的名字相同。也许这是不可能完成的任务，也许这个项目注定会制造出坏小说或者甚至不能创作出小说。因为最好的艺术理论认为写作需要一个单一的作者，或者在多个作者中需要一个完整性的操控。我不需要把问题继续深入讲了，因为我只对项目中的任务的有效性感兴趣，无论对作品的价值和特性有着什么样的疑虑，在这个链条中的每个小说家都应该对自己的任务有一个

---

① See Ronald Dworkin, "Law as Interpretation " in W. J. T. Mitchell ed, The Politics of Interpretation, Chicago Press 1983, p. 381.

想法。"①

在他看来，判断法律案件也类似于这种奇怪的文学实践。这种类似性在法官判决普通法案件时表现得尤为明显。就是说，当在一个法律问题没有法律条文的规定，争论就变为何种法律惯例或法律原则是过去的法官在相关判决中的基础。于是，每个法官就变为上述链条中的小说家，他们必须读完过去法官所写的判词，从而发掘前人的言语和他们在书写时候的心理状态以及理解之前法官的共同所为，就如同每个小说家都必须对目前所写的小说的整体性有一个认识。任何一个将要对法律诉讼作出判决的法官都会发现，如果他查阅一本可靠的书籍，书籍中记载了几十年来甚至几百年来许多可以认为是相似的案例，这些案例由有着不同司法规约和法律程序的正统学说所统治，并由不同风格的，和有着不同司法哲学思想和政治哲学思想的法官所判决。在对新的案件作出判决时，每个法官的工作是通过今天的活动延续历史。他必须解释之前的情形，通过自己的判断决定，早先的判决是什么样的，在整体上过去的要点和实践是什么样的。

法律中的链条与文学中的链条的不同之处在于，法律是政治的，文学是审美的。法官判决时的内心动机包含着经济的、心理的、政治的或社会的解释。一个认为作者意图很重要的法官，可能会通过选择过去的一个特定的法官或一小群法官（比如最近作出相似判决的法官），推测这一小群法官中的某一法官想要给未来的法官制定什么样的规则。这样就会把一些特定的法官当做立法者，同时不得不假设自己有权发掘一个先前的特定法官或他所选择的法官的意图。而这种假设是没有法律上的依据的。关于这一点，美国的鲍威尔在《原始主义者的规则》中也有过类似的批判。他指出了"意图主义者"的荒谬，并提出了十四条"规则"来要求"意图主义者"以理智、负责的态度利用历史。在他看来，从立法者的沉默中推导出的论点是不可靠的；想要与立法者对话，你需要一名翻译；历史最多只能引出可能性，而不是确定性；等等。②

德沃金否认了法律解释中"作者意图"的关键性，把特定时代的整体的法理作为法律解释的基础。他的理论在以下两种意义上都是解释的：第一，法理学的目的在于发展一种使法能够得到最好说明的阐释。"法是什么"本身就是一个解释问题。而按照解释学的观点，"没有最好的解释，只有不同的解释"，"法是什么"也就不可能有最好的答案，只有不同的答案。第二，判决行为也是一种解释的实践。决定、支配特定法官判决的，其实不是立法者的"作者意图"，而是法理学对法的解释，它构成了法官判决的前理解。成功的阐释不仅要恰当、适合，而且必须为其阐释的实践提供正当理由。正如法理学是充满争议的一样，司法判决也是充满争议的。并且，"不论哪个时代，如果在法庭上和在教室里进行的各种阐释理论所产生的意见分歧太大，那么法律就会失去力量"③。

从解释的视角理解西方法理学，视西方法理学史为一部法解释学的历史，对于构建中国当代法理学体系应当具有启蒙意义。解释既可以是一种进路、理路、透视、角度、视

---

① See Ronald Dworkin, "Law as Interpretation" in W. J. T. Mitchell ed, The Politics of Interpretation, Chicago Press 1983, p. 383.

② 参见［美］H. 杰斐逊·鲍威尔著：《原始主义者的规则》，戚渊译，载刘士国主编《法的基本问题》，山东人民出版社 2003 年版，第 111、112、119 页。

③ ［美］德沃金著：《法律帝国》，徐常青译，中国大百科全书出版社 1996 年版，第 81 页。

角、观点，也可以是解释、说明、诠释。以往的西方法理学教科书往往按照时间的顺序，从古希腊、古罗马、中世纪、文艺复兴和宗教改革、17 世纪资产阶级革命、18 世纪等时间发展过程来安排叙述结构，或者按照标准不一的派别如"自然法学派"、"法律解释学派"、"法律经济学派"、"法律文学学派"等作为叙述策略。我们其实可以按照解释者所处的立场，重新发掘法理学中的解释因素。比如，英国学者阿伦·布洛克在《西方人文主义传统》一书中将西方思想分为三种不同的模式看待人和宇宙："第一种模式是超自然的，即超越宇宙的模式，集焦点在于上帝，把人看成是神的创造的一部分。第二种模式是自然的，即科学的模式，集焦点于自然，把人看成是自然秩序的一部分，像其他有机体一样。第三种模式是人文主义的模式，集焦点于人，以人的经验作为人对自己，对上帝，对自然了解的出发点。"① 借鉴这种路径，超自然的解释主要是法的宗教解释；科学的解释主要是法的社会解释、法的利益解释、法的规范解释、法的效益解释、法的系统解释、法的制度解释；人文的解释主要是法的理性解释、法的人文解释、法的文化解释、法的历史解释、法的权力解释、法的文学解释、法的语言解释、法的沟通解释、法的身份解释等。这种视角将会发展出新的学术认知。不仅如此，按照德沃金的说法，法律的帝国并非由疆界、权力或程序来界定，而是由态度界定。这种态度就是阐释。规则确立之后，每一个人都对这些规则产生一种复杂的"阐释"态度，人们据此态度去理解、应用、引申、修正、限制或规定这些规则。"这种阐释性的态度一经确立，礼节的制度便不再是机械的东西，人们也不再会不加研究地盲从古法了。人们于是试图对这种制度赋予一种意义，亦即按其最佳含义去理解它，然后据此对它进行调整。"② 这一点，对于理解当下我国司法界流行的"能动司法"的提法，主张依法而又不拘泥于法，实现司法过程的"政治效果、法律效果与社会效果的有机统一"，也极具启发。

---

① ［英］阿伦·布洛克：《西方人文主义传统》，董乐山译，三联书店 1997 年版，第 12 页。
② ［美］德沃金著：《法律帝国》，徐常青译，中国大百科全书出版社 1996 年版，第 44 页。

缺失的"权利"：
中国古代固有法中的私益话语[*]

■ 张 烁^{**}

引 言

地球上每个文明圈的人类都面临着独特环境下所形成的生存问题，但从根本上而言，其所要解决的生存问题是一致的，即作为个体的人的生存，以及作为独特种群（共同体、集团）中的人与他人之间形成的共存问题。这也就意味着，人必须在群体生活中取得资源，解决生存与发展的问题。资源的生产与配置，取决于一种秩序生活的出现。当人群扩张导致资源与需求发生紧张，社会关系随之趋向复杂时，必要的政治统治现象就出现了：人们必须利用一种公共力量对既有资源进行强行分配，组织和管理人们的行为，调适人们利益需求与资源之间的紧张关系，以维持个体与群体必要生存条件的延续。为了使人的欲望追求控制在这个群体生存条件所能满足的可能性之内，每个文化系统中都会产生出指导个人意识选择的"正当理由"①。个人依赖社会生存，就必须得用社会通行的"正当理由"去认识和决定自己行为选择的标准。而只有当个人行为具备了较充分的"正当理

---

* 本文系武汉大学人文社科自主科研项目"固有法文化与权利话语在本体语境中的生长"的阶段成果（项目批准号：09ZZKY069）。

** 张烁，武汉大学法学院讲师，法学博士。

① 陈晓枫：《中国法律文化研究》，河南人民出版社1993年版，第7页。有些文化学者称之为"意义系统"。

由"，才可能成为社会所允许的一种行为①，其行为指向的欲望、利益才可能被正当化从而得到满足。我们通常所说的"正义"、"自由"、"平等"等观念，实际上是特定社会关于"正当理由"的构成内容。

从另一个层面讲，群体对个体的管理行为也需要"正当理由"，因为正当理由中本身就包含着这个社会群体生存的必要条件。为了说服人们服从公共机关及其权力的管理，每个文化系统也会提供用以解释权威正当性的知识/价值体系。西方学术界将之称为"合法性"，就政治法律领域而言，合法性问题主要与治权有关。它是指，国家统治者通过"一种政治统治或政治权力能够让被统治者认为是正当的、合乎道义的，从而自愿服从或认可的能力与属性"②，获得被统治者对治权的认可，形成不单纯依靠暴力而维持的持久稳定的政治生活。在这个意义上，"任何政治制度的关键问题都是制度的合法性问题"③，是一个关于制度正义的问题。

西方人在海商文明导致的文化语境中，形成了法律正义论的秩序认识。在他们看来，理想的（正义的）社会秩序是在满足每一个个体的正当利益要求的基础上形成的，个体利益要求是社会正义的逻辑起点。当然，并不是所有的个体利益主张都能获得满足，它必须在既定的制度法律中被确定为权利，才能得到共同意志的认同，产生法律效力，并受到共同体强制力的支持。④ 社会秩序的实现在于使每个个体利益主张都能取得某种法律形式，从而在法律体系内部获得正义性的判断与安排。因为西方人认为法律体系构造内的正义具有确定性、一般性、可预测性，它比人对正义的判断更符合理性。由此可见，西方人所形成的法律正义观，其实就是韦伯所说的"法理型"⑤ 统治。随着近代资本主义的发展，人义论的彰显以及启蒙思想家对正义问题的深入思考，以前在私法领域中发挥作用的权利话语，推动了公法理论上的更新。"权利"成为一个审视政府合法性，规范政治权力来源与界限，判断制度正义性的重要词汇，而具有宪政品格的"权利"话语成为西方现代性的重要标志之一。

尽管从古至今西方权利话语的内涵一直处于流变之中，但是我们仍能看到其内涵中的稳定部分，即在法治模式的秩序中实现个人利益的正当化。肯定个人追求利益的自然需求，肯定个人天生的各种欲望，并以此作为法治秩序展开的起点和归宿，是西方解决资源

① 社会学家把这个过程称为"社会化"。

② 参见［美］杰克·普拉诺等：《政治学分析词典》"合法性"条，胡杰译，中国社会科学出版社1986年版。

③ ［美］丹尼尔·贝尔：《资本主义文化矛盾》，赵一凡等译，三联书店1989年版，第232页。

④ 大陆法系的学者往往把它表达为"主观权利——客观权利——客观法"的逻辑过程。

⑤ 韦伯把政治统治分为神圣魅力的统治、传统的统治和法理型统治三种理想类型。所谓"神圣魅力的统治"，是被统治者信奉某个圣人、英雄和不同寻常的个人以及那个人的"使命"。合法性建立在某个超凡魅力人物的英雄气质、非凡品质和超凡神圣性之上；所谓传统的统治，是指服从基于传统型的惯例权威。合法性建立在对于习惯和古老传统的神圣不可侵犯性的要求之上，如统治者可凭其世袭地位享有令他人服从的权威；所谓法理型统治，是现代类型的统治，被统治者相信"法治"以及按照法律规范得到适当授权的人的权力。合法性建立在对于正式指定的规则和法律的正当行为的要求之上，人们服从依照法规而占据某个职位并行使权力的统治者。当然，在他看来，现实的政治秩序总是杂糅着三种典型而完成治理的。参见［德］马克思·韦伯：《经济与社会》，林荣远译，商务印书馆1997年版。

在人群中的配置问题的起点。因此，西方文化语境中的"权利"是与一种法律正义论相关联的话语概念，它反映着西方人对正义秩序及其实现问题的理解，支配着西方政治传统的形成以及法律制度体系的构建。

若以此权利话语作为参照系，我们认为，中国传统社会的固有法中不具备西方文化语境的权利概念及相应的法律制度。著名美国汉学家本杰明·史华慈在《论对待中国法律的态度》一文中指出，儒家的概念系统中也有个人利益的位置，但是像西方那样"给这些利益加上神圣的气氛并把它们称做'权利'，把维护这些个人利益提高到道德品质的水平，'坚持自己的权利'，那就完全违反了礼的精神。对待个人利益的正确的处理态度是放弃而不是坚持的态度"。①

中国人在漫长的历史语境中形成了自己独特的关于利益问题的认识，这种认识在古代政治核心话语——圣王德性正义论中，往往被表达成为民生或民本话语。它支配了中国人理解和解决资源与人欲矛盾问题的基本思路，并以独特的面目表现在中国古代固有法传统中。当然，这种古代中国的"权利"观在历史中被传习下来，成为人们头脑中的先前理解，制约了近代中国人对西方权利话语的移植和重构。

要分析古代中国在解决利益问题的基本态度和价值取向，必须结合上述话语形态来具体分析。因为从根本上讲，所谓权利问题就是要探讨人群在秩序生活（政治）中如何对待资源利益分配的价值观念，在一种利益观的支配下组织资源生产、分配和使用等活动，以及如何解决人群间的利益纠纷等问题。权利话语必然与一种政治话语相联系，正如西方人的权利概念孕育在他们所秉持的法律正义论的秩序话语中那样。我们认为，古代中国的历史语境，使得中国人的政治思维一直浸淫于圣王正义论的话语之中，这样的政治思维也造就了我们对于私益问题的看法，影响了我国古代法律制度在相关问题上的设计特征。

本文重点解决的问题是，在中国古代语境中，到底有没有类似于西方人那样的权利思考。如果没有，那我们是如何思考私益问题的呢？这种思考如何表现在人们的观念之中以及对法律制度的影响。我们认为，古代中国人对私益认识的最显著特征是，人们往往在"义利之辨"的论说中，把利益问题看做是道德伦理问题，而不是像西方人那样把私益问题主要看成是一个制度正义问题。由于古代中国的道德话语在圣王正义论的支配下，表现出明显的国家本位和家族本位的特色，因此，中国传统社会中的私益话语带有显著的权力性，受到权力者的支配。作为私益主体的个人在这种话语中往往没有独立的话语权，他必须将自己的利益追求隐藏在与权力话语相一致的言说中，利用权力话语中的词汇和语句来表达。这种特征既影响着中国人在国家基本法层面上，只能用圣王正义论中的民生、民本话语来间接地主张国家对一般民众的生存底线的保障，又支配着古代法律中关于财产分配、流转等问题的规则特征以及解决利益纠纷的诉讼文化。

一、古字中的"权利"及类似词汇

从古代文献来看，古代汉语中的"权利"是一个合成词。"权"的基本字义为秤、秤锤，由此能引申出"权衡"、"衡量"之义，亦有"标准"之意味，进而生成出"权柄"、

---

① 转引自赵明：《近代中国的自然权利观》，山东人民出版社2003年版，第128页。

"权势"、"权力"、"权威"等相关词语。"权"和"利"二字的合成使用，在先秦文献中就已显见。据学者考证，那时"权利"含义基本上比较固定，大体有两种用法：一是指权势、威势和货财；二是指权衡利害。①

"权势财货"之义可参看荀子的一些言说。如《荀子·君道》中有云："接之以声色、权利、忿怒、患险，而观其能无离守也。"而《劝学》篇中也有"权利不能倾"的语句。结合上下文，荀子主张的是君主对权势、财货等资源的绝对控制，与儒家传统的"溥天之下，莫非王土，率土之滨，莫非王臣"②之言说，意思基本相当。在《商君书》中，我们则能看到"权利"的动词用法："夫民之情，朴则生劳而易力，穷则生知而权利。易力则轻死而乐用，权利则畏法而易苦。"③在这里，该词义取秤锤之象，用以说明个人对利害轻重的权衡，字义中包含着趋利避害的人性论认识。必须注意的是，思想家仅仅是把趋利避害的民情，作为推行以奖惩为内容的法制手段的论说理由。话语中并不含有将这种民情、人之本性正当化的意蕴；在商鞅看来，民情并无天然的正当性，将它纳入考虑范围的主要目的在于说明君主可以利用对这种民情的认识，实现仁义和天道。这与西方思想中功利性的自然人性说的论说思维是迥异的。

秦汉以来，"权利"一词的使用就比较常见了。比如在《史记》、《盐铁论》等汉代文献中，文本作者就多次使用了这个词。但是，其基本含义仍然沿袭先秦的用法。如太史公笔下的灌夫，"家累数千万，食客日数十百人。陂池田园，宗族宾客为权利，横于颍川"。④这里的"权利"主要就是指权势和利益。而在《盐铁论》中，作者集中论述了儒家对国家权力、私人利益以及道德伦理关系的看法。这些看法对古代中国人理解和使用"权利"一词产生较大的影响。⑤据学者考证，该书使用"权利"一词共计11处⑥，但几乎都是在与儒家道德伦理相对立的语境中使用这个词的："权利"作为"仁义"、"王道"的对立面，往往与"贪"、"邪"、"私"等具有贬义的价值范畴联系起来，而追权逐利的行为则受到儒者有力的道德批判。因此，我们看到，在中国古代文化中的"权利"强调的只是财产和利益，而且往往与权威和权势相连，内涵中没有道德上正当的要求或者是受法律保护的利益的意思。

有论者指出，"古代'权利'虽然没有近代'权利'的含意。但是模糊地表达近代'权利'，特别是'所有权'含意的字还是有的，这个字就是'分'"。⑦古字"分"有多

---

① 李贵连：《话说"权利"》，载于《北大法律评论》第1卷第1辑，法律出版社1998年版，第115~129页。

② 《诗经·北山》。

③ 《商君书·算地》。

④ 《史记·魏其武安侯列传》。

⑤ 参见金观涛、刘青峰：《近代中国"权利"观念的意义演变：从晚清到"新青年"》，载于《中央研究院近代史研究所集刊》第32期。

⑥ 这11处的详细表述可参见赵明：《近代中国的自然权利观》，山东人民出版社2003年版，第124页下的注释④。

⑦ 李贵连：《话说"权利"》，载于《北大法律评论》第1卷第1辑，法律出版社1998年版，第118页。

种含义，如儒家经典所云的"男有分，女有归"①，根据郑玄的"分犹职也"的注释可知，此处"分"类似于"职业"的意思。而学者往往引《荀子》的话来说明"分"的权利意蕴，如"人生而有欲，欲而不得，则不能无求，求而无度量分界，则不能不争。争则乱，乱则穷。先王恶其乱也，故制礼仪以分之，以养人之欲，给人之求"。② 又如"人之生不能无群，而无分则争。争则乱；乱则穷。故无分者，人之大害也，有分者，天下之本利也"。③ 但是，我们认为这一结论有点草率，它忽视了词语的使用语境。荀子处于一个各国竞雄的动荡年代，作出如上论说的目的在于向君主推销"定分止争"的法治政策。从语句中可见，个人利益并未获得充分的、独立的正当性论说。人欲的有限满足，是为了社会秩序的不争、不乱、不穷，是"天下之本利"所在。因此，荀子对利益的思考，没有摆脱先秦思想家继受的"君——民"思维框架，其话语本质是民生话语的法家形态表达。若结合荀子的其他主张，我们便能看到，他期待的仍是儒家式的由先王据道德之明开创出来的仁义秩序。

从文献上看，法家确实常使用"分"这个字。如法家人物都爱使用的兔子比喻："一兔走街，而人追之，贪人具存，人莫非之，以兔为未定分也。积兔满市，过而不顾，非不欲兔也，分定之后，虽鄙不争。"④ 这种譬喻表达的是，法家人物希图用制度界定的方式来解决有限物质资源与人的无限欲望之间的冲突问题。但是，在这些关于"分"的话语言说中，我们看不到私欲的道德正当性地位。思想家只是在强调君主"正名审分"的权力，说明法律、礼仪、道德上的"分"对于"治"的重要性。《吕氏春秋》中的"凡人主必审分，然后治可以至，奸伪邪辟之途可以息……有道之主其所以使群臣者亦有辔，其辔何如？正名审分是治之辔已"⑤，就可充分地表达出法家的心思。因此，我们认为，"分"并不具有西方文化中的"权利"内涵，而是指出人们安分守己的必要性和义务性。

二、义利之辨：中国人的私益观

在以上对古字的分析中，我们看到"权利"、"分"等字都不具有西方文化中的"权利"内涵。那么，古代中国中有无私益问题呢？这个问题用什么样的范畴来表达的呢？研究伊始，我们便提到了研究立论的一个前提基点，即私欲是人性的常态，不同的是各个族群在不同的文化语境中所形成的对私欲问题的观念体系和价值态度。

西方人提供的是"正义——权利"方案，即将私欲正当化，并尽可能地在制度秩序中满足人的私欲，解决因资源短缺带来的私欲纠纷；而中国人贡献的是另一种智慧：通过一套"义利之辨"的伦理哲学表达出对私欲的价值否定，认为人在欲望面前可以有"一种主观情感强烈的社会选择"，"虽然它不可能真正去除私利、私欲，并且不能不作些妥协、让步，它仍然是以无私为理想作着不懈的努力——通过反复的宣传、灌输、教化、劝

---

① 《礼记·大同篇》。
② 《荀子·礼论》。
③ 《荀子·富国》。
④ 《慎子逸文》。
⑤ 《吕氏春秋·审分》。

戒乃至刑罚"。① 这套伦理哲学连接着古代中国具有整体强制性的权力构架，也较为成功地解决了中国语境中的私益问题。我们把这种智慧归纳成为"仁义—权力"方案。

中国古代思想家建构了一个"义—利"对立的话语框架，来表达他们对私人欲望、个人逐利行为的基本态度。他们反对把"追名逐利"当做人生要旨，渴望一种大公无私、舍身取义的道德境界。在他们看来，单纯地追求利益的行为，其道德位置是极低的；人性和文明意味着，人不能只追求利益的满足，还要求思想和行为必须符合正义观，即天道天理所提供支撑的人义。

儒家自孔子开始，就特别强调行为的正义性，而否定单纯的利益行为。如《论语》中有云，"子罕言利"②，"君子喻于义，小人喻于利"③。可见义与利的分别有着道德对立的意味。作为孔子所推崇的人性楷模——"君子"而言，他也指出其品格中的特性，即"君子义为上"④，"君子，义以为质，礼以行之，孙以出之，信以成之，君子哉！"⑤道德人性对应的就是对人欲的舍弃，德性高低就在两种人性的培养与选择之中。

主张"舍身取义"的孟子更是进一步发展了儒家的反功利态度。这一点可以从《孟子·梁惠王》所记载的一个故事里看到。"孟子见梁惠王，王曰：'叟不远千里而来，亦将有以利吾国乎？'孟子对曰：'王何必曰利？亦有仁义而已矣！王曰，何以利吾国，大夫曰，何以利吾家，士庶人曰，何以利吾身，上下交征利，而国危矣。万乘之国，弑其君者，必千乘之家；千乘之国，弑其君者，必百乘之家。万取千焉，千取百焉，不为不多矣，苟为后义而先利，不夺不餍。未有仁而遗其亲者，未有义而后其君者也。'"⑥ 由此可见，孟子认为"言利"对于圣王建立完善的人间秩序是无益的。圣王正义话语提供了衡量利益的秩序标准，并形成了固定的利益认识，即私利只能带来秩序混乱，故"王何必曰利"；而行"仁义"是社会秩序稳定的必要前提，因此圣王应推行"仁义"的道德观。正如《大学》中所言："国不以利为利，以义为利也。"

众所周知，轴心时代另一大流派墨家倡言"交相利"的兼爱思想，有着从小农、手工业者立场衍生出来的功利主义色彩。然而墨子的思考也离不开一个"义"字。

《墨子·贵义》有云："天下莫贵于义。"他所认可的价值核心仍是"义"，只不过这里的"义"被赋予了"利"的内容。如墨子说："义，利也"⑦；结合着他对"义"的另一经典阐述，"义者正也。何以知义之为正也？天下有义则治，无义则乱。我以此知义之为正也"⑧，我们可见，"正——义——利"的思维框架支配着墨子对功利的认识：他之所以认为"利"具有道德正价值，之所以用"利"解释"义"，原因就在于它们关涉到"天下治乱"的政治秩序。

因此，墨子发明了用以衡量思想、行为、政策、制度等"义"或"不义"的三表法：

---

① 梁治平：《寻求自然秩序中的和谐》，中国政法大学出版社 2002 年版，第 197 页。
② 《论语·子罕》。
③ 《论语·里仁》。
④ 《论语·阳货》。
⑤ 《论语·卫灵公》。
⑥ 《孟子·梁惠王》。
⑦ 《墨子·墨经上》。
⑧ 《墨子·天志下》。

"故言必有三表。何谓三表？子墨子言曰：有本之者，有原之者，有用之者。于何本之？上本之于古者圣王之事。于何原之？下原察百姓耳目之实。于何用之？发以为刑政，观其中国家百姓人民之利。此所谓言有三表也。"① 其中"国家百姓人民之利"是最重要的判断标准。由此可见，墨子倡言的"利"并不是个人私利，而是体现国家本位、秩序本位的"天下之利"、"人民之大利"。他与儒家的构想本质上是一致的，主张建立一种关于利益的道德秩序。在他们看来，经济利益活动是政治的重要内容，具有强烈的政治道德意味：对国家利益有益的"利"才能获得认可，因为它是儒家所说的"公利"，墨子所看重的"天下之利"；而与国家利益无关、甚至破坏国家秩序的私欲追求，则是思想家所说的"小人之利"，"一己之私"，因此不具有道德正当性，受到道德和政治上的贬斥。

　　道家向来追求离世索居的人生境界，崇尚自然质朴的天道秩序，因此，"绝圣弃智"、"绝仁弃义"、"绝巧弃利"的主张自不用说；道家者对一切属于"人为"的道德（义）、欲望（利）都取虚无之态度，正所谓"死生无变于己，而况利害之端乎"②。这种思想观念附随着士大夫的自然情趣和佛教禅宗的流行，被注入宋明理学的"义利两忘"的修养功夫中，对后人影响颇大。宋代大儒邵雍云："君子喻于义，贤人也；小人喻于利而已。义利兼忘者，唯圣人能之。"③ 要么以道德评论利益问题，要么抬高姿态回避利益问题，成为中国人面对利益现象的两种基本态度，其共同的文化基点便是"去私"。

　　法家主张积极有为，任法而兴功利，然而他们所主张的"利"也是公之利，对私利的贬斥态度更甚于儒家。韩非子在"公"、"私"、"法"等范畴的建构中推行自己的法制主张。韩非子说道："自环者谓之'私'，'背私'谓之'公'。"④ 在他看来，法即是公，而公（法）与私、官与民、上与下形成了一组矛盾，"官府有法，民以私行矫之"⑤，"废法而行私重，轻公法矣"⑥。他认为，设置法令的目的在于废弃私道，"夫立法令者以废私也，法令行而私道废矣。私者所以乱法也……凡乱上反世者，常士有二心私学者也。故《本言》曰：'所以治者法也；所以乱者私也。法立则莫得为私矣。'故曰：'道私者乱，道法者治'。上无其道，则智者有私词，贤者有私意。上有私惠，下有私欲。"⑦ "法"因为代表公共利益而具有正当性，法律价值应以公为本位，这样，在公益的牵扯之下，上下才能一体遵循法制。

　　与国家之利、官府之法相对的是任私徇私的行为。韩非子作《八说》，痛责八种破坏道德秩序、损公利私的行为。"为故人行私，谓之不弃，以公财分施，谓之仁人，轻禄重身，谓之君子，枉法曲亲，谓之有行，弃官宠交，谓之有侠，离世遁上，谓之高傲，交争逆令，谓之刚材，行惠取众，谓之得民。"⑧ 文章最后，韩非子评论道："此八者，匹夫

① 《墨子·非命上》。

② 《庄子·齐物论》。

③ 《皇极经世·观物外篇》。

④ 《韩非子·五蠹》。

⑤ 《韩非子·问辩》。

⑥ 《韩非子·有度》。

⑦ 《韩非子·诡使》。

⑧ 《韩非子·八说》。

之私誉，人主之大败也。反此八者，匹夫之私毁，人主之公利也。"① 由是观之，"去私"被法家当做人主的政治任务对待，成为"公利"的主要表现。

"汉以后有关义、利问题的论辩虽多，但大体不出儒、道、墨、法诸家的范围"②，大多秉持着公利与私利的区分。可见古人并不是不注意利益问题，而是在圣王德性正义话语的支配下，思想家所能设想的解决利益问题的方案基本上都是道德式样的，即在道德评价和政治打击中萎缩、否定或者贬斥人们的私欲；同时，"仁人在位，常为天下所归者，无他也，善为天下兴利而已矣"③，以天下公益、长远利益、根本利益等道德话语，支持那些归附圣王、服从王道的人的利益主张。我们明显能看出，利益问题的解决被巧妙地与政治统治秩序的维持联系起来。在这种利益话语中，是没有"私"的位置的。私人利益与公共利益、正当道德是截然对立的。程颢云："大凡出义则入利，出利则入义。天下之事，惟义利而已。"④ 这也就是我国古代中的"权利"、"私"、"法"等概念中为何不具有"正当"含义的原因之一。

儒学发展到宋明时期，思想家推出了一些新范畴，用"天理"与"人欲"的对立讨论承袭着传统的义利之说。由于宋明理学在近代知识分子的知识前见中占有比较重要的位置，因此在这里我们也简单地讨论一下"理"、"欲"之辩。

与先秦诸子们不同的是，宋明时期的知识分子已经明确地把"利"的问题看作"私"，把与公有关的"利"从"利"的范畴区分出来，归入到"义"的概念中。简言之，"义与利，只是个公与私也"⑤。在这种认识基础之上，理、欲的区别，正好对应着公义与私利的对立。

天理是"天下至公"的宇宙原理，它对"人欲"形成了鲜明的道德对比。"天理与人欲相对，有一分人欲，即减却一分天理，有一分天理，即胜得一分人欲。人欲才肆，天理减矣。任私用意，杜撰故事，所谓人欲肆矣。"⑥ 朱子更把这种言说归结为"存天理，灭人欲"，正所谓"人之一心，天理存，则人欲亡；人欲胜，则天理灭。未有天理人欲夹杂者。学者须要于此体认省察之"⑦。人欲在天理面前是不具有任何正当性的。

然而思想家也意识到理欲之辨中的破绽：人的欲望能否全然被天理所取代？于是，有学者捡拾古代的"公利"、"私利"的认识思路，重新辨识理欲关系，清人戴震便是其中的代表人物。他把不私之欲从"人欲"中挑选出来，放置到"天理"的立场，使之获得合理性。同时，以"不私之欲"作为天理道德展开的基础，对朱子之学作出大胆修正。"是故圣贤之道，无私而非无欲；老、庄、释者，无欲而非无私；彼以无私成其自私者也；此以无私通天下之情，遂天下之欲者也。是故君子亦无私而已矣，不贵无欲。"⑧ 从他的话语中可见，戴震主张的依旧是"存公欲灭私欲"，他肯定的是对公共利益有好处的

---

① 《韩非子·八说》。

② 梁治平：《寻求自然秩序中的和谐》，中国政法大学出版社 2002 年版，第 175 页。

③ 《傅子》。

④ 《语录》十一。

⑤ 《语录》十七。

⑥ 《语录》十七。

⑦ 《朱子语类》卷十三。

⑧ 《孟子字义疏证》卷下。

欲望，向往的仍然是"无私"的由圣王统治的道德之境。

对于儒者一般不谈功利的现象，有些学者也给出了直接而激烈的批评。如叶适针对当时宋儒推崇董仲舒的"夫仁者，正其谊不谋其利；明其道不计其功"，而不喜谈利的现象，曾有评论云："此语初看极好，细看全疏阔。古人以利与人而不自居其功，故道义光明。后世儒者行仲舒之论，既无功利，则道义者乃无用之虚语耳。"① 这一点与颜元的"文其空疏无用之学"的态度一致。颜元甚至将董子的名句改为"正其谊以谋其利，明其道而计其功"②，以纠正儒者不谈功利的立场。李觏的主张更为激烈："利可言乎？曰：人非利不生，曷为不可言？欲可言乎？曰：欲者人之情，曷为不可言？言而不以礼，是贪与淫，罪矣。不贪不淫，而曰不可言，无乃贼人之生，反人之情？世俗之不喜儒，以此。孟子谓何必曰利，激也。焉有仁义而不利者乎？"③ 他认为儒者应大胆言利，人欲私利是人情人性的表现，自然在仁义天理之中。但是，由话语中的"言而不以礼，是贪与淫，罪矣"可见，他主张的还是受到礼制支配的"利"和"欲"。

从以上众多文化个体对利益的看法和观点来看，中国文化精神中有着明显的"贵义贱利"的价值偏好。古人讨论义和利，"常常由分别君子与小人的立场出发，义归之于君子，求利则成为小人的标记。这种做法一方面带有强烈的道德评价意味，另一方面又似乎是在暗示，存在着两种不同的价值体系：士君子的价值体系与小人的价值体系"。④ 利益问题成为人性战场的主题，人们在私欲利益面前的选择，表现为两种道德价值体系的斗争。"义利之辨"话语的背后，是统治者（士大夫、劳心者）对被统治者（社会生产阶层、劳力者）的正常利益的占有与剥夺，是统治者维持自身统治、攫取利益的特权格局；"去私"的国家意识形态通过教育考试秩序溶解在每一个中国人的血液中，为统治者完成社会整体强制，实现所谓的"圣王正义"的道德秩序创造了前提条件。

三、"权利"的缺失：独特的财产法规则

在西方法治文化中，"权利"话语不单在国家基本法层面上表现为具有对抗公权力性质的宪法权利：把个人利益作为启动正义秩序的逻辑起点，以法治作为正义秩序实现的制度框架，用权利为公权力的运作划界，规定公权力产生之源和价值归属，以保障国家、政府作为人造物始终能以人为目的。而且，权利话语在私法领域中更是常见⑤。既然本文所讨论的"权利话语"是利益的正当化问题，那么，我们不禁会问，当西方人用私法中的"人格权"、"亲权"、"所有权"、"债权"等法律概念表达他们对利益主体身份、利益归属与流转问题的认识时，中国人是如何对待这些问题的呢？在法律层面上是如何表现的呢？这一定与中国人特有的利益观有关，本节主要想以固有法传统中的若干特征，来说明"权利"观念在我国法传统中的缺失问题。

---

① 《习学记言》卷二十三。

② 《颜元集》卷一，"四书正误"。

③ 《直讲李先生文集》卷二十九。

④ 梁治平：《寻求自然秩序中的和谐》，中国政法大学出版社2002年版，第181页。

⑤ 权利概念由私法领域迁移至政治公法领域，是西方近代权利话语发生重大变化的一个表现。这也说明西方国家宪法领域的权利，是从市民社会领域中生长起来的。

　　学者们一般都认为，我国固有法文化传统具有重刑轻民的特征。日本学者浅井虎夫论及中国古代法的特征时说道："上下四千载，法典数百种，无虑皆公法典之属，而私法典乃无一焉，其为今日私法典规定之事项亦惟包含于此等公法典之内，绝无有以为特种之法典而编纂之者；且此等公法典中私法的规定亦云仅矣，故如亲族法之婚姻，惟离婚，养子，相续，物权法之所有权，质权，以及债权法之买卖，贷借，受寄财物等事，亦规定大纲而已。"①

　　他的描述基本上概括了固有法中的"民事法"特征②，即从规则体系来说，固有法的民事部分是极不发达的，它缺乏明确的关于权利规定；民事规范的主要作用在于制裁不法行为，而不在于确认或保护当事人之间的权利关系；如果争执的焦点恰恰在于权益的归属与界限问题，而不在于判定有人违法，那么我国固有法往往倾向于调和矛盾，息事宁人，维持安定，防止矛盾激化。

　　1. 作为一个部门法体系，我国固有法中根本就不存在"民法"。民法，作为当代法律体系中的一个重要部门法律，其观念范畴与规则体系是从清末传入中国的。中国古代有无民法的问题，法史学界构讼多年，看法不一。③ 作为一个文明程度较高的社会形态，传统中国社会肯定存在着调整特定人身关系以及处理财产归属和流转问题的规则和制度。只是在自给自足的自然农业经济和专制性的政治环境的条件下，我国古代没有抽象出人格、权利等观念，因此不可能产生明确的西方式的民法概念和学说体系；虽有调整某些民事关系的规则，但是缺乏归纳和排列这些民事规则的规则体系，在实践中也没有制定出一部专门的民法典。

　　我国固有法制是以不法行为法为中心的。这一点从古代"法"的概念④即可看出。我们的祖先言法谓法，通常仅指刑事法⑤：法就是刑，是用来惩罚不正当现象或行为的工具。从李悝的《法经》到《大清律例》，历代法典基本上是刑法典，其内容均以刑法为主，仅掺杂着少量的民事法规；而且为了使法典内部协调起来，这些民事规范是被当做刑事关系在调整，置于类似现代刑法的分则项下的⑥。因此，违反此类规范的法律后果通常为刑罚，如出卖有瑕疵物品的，或给付数量不足的，以赃罪论应受杖刑或笞刑；负债不还的，亦受杖刑或笞刑。

---

　　① 转引自杨鸿烈：《中国法律发达史》上册，上海书店 1990 年影印版，第 3 页。

　　② 王世杰也认为："中国历代法典对于近代民法典中所规定之事项规定极少，盖钱田户婚等事项多只涉及私人与私人间之利益关系，专制国家以为与公益无涉，遂俱视为细故因之律文亦多所疏略，（钱田户婚等案大多可由初审衙门判结，命盗等大案则否，即此亦可想见其重视刑事案而轻视今人之所谓民事案）然钱田户婚等事之未经律文规定者，却亦大多有习惯法在那里支配。"参见《社会科学季刊》第三卷第一号。转引自杨鸿烈：《中国法律发达史》上册，上海书店 1990 年影印版，第 4 页。

　　③ 参见俞江：《关于"古代中国有无民法"问题的再思考》，载《现代法学》2001 年第 6 期。该文归纳了学界对"中国古代有无民法"的各种论说。

　　④ 关于古字"法"的梳理以及中西方法概念的文化比较，可参见梁治平的论文《"法"辨》，载梁治平《法辨：中国法的过去、现代与未来》，中国政法大学出版社 2002 年版，第 61～92 页。

　　⑤ 戴炎辉：《中国法制史》，台湾三民书局 1979 年版，第 17 页。

　　⑥ 这些带有民事性质的规范，在奴隶制时代主要见于礼制；在封建时代主要见于律典中的《户婚》、各部则例、判例中。它们都表现出从属于刑事和行政法规的特征。参见陈晓枫主编：《中国法制史新编》，武汉大学出版社 2007 年版。

这种特征与古代法律生长的历史语境有关：从社会经济来看，民事法律的简陋、贫乏反映了自然经济自给自足的特点，同时也是国有官营经济对私营经济压抑排斥的结果。封建国家实行官营，则基本上杜绝了个体农民家庭大规模参与商品贸易的可能。从道德伦理观念来看，古代的主流意识形态一直强调重义轻利，"君子喻于义，小人喻于利"①，极力压抑人们追求物质利益的欲望，"天理存而人欲亡，人欲胜则天理灭，未有天理人欲夹杂者"②。这种思想表现为法律观时，在立法中则耻于设立钱债赋税的有关规范，而将财产流转中所涉及的大部分财产交换关系，听任民间按习惯进行调整。此外，重农抑商的社会思潮也使得立法缺乏对契约钱债关系的必要法律保障。

这种立法上的特征反映了古代中国法对于"权利"的基本认识，即"所有私人'权利'（如我们所称）都涉及公益，对它们的破坏可能导致争闹、不义和公众的不满，并可能因此受到刑罚的压制。这一原则乃是基于一种更为广泛的事实：道德与法律之间并无分界。倘使一项规则已经如此确定而且明白无误，因而被写进法典，那么它就应该在道德上为所有人遵循；可能反抗它的极少数人自然要受到刑罚的惩治"③。

为了清楚地说明古代中国法民刑不分的立法体例，梁治平以罗马法中的公私法划分现象进行了对比。他认为这种划分隐含着重要的文化前提和价值预设："首先，私法之区分于公法，有赖于法律本身便具有能够被作此区分的性质。换句话说，法的概念本身，应当具有足够的涵盖性，能够同时容纳公法和私法两个方面。据我们对古代希腊、罗马法律的分析，西方法诞生伊始，便已具有了这种文化意蕴，而这一点，又取决于它与权利的密切关联。所以其次，这个社会必定对权利有最一般的认可，而这社会中的法律，又不能不具有确定和保护'权利'（无论公权、私权、阶级之权利、个人之权利）的职能。再次，私法诞生之时，必已有私权的平等；私法发达之日，必定有私权平等的普遍化。私法之所以有别于公法，就在于它在自己的领域中排除治者与被治者的关系，命令与服从的关系，排除了与国家相关的一切特权。私法是建立在个人权利平等基础上的。虽然，最后这一点的充分实现需要时间，但是私法的这一性质自始便可以看出。在《十二表法》时代，个人由家庭中的解放尚不充分，但是至少，平民与贵族在私法上的平等已经明白表现在法典当中了。"④ 因此，固有法体例上的这种特征，与家国合一的社会结构、社会分层、古代"法"之概念等因素皆有关系，它不可能产生西方的"权利"概念和法文化。

2. 固有法中的礼治理想。固有法中的"礼"，是整个固有法中最为重要的范畴。所谓法律"一准乎礼"，所谓礼与刑"互为表里"，均说明礼的重要性。

礼是关于典章、制度、仪节、信念和道德原则的汇集，源于氏族社会祭神祈福的仪式。这种礼治的秩序原型是上古时代的家国合一的宗法氏族酋邦，后在三代时形成比较典型的宗法制国家。春秋时期礼崩乐坏，法治思想兴起，但轴心时代的思想家仍把家国合一

---

① 《论语·里仁》。

② 《朱子语类》卷十三。

③ J. H. Wigmore, A Panorama of the World's Legal Systems, Washinton Law Book Company, 1936. 转引自梁治平：《寻求自然秩序中的和谐》，中国政法大学出版社 2002 年版，第 109 页。

④ 梁治平：《寻求自然秩序中的和谐》，中国政法大学出版社 2002 年版，第 108～109 页。梁治平曾择取罗马《十二铜表法》和我国《唐律疏议》中相近条款，进行详尽对比分析。参见上书第 187～188 页。

的上古时代当做一个逝去的黄金时代，延续在中国人的精神领域当中。待社会秩序稳定，礼治思想重生。汉武帝把鼓吹礼治的儒家思想奉为独尊，礼法合流形成互为表里的关系。法律儒家化的过程，至隋唐时期臻于成型，以致大唐法典，一准乎礼。

礼治的目的在于形成一个以宗法制为基础的等级和谐社会秩序，其核心精神是"异"："是以高下异，则名号异，则权力异，则事势异，则旗章异，则符瑞异，则礼宠异，则秩禄异，则冠履异，则衣带异，则环佩异，则车马异，则妻妾异，则泽厚异，则宫室异，则床席异，则器皿异，则饮食异，则祭祀异，则死丧异。"① 人有智愚贤不肖之分，因而在分工上有贵贱上下之分，任何人都应恪守本分，其利益要求同其身份地位应成正比。在亲属关系中也一样，由于有辈分、年龄、亲等和性别的区别，因而也有亲疏、尊卑、长幼、男女的分野，这种分野决定每一个人在家族内部的地位和行为。总之，每个人在家族中或社会中，都各有自己独特的位置或身份，每个人如恪守自己的本分，则天下太平。

因此，所谓礼治，就是通过各种手段，明确各人的等级地位身份，进而明确各人所应得的享受和应履行的社会义务。在周代，它是通过宗法制度、分封制度和世袭制度三位一体地实现的。而后世王朝主要采取两种方式维持礼治。一是主张教化或德化，即通过思想控制的方式明确各人的尊卑贵贱地位，正所谓"道之以德，齐之以礼，有耻且格"；② 同时，推行家国合一的社会理想，国家伦理和家族宗法一起共同地移"孝"为"忠"，把"亲亲"、"尊尊"的礼治秩序确定下来。二是把礼治精神注入法律中去，使我国古代固有法具有了特权法的不平等色彩。理想通过教化无法实现的话，古代思想家便寄希望于刑法的强制力。宽猛相济，文武之道，这也符合中国人的阴阳思维体系。法的目的不在于公平、正义之类，而是达到礼所要求的等级制的和谐状态，并由此而产生出固有法中一系列特有的法律原则，如三纲五常、出礼入刑、十恶、七出三不出，以及忠孝节义之类的原则。

礼作为固有法所特有的范畴，对固有法的许多原则和制度产生了深刻的影响。首先，由于法本身不追求建立某种社会行为模式，而是作为一种辅助手段促成礼所确立的社会模式，因此，法并不提出积极的行为规范，而主要在于制裁不法行为，也即非礼行为。这就决定了固有法仅具有不法行为法的特征，限制了民法的发展。

其次，由于在价值目标上，把人人各依本分从而形成等级制的和谐社会秩序，视为社会的最高理想，因此，法的重心不在于明确地划定各人的权利义务范围，而是明确各人的身份权力地位，并鼓励宽容互让，以期淡化矛盾冲突，其结果必然导致固有法中的非权利本位以及诉讼中着重调处的特色。

再次，由于等级性的礼治是由贵贱、尊卑、亲疏等具有宗法性质的权力观念，以及由此形成的以夫权、父权、族权、君权为核心的国家权力系统支撑起来的，因此，它决定了固有法在主体方面的家族本位，而不是个人本位，同时也决定了国家获得整个社会的总监护人地位，能够经常地干预经济生活。

3. 在利益的归属与流转问题上，我国固有法受到了宗法观念和宗族法规的重大影响。

---

① 《新书·服疑》。
② 《论语·为政》。

从原理上看，民法所调整的社会关系主要是商品经济关系，即以平等、有偿为前提的财产关系和人身关系。那么，民事法律关系发达的前提条件，就是具有平等身份的人，进入流通领域，自由地买卖自己的财物，而这一点正是中国古代社会所绝难具备的条件。首先社会经济是自然经济，男耕女织，吃穿自给。其次，财产的占有形式是家族共有，一个大家族共同占有财产，生活必需品在家族内部分配调剂，产品没有进入社会流通领域。这样家族内部财产分配的习惯法则，就取代了社会领域的民事立法，排斥了个人与个人之间所能产生的民事法律关系。只有在极其少数的情况下，家族的代表与外部发生财产交换关系，才产生援引民事法规的需要和可能。家族法规对民事立法的取代和排斥，可以从两个方面来看：

第一，法律确认家长对财产的支配权。财产占有单位是户，同居共财。个人财产私有的现象极少发生。奴隶制时代礼制的一个重要规范，是子女不得拥有私有财产。《礼记·内则》说："子妇无私货、无私蓄、无私器、不敢私假、不敢私与。"这个礼制规范被后世法律所继承下来，并予以法律化：（1）法律严禁父母在而子孙别籍异财。《唐律疏议》在解释"户"时，说"称同居亲属者，谓同居共财者"。共财是指家人财产共有的形式。在这种财产共有的形式下，子孙别籍异财被认为有亏侍养之道，大伤亲心。唐宋律处刑徒三年，明清律杖一百，即使父母去世，子孙在丧服未满时，也不得分家析产。（2）子孙对家庭共有的财产，不能私自动用。① 子孙私自与外人买卖家资，通常被认为是无效行为。《宋刑统》规定买卖物业，必须由家族尊长与钱主"当面署押契帖"，否则无效；家无尊长者，由妇女"隔帘幕亲闻商量，方成交易"；家长出门在三百里以内，子孙弟侄仍不得买卖六畜、奴婢、田宅及财物；除非家长远在化外，或为兵事所阻，州县发给文牒，以此为凭据，交易方能成立。

可见，古代法律对交易中的亲权身份规定得非常详尽。这种对亲权中财产权的强化，固定了宗族对财产占有和支配关系，妨碍了财产主体个别化，同时也阻碍了个人权利观念以及民事法律法规的发生成长。

第二，家族内部依宗族法规调整财产关系。《白虎通》云："大宗能率小宗，小宗能率群弟，通于有无，所以纪理族人者也。"家族内部主要依据宗族法则，完成财产的分配、交换和流通。

首先，家产实行共有制度，尊长享有独自管理和处分家产的权利。家产的共有形式，是按户头共有，以同一世代人之间均分为原则。尊长可按自己的意志对应份额进行适当调整，"有余则归之宗，不足则资之宗"。② 对那些为家产增值有贡献的人，另加功劳额，使其在家产中所占的比例高于其他房头；一房财产减少，可能危害其中成员生存或影响宗族秩序时，尊长有权予以调剂，进行无偿财产调拨。总之，在家族分家析产之前，各房头对其所有的份额，只享有占有受益的权利，随时可能被尊长剥夺。

其次，家族内部还实行义庄和祭田制度。自宋代起，为达到收宗睦族的目的，宗族内设置义庄和祭田，皆是对族产的处分。祭田是同宗族的人，按共同共有的所有权关系而设立的田产，以祭田收益祭祀共同始祖，祭祀的余财用于周济同族人，祭田产权不得分割。

---

① 卑幼辄用家财，唐宋律是十匹笞十，罪止杖一百。明清律是每二十贯笞二十，罪止杖一百。

② 《仪礼·丧服》。

义庄则是由宗族中富庶家户共捐财产而设立，义庄收益用以赡养同族贫寒独寡，或者用于祭祖和育才。义庄财产依设立人的意志而分割。义庄和祭田，有的教材称之为财团法人或者社团法人，尊长是法人代表。这当然有一定的道理，但是我们还应看到，义庄和祭田的制度，将宗族内本来可以投入流通领域的资产，直接用于族内救济目的的支出。从权利意义上说，它是家族内按需要分配财产的扩大。对同族人内部来说，是无偿取得，对族外来说，基本上不发生财产交换关系。因此，它只是一种财产分配制度的特殊形式，而不是法人集团。

再次，家族成员对不动产物权拥有亲属先买权。亲属先买权起源于隋唐，五代时期形成确定的制度。亲属先买权是指出卖不动产，必须征得亲属的同意。在同等条件下，亲属享有优先购买的权利。确认亲属购买权法律效力的，最早是后周广顺二年的判例。皇帝颁布敕令曰："如有典卖田宅，房亲、邻人合得承当。若是亲人不要，或著价不及，方得别处商量。不得虚抬价例，蒙昧公私，有发觉，一任亲人论理。"元明两朝沿用此制度。亲属先买权实际上是限制了固定资产的买卖在全社会的范围内进行。对于田产房屋交易，一般由宗族按习惯在族内进行调整。

由此可见，我国古代固有法表现出家庭本位的特色，以区别于个人本位的西方法治文化。这种特征是家国合一的圣王正义论所产生的结果。在典型的宗法体制下，家长权同王权是沟通的；宗法制瓦解后，君权同父权的结合仍被继承下来，家与国的性质混为一谈，齐家与治国是同一原则，因而导致了家庭的国家化和国家的家庭化，家长权实际上是融权利与权力为一体的，或者说更是一种权力。在这种固有法传统中，是不可能产生西方式的明晰界限的权利概念。

比如说，由于财产受益者是整个家庭而非单个家庭成员，这也就意味着谁都可从该财产的收益中获得利益，更何况根据礼制的伦理要求，家庭各成员之间还有相互扶养的道德义务，因而在析产之前，硬性地划定各人的利益范围根本不必要，反而有害；实际上，各成员不仅因财产的共有状况而不得享有单独的所有权，更重要的是根本不存在单独所有权的概念。所谓私产，只是一种家为主体的财产，析产之前如此，析产之后仍然如此，只是财产主体的组合有所不同罢了。因此，个人权利这种观念比较模糊，它实际上表示根据一个人的身份，其在家庭结构中所处的位置而应享有的利益。对于家长而言，这种利益更倾向于权力；而对于家属，他就是利益主体而已，是由家长行使权力及其监护义务时所反射的利益，没有自己实行或请求法院强制贯彻的可能性。当国家也家庭化后，这种非权利的观念又衍生到社会领域，造成整个固有法的非权利倾向。

4. 独特的"所有权"观念。

我国古代关于土地所有权的观念，与西方不同。罗马法认为，所有权起源于自由人的天赋权利，是一种独立于公权、并能对抗之的私权。而在我国古代观念中，所有权不是从来就有的，它是圣人根据社会安定的需要，以法律的形式规定下来的。圣人之所以有权利规定天下土地财物的名分，其基础是土地财货本来就归上天或圣人所有。土地的所有权本质上都是国有的，其所有者国君为了能够使臣民根据等级身份享有土地的收益，把土地按不同比例分配给臣民。这种分配一方面产生了土地的经营管理权利的授予，如历代都有大规模的授田举措；另一方面，土地在私人的实际占有和支配下，产生了土地的私有权。这种土地私有权是以承担赋税而获得政权承认的。

这种所有权观念是中国古代大一统的政治权力体制的产物。在此观念的影响下，古代中国并无永久性、排他性、能够对抗公权的所有权，国家可以依据情势需要让渡或收回产权。这体现着最高权力者对产权利益的绝对支配。国家建立之初，原有的一切私有土地所有权视为丧失，由国家统治者重新进行分配。在国家分配之后，土地私有的权利才得以确定：国家通过赋税获取收益，私人以经营土地分享收益。当经济发展带来诸如土地兼并、偷税漏税、豪强劣绅等"化公为私"的经济社会问题，从而加剧贫富差距、影响政治安定时，政权又会通过各种政治的、经济的策略来调整实益的分配，以确保自身利益的实现以及统治秩序的稳定。① 所有权来源于统治权，产权依附于政权，这是中国古代典型的所有权观念和产权状态。这种取得对某物（指不动产）的支配和收益可能性，与其说是获得了某种权利，毋宁说它的身份具有这种权力，是国家公法赋予这种身份的权力。

因此，在中国古代，君子小人的分野，贵贱尊卑的区分，根本不是财产多寡的结果，而是其前提，因此，固有法不仅长时期地一般地限制土地的转让，原则上禁止处分，甚至在授田制名存实亡后，仍采取限田政策。宋仁宗时的政策是："公卿以下，毋过三十顷，平前将吏应复役者，毋过十五顷；止一州之内。过是者，论加违制律，以田尝告者。"② 这一规定明确地说明，业主权的取得绝不是看取得人是否有机运或是否有充足的财源，而是依其身份：有了身份则有了占有财产的可能，没有这种身份，根本就不允许以富奢逾制。

不动产既如此，动产亦受到影响。动产的支配与享用，同身份也是直接挂钩的。例如食制上，"天子食太牢，诸侯食牛，卿食羊，大夫食豚，士食鱼炙，庶人食菜"；服装上也一样，汉代有"青绿二色是民间常服"的规定，隋唐和宋代则"紫朱绿青四色只有官品才能服用"③。

5. 固有法中的侵权责任。

我国古代的不法行为法，无疑是现代刑法和民事侵权法的前驱，后二者在其基础上发展起来。以强调对不法行为进行打击的古代刑法，表现出高超的技巧和成熟的精神，"不单以威吓、报复为刑罚的基础，处处又以道义、教化为罪刑的依据"，至唐律已"蔚然成为一部完整的刑事法典"，领先西方"达千余年之多"。④

然而在侵权行为法方面，由于固有法刑民不分，并无独立的侵权行为概念，它同刑法是融合在一起的。具体来说，从构成要件上讲，行为同罪行并无严格区分，基本上与罪行同一要件，法律仅个别地规定适用一种具体制裁措施的要件。如因造成火灾致人损害的，一律受刑。故意纵火的，还要赔偿，过失失火的则不赔偿；毁坏官私器物的，故意则受刑加赔偿，过失则仅赔偿而不受刑等。总之，违法、过错及损害之类观念已经形成，但并未发展至一般性的抽象水平，而是散布于各个具体规定中。

就制裁形式方面，固有法中存在一些刑名之外的惩罚措施，如备偿或赔偿、修立及复

---

① 参见王家范：《中国历史通论》，华东师范大学出版社 2005 年版，第四、五章"农业产权性质及其演化"。

② 戴炎辉：《中国法制史》，台湾三民书局股份有限公司 1979 年版，第 298 页。

③ 瞿同祖：《中国法律与中国社会》，中华书局 1991 年版，第 139~140 页。

④ 戴炎辉：《中国法制史》，台湾三民书局股份有限公司 1979 年版，第 17 页。

故（重作）、征赃、赎铜等。① 虽然这些制裁措施的适用，主要针对侵犯人身或侵害财产的行为，但在观念上仍是以罪行进行认定。如常用的赎铜方式，即不科实刑时的财产赎刑，它更像刑事判决或现代行政治安处罚。另外，由于被害一方的利益无法用"权利"进行确定，因此，除物的损毁较易贯彻赔偿制之外，其他情况下的赔偿范围皆不以实际损害为准。如按明清法律，杀人者，将其财产判给死者之家；杀伤致残，则将财产的一半断给伤者。

由此可见，在固有法体系中，不法行为法虽优先发展，但真正发展的是其刑法分支；而民事不法行为法，虽然同其他民事制度相比稍有发展，但却紧紧地依附于犯罪法。这导致其功用主要不是弥补被侵害人的损失，而是制裁侵害人的不法行为。这与刑法在目标上没有实质性区别。因此，侵权行为制度也没有得到充分完善的发展。究其原因，仍在于固有法中无法权之概念。

四、"权利"的缺失：无讼取向的司法体系

西方权利概念中既有"正当"之义，又有"法"的内涵，三者常混用一个字。前面我们说过，这表达了西方人的法律正义话语中的特有价值立场，即私欲、私利有着道德上的正当性，而法律承担着确认和保护正当权利的职能。因此，当事人提出利益主张，法律站在中立性的立场予以判断的争讼活动，就成为这种权利法文化的应有之义。在诉讼中实现正义，是西方人所持的一般观念，甚至连国家宪法中的问题，也通过宪法诉讼制度予以正当性判断。而在古代中国，思想家"由天道——自然——和谐的信仰出发，创造出一整套与众不同的价值体系"②。这套价值体系隐藏在古代中国的圣王德性正义话语中，它使中国人相信，和谐的自然天道支配着人世秩序的运作规则，这些天道人道规则会因圣王天生的德性而被其感知、理解；理想的人间秩序应当是对自然天道的模仿，而且它会因为圣王以教化或刑罚的方式（文治武功）推行所理解的秩序规则，从而确实地降临世间。

圣王正义话语支配着古代中国一整套关于礼、乐、法、德、刑等理论和制度的产生，并在这些制度的实际运作之中渗入到每个人的观念心态里面。它从根本上决定了古代中国人对于诉讼的看法，即力图实现一个不争无讼的和谐社会。法律的目的不是为了无偏袒地解决私人间的纠纷，协调利益关系，而是消灭破坏和谐秩序的争端，恢复王道秩序下的利益格局。于是，诉讼不再是中立性的权利判断活动，而是具有道德色彩的教谕感化活动③，其宗旨在于息讼至无讼。

在古代思想家的描述中，我们可以看到一个和谐无争的理想社会图示，如大家熟知的《礼记》中的"大同社会"，或者是老子口中的"甘其食，美其服，安其居，乐其俗……民至老死不相往来"的生活境界。为了实现乌托邦理想，思想家都反对人因私利而起纷争，认为单纯的诉讼并不能彻底地解决利益问题，唯有推行德化方能使所有人归服于圣王正义秩序之下。这一点在儒家学说中体现得最为明显。儒家推崇的君子楷模"舜"就给

---

① 戴炎辉：《中国法制史》，台湾三民书局股份有限公司1979年版，第102页。

② 梁治平：《寻求自然秩序中的和谐》，中国政法大学出版社2002年版，第229页。

③ ［日］滋贺秀三等：《明清时期的民事审判与民事契约》，梁治平、王亚新等译，法律出版社1998年版，第43页。

出了以德服人的典范。在传说中，"历山之农者侵畔，舜往耕焉，期年甽亩正。河滨之渔者争坻，舜往渔焉，期年而让长"。① 儒者认为贤君子的德性就像风，其感召力就像风吹草那样能够感化民众。因此，儒家主张的秩序类型类似于韦伯所说的"奇力斯玛"型，主要依靠统治者的高尚品德树立权威。从这个角度而言，诉讼是不必要的，甚至可能破坏道德秩序的基石，即道德感的纯洁性。如此，我们便能理解为何孔子会说"听讼，吾犹人也。必也使无讼乎"②。荀子甚至还讲过孔子判案的一个故事："孔子为鲁司寇，有父子讼者，孔子拘之三月不别，其父请止，孔子舍之。"③ 故事清楚地表明，儒家心目中的诉讼，并不是国家持中立立场对利益正当性的一个判断活动，而是具有极强的政治性、道德性。好的司法官应当通过自己的审判活动，向民众昭示出一种关于利益问题的政治态度和道德评价。这种诉讼其实带有道德专制色彩，因为从某种意义上说，司法官是把自己的对利益的道德认识强加给案情的当事人，尽管这种认识可能会包含着当事人的利益主张，但是这与西方以当事人的诉权启动司法程序，并在司法程序中确认和保障权利，调整利益关系的诉讼本质是完全不同。

法家虽然主张法治，但其任刑、重刑的目的却在于"去刑"，在于恢复到"古者丈夫不耕，草木之实足食也。妇人不织，禽兽之皮足衣也。不事力而养足，人民少而财有余，故民不争。是以厚赏不行，重罚不用，而民自治"④ 的和平社会秩序中。韩非子的理想还是道家式的，带有明显的复古倾向⑤。他只是从现实的社会条件出发，否定道家无为的政治主张，也不赞同儒者纯靠教化的政策措施，而是根据人们的功利心，以重奖严惩、一准于法的法制手段，来达到社会治理的目的。因此，法家人物亦主张无讼，如《商君书·开塞》有云："天地设而民生之。当此之时也，民知其母而不知其父。其道亲亲而爱私。亲亲则别，爱私则险，民众而以别险为务，则民乱。当此时也，民务胜而力征。务胜而争，力征而讼，讼而无正，则莫得其性也。故贤者立中正，设无私，而民说仁。"⑥

古代道家期待的是人们对理想秩序的心悦诚服，是自然的道德归顺，而非人为的暴力强制，因此首要之务在于否定人们对私利（财货与名声）的欲望，去除人们的纷争之心。"不尚贤，使民不争。不贵难得之货，使民不为盗。不见可欲，使民心不乱。是以圣人之治，虚其心，实其腹，弱其志，强其骨，常使民无知无欲。"⑦ 老子借由"使民不争"的圣人之治，希望形成一个"见素抱朴，少私寡欲"⑧ 的人心世界和道德秩序。

与轴心时代所有的中国古代思想家都形成圣王正义论的秩序观一样，这些思想家也都主张不争、无讼的解决纠纷的态度。这种无讼的价值观，随着经典文本在历史语境中的传播，支配了中国古代官吏和一般民众对讼事的看法，并影响着诉讼制度的设计与运作

---

① 《韩非子·难一》。
② 《论语·颜渊》。
③ 《荀子·宥坐》。
④ 《韩非子·五蠹》。
⑤ 法家与道家有着深厚的思想渊源。参见劳思光：《新编中国哲学史》（第一册），广西师范大学出版社 2005 年版。
⑥ 《商君书·开塞》。
⑦ 《老子》第三章。
⑧ 《老子》第十九章。

机理。

　　首先，由于在固有法中没有个人权利的概念，私欲私利一直与代表正当性的公利公法对立，因此，法律并不为私人利益的纠纷解决提供合法渠道（诉权），除非这一纠纷严重到影响了法律所要保护的秩序和公益，而由私利问题上升为公利问题。如清乾隆时期著名幕僚万维翰在总结讼事时说道："词讼息结，极为美事，然惟户婚田土及角殴小事则可，若关系诬告、命、盗、赌博、风化及卑幼犯尊等事，皆须究惩，不可轻易准息，庶刁健之徒知所畏惧。"①

　　其次，对于私人利益纠纷，固有法表现出重教化轻诉讼的态度。在中国古代士绅、官员的思想观念中，总是把民间社会中的纷争和冲突看成一件不道德的事情，他们认为诉讼往往是小人见利忘义，以利害义所导致，所以息讼话语一般从对争讼价值的贬低开始。如海瑞在分析淳安地方争讼日盛的原因时云："淳安县词讼繁多，大抵皆因风俗日薄，人心不古，惟己是私，见利则竞。以行诈得利者为豪雄，而不知欺心之害；以健讼得胜者为壮士，而不顾终讼之凶。而又伦理不惇，弟不逊兄，侄不逊叔，小有蒂芥，不相能事，则执为终身之憾，而媒孽讦告不止。不知讲信修睦，不能推己及人，此讼之所以日繁而莫可止也。"② 甚至有人在话语中用对立的"良民——莠民"的道德评价来表达对"构讼为祸"的不满："良民畏讼，不畏讼；良民以讼为祸，莠民以讼为能，且因而利之……黠且悍者则无冤抑而讼，有罪辜而讼，事不干己而讼，朋比同谋而讼，借端影射而讼，凭虚结撰而讼。"③

　　赋予诉讼当事人负面的道德评价，成为官员息讼的一种话语表达。即使诉讼事由本身有理，但古代官员仍认为这样的纷争应当在民间自行调处，由当事人相互忍让、克制，合乎礼制的道德秩序仍能自行实现。凡纷争闹到官府，当事人皆有道德上的过错。④ 因此，固有法中有很多阻止诉讼发生的规则制度。如词讼日，规定一个月当中只有若干天，官府才受理案件。又如明清状纸尾部一般附有"状式条例"，如果书写状式条例时违背了其中规定，官方将不予受理。这些状式条例充分地表达出固有法阻却民间纠纷诉诸官府的意图。⑤

---

　　① 《幕学举要》。

　　② 《海瑞集》。

　　③ 路德：《邱叔山府判录存序》，载《皇朝经世文编续编·刑政》。

　　④ 如清代著名幕府王荫庭说道："讼之起也，未必尽皆不法之事。乡愚器量偏浅，一草一木，动辄争竞，彼此角胜，负气构怨，始而投知族邻地保，尚冀排解，若辈果能善于调处，委曲劝导，则心平气和，可无讼矣，乃有调处不当，激而成讼者；亦有地保人等希图分肥，幸灾乐祸，唆使成讼者；又有两造不愿与词，因旁人扛帮，误听谗言而讼者；更有平素刁健专以斗讼为能，遇事生风者；或有捕风捉影凭空讦讼者；或有讹诈不遂，故寻衅端者；或因夙积嫌怨，借端泄忿者；或因孤弱可欺以讼陷害者……"参见王荫庭：《办案要略》，载于《皇朝经世文编续编·刑政》。

　　⑤ 如明代徽州地区诉状中附有的"状式条例"，其内容如下："一格写二字者，不准；有粘单者，不准；牵连远年无干事情者，不准；无重大事情而告妇女者，不准；事已问结而又告者，不准；被告干证人多者，不准；诬告越诉者，重责；隐下壮丁，故令老幼残疾妇女出名报告者，不准；拦路喊告者，不准。"九条"不准"排斥了很多民间诉讼的合法渠道。至清代，状式条例更明细更繁多。如2000年新发现的浙江清代黄岩诉讼档案中状纸所附的《状式条例》达至23条。参见田涛：《被冷落的真实——新山村调查手记》，法律出版社2005年版，第31～33页。

　　另外，固有法也鼓励民间自行调处纠纷，既可以由当事人亲族近邻或士绅乡保自行调处，也可由官府批示着相关人等进行调处，官府也可直接调处。如明代"各州县设立申明亭，凡民间应有词状，许耆老里长准受理于本亭剖理"。① 清代法律虽规定"民间词讼细事，如田亩之界址沟洫、亲属之远近亲疏，许令乡保查明呈报，该州县官务即亲加剖断，不得批令乡、地处理完结"②，但这只是要求县官加大对诉讼事务的介入程度以防止乡保亲族处理可能出现的不公。大量的争端仍旧依靠乡土宗族组织的力量得到解决。

　　当然，息讼的另一主要办法是劝谕，即司法官在审判过程中通过道德说理达到平息双方纠纷的方式。对于实行这种方式息讼的理由，清人钟祥解释得非常清楚："民间词讼之由，或因挟嫌，或因争利，或因负气，或因受属，大抵不外乎此。至所控之案即毕，有甘心息讼者，亦有余忿未息仍思再控者，所贵于审断完毕时，明白晓谕，以破其愚也。告以控而不胜，因获咎愆，控而即胜，亦非良善。挟有夙嫌，则冤仇日结，卒至两败俱伤。因利争控，则废业伤财，竟至得不偿失。若因负气一时，何苦受此累月经年之患。若受他人挑唆，何苦自蹈剥肤噬脐之伤。即使实有事端，必须明白伸理，或听人劝处，或自受小屈，赚得无事之福，并为乡里称道。若务求胜人，竟以健讼为事，即使控争得计，亦不过成一讼棍之名，且始以此得，终必以此失，将来有破家亡身之害。而子孙习染争讼，累世之后，尚受其殃。"③ 他的解释足以表明古代主流意识形态中对词讼的一般看法，即诉讼只能意味着道德正义的失败。

　　在中国，士绅官员的看法一般都会支配着民间观念的形成，因此，我们可以看到，在民风民俗中各地民众也很少直接诉讼至官府。文献中记载的安徽风俗，"举凡族人争吵沟洫等事，均取决于族中之贤者长者，必重大案件，为族人调解不开者，始诉之于官。官之判断，仍须参合族绅之意见"。④

　　当然，这种民风的形成，离不开地方官吏的移风易俗的政治活动，因此在古代地方文告、教民榜文中也能看到息讼劝谕的话语言说。如宋代朱熹颁布的《劝谕榜》中有一条："劝谕士民乡党族姻所宜亲睦，或有小忿，宜启深思，更且委曲调和，未可容易论诉。盖得理亦须伤财废业，况无理不免坐罪遭刑，终必有凶，切当痛戒。"⑤ 而明代王守仁创十家牌法，其中一项就是"每日各家照牌互相劝谕，务令讲信修睦，息讼罢争，日渐开导，如此则小民益知争斗之非，而词讼亦可简矣"。⑥ 其"十家牌法告谕各府父老子弟"中也说道："心要平恕，毋得轻意忿争；事要含忍，毋得辄兴词讼；见善互相劝勉，有恶互相惩戒；务兴礼让之风，以成敦厚之俗。"⑦ 另外，这样的劝谕息讼的话语还出现在皇帝的上谕、乡约族规之中，这里就不多列举了⑧。

　　有学者指出，"民众对生存利益的维持（或争夺）"，不会"因官府单方面的贱讼取向

---

① 《大明律集解附例·刑律·杂犯》。

② 《大清律例·刑律·诉讼》。

③ 转引自梁治平：《追求自然秩序中的和谐》，中国政法大学出版社 2002 年版，第 223 页。

④ 胡朴安：《中华全国风俗志》下篇卷五，"安徽·合肥风俗记"，中国古籍出版社 1990 年版。

⑤ 《朱文公文集》卷一百。

⑥ 《阳明全书》卷十七"申谕十家牌法"。

⑦ 《阳明全书》卷十六"十家牌法告谕各府父老子弟"。

⑧ 参见梁治平：《寻求自然秩序中的和谐》，中国政法大学出版社 2002 年版，第 218 页。

而消失"①。在官员士大夫的无讼、息讼话语②的背后，我们看到的是与之相矛盾的民间贱讼之风。两宋以来，史书上记载的讼事明显增多，讼师活动也比较频繁，甚至出现了教人学讼的培训学校和书籍。③《名公书判清明集》里的官员一再地表达了他们对江西、湖南等地好讼之风的厌恶。

我们认为，正是因为主流话语形态中的无讼价值，使得官府对诉讼行为持负道德的价值态度，加上各种用以息讼的制度、方法，从而导致民众无法从合法渠道获得利益问题的解决。这就是说，官府所能提供的"司法服务"因为有限而变成一种稀缺资源。一方面，民众寻求司法途径的成本也随之增加，这一点往往表现为各种司法腐败现象：如胥吏收受的贿赂，司法环节的陋规，讼师与官吏的勾结，漫长迟缓的诉讼进程等。因此，诉讼非但有损于道德，更于当事人的私利有害。宋人对这个要节看得比较清楚："今世之人，识此道理者甚少，只争眼前强弱，不计长远利害。才有些小言语，便去要打官司，不以乡曲为念，且道打官司有甚得便宜处，使了盘缠，废了本业，公人面前赔了下情，着了钱物，官人厅下受了惊吓，吃了打捆，而或输或赢，又在官员笔下，何可必也。便做赢了一番，冤冤相报，何时是了。人生在世，如何保得一生无横逆之事，若是平日有人情在乡里，他自众共相与遮盖，大事也成小事，既是与乡邻譬隙，他便来寻针觅线。掀风作浪，小事也成大事矣。如此，则是今日之胜，乃为他日之大不胜也。"④ 可见正统的无讼话语并不一定能使民众真正鄙视诉讼，而长远利益的盘算、怕担更大的麻烦，有可能才是导致民众放弃诉讼的真正原因。明代小说《二刻拍案惊奇》中曾用形象的俗语说明这个道理："些小言词莫若休，不须经县与经州。衙头府底赔杯酒，赢得猫儿卖了牛。"诉讼是一桩划不着的买卖，这也无怪乎古代固有法无法通过诉讼推进权利观念的产生。

诉讼渠道的堵塞、高成本，官员对民事纠纷的坐视不管，也迫使民众寻求其他解决方法，如私力救济、复仇等。这种解决方案的结果往往会因仲裁权威缺失公信力，而演化成具有暴力性的、反复性的争斗之风，进一步恶化社会秩序。如自明代永乐至清道光年间，福建漳州地区械斗之风甚强，主要原因之一在于"其先由于控诉到官，不能伸理，遂自相报。彼杀其父。此杀其兄，并迁怒杀其同社，以致结成不解之仇"。⑤ 当这类事件发生之后，反而更强化无讼话语中的前提结论，即争讼是导致道德失序的祸首。以德服人的无讼观与以力服人的权力观，其实是一个硬币的两面，它们使中国人面对利益问题时，无法产生运用正当法律程序的解决构想，而只能选择道德压迫或暴力强制的方案。

固有法文化中对诉讼活动予以道德否定，国家不愿意主动地运用组织机关干涉民间讼事，而是让民间自行地消化纷争，这种关于诉讼的特征，其实是家国合一的社会结构所造成的。在我国古代，国家法律并没有深入到基层社会，而是把县级以下的基层社会交由民

---

① 邓建鹏：《财产权利的贫困：中国传统民事法研究》，法律出版社 2006 年版，第 197 页。

② 徐忠明认为无讼话语是由官方与士人阶层建构起来的一个话语，反映了官方政治倾向与对待民事诉讼的基本态度。参见徐忠明：《从明清小说看中国古人的诉讼观念》，载于其著《法学与文学之间》，中国政法大学出版社 2000 年版，第 104 页。

③ 参见邓建鹏：《财产权利的贫困：中国传统民事法研究》，法律出版社 2006 年版，第 178～196页。文中分析了贱讼的经济与地域性成因。

④ 《名公书判清明集》卷十，胡石壁："乡邻之争劝以和睦。"

⑤ （清）张集馨：《道咸宦海见闻录》，中华书局 1981 年版；第 61 页。

间的宗族组织自行管理。然而，这种权限放开没有使中国产生一个让权利自由生长的社会空间。

　　我们认为，这恰是古代中国儒学治理模式的智慧所在。民间社会在一定程度的自然发展，国家权力的适当退让与无为，可以使家族家庭的权威和组织能力得到保留，而家族家庭是我国小农经济的基本生产单位，维持该生产单位内在凝聚力，是发展小农经济生产力，解决基本民生问题的关键所在。但是，民间与国家权力的界限并没有形成法权性质的规范制度，因为在圣王德性正义话语的支配下，在一种泛道德化的语境中，国家权力可以以秩序、公益、道德等各种名义随时侵入民间社会，而且家族家庭对个人的支配逻辑，也由于基层社会精英分子的士绅背景①，而被刻印上国家权力的烙印。所以，息讼、主张民间调处，虽然在国家法律体系中为民间自治开了一个口子，但这种带自治色彩的民间社会仍不能产生私利的正当化和个人权利概念。

---

　　①　吴晗、费孝通指出，中国地方士绅往往由退休官员、地主官僚、受过教育的知识分子等人构成。他们的知识背景中都有国家意识形态的烙印。正是这种士绅社会，使得国家主流意识形态能够传播至民间，影响民间的一般观念和看法。参见吴晗、费孝通：《皇权与绅权》，天津人民出版社1988年版。

横向合并和非横向合并反垄断法规制之比较
——兼议我国经营者集中控制制度的构建与完善

■　孙　晋*

一、企业合并及其反垄断规制一般法理

（一）企业合并的概念及其理解

在反垄断法意义上，企业合并的内涵非常宽泛，与企业结合、经营者集中甚至并购等概念可以通用。在反垄断法上如何界定企业合并从来就比较困难。我国《反垄断法》没有对企业合并的抽象概念进行界定，仅仅认为合并是经营者集中的具体情形。就广义而言，凡是可以形成或者强化与原本相互独立的不同企业对市场共同控制的结合行为都可以归纳到企业合并的范畴中来。在本文中，笔者赞同对企业合并作广义的界定。

在现实生活中，企业合并的形态一般划分为横向合并与非横向合并。一般而言，横向合并是指生产、提供相同或者相似产品或服务的生产者或者经营者互相结合成为一个统一的竞争实体，但这并非意味着两个或以上在法律上和经济上相互独立的实体消灭而组成为一个新的实体，因为根据许多国家的反垄断法，只要是一个企业通过某种方式能够对另一个企业施加支配性影响，这就构成了横向合并。① 与横向合并具有竞争关系的经营者之间的合并不同，横向合并以外的企业合并统称为非横向合并，即指那些不具备直接竞争关系

---

* 孙晋，武汉大学法学院副教授、硕士生导师，法学博士。
① 王晓晔著：《企业合并中的反垄断问题》，法律出版社 1996 年版，第 9 页。

的企业之间的合并，具体包括纵向合并和混合合并。纵向合并也称垂直合并，在反托拉斯经济学上称之为纵向一体化，是指在同一产品市场中处于不同环节而实际上有买卖关系的企业之间的合并，亦即某种产品的卖方和买方之间的合并；混合合并则指既不存在竞争关系，也不存在买卖关系的企业之间的合并。①

（二）企业合并规制的一般法理

企业合并规制历来是各国反垄断法的重要内容。

20世纪90年代以来，经济全球化进程明显加快，全球统一市场正在逐步形成，各国对全球市场份额的争夺日趋激烈，为了在未来的竞争中占据有利地位，各国企业尤其是大型的跨国公司纷纷通过横向合并、纵向合并、混合合并等各种方式，整合优化竞争结构、迅速扩大企业规模，极大地增强了企业的国际竞争力。

然而，通过企业合并为企业带来巨大经济效益的同时，合并对竞争秩序的现实破坏和潜在威胁也为各国反垄断监管机构所充分认识，进而对弊大于利的企业合并加以反垄断规制。基于国家经济的不同发展阶段和竞争政策、产业政策的不同倾向，各国对于企业合并的法律态度不尽一致。一般来讲，在国家经济处于相对上升时期和快速发展阶段，国家便倾向于对合并的纵容和保护；当国家经济处于发达阶段，产业链条相对完善，政府更关注企业合并对于市场竞争秩序的消极影响，便会予以规制。具体到我国现阶段和今后，笔者认为，国家的确有必要推动和发展具有国际竞争力的企业，但这并非意味着国家必须通过发展垄断企业或者维护垄断大企业的方式去实现。过度的企业合并容易导致产生市场垄断力量或强化垄断大企业和企业集团的市场支配地位，这就不可避免地对市场自由和经济民主起着现实的或潜在的损害作用。从长远和全局来看，我国认真实行企业合并反垄断控制制度是市场经济的本质要求和维护竞争的实际需要。②

企业合并的不同形式对竞争的影响大不相同，比如横向合并对竞争的不利影响较之于非横向合并更大更直接，所以这就需要反垄断法视不同的集中方式对竞争的不同影响分别进行分析和判断，并在此基础上施以不同的规制。总之，各国反垄断法规范的是通过企业合并的经营者经济控制力过度或不当集中，横向合并因其消除竞争对手从而直接削减竞争成为反垄断法关注的重点，非横向合并容易形成效率抗辩，故只在特定情形下方为反垄断法所规制。

二、横向合并与非横向合并对竞争的不同影响

（一）横向合并对竞争的影响

1. 横向合并对竞争的良性影响

横向合并追求规模经济的效果导致能在短时间内提高工厂生产的专业化水平，并达到最佳生产规模的要求，以降低单位产品的生产成本。同时因为企业规模的增大，使得直接

---

① 张穹著：《反垄断理论研究》，中国法制出版社2007年版，第170～171页。

② 卫新江著：《欧盟、美国企业合并反垄断规制比较研究》，北京大学出版社2005年版，第175～178页。

筹资和借贷的能力都会相对提高。消除竞争是横向合并特有的动机。在这个过程中，合并企业可以增加自己的市场份额，从而提高自身的竞争力。[1] 例如柯达收购乐凯一案中，柯达利用乐凯的销售网络和生产设施，乐凯则学习柯达的先进技术同时赢得研发的重要资金，实现了同行业之间的有效协同。其实处于不同发展阶段、不同地域的同行业企业之间往往有各自的生产资源、销售渠道、市场开拓等方面的优势，它们之间实现横向合并，往往可以利用相互间已有的资源，避免了重复性的投资。另外，对濒临破产的企业的并购显然有利于社会整体利益，中小企业之间的合并直接有利于增强相关市场的竞争。

2. 横向合并损害有效竞争

与横向合并对竞争的良性影响相比，其对竞争的损害是主要的，因为横向合并直接消灭竞争对手从根本上消除或减少竞争。2004 年欧共体《横向合并评估指南》第 22 条规定，横向合并显著地损害有效竞争，特别是通过产生或者加强支配地位而造成上述损害，主要有两种方式：（a）使得一个企业或者多个企业摆脱竞争约束，从而增强其市场力量，而无须从事协调行为（单边效果）；（b）改变竞争的性质，即以前未进行协调的企业，现在非常可能相互协调并且提高价格或以其他方式损害有效竞争。对于集中前就彼此协调的企业来讲，集中会使它们之间的协调更加容易、更加稳定或者更加有效（协调效果）。实际上现实中横向合并所导致的对竞争的危害几乎都可以归于是单边效果或协调效果的具体体现。

3. 横向合并消除直接的竞争性限制

横向合并带来了可生产替代产品的厂商，因此可以消除直接的竞争性限制。定价限制的消除能否导致价格上升需要一个详细的评估。然而，在一定程度上，直接竞争限制的解除可能期望产生高价，这种效果可能被合并产生的减价效果所抵消。[2] 净效果可能依然是价格下降。虽然这种横向合并带来的价格下降在一定范围内是有利竞争的，但它也可能产生抑制竞争的结果。在这类案例中，对竞争性限制的首要关注是合并后，与新主体竞争的对手将会被边缘化或退出市场，一旦这种情况出现，合并者将必然有机会提高价格。[3]

（二）非横向合并对竞争的影响

1. 非横向合并容易形成效率抗辩

根据现代公司理论，由于合同的不完整性以及较高的交易费用，一个企业如果能与市场上与之相对应的企业协作，则可提高效率，但如果合同完整（预见到了未来可能发生情况的具体结果）并且交易费用很低的话，企业间协调经济活动的需求就不会非常强烈，然而，如此详尽的合同的成本会非常高，经济发展与变化必然导致企业活动的有效范围也

---

① ［美］霍华德著：《美国反托拉斯法与贸易法规》，孙南申译，中国社会科学出版社 1991 年版，第 146 页。

② 笔者不同意这样的理论假设，即所有的横向合并必然导致价格的增加。这种预测是建立在一个简单的理论模型之上的。虽然这种模型提供了一个有用的分析框架，但它并不能为真实世界中的合并效果预测提供一个完整的基础。See RBB Economics Brief 18，Turning the Tables：Why Vertical and Conglomerate Mergers are Different，RBB Economics March 2006.

③ RBB Economics Brief 18，Turning the Tables：Why Vertical and Conglomerate Mergers are Different，RBB Economics March 2006.

会随时变化，这样合并就成为提高效率的适当方式。① 另外，按照反托拉斯经济学的解释，纵向合并作为对产品市场失效的反映，实质是企业行政管理过程对市场过程的替代；混合合并可被视为对资本市场失效的反映，由企业内部组织对市场组织的替代。② 从非横向合并提高了效率这一角度考虑，芝加哥学派的反托拉斯经济学家们主张反垄断法应该对非横向合并采取更富同情的立场。20 世纪 80 年代以来美国通过修改合并指南其反垄断机构始终对非横向合并网开一面，使得非横向合并成为美国实现规模经济、范围经济和协同效应以及增强国际竞争力的主要途径。2008 年国际金融危机全面爆发，美国奥巴马政府加大反垄断执法力度，③ 宣告非横向合并在美国几乎不受反垄断法追究的日子行将结束。

2. 非横向合并对竞争的影响是间接的，对竞争的负面影响往往导致经营战略的变化

横向合并对竞争典型的负面影响就是直接刺激提价，与此相反，非横向合并对竞争潜在的负面影响是，可能导致供货或采购政策的变化或者为消费者提供产品范围的变化，这些会对竞争企业的价格、需求和定价造成间接的影响，并最终影响到消费者的利益。④ 譬如，垂直合并后的企业为保证其上游业务的利润，使其他的下游竞争者能够继续向其上游部分采购，就不会在下游开展激烈的价格战，从而损害消费者的利益。非横向合并带来了互补或不相关产品的供给者，因此它不能直接解除竞争性的限制。⑤ 事实上，在考虑消费者利益的同时，既然一种产品的降价会导致相关产品的需求上升，互补产品的合并又为新公司提供了降价的可能。再以垂直合并为例，垂直合并不仅改变了上游企业的价格激励，而且也可能改变下游企业的价格激励和选择输入供应商时竞争对手的激励。⑥ 垂直合并在其与下游竞争对手之间创造了多元化市场的互动。垂直合并的企业将认识到如果它为其下游的竞争对手提供输入的话，它在下游市场更积极的价格可能会伤害到其在上游的市场的利润。这反过来又影响到竞争对手在选择输入供应商时的激励，并因此使之成为一项战略，而不是输入市场中被动的买方。⑦ 垂直合并可以提高下游竞争对手的成本，不是因为对手被排除在输入供应商之外，而是因为合并改变了对手在选择输入供应商时的激励。垂直合并为下游市场的竞争对手之间的多元化相互依存创造了机会并将因

① Jeffrey Church, The Impact of Vertical and Conglomerate Mergers on Competition, A Report Written for the European Commission (Directorate General for competition and Directorate B Merger Task Force), September 2004.

② ［美］奥利弗·E. 威廉姆森著：《反托拉斯经济学——兼并、协约和策略行为》，张群群、黄涛译，经济科学出版社 1999 年版，第 57～59 页。

③ 袁野：《奥巴马政府计划加强反垄断执法》，资料来源于《美国之音》2009 年 5 月 12 日；《美国政府拟加大反垄断力度或先拿谷歌开刀》，新华网，2009 年 5 月 13 日访问。

④ Jeffrey Church, The Impact of Vertical and Conglomerate Mergers on Competition, A Report Written for the European Commission (Directorate General for Competition and Directorate B Merger Task Force), September 2004.

⑤ Jeffrey Church, The Impact of Vertical and Conglomerate Mergers on Competition, A Report Written for the European Commission (Directorate General for Competition and Directorate B Merger Task Force), September 2004.

⑥ Yongmin Chen, On vertical mergers and their competitive effects, RAND Journal of Economics Vol. 32, No. 4, Winter 2001. pp. 667-685.

⑦ 同上注。

此产生共生效果。

3. 非横向合并的多种形式导致其竞争及反竞争效果的多样性

与横向合并不同，非横向合并竞争效果的评估不存在"规范模型"。但出于对非横向合并"无害性"的证明，芝加哥学派则创建了"规范模型"，指出了非横向合并无损于竞争的情形。芝加哥学派的观点是基于特定的推测之上的，这就意味着，将适当的竞争损害理论运用于具体并购案件的时候，一定要小心谨慎，不同的机制下产生的损害也可能不同。

垂直合并对经济发展确实具有一定的积极作用，它能使供应、销售和生产环节得到更好的调整和配合，从而可以使产品流转的中间环节及交易成本缩减，因此可以产生一定的规模优势。然而，如果一个垂直合并覆盖市场的范围过大，从维护竞争性的市场结构来看，它对竞争也会产生不利影响。①

混合合并对竞争的不利影响小于横向合并，且有可能产生显著效益，包括通过提供大量资金，通过替换平庸的管理层或巩固优秀的管理层来提高管理效率；使研究与销售相协调；通过经营多样化来提高应对经济波动的能力；提供销售企业的市场以鼓励创业和风险承担。但这并非说明反垄断法对混合合并就可以完全放任。② 在特定情况下，混合合并可能会对竞争产生较大不利影响，需要反垄断法的相应规制。

4. 非横向合并对竞争带来的不利影响

我们分别来看垂直合并和混合合并对竞争的不利影响：

垂直合并对竞争的不利影响主要表现在以下三个方面：首先，可能提高进入壁垒逃避费率监管。垂直合并可以提高进入壁垒，促进相互勾结或使处于垄断地位的供应商逃避费率监管。在零售领域，如果大比例的上游产品通过零售店铺的纵向一体化被出售或合并会破坏性消除买家的情况下，那么反垄断法就应当关注垂直合并中企业之间的相互勾结。③

其次，容易导致市场封锁。垂直合并减少没有参加合并的企业的交易机会，限制它们进入市场的渠道。垂直合并发生后，不管合并企业对未参与联合的企业是否有意识地施加限制竞争性的影响，合并都可能将这些企业置于不利的地位。因为垂直合并可能使没有参加合并的企业减少参与交易的机会，使它们再也不能进入通过垂直合并从而关闭了的市场。④

最后，会导致价格歧视。垂直合并发生后，即使对于未参加合并的企业没有完全关闭市场，但是，合并企业间的原材料买卖价格或者产品销售价格与这些未参与合并的企业间

---

① 王晓晔著：《企业合并中的反垄断问题》，法律出版社1996年版，第14页。

② William J. Kolasky, Conglomerate Mergers and Range Effects: It's A Long Way from Chicago to Brussels, Before the George Maso University Symposium Washington, D. C, November 9, 2001.

③ Frederick R. Warren-Boulton, "The Contribution of the Merger Guidelines to the Analysis of Non-Horizontal Mergers". 20th Anniversary of the 1982 Merger Guidelines: The Contribution of the Merger Guidelines to the Evolution of Antitrust Doctrine, May 21, 2002, on http://www.usdoj.gov/atr/hmerger.htm# papers.

④ 在布朗鞋公司诉美国案中，法官指出纵向合并会阻止其他竞争者进入本来是对其开放的一部分市场，进而导致市场竞争力的削弱。See Brown Shoe Co. v. U.S., 370 U.S.294 (1962).

交易价格也是绝不相同的，这在事实上就产生了歧视性的价格条件。①

再来看混合合并对竞争的不利影响。混合合并当出现可能导致互惠交易、构筑防御措施或使企业具有实施捆绑销售能力的情况下，就会对竞争产生不利影响。② 混合合并由于是互补性合并，企业有利用多元化经营的便利，所以容易形成实施捆绑销售的能力。合并后的企业展开捆绑销售，在不同产品的销售间实行交叉补贴，以这部分的盈利弥补另一部分的亏损，并通过有效的定价方法将对手挤出市场。③ 2001 年欧盟禁止 GE 和 Honeywell 混合合并的理由就在于此。

（三）在影响竞争方面，非横向合并与横向合并的区别

1. 非横向合并与横向合并对竞争的损害有着本质区别

横向合并可能消除有市场势力的当事方对彼此因竞争而产生的市场制约，合并的结果将直接减少甚至完全消灭市场上的竞争者。可以推定，横向合并会导致市场份额增加和价格提高（至少有提价的机会），而对非横向合并则很难作出类似的明确推断。④ 其根本原因在于，横向合并是替代者之间的合并；而非横向合并往往是互补者之间的合并，有利于提高效率，即相对于横向合并，非横向合并更注重效率抗辩。

2. 非横向合并与横向合并对竞争影响的方式不同

非横向合并对竞争的影响是间接的和潜在的，而横向合并则更为直接和强烈。横向合并对竞争典型的负面影响就是直接刺激提价，而非横向合并对竞争潜在的负面影响是可能导致供货或采购政策的变化，或者为消费者提供产品范围的变化，这些会对竞争企业的价格、需求和定价造成间接的影响，并最终影响到消费者的利益。⑤ 因此判断非横向合并是否会妨碍有效竞争，无法直接从价格的变动中得到答案，须经过深入分析，权衡利弊，而且更多地取决于其是否对消费者造成损害。⑥

3. 非横向合并反竞争效果较横向合并更加丰富

横向合并的反竞争效果评估，目前各国都已经形成了一套行之有效的"规范"流程，而对非横向合并竞争效果的评估却不存在"规范模型"。由于形式的多样性，在反竞争效果的评估上也就更为复杂，即合并结果有可能促进竞争也有可能反竞争，需要依赖在个案中对事实证据的考察和具体问题具体对待。

---

① Yongmin Chen, On vertical mergers and their competitive effects, RAND Journal of Economics Vol. 32, No. 4, Winter 2001. pp. 667-685.

② 孙晋：《企业混合合并的反垄断法分析》，载《时代法学》2009 年第 5 期。

③ 卫新江著：《欧盟、美国企业合并反垄断规制比较研究》，北京大学出版社 2005 年版，第 17 页。

④ Paul Hofer and Mark Williams, Non-horizontal mergers, The European Antitrust Review 2007, pp. 6-7.

⑤ Jeffrey Church, The Impact of Vertical and Conglomerate Mergers on Competition, A Report Written for the European Commission (Directorate General for Competition and Directorate B Merger Task Force), September 2004.

⑥ 孙晋、范舟：《我国企业非横向合并的反垄断法规制》，湖北经济法网，2010 年 5 月 8 日访问。

三、美国、欧盟反垄断法对横向合并与非横向合并的不同规制态度

（一）美国对横向合并和非横向合并的立法态度

1. 实体法

早期《谢尔曼法》对企业合并采取严格立法的原则，即对任何妨碍自由贸易与竞争的企业合并都予以严厉禁止，后来逐渐确立了法律适用上的"合理原则"，即一项企业合并是否违法，主要看该合并的效果是否实质地削弱竞争或势必形成垄断。法律所禁止的只是那些"不适当地"或者"以不公平的方式"限制竞争的行为，在企业合并的情况下，法院不仅需要测评因合并被减弱的市场竞争程度，而且还要考虑有关市场竞争的所有情况，即要考虑合并可能产生的所有后果。合理原则的适用从而构成了美国企业合并制度的法律基础。

《克莱顿法》对企业合并的控制采用"早期原则"，即在企业合并形成的早期，当可以合理地预见到某种企业合并将破坏自由贸易与竞争时，即可对其实施法律控制。这一原则对于将基于企业合并而产生的垄断及时遏止在萌芽状态具有重要意义，从而确立了美国企业合并中的事前控制制度。① 该法第 7 条规定："任何人不得直接或间接并购其他人的全部或部分资产……如果该并购造成实质性减少竞争的效果。"从而通过成文法首次确立了并购控制的实质性减少竞争标准（Substantial Lessening of Competition，SLC）。

在 1984 年修订 1968 年《合并指南》时，② 美国司法部对合并形式不再采取传统的横向合并、纵向合并、混合合并"三分法"，转而采取了横向合并和非横向合并"两分法"，以强调横向合并才是合并政策关注的核心，对非横向合并则非常宽容。1984 年《合并指南》的非横向合并代表了美国司法部和联邦贸易委员会对渗透和纵向合并的官方态度。③ 1992 年的《横向合并指南》进一步降低了市场集中度在判断垄断性合并中的地位，④ 把它与潜在的反竞争效果、市场的进入、效率和破产并列为判断垄断性合并的五大判断标准，表现出明显的行为主义特征，大大降低了对企业合并的控制力度。⑤ 这充分说明，20 世纪 90 年代美国的合并控制已从全面干预逐渐转向有选择干预，即对纵向合并和混合合并一般不再干预。

从美国对横向合并和非横向合并的立法进程来看，横向合并一贯是美国反托拉斯法最

---

① 吕明瑜：《美国企业合并制度的研究与借鉴》，郑州大学私法研究中心网站，2009 年 5 月 8 日访问。

② 1968 年，美国司法部颁布了《合并指南》，对横向合并、纵向合并和混合合并都规定了参与合并的企业所允许的最大市场份额，合并企业如果超过该份额界限就会受到司法部指控，体现了结构规制倾向。

③ Frederick R. Warren-Boulton，"The Contribution of the Merger Guidelines to the Analysis of Non-Horizontal Mergers"．20th Anniversary of the 1982 Merger Guidelines：The Contribution of the Merger Guidelines to the Evolution of Antitrust Doctrine，May 21，2002，on http：//www.usdoj.gov/atr/hmerger.htm#papers.

④ 1992 年的《横向合并指南》于 1997 年被进一步修改，主要是增加了效率的评估因素。

⑤ U. S. Department of Justice and Federal Trade Commission，Horizontal Merger Guidelines of 1992.

受严格管制的对象。其理由是，既然企业商定价格的行为被视为本身违法的行为，横向合并的结果会使合并的企业一起商定价格，横向合并自然也就应视为本身违法的行为。纵向合并的规则主要体现在 1968 年的《合并指南》之中，该指南规定，如果一个或者一系列纵向合并对市场上的生产商或者销售商可能会构成进入市场的障碍，从而使未参与或未完全参与联合的企业处于不利的竞争地位，且这种做法不利于提高企业的经济效益，合并就得被视为是严重损害竞争。① 同时美国反托拉斯法认为，混合合并虽然不能直接提高一个部门的集中度，但从长远和发展的角度看，它们也能推动经济集中和市场势力的增长，因而应当予以法律控制，并在禁止混合合并的法律判例中形成了一系列的控制理论，如潜在竞争理论、构筑防御设施理论、互惠交易理论等。② 实际上在实践中非横向合并更多的适用合理原则。

2. 程序法

根据美国 1976 年《哈特—斯科特—罗迪诺反垄断改进法》（Hart-Scott-Rodino Antitrust Improvement Act, HSR Act）和美国联邦贸易委员会 2001 年据此制定的申报规则（HSR Rules），一个企业并购是否需要申报，取决于以下几个条件：（1）并购方或者被并购方是否在美国从事能够影响美国的商业活动，这个标准称为商业标准（the commerce test）；（2）被并购方的资产或者被并购方有表决权的股票是否达到一定数量标准（该标准每年随美国 GNP 的变化而被调整），这个标准简称为交易规模标准（the size-of-the-transaction test）；（3）在交易金额达到 2. 268 亿美元或者不足这一金额但超过 5670 万美元的情况下，并购方和被并购方在全球范围内的销售金额或者资产超过 5670 万美元（该标准每年随美国 GNP 的变化而被调整），这个标准简称为当事人标准（the size-of-the-parties test）；（4）豁免申报的其他可能性。根据上述交易规模标准，一个并购的交易额如果不足 5670 万美元，该企业并购并不需要进行申报。根据 HSR Rules 第 802. 50 条规则，一个美国公司或者外国公司取得一个外国公司，如果该外国公司上一营业年度在美国境内的销售额没有超过 5670 万美元，这个并购活动可以免于申报。此外，即便被并购的外国公司上一营业年度在美国境内的销售额超过 5670 万美元，在下列情况下，这个并购仍可免于申报：（1）并购方和被并购方均为外国企业；（2）并购方和被并购方上一营业年度在美国市场的销售额共计不足 1. 247 亿美元；（3）并购方和被并购方在美国的资产共计不足 1. 247 亿美元；（4）并购交易额没有超过 2. 268 亿美元。③ 在美国法中为使企业对其合并计划有可预见性，"过度集中"或者"排除和严重限制竞争"都有一个量化标准，如美国反托拉斯局使用 Herfindahl-Hirshmann-Index（HHI）④ 来区分高度集中、中度集中和没有集中的市场。⑤ 美国设置了两级备案制或称两阶段审查制，即当事人在申报的初期只须提交一些基本数据，供执法机构作出初步判断；如果执法机构认为有必要进一步审查的，当事人再应要求提交更为详细的资料，审查进入第二阶段；这一制度被我国继受。

---

① U. S. Department of Justice, Merger Guidelines of 1968.
② 王晓晔著：《企业合并中的反垄断问题》，法律出版社 1996 年版，第 47～52 页。
③ 王晓晔著：《反垄断立法热点问题》，社会科学文献出版社 2007 年版，第 102～103 页。
④ 赫芬达尔·赫兹曼指数（HHI）等于该行业内各企业市场份额的平方和。
⑤ 王晓晔著：《企业合并中的反垄断问题》，法律出版社 1996 年版，第 56 页。

（二）　欧盟对横向合并和非横向合并的立法态度

1. 实体法

欧盟的企业合并反垄断立法是欧盟理事会于 1989 年通过的第 4064/89 号《合并控制条例》，该条例成为欧盟竞争法上对企业结合行为进行规制的基本规则。①

在企业合并控制的实体标准上，与美国的实质减少竞争标准不同，欧盟坚持市场支配地位标准（the Market Dominance Test）。根据欧盟条约第 82 条相关的判例，欧盟法院认为，如果一个企业享有使它在相关市场可以阻碍有效竞争的经济权力，从而使它的经济行为在很大程度上不受竞争者、购买者和消费者影响，该企业就享有市场支配地位。② 按照欧盟第 4064/89 号《合并控制条例》第 2 条第 2 款规定，如果合并产生或加强了企业的支配地位，共同市场或者共同市场的一个重要部分的有效竞争从而受到严重阻碍的，该合并应被宣告为与共同市场不相容。从而确定了合并控制的结构型定位，即企业通过并购所获得或增强的支配性地位，因改变市场竞争结构，所以应加以控制。③ 但是支配性地位标准不适用于寡头垄断市场非共谋式合并的立法漏洞，使得在合并条例历次修改中引起最大争议的就是市场支配地位标准和实质减少竞争标准孰优孰劣，这在欧盟内部产生了严重分歧。④ 由于支持和反对两派难以达成一致，欧共体委员会在 2004 年新修的第 139/2004 号《合并控制条例》中自创了新的实体标准即"严重阻碍有效竞争标准"（Significant Impediment to Effective Competition，SIEC）。新条例第 2 条第 2 款规定："未使共同市场或者共同市场的一个重要部分的有效竞争从而受到严重阻碍，尤其是没有造成或加强企业支配地位的合并，应该宣布为与共同体市场相容。"后来颁布的《横向合并评估指南》对该条款进行了更具体的解释。⑤ 这样，通过修改引进了新的实体性标准——"严重妨碍有效竞争"有效地对支配性地位标准不适用于寡头垄断市场非共谋式并购的漏洞进行了拾遗补缺。⑥

欧洲委员会《横向合并评估指南》和美国的横向合并立法在对竞争者的合并进行评估的基本原则上已经有所融合，但在非横向合并（纵向合并与混合合并）方面却并非如此。非横向合并极有可能减少上游市场和下游市场的竞争，欧洲委员会 2007 年的《非横向合并评估指南》反映了向其提出挑战的立法决心；如果只注重美国的判例法，这一《指南》意义似乎没有那么重大，美国最高法院和下级法院都有支持反对非横向合并的判例。⑦ 欧盟《非横向合并评估指南》（下称《指南》）大量引用了经济理论——特别是前芝

---

① 该条例先后在 1997 年和 2004 年经过修改，2004 年《横向合并评估指南》和 2007 年《非横向合并评估指南》的颁布，标志着欧盟构筑起完整的企业合并控制法律体系。

② ECJ 13. 02. 1979，461，520-Hoffmann-La Roche；11. 12. 1980 Slg. 1980，3775，3793-L'Oreal.

③ 刘和平：《欧美并购控制法实体标准比较研究》，载《法律科学》2005 年第 1 期。

④ 卫新江著：《欧盟、美国企业合并反垄断规制比较研究》，北京大学出版社 2005 年版，第 82～83 页。

⑤ 胡光志主编：《欧盟竞争法前沿研究》，法律出版社 2005 年版，第 74 页。

⑥ 刘和平：《欧美并购控制法实体标准比较研究》，载《法律科学》2005 年第 1 期。

⑦ Federal Trade Commission, The Challenge of Non-Horizontal Merger Enforcement, September 27-28, 2007.

加哥学派的经济理论，重点都在于交易时的非横向合并排除竞争对手、损害消费者利益的可能性；《指南》的重点放在纵向合并是否会使收购公司不利于其竞争者，无论是限制竞争还是提高竞争者的成本；然后《指南》还关心竞争与消费者是否受到了损害。总体而言，非横向合并更关注效率抗辩和消费者保护，欧盟非横向合并立法走在了美国的前面。

2. 程序法

欧共体 1989 年的《合并控制条例》明确规定，该条例只适用于具有欧共体影响的合并。根据 2004 年修订后的新条例，具有欧共体影响的合并除要求参与合并的企业在世界范围的销售额超过 50 亿欧元，参与合并的企业在共同体市场上的销售额有 2/3 以上不是来自一个且同一个成员国，还有一个条件是，参与合并的企业中至少有两个企业在共同体市场的销售额超过了 2.5 亿欧元。①《合并控制条例》的序言指出："一个具有共同体影响的合并如果产生或加强市场支配地位，并由此严重损害共同体市场或其重大部分的有效竞争，该合并应视为与共同体市场不协调。"第 4 条规定："具有共同体规模的集中必须在达成协议、公开竞标宣告或取得控股地位之后，实施之前向欧盟委员会作出申报。"同时由于审查期限比较短，申报企业为了尽可能避免申报被受理后出现反垄断法上的问题，往往会在正式申报之前和委员会进行非正式的信息交流。审查第一阶段对是否"存在与共同市场不相容的重大嫌疑"作出初步判断，其次将那些属于合并条例管辖，并存在与共同市场不相容的重大嫌疑的集中纳入全面、深入的第二阶段审查程序中。

四、我国对横向合并和非横向合并分别规制的必要性

通过前文分析我们知道，横向合并和非横向合并对市场竞争的影响是不同的，欧盟美国在立法和执法实践中对二者的控制原则也大不一样。我国的经营者集中控制制度并没有将企业合并进一步区分为横向合并和非横向合并，更没有分别规制的制度安排。所以在我国讨论对横向合并和非横向合并分别规制，实际上就是强调对非横向合并进行规制的必要性。

（一）我国对非横向合并反垄断规制的立法缺漏

通过我国《反垄断法》和《经营者集中控制标准》，表面上看起来立法者把横向合并和非横向合并在反垄断法上作同等看待，② 事实上法律的不加区别之规定恰恰说明立法者没有考虑到非横向合并对竞争也具有危害性，易言之，我国的"经营者合并"在立法本

---

① Article 1, Council Regulation (EC) No. 139/2004 of 20 January 2004 on the Control of Concentrations between Undertaking (the EC Merger Regulation), Official Journal of the European Union, 29. 1. 2004.

② 实际上法律的同等看待是错误的，因为横向合并对竞争的破坏性要直接和大得多，法律对其规制的态度要更为严厉；而非横向合并有利有弊，且对竞争的影响具有间接性和隐蔽性，对其反垄断规制更应当强调效率抗辩、更倚重合理原则、在申报标准上比横向合并的标准要高。

意上本来就单指横向合并而忽略了非横向合并。① 所以说我国反垄断规制制度对于非横向合并实质上形成明显的立法缺漏。这与国际立法潮流是相悖的，② 于维护我国市场竞争环境也是不利的。

（二）规模经济理论需要反垄断规制

从社会经济发展史角度说，规模经济是生产社会化的结果和表现形式，规模可以出效益。但规模出效益要有条件，即经济规模的扩大要合理化，③ 实践中纵向合并因建立排他性原材料供应或产品销售体系，使目标企业的竞争对手被排除在交易之外，损害了合并企业与第三人进行充分的竞争；另外在混合并购中，如果没有该并购，一方有可能作为潜在竞争者加入另一方市场，从而对另一方产生竞争威胁，但合并消除了该威胁，同时还容易产生互惠交易。由此不难发现往往非横向合并更易实现规模经济效应，从宏观上说，它使价值规律和市场机制不能有效地发挥调节社会经济的结构和运行的作用，而另一方面，企业的规模化如果使单个企业或企业间的联合达到对特定市场形成垄断和支配地位的程度，则会产生排挤其他经营者而限制竞争的后果。这就是各国纷纷制定法律反对包括非横向合并在内形成垄断和限制竞争的原因。

（三）经营者自利性即营利性呼吁反垄断规制

非横向合并可以使得经营者获得规模效益（包括管理规模效益、生产规模效益、市场规模效益和财务规模效益等），另外还可以使得经营者取得市场支配地位和市场势力，或者保持市场支配地位和市场势力。④ 这种目标是任何以自利、赢利为目的的经营者所愿意实现的，因为对于经营者来说其具有自利性，经营者的决策出发点是千差万别的，有些时候，特定经营者并不顾及其他竞争者而单独实施一些市场行为，这样企业的产品边际成本不便于精确计算，很难准确认定经营者的边际成本，相应地也就难以判断经营者定价的合理性，评估消费者剩余价值，长此发展，该非横向合并行为不利于市场的健康发展。毕竟，经营者是市场竞争中的主体，从其自利性出发，他们考虑问题的角度与市场发展和国家需要会存在区别。纯粹和片面追求赢利和效率的合并行为需要反垄断法的规范。

---

① 主持了我国《反垄断法》制定工作的国务院法制办张穹副主任，在其所著的《反垄断理论研究》一书（中国法制出版社 2007 年版）中论述"禁止经营者集中"部分，根本没有提及非横向合并（纵向合并和混合合并）的概念，对其可能限制竞争的集中进行反垄断规制也就更无从谈起，这就很好地说明我国立法者"疏忽"了非横向合并的反垄断规制问题。

② 2007 年 11 月欧盟《非横向合并评估指南》的出台、2008 年 11 月澳大利亚包含非横向合并规制内容的《合并指南》的颁布，以及已经列入美国反托拉斯法现代化计划并即将启动的非横向合并规制改革（即加强对非横向合并的反垄断规制），都说明提高对非横向合并的反垄断规制力度已成为全球反垄断法的一个发展趋势。

③ 漆多俊：《中国反垄断立法问题研究》，载《法学评论》1997 年第 4 期，第 54 页。

④ 詹昊著：《〈反垄断法〉下的企业并购实务经营者法律解读、案例分析与操作指引》，法律出版社 2008 年版，第 29 页。

五、构建完善我国经营者集中（合并）控制制度的初步设想

（一）构建经营者集中控制的价值定位

法律的价值与法律本身也许并不相同，正如效率倡导者波斯纳自己也同意的那样，为反托拉斯法投下重要一票的立法者们更多关注的是收入和财富的分配以及小企业和特定消费者的利益而不仅是资源配置的效率。① 针对我国经营者集中的反垄断规制制度，应该以有效竞争作为价值定位。有效竞争的目标模式主要是从规范竞争性的市场结构出发的，即建立一个"优化的市场结构"，在这种竞争模式下才能有效地保障竞争的作用，享受其带来的好处，可以在实现规模经济的同时提高整体经济效率，更为重要的是保持市场结构的竞争性，维持一定数目的竞争者，达到有效竞争的状态。

（二）在经营者集中控制制度中引入经济学分析方法

在经营者集中控制制度中反垄断学者思考是否结合经济学中的分析方法以及各种数量模型和经验研究更有助于提供企业合并案分析的准确性？针对非横向合并，首先应当改变一味以纯法律的视角对合并进行定性分析研究的做法，应确立经济学定量分析方法在我国非横向合并实体规制分析方法中的主导地位；其次，我国对非横向合并的规制，也应明确以事实证据作为审查的必要条件，事实分析与经济分析相互呼应，将经济分析模型套用在事实证据中，相互印证，对应经济模型寻找相关证据，并在证据不能充分证明合并将可能导致反竞争的不良效果时予以放行，这是目前反垄断经济学最新的研究成果，也是欧美等发达国家已经开始全面实行的竞争分析方法。②

（三）立法中区分横向合并和非横向合并分别规制

我国《反垄断法》对经营者集中的相关规定并没有将横向合并与非横向合并进行区分，这对经营者集中控制制度的有效规制是不利的。实际上，作为发展中国家，我国更有必要正确认识，充分了解非横向合并对经济的促进作用以及对竞争产生的负面影响，借鉴发达国家反垄断立法和司法实践构建我国的企业非横向合并控制制度，在与我国的产业政策相匹配的过程中对那些严重损害竞争的非横向合并进行规制。③ 在我国立法中对横向合并和非横向合并应实现分别对待而不是同一规制。

具体到反垄断控制方面，在审查非横向合并时将重心放在对消费者利益损害的审查目标上，这也是区别于横向合并中着重于竞争者利益保护的审查目标。其中欧洲委员会2007 年 11 月颁布的《非横向合并评估指南》以及澳大利亚 2008 年 11 月制定的包括非横向合并规制内容的新的《合并指南》，为我国完善经营者集中控制制度提供了有效的参考依据。

---

① ［美］理查德·波斯纳：《反托拉斯法》，孙秋宁译，中国政法大学出版社 2002 年版，第 39 页。

② J. K. Kwoka, Some thoughts on concentration, market shares, and merger enforcement policy, Presented at the FTC/DOJ workshop on merger, February 2004.

③ 王晓晔：《〈中华人民共和国反垄断法〉中经营者集中的评析》，载《法学杂志》2008 年第 1 期。

（四）横向合并与非横向合并的审查标准应予以区分

我国《反垄断法》第 28 条规定："经营者集中具有或者可能具有排除、限制竞争效果的，国务院反垄断执法机构应当作出禁止经营者集中的决定。但是，经营者能够证明该集中对竞争产生的有利影响明显大于不利影响，或者符合社会公共利益的，国务院反垄断执法机构可以作出对经营者集中不予禁止的决定。"由此可见，我国实际上采用了类似于美国的"实质减少竞争标准"。笔者认为法条中对横向合并的规制范围显得有些狭隘，只注重于抽象标准并未确立实质评价标准。

另外，较之于横向合并，非横向合并的审查标准应相对宽松，因为非横向合并并不像横向合并那样对市场竞争造成直接的损害；在强调对企业非横向合并进行规制的同时，也不能忽视国际竞争力这个因素，对于外向型企业以提高国际竞争力为目的的企业合并，就应当适度放宽规制标准，以应对不断发展的国际经济形势；当然，如果非横向合并属于经营不善甚至濒临破产的小企业的兼并，那么这些兼并对市场竞争结构一般不会产生很大的影响，反而有利于社会整体利益，依据"破产企业原则"，这类企业合并行为也不应被规制。①

非横向合并评价标准确定中应该考虑从市场集中度、HHI 级别、单边效果与协同效果、具有抵消并购反竞争效果的购买力、进入的可能性、及时性和充分性、效率以及破产诸多方面对集中的反竞争效果进行综合评估，而不是简单的所列数量或比例标准。② 更为重要的是需要在确立实质性标准时突出效率因素的作用。虽然《反垄断法》第 28 条中的规定已经对效率因素作出初步规定，但是笔者认为具体适用条件和实施步骤应该得到进一步细化。因为市场支配标准问题也有助于判断经营者集中行为是否会真正带来反竞争的效果，所以在对其设置上应该慎重考虑，笔者建议可以在确立结果型标准为原则的基础上，以辅助有关市场支配地位的推定标准，③ 而不是机械性地套用关于市场支配地位的推定标准，因为往往在现实中很难作出关于企业合并的违法性判断。

---

① 鲁晓燕：《企业合并中的反垄断规制》，载《法制与社会》2008 年第 2 期。

② 刘和平著：《欧盟并购控制法律制度研究》，北京大学出版社 2006 年版，第 333 页。

③ 如德国《反对限制竞争法》(1999) 第 19 条规定，一个企业至少有 1/3 市场份额的，推定其具有市场支配地位。由多个企业组成的整体视为具有市场支配地位，条件是：①该整体由 3 个或 3 个以下企业组成，它们共同占有 50% 的市场份额，或者该整体由 5 个或 5 个以下企业组成，它们共同占有 2/3 的市场份额，但这些企业能够证明在此竞争条件下它们之间能够开展实质上的竞争，或者这些企业在总体上相对于其他竞争者不具有突出的市场地位的，不在此限。②一个事业者的市场占有率在 50% 以上。③3 个以下的事业者的市场占有率合计在 75% 以上。但是，该情形中市场占有率不满 10% 的除外。

乙肝病毒携带者就业歧视问题
及其法律对策研究

■　喻术红*　　杨少凯**

目　　录

一、乙肝病毒携带者就业歧视相关概念的厘定

（一）医学上乙肝相关概念的厘定

"乙肝"是医学上的概念。当它出现在社会学领域，并广泛地加以应用时，却偏离了它本来的医学含义。因此，我们在做乙肝就业歧视法律救济研究之前，有必要先还原一些医学上的概念，以期人们不望文生义，避免因错误理解而带来观念上的歧视。

1."乙肝病毒携带者"和"乙肝患者"的医学含义

"乙肝病毒携带者"和"乙肝患者"是两个具有本质不同的概念。权威医学观点认为："乙肝病毒携带者"是指"乙肝两对半"① 五项指标中第一项（即 HBSAG）呈现阳

---

　* 喻术红，武汉大学法学院教授，博士生导师，法学博士。
　** 杨少凯，法学硕士，浙江省丽水市人民检察院。
　① 乙肝两对半，对它的检测是目前乙肝歧视最主要的医学原因。它是医学上的专业检测概念，即，第一项：表面抗原（HBSAG）；第二项：表面抗体（HBSAB 或者抗 HBS）；第三项：e 抗原（HBEAG）；第四项：e 抗体（HBEAB 或者抗 HBE）；第五项：核心抗体（HBCAB 或者抗 HBC）；第六项：核心抗原（HBCAG）。就目前的技术而言，第六项核心抗原很难通过抽取的血液进行检测，并且检测的技术并不成熟，所以医学的检测只剩下前面五项，也就是人们常说的"乙肝两对半"或者"乙肝五项"。

性而无任何症状体征并且肝功能检测完全正常达半年以上者，全称为"乙肝病毒无症状携带者"。他们无不适的感觉，也没有任何肝炎的症状，肝功能化验正常，血清转氨酶长期未见升高，除了体内携带乙肝病毒以外，和普通人并无二致，也不需要接受医学治疗，甚至有些人一辈子也不知道自己是乙肝病毒携带者。"乙肝患者"是指在临床上表现为乏力、恶心、没有食欲、腹泻、腹胀、厌油腻等症状，同时肝功能检测异常，血清乙肝表面抗原、乙肝病毒去氧核糖核酸、去氧核糖核酸合酶均为阳性的患者。通俗地讲，"乙肝患者"是指患者携带乙肝病毒同时肝功能异常，这部分人需要接受临床的治疗。由此可见乙肝病毒携带者与乙肝患者具有本质的区别，其中很重要的衡量标准就是肝功能是否正常①。

　　2. "乙肝大三阳"和"乙肝小三阳"的含义

　　笔者观察发现，社会大众除了不能正确区分乙肝病毒携带者与乙肝患者概念外，对"乙肝大三阳"、"乙肝小三阳"的概念也存在很深的误解，因此也有必要作出科学的定义和解释。

　　"大三阳"、"小三阳"并不是医学上的专业概念，而是民间的一种通俗的说法。这种看似形象、生动的说法却引起了一些不必要的乙肝歧视，因此也有必要对他们进行厘定。"大三阳②"是指前述乙肝两对半指标检测中第一项、第三项、第五项呈阳性者，"小三阳③"是指第一项、第四项、第五项呈阳性者。④ 这两个概念在医学上是有一定意义的，它们代表着体内病毒复制状态，一般而言，"大三阳"表明体内携带的病毒活跃，复制性较高；"小三阳"表明体内病毒活跃性低，复制性较低，但两者并没有明显的界限，往往相互转化，因为人体的病毒往往受到外界的影响并结合人的体质呈现不同的状态。

　　需要指出的是"大三阳"、"小三阳"和乙肝患者并没有因果关系⑤。"大三阳"和"小三阳"是乙肝病毒携带者的两种典型情形，但是否乙肝患者需要查看肝功能和做乙肝 HBV-DNA 的病毒检测⑥，目前大部分人认为"小三阳"病毒携带者比"大三阳"病毒携带者情况好，有些用人单位也因此更加抵制"大三阳"病毒携带者，这种观念也是错误的。因为病毒复制的强弱存在于人体的内部，至于传播是需要媒介的，这种媒介是特定的，后面笔者将专门进行论述。所以说，无论"大三阳"还是"小三阳"本质上都是乙肝病毒携带者。

———————————

　　① 此处的"肝功能"是指医学上的检测指标，包括胆红素、白蛋白、球蛋白、转氨酶、r-谷氨酰转肽酶等。

　　② 在乙肝两对半检查报告中的体现是 HBsAg（+）、HBeAg（+）、抗 HBe（+）。

　　③ 在乙肝两对半检查报告中的所体现形式是 HBsAg（+）、HBeAb（+）、抗 HBc（+）。

　　④ 以上表述来源于中国肝炎防治基金会网站：http://www.cfhpc.net。访问时间：2009 年 1 月 25 日。

　　⑤ 社会大众普遍认为"乙肝大三阳"就是乙肝患者，使得相应的乙肝病毒携带者的就业权受到更为严重的侵害，并驱使他们服用药物，希望短期内转为"乙肝小三阳"，这是一种十分危险的行为。

　　⑥ HBV-DNA 即是乙肝病毒的脱氧核糖核酸（即乙肝病毒基因）。HBV-DNA 是 HBV 感染最直接、特异性强和灵敏性高的指标，HBV-DNA 阳性，提示 HBV 复制和有传染性。HBV-DNA 越高表示病毒复制越厉害，传染性强。

（二）法律上就业歧视概念的界定

1. 歧视含义及与差别对待的区别

我国相关立法并没有专门给歧视下一个定义，导致的结果是这种泛泛的感性概念使得学者们乃至国家机关在使用过程中出现了混乱，因此有必要对歧视的概念进行界定。

"歧视"在《汉语大辞典》中的解释为不平的对待。在《布莱克尔政治百科全书》中是这样来定义和解释歧视：最广义的说法，该词是对一种差异，一种差别或不同待遇的感受。这些解释都不足以成为法律上歧视的概念。法律概念上的歧视源于"偏见"。

根据现代平等理论的研究认为：相同情形应该相同对待，不同情形不同对待都是平等的。① 而平等包括形式平等和实质平等，亦类同于程序正义和实质正义的关系。所谓形式平等是指忽略个体的自然差别和社会差别，从而抽象出普通的法律人格，保证人们拥有一个平等的机会，并不保证人们获得实际利益和机会相同。这种抽象的平等在各国早期的立法中有明确的体现；实质平等目的在于对形式平等的纠正。当然实质平等作为一种法律上应然的理想状态，它并不仅仅追求结果上的平等，而是强调形式平等下进行差别对待。实质平等昭示着人权的扩大和国家义务的增强，社会弱势群体能得到国家的制度保护。本文中论述的乙肝病毒携带者亦是求职过程中的社会弱势群体，需要法律天平的倾斜以保护这一特殊群体正当的利益。

现代法律的一条核心原则是：法律面前人人平等。它的基本精神是禁止基于种族、民族、性别、肤色、年龄、宗教、政治信仰或其他原因享有特权或者遭到歧视，禁止将这些因素作为法律区别对待的标准。在这种法律原则的指导下，国际劳工组织关于《就业和职业歧视公约》（第 111 号）把歧视描述为：（甲）基于种族、肤色、性别、宗教、政治见解、民族血统或社会出身的任何区别或特惠，其效果为取消或者损害就业或者职业方面的机会平等或待遇平等。（乙）有关成员在同雇主代表组织或者工人代表组织——如果这种组织存在——以及其他有关机构磋商后可能确定其效果为取消或损害就业和职业方面的机会平等和待遇平等的其他差别区别、排斥或特惠。公约还规定，基于工作本身的要求的任何区别、排斥和特惠，不视为歧视。简单而言，根据该定义，构成歧视必须满足两个条件：差别待遇；差别待遇的衡量依据和分类标准是否合理。

那么什么样的差别对待不是歧视呢？这里存在一个合理界限的问题，也就是所谓的"合理的差别对待"。它一般需满足以下三个条件：（1）不针对特定人；（2）出于公共利益和个人利益的双重考虑；（3）尊重科学，尊重客观实际。② 不能满足上述三个条件的区别对待便被认为构成了歧视。当然在现实中这个"度"的把握需要根据时间和地点问题具体分析。

2. 健康就业歧视的含义

叶静漪教授结合《就业和歧视公约》第 4 条、第 5 条的规定，将健康就业歧视定

① 黄芬：《乙肝歧视的法律分析》，载《甘肃农业》2006 年第 9 期（总第 242 期）。
② 黄芬：《乙肝歧视的法律分析》，载《甘肃农业》2006 年第 9 期（总第 242 期）。

义为：法律规定的条件之外，基于个人的健康状况且与执行工作所需要的身体状况和条件无关，而作出的任何区别、排斥或优惠，而导致的剥夺或损害在就业和职业上的机会或待遇上的平等。① 这种健康就业歧视的核心在于考察个人的健康瑕疵是否与工作有关。

传统意义关注健康就业歧视的重点在于残疾人的歧视，而未把基于病原体携带者受到的歧视归为健康就业歧视。但是随着乙肝病毒携带者和艾滋病患者生存就业矛盾的愈发突出，健康就业歧视的范围也在不断地扩大，涵盖上述两种情形。由此健康就业歧视应包含对残疾人的歧视和对体内病毒携带者的歧视。残疾人和体内病毒携带者都成为社会弱势群体的一部分。

3. 乙肝就业歧视的含义

我国乙肝病毒携带者就业歧视问题是长期形成的，并夹杂着医学、法学、社会学、伦理学上的复杂问题。

依据上述关于歧视和健康就业歧视含义的分析，可以看出是否构成乙肝就业歧视在于劳动者个人的健康状况是否与工作要求有关；这种联系是否一种合理的对待，是否基于公共利益的需要。具体来讲，我们可以将乙肝歧视理解为：

（1）乙肝就业歧视是指乙肝病毒携带者由于体内病毒携带原因而遭受了不公正的待遇。这种不公正的待遇来源于歧视方以身体病毒作为唯一的决策依据，并不考虑当事人的诸如能力、学识、努力等当事人可以主观选择的因素，而病毒携带与否却是和个人的努力无关。

（2）乙肝就业歧视是指乙肝病毒携带者遭受的不公正的待遇基于法律规定以外的理由。法律对某些工作作出了特殊的要求，这些法律明确规定的差别对待不应视为歧视，例如矫正措施②和真正的职业要求③。但是无法律明确规定的差别对待行为视为歧视。

（3）乙肝就业歧视遭受的对待表现为外在差别对待和不合理的相同对待。④ 这种差别对待给乙肝病毒携带者巨大的压力，这种压力不仅体现在外在，还体现在内在。

综上分析，乙肝就业歧视作为乙肝歧视的一种类型，它是指乙肝病毒携带者在就业过程中由于携带乙肝病毒而遭受的基于法律规定之外的不合理的差别对待。这种差别对待给乙肝病毒携带者造成心理上的紧张和物质上的紧张，从而不利于乙肝病毒携带者的生存发展。

---

① 叶静漪、魏倩：《健康就业歧视若干法律问题研究》，载《人权》2004 年 3 月版。

② 所谓矫正措施又称为暂时特别措施，是在已经存在乙肝歧视的现实情况下为给予明显处于劣势的乙肝病毒携带者以特殊照顾而采取的措施。这来源于实质平等的思想，以纠正形式平等所带来的不平等。

③ 很典型的例子就是我国的《病毒性肝炎防治办法》明确规定：乙肝病毒携带者除不能献血及从事直接接触入口和保育工作外，可照常工作和学习。侧面说明乙肝病毒携带者不能从事直接接触入口和保育工作。当然随着医学认识的发展和维权工作的不断完善，目前乙肝病毒携带者通过健康体检获得健康证，从而有希望进入食品行业。

④ 孟高飞：《乙肝歧视的法律界定》，载《金华职业技术学院学报》2007 年 9 月底卷第 5 期。

二、乙肝病毒携带者就业歧视的现状、成因及危害

（一）乙肝病毒携带者就业歧视的现状

1. 我国乙肝病毒携带者的现状

就全世界范围而言，我国属于乙肝病毒高发区，感染率相当高。根据《39 健康网》发起并撰写的《中国乙肝歧视现状调查报告》资料：我国乙型肝炎的现患率为 277/万，是美国的 40 多倍，年发病率为 95/万。在法定传染病中，其发病率仅次于感染性腹泻与流行性感冒而居第三位。流行病学调查表明，我国至少有 8 亿人感染过乙肝，而我国人群中的乙肝表面抗原的携带率高达 10.34%，也就是说，我国约有 1.3 亿人为乙肝病毒携带者，占全球感染人数的 1/3。

从以上数据可以看出，在中国乙肝病毒携带者是一个庞大的群体，他们形成了一个特殊的社会弱势群体，生活在社会的每一个角落里。随着网络的发达，他们也在网络中聚居，目前国内最大的乙肝网络虚拟组织——《肝胆相照论坛》① 已成为乙肝患者和乙肝病毒携带者的网络家园，他们在里面倾诉遭遇的种种不公平的待遇，分享一些治疗心得，共同维权等。他们的聚集形成了一种巨大的网络力量，并折射出乙肝病毒携带者目前生存的困难。

2. 乙肝病毒携带者就业歧视现状

在网络搜索百度输入"乙肝就业歧视"，耗时 0.069 秒，便出现了 50300 条消息。② 其中不乏众多官方媒体的关注，内容更多集中在一个个生动的乙肝歧视案例和救济途径的探讨上。在现实生活中，乙肝就业歧视由来已久，尤其是 20 世纪 80 年代至今。2008 年致力于消除乙肝歧视的公益性机构北京益仁平中心通过电话调查的方式，调查了全国 20 几个城市的近 100 家外企的体检录用标准，发现只有几家外企按照法律的规定不进行乙肝两对半的强制体检，而大约 44% 的外企，包括西门子、诺基亚、索尼等大型企业不顾法律的规定，公然强制乙肝两对半体检并歧视乙肝病毒携带者。此外，与 2006 年相比，国内企业强制进行乙肝两对半体检的企业在不断地上升，大约为 21%③。

另外，根据《39 健康网》发起并撰写的《中国乙肝歧视现状调查报告》资料显示：8.5% 的乙肝病毒携带者是因乙肝病毒感染而失业；15.4% 的人因为乙肝病毒没有找到工作；44.8% 的病毒携带者已经就业，但单位不知道自己的病情；只有 19.6% 的就业没有受到乙肝影响；11.7% 的乙肝患者目前还是学生，还没就业。④ 同时笔者在写作的过程中专门跟踪采访了武汉大学法学院法律硕士专业大概几十名乙肝病毒携带者，并在严格保密的前提下进行了访谈，有一半以上的被访问者对求职保持了悲观观望的态度，他们希望能进入考公务员的队伍，希望在国家公务员的体检中不受歧视，并迫切希望能得到国家强有

---

① 网址是：http://www.hbvhbv.com。这种类型的网络论坛还有：《战胜乙肝网》(http://www.hbver.com/)，《人民网》(强国论坛关于乙肝板块)(http://bbs1.people.com.cn/) 等。

② 访问时间为 2010 年 1 月 20 日。

③ 王亦君:《〈就业促进法〉实施一年难止就业歧视》，载《中国青年报》2009 年 3 月 4 日。

④ 详见：《新闻中心》，载《中国网》；china.com.cn/news，访问时间 2009 年 12 月 20 日。

力的政策支持，同时也对公务员体检持担心态度；只有极少部分被访谈者持乐观的态度，原因是他们曾经有过工作经历，也曾经被用人单位歧视过，心理准备较为充足。

此外，有专门的人员和机构统计了 2002 年至 2006 年期间乙肝病毒携带者在就业过程中受到的歧视案例数目①。其中典型的几起案例是：

2003 年浙江大学农学系周一超参加浙江省嘉兴市地方公务员考试，4 月 1 日体检查出患有乙型病毒携带而未被录取。4 月 3 日周氏持刀扎伤两名人事工作人员，其中一名死亡。周一超后来被判故意杀人罪被执行死刑。此案轰动全国，乙肝就业歧视也第一次进入了公众的视野，也因此推动了国家公务员体检的改革。

2003 年 9 月 26 日，报考安徽芜湖公务员的乙肝病毒携带者张先著，被人事局以感染乙肝病毒为名拒绝。张先著于是起诉，要求撤销该决定，并认定《安徽省国家公务员录用体检实施细则（试行）》侵犯了其宪法权利。该案被称为"中国乙肝歧视第一案"。但在 2004 年 4 月，芜湖市新芜区人民法院一审判决：人事局根据张氏体检结论不予其考核的行为缺乏事实证据，予以撤销；但不承认规定有错，人事局不服，提出上诉，在二审中维持了原判，张先著也没有被录用为公务员。

2009 年 9 月 1 日，22 岁的浙江大学应届毕业生、乙肝病毒携带者雷闯领到中国首张乙肝病毒携带者的食品卫生类健康证明，并因推动反乙肝歧视成为乙肝病毒携带者的代言人而获得 2009 年中国经济年度人物提名奖和中国法治人物奖，为反乙肝歧视迈出了重要的一步。②

此外，值得一提的还有 2009 年电视剧《蜗居》中有一句台词，"不洗手……回头得乙肝……找工作都没人要"，惹怒了全国的乙肝病毒携带者，它被认为是对乙肝病毒携带者群体的歧视。他们通过网络大规模地攻击该剧，并试图致电国家广电总局，要求吊销其电视剧发行许可证并随时准备诉诸法律。这也从侧面折射出乙肝病毒携带者遭受就业歧视的困境及带来的心理缺失。

（二）乙肝病毒携带者就业歧视的原因

乙肝歧视的长期存在并不是偶然的现象，而是有着心理的、制度的、利益的等综合性原因的影响，同时这种长期存在的歧视情形会对社会产生极大的危害。

1. 对乙肝病毒携带者就业歧视的心理性和认知性原因

北京大学沈岿教授把这种心理性和认知性原因形象地归纳为"错误的有知"。他指出：错误认识意义上的无知并不是乙肝歧视最主要的原因，而"因受限的有知产生的风险恐惧或疑惑"才是症结的真正所在。③ 沈教授举了一个生动的例子：他同自己年逾 60 岁的母亲交流乙肝歧视问题，并告知其母亲乙肝病毒在一般的生活和工作接触中并不会传

----

① 例如沈岿在其论文：《反歧视：有知和无知之间的信念选择——从乙肝病毒携带者受教育歧视切入》，载《清华法学》2008 年第 5 期，专门作出了详细的乙肝歧视统计，数量极其巨大。还有北京工业大学社会学研究所孙芸在其论文《乙肝病毒携带者遭受的排斥困境及其成因分析》，载《铜仁职业技术学院学报（自然科学版）》（2009 年 10 月版）中对最近的乙肝歧视案例进行了列举和分析。

② 以上三个案例可参见新华网：http://nes.sina.com.cn/z/ahygqs/index.shtml。

③ 沈岿：《反歧视：有知和无知之间的信念选择——从乙肝病毒携带者受教育歧视切入》，载《清华法学》2008 年第 5 期。

染，其母亲表示理解了之后仍说了一句中国绝大部分非乙肝病毒携带者心里想说的话：还是小心一点为好，离他们远一点。无独有偶，笔者曾经和一名武汉华夏医院检验科的医生进行交流，探讨乙肝病毒传染问题，该医生坚持认为乙肝病毒携带者不能成为律师，因为律师要不断地和当事人、法官等说话，说话中有可能传播乙肝病毒。这些都折射出公众在对待乙肝问题存在认知上的问题。

目前绝大部分文献关于乙肝歧视的心理性的分析往往有这样一种观点：社会大众缺乏对乙肝知识的认识和了解，因而产生了盲目的恐慌，从而盲目地排斥乙肝病毒携带者进入他们的生活。于是有了这样一种论断："国人对乙肝知识的了解可怜得很是造成乙肝歧视的主要原因和根源。"① 但是消除乙肝歧视根源必须寻找真正的内在的原因，只有寻找到本质的原因才能采取措施，对症下药，真正破除歧视。

我们再来分析这种所谓的"错误的认知"。在20世纪80年代至90年代，国人对乙肝的认识更多地来源于一些电视和电影的宣传，乃至一些肝病的广告宣传。但是我们知道，真正地认识乙肝需要一套科学的评判标准和体系，这种标准和体系非常专业和复杂，以至一般的医学人员都无法作出正确的解释和判断。因为目前关于乙肝问题全球并没有权威的定论，于是也就经常出现教授之间所谓的学术探讨和百家争鸣。而我们知道关于乙肝歧视的一个重要问题就是乙肝病毒的传播问题。根据官方发布的权威消息，即中华医学会感染病学会和中华医学会肝病学分会于2005年发布的《慢性乙型肝炎防治指南》，文中明确指出乙肝病毒主要通过经血和血制品、母婴、破损的皮肤和黏膜及性接触传播。其中母婴传播是最主要的方式，主要体现在分娩时接触乙肝病毒携带者母亲的血液和体液传播；破损的皮肤和黏膜传播主要是使用未经过消毒处理的医疗器械、静脉注射毒品等方式；性传播中特别是有多个性伴侣者传播的概率较大，而一般的日常接触，诸如一起吃饭、握手、对话、居住等不会传播乙肝病毒。

由以上的分析可以看出公众对乙肝知识的认知与权威的医学研究存在巨大的落差，通过随机访谈的方式也证明了相当多的人普遍认为与乙肝病毒携带者日常接触就会导致病毒的传播。② 但是随着医学的发展，国家对乙肝知识宣传力度的加大，这种乙肝歧视似乎并没有随着人类认识的进步而得到改观。因此有必要继续进一步分析其中的原因。

在乙肝歧视问题上，我们所有的人都依赖于专家的解读，可是目前所有的专家，不管是官方的还是民间的，关于乙肝病毒日常生活能否传染，给出的解释都为：一般不会传染，但可能性不是没有。换句话说专家并不能百分之百地确定真的不会传染，并且一旦传染，根据目前的医学水平几乎不能治好，③ 所以这个风险是非常大的。正是这个原因也引起人们对乙肝病毒的风险恐惧，并自然而然地从经济的角度加以衡量，最大限度地降低生活和工作交易的成本，进而选择了一个由非乙肝病毒携带者组成的社会群体进行学习、工

---

① 侯志阳：《社会排斥——停在青少年乙肝群体胸口上的痛》，载《中国青年政治学院学报》2004年第5期。

② 尤其是公众认为和乙肝病毒携带者吃饭会传播乙肝病毒。

③ 我们日常生活中的流行性感冒也是非常容易传染的，但和乙肝病毒传染的本质区别是它的治愈并不困难，并且花费的成本并不高，因此即使流行性感冒容易传染，但并不引起人们的排斥，进而构成对社会的歧视，这和乙肝歧视有着本质的区别。

作和生活。这就能解释为什么在就业过程中绝大部分人力资源专家们拒绝乙肝病毒携带者了。可以说有限的认知与经济成本的最低化考虑构成了乙肝歧视的心理性和认知性原因，也是造成乙肝歧视的主观原因。

2. 乙肝病毒携带者就业歧视的制度性原因

探究乙肝病毒携带者就业歧视的制度性原因首先须追溯历史。1999 年以前医学上把肝炎区分为甲型肝炎和乙型肝炎两种类型，并可以通过消化道和血液进行传染。① 医学上所谓的权威解读，给并不懂得医学的法学专家们提供了立法的医学知识背景，也给规章制度的制定者提供了专家意见。于是在法律界将乙肝病毒携带和乙型肝炎混为一谈。国家出于公共利益的考虑，在公共场所都对所谓的"肝炎"作出了立法的限制。可怕的是，这种限制给了没有专业医学背景的公众一个权威的医学解释：乙肝通过公共生活可以进行传播。这种错误的认识使得乙肝病毒携带者参加社会公共生活受到了极大的限制，尤其体现在关乎生存发展的就业方面，受到了前所未有的排挤和歧视。从某种意义上说，国家法律和相关制度关于乙肝病毒携带者错误的认知，形成的制度歧视给社会公众起到了一个非常不好的榜样作用。其中最典型的莫过于最具有示范意义的国家公务员招考的体检规定了。在 2005 年之前国家公务员体检的文件是《国家公务员录用暂行规定》。该规定第 26 条指出：体检的项目、合格标准及有关办法由录用主管机关根据职位要求具体规定。换句话说国家并没有统一的标准，那么各个地方的国家机关可以随意地制定自己的标准，2005 年以前全国 31 个省市中只有广东、江西、四川在地方公务员的体检中把前述的所谓小三阳认定为体检合格，而大三阳认定为不合格，至于其他的省市完全把乙肝病毒携带者排除在公务员的队伍之外，不管乙肝病毒携带者的身体情况是否与从事的工作有关。政府的这种极强的示范行为给社会带来了极大的"榜样作用"。加之旧的用人制度并没有完全打破，新的用人制度还不健全，所以其他的制度制定者，例如事业单位、企业招录体检标准，完全参照了当时公务员的体检标准，继而在全社会形成了一种舆论气氛，认为乙肝病毒在日常生活中可以传播。这种气氛就像一般病毒一样不断地扩散到社会的每一个角落，产生歧视也就不足为怪了。难怪有医学专家称：目前我国公众对乙肝的知识停留在 20 世纪 80 年代的基础上。②

从上述的分析可以看出制度化的歧视起源于历史性的错误认识，政府起到了一个非常不好的示范作用，并在全社会范围内不断扩张，形成了所谓的常识普及作用，尤其体现在用人单位身上。

3. 乙肝病毒携带者就业歧视的利益性原因

除了上述认知性原因形成的歧视和制度性歧视外，还有一个重要的原因对乙肝歧视的产生起着推波助澜的作用，那就是乙肝病治疗背后的利益群体。乙肝就业歧视所带来的市场成为一个很大的"蛋糕"，有众多的利益主体在其中形成了一个巨大的利益链。

---

① 1999 年以后随着医学的进步，才把乙肝病毒划分为甲、乙、丙、丁、戊五种病毒性肝炎，并认为一般而言只通过上述所说的血液、母婴、性接触传播，从而排除了所谓的日常接触和消化道、呼吸道传播。

② 该话是卫生部肝炎防治领导小组成员徐道振所说。转引自文晔：《乙肝歧视的源头在哪里？》，载《新闻周刊》2003 年第 41 期。

第一个利益群体是乙肝药物生产厂家。

乙肝药物生产方是该利益集团的最大受益方。他们借助公众对乙肝病毒不太了解和政府的放任态度，通过虚假广告方式夸大病情的危害，制造公众恐慌。众所周知，目前要从体内完全消除乙肝病毒尚是一个世界性的难题，但国内一些企业却打着几个疗程完全治愈的虚假承诺来欺骗消费者。而一个疗程往往是好几千元。这就给药厂带来了巨大的利益空间，他们并不真正希望乙肝就业歧视消除，乙肝的存在也就成为他们敛财的工具。正应验了那句老话：棺材铺老板希望多死人，卖棉鞋的希望天天下大雪。

第二个利益群体是电视报业传媒。

无论打开电视或翻开报纸，里面时常充斥着治疗乙肝包转阴的广告，而广告主就是利益集团第一链的药物生产方。尽管国家广告法明文规定任何投放或刊登虚假广告是违法的，但作为国家喉舌的传媒机构仍然对此视而不见，因为广告的播出能给媒体带来丰厚的广告收入。

而作为地方政府，电视台或电台部门如果能够自己解决收入的话，既可以减少自己的财政支出，另一方面，药品销售得越多，一来可以给地方增加更多税收，二来可以带动相关就业。于是对于一些明显存在违反国家广告法的广告，政府睁一只眼闭一只眼也就不足为怪了。

第三个利益群体是医疗机构相关部门。

生产商前期的虚假广告使得所谓的病人源源不断地进入该部门就诊。随之而来的是药企的医药代表给出医生数额不菲的回扣，一方面拓宽了药企药物的销售渠道，增加了药品的销售量；另一方面，也给医院的创收增加了重量级的砝码。

此外，除赚药费外，医疗机构在乙肝方面的另一个收入来源于入职就业体检，其中最重要的一项是"两对半"检测。以广东省为例，每年流入广东省的外来务工者多达3000多万，而每一个务工者需要入职就需要进行体检，一般的体检费是75元。算下来就是22.5亿。事实上，很多务工者在一个工作岗位上工作不到一年就会换新工作。仅以东莞虎门镇为例，有50多万外来人口，而大部分企业的"两对半"检测是要到虎门镇指定的"虎门防疫站"进行检测。虎门是一个以服装为主的小镇，而服装企业的订单是有季节性的，忙的时候，会招很多人，不忙的时候会有很多人离职，这就意味着每年虎门镇实际上每年至少有超过60万人会进行"两对半"体检，体检费约为4500万元，这也就是说一个虎门防疫站每年光是"两对半"检测费至少超过1000万元。① 而乙肝"两对半"的检测成本非常低。按照医学常识，在同一地点办的"两对半检测"结果在三个月之内拿到另一个厂也可以生效，但很多厂就是不予认可，要就业者重新办。其背后的原因往往是公司的人事部和进行"两对半检测"的机构达成了收取提成的协议：每一个入职者体检，公司就从该机构收取数量不等的回扣。

第四个利益群体是非携带者。

"两对半"检测这个具有中国特色的体检项目实则保护了部分人的既得利益，同时也威胁着1.3亿中国人的就业和生存权。在目前中国，很多非乙肝病毒携带者不顾携带

---

① 以上数据详见：http：//www.hbvhbv.com/forum/thread-897288-1-2.html，访问时间：2009年12月25日。

者的生存权与就业权，人为地设置一些所谓的"健康门槛"，将众多乙肝病毒携带者拒之于就业大门之外。比如国家公务员录取，国家虽然在2005年出台了不准歧视携带者的新的体检规定，但现实中因为存在利益的诉求，乙肝病毒携带者往往还是被以隐形的方式排除在公务员队伍之外。国家的部门录取尚且如此，那企事业单位也跟着效仿。① 通过这种就业门槛可以有效地将绝大多数竞争者排除在外，从而维护了非乙肝病毒携带者的利益。

第五个利益群体是乙肝体检代检者。

由于用人单位的强制体检和医院的放任，于是催生了一个乙肝就业体检代检行业，成为乙肝市场利益中的一环。通过网络搜索，随处可见代检公司，并形成全国连锁的态势，发展成公司化、集团化的运营。② 这种帮助乙肝病毒携带者代检的公司打着消除乙肝歧视的旗号，收取不菲的费用③，并形成巨大的产业链和利益链。如果乙肝歧视消除，那么就会危及他们的利益，因此他们希望乙肝歧视永远存在。

从以上利益主体的分析可以看出乙肝就业歧视也是利益集团与乙肝病毒携带者这一对矛盾体的博弈。利益集团试图实现利益的最大化，是乙肝就业歧视很重要的利益性原因。

（三）乙肝病毒携带者就业歧视的危害

笔者跟踪访谈的一名乙肝病毒携带者这样说："乙肝就业歧视就是你再怎么努力都没有用。因为你的某一种身份——血缘、籍贯、身高、疾病，可能是与生俱来的，与你的自由意志和个人奋斗都无关。歧视等于否定一个人的自由意志和个人奋斗，因此歧视在本质上，是我们受歧视者绝望的力量。"

"假如越来越多的人被排斥在能够创造财富、有报酬的就业机会之外，那么社会将会分崩离析而我们从进步中所获得的成果将付诸东流。"④ 伊莎贝拉这句话很深刻地揭示了社会的不平等、歧视给社会本身所带来的危害。同理，1.3亿乙肝病毒携带者作为一个特殊的庞大的社会群体，加之他们背后所在的家庭、社区，因此，他们的影响力是相当大的。中国工程院院士、著名的肝病防治专家刘耕陶教授指出：乙肝歧视已经影响到国家发展。⑤ 卫生部肝炎防治领导小组成员徐道振得知乙肝歧视如此严重时说道："我们得向何鲁丽呼吁一下，1.3亿呀，赶上一个国家了，处理不好会引起社会动荡，怎么能这样胡来呢。"⑥ 可以说如果乙肝病毒携带者的就业问题得不到解决，那么对社会本身的危害是巨

---

① 笔者曾采访过一名参加江西新余高新技术开发区人才引进大会的研究生，他虽然表现优秀，最终由于自己是乙肝病毒携带者而没有被录取。

② 国内比较有名的代检公司有阳光体检、诚信体检等，在乙肝歧视非常严重的北京和苏州十分流行，并通过网络的形式辐射全国。

③ 一般的体检抽一次血的代检费用为2000元左右，笔者曾经和不少代检公司谈论价钱，基本上是这个价钱，学生会优惠一点，还要根据不同的公司的体检标准，作出不同的体检方案，因此价钱也存在差异。

④ 王林：《高职教育教学质量评价若干问题探析》，载《教学研究》2003年第16期。

⑤ 孙光辉：《加强实验教学管理提高学生综合能力》，载《宁波大学学报》2003年第3期。

⑥ 文晔：《乙肝歧视的源头在哪里?》，载《新闻周刊》2003年第41期。

大的。

在论证乙肝歧视的危害之前先举出两个血腥的案例来折射社会目前的现状。

案例一：最著名的当属浙江大学周一超刺杀公务员案件，笔者在网络搜索中随处可以找寻到关于他在 2003 年作出的那件事情的始末，前文的论述中已经提及。可以说当周一超把水果刀刺下去的时候，起码在他那里，乙肝完成了"疾病"——社会问题——"社会性事件"的快速变化、显现过程，也折射出一个群体对社会的危害性，尤其是我们在倡导社会和谐的国度里。

案例二：2003 年 9 月 21 日，已大学毕业两年多无工作的福州曾某持菜刀追砍其母，被周围人制服。据当地媒体报道，曾某 2000 年从重庆某大学经济管理专业本科毕业，2003 年 5 月来到福州，与其从四川来福州打工的母亲一起住。他与周一超同样是乙肝病毒携带者，故从毕业后就一直没有找到工作。曾某经常责怪父母"没本事"，不能帮助他找工作，娶老婆。19 日其母发了工资，他索取未果，于是便积怨在心。采访中被问道："你母亲年纪这么大了，还一个人在外工作，钱不多，又累，难道你不同情她吗？"曾某答："我更弱势，更需要同情。我有乙肝，所以就要靠她养，我弱势！"①

从上述两个案例中我们可以看出，由于乙肝病毒携带者就业受到歧视带来的心理变化，转化为行动而产生的对社会的危害。他们报复冲动的来源，是因为乙肝使他们无法像其他人群一样、能较容易地完成就业这种正常社会行为。贾平凹在他的散文《人病》中这样描述乙肝患者的心理："人们在歧视我们，我们何不到人群广众中去，要吃大餐饭，要挤公共车，要进电影院。甚至对着那些歧视者偏去摸他们的手脸，对他们打哈欠，吐唾沫。那么，我们就是他们中的一员，他们就和我们是一样的人了！"笔者在访谈中也发现很多乙肝病毒携带者也存在这种强烈的"被排斥感"思维，这显然对社会的危害是巨大的。

笔者尚不去阐述乙肝就业歧视对乙肝病毒携带者个人及所在的家庭所带来的经济压力和心理压力等个体的危害性。因为这在非乙肝病毒携带者看来，和他们的正常生活无关，他们希望做的是最大可能地排除乙肝在他们生活中存在的可能性。笔者更想提及的是如上述所言一样这种乙肝就业歧视给整个社会和谐所带来的巨大的硬伤。这种硬伤是以社会作为一种组织体，一种系统存在的，人与人之间的相互影响性决定了不能忽视如此巨大的一群社会弱势群体的正常社会权益。

此外，根据笔者长期的观察和访谈，发现绝大部分携带乙肝病毒的应届大学毕业生在面对入职体检时，他们选择了体检作弊的方式来逃避乙肝就业歧视。他们认为这是一种最经济的方式。如果采用诉讼的方式来维护自己的权利，往往要花费巨大的时间和经济成本乃至机会成本，最后正如安徽芜湖张先著的诉讼一样，仅仅是一种"名义上的胜利"而已，最终还是失去了工作。当然乙肝病毒携带者采用体检作弊的方式入职是迫不得已，但却有违社会伦理道德，有违社会诚信，并在社会上催生了所谓的"代检行业"，客观上却是对社会风气产生了极其不良的影响，并使反乙肝就业歧视的脚步放缓。

---

① 该案例来源于《中国乙肝病毒携带者生存困境调查》。参见：http：//news. sina. com. cn/c/2003-09-21/1722792099s. shtml，访问日期：2009 年 12 月 23 日。

上述分析可以说，乙肝就业歧视已然是一个严重的社会问题，并对社会产生了极其严重的危害，到了不能不解决的地步了。

三、我国禁止乙肝病毒携带者就业歧视法律举措之检讨

（一）我国禁止乙肝就业歧视的立法与评价

1. 我国禁止乙肝就业歧视的立法现状

通过立法的方式来指引和规范人们的行为是最有效的措施。2004 年以来我国陆续制定的关于反乙肝歧视的相关规定如下：

（1）2004 年 8 月 28 日十届全国人大常委会第 11 次会议修订了《中华人民共和国传染病防治法》。该法明确规定任何单位和个人不得歧视传染病病人、病原携带者和疑似传染病病人。①

（2）2005 年 1 月 20 日，国家人事部、卫生部推出《公务员录用体检通用标准（试行）》，正式取消对乙肝病毒携带者的限制，但仍然规定患"各种急慢性肝炎"的为不合格。② 这是国家公务员招考的体检标准，地方公务员的招考体检标准参照国家公务员的体检标准，地方公务员招录机关可以作出必要的调整。换句话说我国最具有示范效应的公务员体检标准尚不存在统一的国家标准。③

（3）2007 年 8 月 30 日，十届全国人大常委会第 29 次会议表决通过了《中华人民共和国就业促进法》。该法第一次明确规定，用人单位招用人员，不得以是传染病病原携带者为由拒绝录用，并明确规定对此行为受害人可以提起诉讼。④

（4）2007 年 10 月 30 日，《就业服务与就业管理规定》经劳动和社会保障部第 21 次部务会议通过。该规定明确了对劳动者隐私的保护⑤，明文规定不得强行将乙肝病毒血清学指标作为体检标准⑥，并规定用人单位违反上述规定的可以处于 1000 元以下的

---

① 该法第 16 条规定：国家和社会应当关心、帮助传染病病人、病原携带者和疑似传染病病人，使其得到及时救治。任何单位和个人不得歧视传染病病人、病原携带者和疑似传染病病人。

② 该体检标准第 7 条这样规定：各种急慢性肝炎，不合格。乙肝病原携带者，经检查排除肝炎的，合格。

③ 在 2005 年 1 月 17 日人事部、卫生部颁布的《公务员录用体检通用标准（试行）》附带的《体检表》中，已经删除了乙肝病毒标志物的体检项目，但一些地方政府并没有严格执行，这种状况直到在 2007 年人事部下发了《公务员录用体检操作手册》（国人厅发〔2007〕25 号）之后才得到一些缓解。

④ 《就业促进法》第 3 条规定：劳动者依法享有平等就业和自主择业的权利。劳动者就业，不因民族、种族、性别、宗教信仰等不同而受歧视。第 30 条规定：用人单位招用人员，不得以是传染病病原携带者为由拒绝录用。但是，经医学鉴定传染病病原携带者在治愈前或者排除传染嫌疑前，不得从事法律、行政法规和国务院卫生行政部门规定禁止从事的易使传染病扩散的工作。第 62 条规定：违反本法规定，实施就业歧视的，劳动者可以向人民法院提起诉讼。

⑤ 该规定第 13 条：用人单位应当对劳动者的个人资料予以保密。公开劳动者的个人资料信息和使用劳动者的技术、智力成果，须经劳动者本人书面同意。

⑥ 该规定第 19 条：用人单位招用人员，除国家法律、行政法规和国务院卫生行政部门规定禁止乙肝病原携带者从事的工作外，不得强行将乙肝病毒血清学指标作为体检标准。

罚款①。

（5）2007 年 5 月 18 日，劳动与社会保障部出台《关于维护乙肝表面抗原携带者就业权利的意见》，明确指出了乙肝病毒传播的途径包括：血液、母婴垂直（分娩和围产期）和性接触三种传播途径，不会通过呼吸道和消化道传染，一般接触也不会造成乙肝病毒的传播，并指出乙肝表面抗原携带者虽被乙肝病毒感染，也具有传染性，但肝功能在正常范围，肝组织无明显损伤，不表现临床症状，在日常工作、社会活动中不会对周围人群构成威胁。该意见着力促进乙肝表面抗原携带者实现公平就业②，着力保护乙肝病毒携带者隐私权③。

（6）2009 年 11 月 26 日，重庆市第三届人大常委会第 16 次会议通过《重庆市就业促进条例》。该条例规定，用人单位招用人员，不得以是传染病病原携带者为由拒绝录用。但是，经医学鉴定传染病病原携带者在治愈前或者排除传染嫌疑前，不得从事法律、行政法规和国务院卫生行政部门规定禁止从事的易使传染病扩散的工作。

湖北省第十一届人大常委会第 16 次会议于 2010 年 5 月 27 日通过《湖北省就业促进条例》，该条例规定：用人单位招用人员，不得以是传染病病原携带者为由拒绝录用。但是，经医学鉴定的传染病病原携带者在治愈前或者排除传染嫌疑前，不得从事法律、行政法规和国家卫生行政部门规定禁止从事的易使传染病扩散的工作。

（7）2010 年 2 月 10 日国家人力资源与社会保障部、教育部、卫生部联合发出通知：《关于进一步规范入学和就业体检项目维护乙肝表面抗原携带者入学和就业权利的通知》。该通知明确规定了关于乙肝病毒携带者教育、就业权利的保护。

（8）2010 年 3 月 17 日，卫生部办公厅发出《关于加强乙肝项目检测管理工作的通知》(卫办医政发〔2010〕38 号)④，该通知试图进一步完善乙肝病毒携带者权利的具体操作，但是由于语言表达以及概念的厘定上出现了偏差，也因此饱受诟病。

2. 对我国禁止乙肝就业歧视立法的评价

除了上述列举的法律规定之外，我国还有一些法律、法规也在反对就业歧视、尊重劳动者权益的大背景下有了一些反乙肝就业歧视规定，如宪法中规定的劳动者的劳动权利和人格权利等。但仔细分析可以看出这些仅仅是一种宣示性的权利，关于禁止乙肝就业歧视的法律仅仅是在 2007 年《中华人民共和国就业促进法》中才真正有一些惩罚性措施，并且这个处罚的力度相当的轻微，只有 1000 元的罚款。法律的真正价值在于提供法律权利主体一种有效的司法救济途径，并给予其切实的保障，对侵犯权利主体的行为人相应的惩

---

① 第 68 条规定：用人单位违反本规定第 19 条第 2 款规定，在国家法律、行政法规和国务院卫生行政部门规定禁止乙肝病原携带者从事的工作岗位以外招用人员时，将乙肝病毒血清学指标作为体检标准的，由劳动保障行政部门责令改正，并可处以一千元以下的罚款；对当事人造成损害的，应当承担赔偿责任。

② 除国家法律、行政法规和卫生部规定禁止从事的易使乙肝扩散的工作外，用人单位不得以劳动者携带乙肝表面抗原为理由拒绝招用或者辞退乙肝表面抗原携带者。

③ 用人单位在招、用工过程中，可以根据实际需要将肝功能检查项目作为体检标准，但除国家法律、行政法规和卫生部规定禁止从事的工作外，不得强行将乙肝病毒血清学指标作为体检标准。各级各类医疗机构在对劳动者开展体检过程中要注意保护乙肝表面抗原携带者的隐私权。

④ 网络上简称为 38 号文件。

罚，同时使当事人的权利得以恢复。但是，纵观现行规定，我国目前法律关于乙肝就业歧视法律救济方面存在以下之不足：

（1）立法主体的位阶不高，相应立法缺乏权威性。清理关于这一方面的法律制度，明显发现除了2007年《中华人民共和国就业促进法》的立法主体是全国人大常委会以外，其他的关于这方面的立法主体基本上是卫生部、劳动与社会保障部或教育部等。根据我国《立法法》的规定，国家部委制定的条例、意见、规定等，法律的效力相对较低，尤其是和地方人民代表大会的法规相比。因此他们制定的规定在现实生活中的法律权威性大打折扣。

（2）缺乏足够的惩罚措施。从上面的法条的分析可以看出这些法律的宣示性、指导性较强，但是并没有规定相应的惩罚性措施。用人单位在侵犯求职者或者劳动者的权利之后并没有受到法律的制裁。在乙肝就业歧视盛行的今天，整个社会似乎对之已司空见惯，甚至连最基本的道义上的谴责也不存在。最典型的例子就是2007年劳动与社会保障部出台《关于维护乙肝表面抗原携带者就业权利的意见》，该意见肯定了乙肝病毒携带者的权利，要求保护他们就业过程中的权利，并且要求各个部门落实。可是并没有具体的措施，在他们的权利受到侵害时却很难获得救济。该意见在现实生活中因缺乏具体措施和强制性，不易操作，效果不明显而饱受诟病。

（3）程序性的法律救济严重不足。这也是法律惩罚措施缺失的结果。在2007年《中华人民共和国就业促进法》实施之前，在各种乙肝就业歧视案例中，原告往往是通过提起民事诉讼或行政诉讼的方式来维护自己的权利[1]。通过大量的案例分析可以发现，大部分案例的处理结果往往是"驳回起诉"或"证据不足"。此外，我国反就业歧视的法律救济机构也存在设置的不恰当之处。现有的劳动行政部门、劳动争议调解委员会、法院都没有专门的机构来处理就业歧视问题。换句话说，我国并没有建立起完善的反歧视法律救济体系，可操作性差，使得权利的维护者在通过法律维护自己的权利过程中缺乏足够的法律程序支持。

（4）有一些法律规范本身直接或间接地构成了乙肝歧视。[2] 同时有些法律规范并没有区分乙肝病毒携带者和慢性肝炎等概念；有些笼统地对所有"传染病"或所有的"病毒性肝炎"进行错误限制，界定模糊、不区分各种病毒性肝炎、不区别传染渠道，必定或已经极大影响乙肝病毒携带者公民的劳动就业权。[3]

（二）我国禁止乙肝就业歧视的执法现状与评价

目前我国关于乙肝就业歧视执法的问题就是行政执法的力度不够，行政执法不作为的现象突出。一方面是由于目前行政执法的依据不够，使得执法过程中存在法律缺失的情

---

① 在《中华人民共和国就业促进法》中也仅仅是规定了乙肝病毒携带者可以提起诉讼，但并没有具体细化规定相应的程序性措施。

② 这些法律有：《公共场所卫生管理条例》（草案）、《中国民用航空人员医学标准和体检合格证管理规则》、《〈教师资格条例〉实施办法》、《中华人民共和国传染病防治法》等15部。

③ 参见：http://www.hbver.com/Article/ygqs/flfg/200703/5631.html，访问时间2009年12月31日。

况；另一方面是由于利益等的原因，同时行政部门多头执法，不能统一协调行动，导致行政执法出现空白和不得力的情况。此外，由于执法部门的等级较低，并没有太多的处罚的权力，使得相关部门在执法过程中的威慑力有限，执法效果阶段性明显，不能产生较好的长期效果。同时我国没有专门的关于反就业歧视的行政部门来处理劳动者就业过程中遇到的各种歧视，这也是造成我国乙肝就业歧视行政执法严重不足的重要原因之一。

最典型的例子就是：国家立法规定不能进行乙肝两对半的体检，可是却放任医院给用人单位提供乙肝两对半的体检服务，有关部门并没有对此进行及时的监督检查或者作出相应的行政惩罚措施，使体检机构成为乙肝就业歧视的帮凶。

这就导致受害人只能通过自力救济方式来面对现实生活中的乙肝就业歧视问题。① 因为他们认为通过诉讼或者执法途径来解决就业歧视问题，成本太高，而且并不能实际地保障自己的权益。

这些不足需要我们在反乙肝歧视行政执法过程中重新审视相关制度。

（三）我国禁止乙肝就业歧视的司法现状与评价

一方面，我国关于乙肝就业歧视法律救济的司法程序基本处于缺失的状态，使劳动者难以通过诉讼途径维护自己的权益；另一方面，即使目前存在的有限的关于乙肝就业歧视救济的法律制度亦存在种种不合理之处，使劳动者处于不利的地位。

首先是《中华人民共和国就业促进法》关于禁止乙肝就业歧视规定存在的问题。该法规定了用人单位对劳动者歧视，劳动者可以提起诉讼。在此之前，乙肝病毒携带者遭受就业歧视之后，由于劳动法调整的对象是劳动关系，但是乙肝就业歧视往往发生在劳动关系建立之前，所以不能成为劳动法的调整对象。因此在现实中，受害者提起的诉讼往往不予受理或者被驳回起诉。虽然《中华人民共和国就业促进法》明确规定了劳动者享有诉讼的权利，但是并没有具体的立法来细化劳动者诉权的实现途径和方式，使得现实操作性差②。"平等就业权"依然是一个在宪法中虚置的原则性权利，尚无一个基本法律将这种原则性的权利具体化为一种可以规范的权利和可以救济的权利。其次，关于反乙肝就业歧视举证责任存在的问题。随着劳动者维权意识的提高，乙肝歧视也呈现隐形歧视的状态。用人单位往往不再赤裸裸地歧视，现实中受害者在通过司法的方式维护自己的权利时就存在举证困难的情况。所以，我国一般的"谁主张谁举证"的举证原则不适应目前形势下的乙肝就业歧视维权。

综上所述，从 2003 年周一超案件以来，反乙肝就业歧视成为社会热点话题。2003 年成为中国的"反乙肝歧视年"，也因此直接推动了具有昭示性的公务员体检标准的修改；到 2007 年《就业促进法》中规定可以对相应的单位处以 1000 元人民币罚款；再到 2010 年 1 月 21 日，人力资源与社会保障部、卫生部、教育部《关于进一步维护乙肝表面抗原携带者入学和就业权利的通知》（征求意见稿）向社会公开征求意见的公告，中国关于反

---

① 一般而言，乙肝病毒携带者面对就业歧视自我解决的办法基本上有以下几种：体检作弊的方式、通过疏通关系的方式、选择没有乙肝歧视的雇主或自主创业的方式、和用人单位坦白，希望得到同情而获得机会的方式（这种方式的成功率极低）等。

② 该法律并没有具体规定其诉讼的性质，使得在实际的操作中，法院相互推诿的现象时常发生。

乙肝歧视的法律在不断地进步。但是从上述对我国目前反乙肝歧视法律举措的分析和检讨中，我们需要看到的是，反乙肝歧视法律制度的构建、行政执法的落实、司法的维护等依旧存在诸多的问题，需要重新构建适应我国反乙肝歧视的全方位的法律制度，以切实维护中国近 1.3 亿人的就业权益。

四、禁止乙肝病毒携带者就业歧视相关法律措施之完善

截止到 2007 年全世界将近有 3.97 亿乙肝病毒携带者①，其中 70% ~ 75% 的患者在亚洲和非洲，当然有一亿多在中国。但是在全世界范围内"乙肝歧视"并不像在中国一样成为一个严重的社会问题。除中国外，在乙肝存在最多的国家——印度和印尼几乎不存在乙肝歧视问题。② 最早发现乙肝表面抗原的美国生物学家布林伯格也是第一代乙肝疫苗的研制人，他获得过 1976 年度诺贝尔医学与生理学奖，被人称为"乙肝之父"。布林伯格 2006 年访华期间听说中国人"谈乙色变"后感到非常惊讶，曾遗憾地说："没想到我发现了乙肝表面抗原和乙肝检测的技术，却导致这么多中国人面临如此境地。"③

笔者试图从国外的情况入手，介绍一些国家反乙肝就业歧视法律救济制度，以期对我国相关制度之构建有所借鉴。

（一）国外关于禁止乙肝病毒携带者就业歧视的法律举措

1. 日本关于禁止乙肝病毒携带者就业歧视的法律举措

据日本国立感染症研究所统计，日本乙肝患者在 110 万至 130 万之间，占总人口的 1% 左右。日本政府在录用公务员时不要求乙肝病毒体检，但医疗等特殊行业例外。因为数量相对少，"谈乙色变"没成为日本的一个社会问题，但日本社会对乙肝的歧视现象不能说一点没有。笔者曾经和一名日本留学生就此问题做过交流。他说乙肝病毒携带者在日本仍然有被歧视的可能，尤其是一些特殊的行业。但是日本有较完善的应对措施。

首先，日本在立法方面，最主要的是 2009 年 11 月 30 日通过了《肝炎对策基本法》。日本政府已表示将推进对感染者的经济援助等综合应对措施，今后的焦点将转移至如何通过降低医疗费、发放生活费补贴等具体行动为患者减负；政府必须对血液制剂造成的药害丙肝事件、集体预防接种、连续使用同一注射器造成的乙肝事件承担责任，并将其他的传染病例也列为援助对象。

同时日本在反就业歧视方面，法律的规定较为完善：第一，细化了直接歧视和间接歧视两种不同的方式；第二，对歧视的举证责任进行了较为合理的划分：在就业歧视方面，日本法律认为，在间接歧视方面，劳动者认为用人单位构成了间接歧视，那么举证责任就转移到用人单位方，如果用人单位不能够证明其所实施的行为与工作本身的性质有关的

① 参见：http://www.wj120.com/yiganshenghuo/yiganweiquan/6214.html，访问时间：2009 年 12 月 5 日。

② 据印尼肝病研究协会统计，印尼是继中国和印度之后第三大"乙肝国家"，全国有 1000 多万乙肝病毒携带者。

③ 参见：http://www.wj120.com/yiganshenghuo/yiganweiquan/6214.html，访问时间：2009 年 12 月 16 日。

话，那么用人单位便构成了歧视；第三，用人单位实施就业歧视的行为可能会承担刑事责任、行政责任、民事责任等，并且法律的惩罚力度较大，对用人单位的威慑性较高。

其次，日本的反就业歧视法实施机构完善。在中央政府由劳动厚生部下设平等就业、儿童与家庭事务局担当；在都道府县行政机构内，由劳动局下属雇佣平等室担当。① 这种行政机构一般通过机会平等调解会议的方式来处理就业歧视，可以说日本反歧视立法走的是一条妥协性的渐进发展道路，行政解决机制主导了纠纷的解决方式，当然也导致了日本司法救济的相对萎缩。

最后，日本注重保护乙肝病毒携带者的个人隐私。在日本有个著名的案例就是通过隐私权的保护获得胜诉的。一名到东京国民金融公库求职的 20 多岁的男子，经过笔试及面试，工作人员已经和他说了"祝贺你"，基本上是合格了，但没有拿到正式的录用通知。这之后，在没经本人同意的情况下，公司方面检查了 HBV，结果阳性，被拒绝录用。此男子不服，以 HBV 阳性遭拒绝为由，而起诉了国民金融公库，要求赔偿 1500 万日元。此后经过审理，法庭认为，无足够证据说明因为 HBV 而被拒绝，但在没有经本人同意的情况下检查 HBV，属于侵犯隐私权，做了赔偿 150 万日元（约合人民币 10 万元）的判决。此男子在被拒绝后又在另一家公司就职。②

2. 澳大利亚关于禁止乙肝病毒携带者就业歧视之法律规定

澳大利亚法律明确规定了禁止雇主对员工进行录用前体检筛选，具体规定如下③：

其一，根据《1984 年平等机会法》和《1993 年残废/障歧视法》，雇主不得因为过去，现在或将来的缺陷（障碍）歧视雇员。歧视包括直接或间接的歧视。

其二，雇主的责任：有 HIV/AIDS、B 型肝炎或 C 型肝炎的雇员应该得到和其他任何没有影响工作（工作相关）的疾病（如癌症、心脏病）的雇员相同的待遇。所有有关雇佣的决定应该只基于雇员品德和工作能力，是否有 HIV/AIDS、B 型肝炎或 C 型肝炎不得作为影响决定的因素。除非在 HIV/AIDS、B 型肝炎或 C 型肝炎有影响该工作的情况下，不应该进行针对 HIV/AIDS、B 型肝炎或 C 型肝炎的雇佣前体检筛选。所有有关雇员的 HIV/AIDS、B 型肝炎或 C 型肝炎的情况属于保密。除非该工作对该雇员、其他雇员或公众形成危害，不用告知雇主某雇员被感染。雇主也没有义务通知任何人某雇员被感染（HIV/AIDS、B 型肝炎或 C 型肝炎）。

其三，如果知道有雇员可能感染或已感染 HIV/AIDS、B 型肝炎或 C 型肝炎，雇主有责任进行合理的调整以使得该雇员能继续胜任其工作，只要该调整不会造成过高的成本，或引起工作秩序的混乱。在允许的情况下，患有 HIV/AIDS、B 型肝炎或 C 型肝炎的雇员不应被安排从事有可能感染其他传染病的工作，以防止进一步损害雇员的健康。

从澳大利亚的有关 HIV/AIDS 和肝炎在工作场所的规定的具体条文可以看出澳大利亚

---

① 周伟、李薇薇、杨聪、何霞：《禁止就业歧视的法律制度与中国的现实》，法律出版社 2008 年版，第 42 页。

② 案例来源：http：//headlines. yahoo. co. jp/hl？a＝20030621-00000069-mai-soci，访问时间 2010 年 1 月 9 日。

③ 以下法律的规定出自澳大利亚的法律条文：CODE OF PRACTICE ON THE MANAGEMENT OF HIV/AIDS AND HEPATITIS AT WORKPLACE APPENDIX F DISCRIMINATION，资料来源：http：// www. safetyline. wa. gov. au/default. htm，访问日期：2009 年 12 月 12 日。

关于乙肝歧视救济比较重视，至少从政府的层面来说国家对这一问题比较重视。此外，法律明确规定保护乙肝病毒携带者的就业权利和隐私权利，雇主不能随意体检和透露劳动者的隐私，这些立法的思想都对我国的立法具有极大的借鉴意义。

3. 英国关于禁止乙肝病毒携带者就业歧视法律举措

在英国政府网站上，对乙肝病毒携带者的表述是："很多人担心自己有可能在工作中被传染上此类疾病，但在绝大部分职业中，不存在任何传染和被传染的危险，一般的日常社会交往和工作接触是完全安全的。"① 具体措施如下：

第一，乙肝歧视作为身心障碍歧视的一种，是被英国禁止的就业歧视类型。法官在认定乙肝歧视时一般从三个方面进行考虑：雇主是否具有合法的目的；雇主制定的招聘条件是否与其主张具有因果关系且符合比例；采用的方法是真正的经营上的必要性。

第二，在机构的设置上，英国成立了平等及人权委员会。平等及人权委员会是不属于政府的公共行政机构，须向国会负责。平等及人权委员会可以调查乙肝歧视等就业歧视案件。

同时英国也设置就业法庭②。该法庭审判时，原告的举证责任是提出乙肝歧视行为的表面证据③即可，被告必须证明没有实施就业歧视行为，否则法官将支持原告的主张。在责任归属和法律救济方面，一方面，雇主需要为自己的歧视行为承担损害赔偿责任，另外其他劳工和代表人协助雇主的歧视行为时，与雇主承担连带责任，但帮助者若能证明该歧视行为是信赖他人陈述且信任该说辞合理时，则不需要负责；另一方面，若原告胜诉，原告可以：宣告原告的权利；要求被告经济赔偿；建议被告采取某种特定的行为以降低歧视造成的不利后果，主要有：执行复职、重新聘用等方式。

小结：英国关于举证责任的设定和其他帮助歧视的代表人需要承担连带责任，对我国目前的情况是不无启示的，尤其是在目前体检部门、医药部门为了获得利益直接或间接地对劳动者进行歧视的情况下。

此外，美国、中国香港等地设立机会平等委员会专司反就业歧视之职，为劳动者提供了更好的保护途径。

（二）我国禁止乙肝病毒携带者就业歧视法律举措之完善

1. 我国关于禁止乙肝病毒携带者就业歧视之立法完善

消除乙肝歧视，立法必须先行。立法保护是实现乙肝病毒携带者就业权利最直接、最根本的手段，因此我国非常有必要制定并完善反乙肝歧视法律体系。这个立法的体系包括法律、条例、规定等，形成一个庞大的法律保护体系。

首先，我们必须全面检讨和审视现行的导致乙肝就业歧视的法律制度。对现有的关于

---

① 参见：http：//www. wj120. com/yiganshenghuo/yiganweiquan/6214. html，访问时间 2009 年 12 月 22 日。

② 英国 1996 年的《就业法庭法》设立了专门的就业法庭和就业上诉法庭。

③ 根据周伟、李薇薇、杨聪、何霞：《禁止就业歧视的法律制度与中国的现实》一书的解释，表面证据是指诉讼当事人一方提出表面证据使审定事实者得以透过该证据来推断争论事实，并作出对该当事人有利的判决。

反乙肝就业歧视的法律进行具体的修改和细化，使其更具有可操作性，对含有乙肝就业歧视的相关字眼进行更改。例如，1991 年卫生部颁布的《传染病防治法实施办法》中规定：对患有下列传染病的病人或者病原携带者先进行隔离治疗，直至证明其不具有传染性时，方可恢复工作……（二）艾滋病、病毒性肝炎……①该条的规定严重脱离现实和医疗水平的认识，应进行修改，严格区分"肝炎"和"乙肝"的概念。② 类似这些法律条文的规定都具有典型的特征：笼统地对"病毒性肝炎"进行限制，而没有区分甲型肝炎、乙型肝炎、丙型肝炎，同时，错误地将血液传染病乙肝（丙肝）与消化道传染病甲肝、戊肝同样来防范。

其次，制定专门的反就业歧视法律。我国目前关于就业歧视最大的问题是没有专门的反就业歧视法律，使包括乙肝就业歧视在内的诸多歧视行为的处置在法律上不能寻找到合理的依据。因此我国急需出台《反就业歧视法》、《隐私权利保护法》、《国家统一体检标准》等反就业歧视法律。在新的反就业歧视法律体系中必须明确规定如下内容：

第一，在《反就业歧视法》中明确就业歧视的含义，并在就业歧视的外延上明确指出乙肝歧视是就业歧视的一种典型方式。明确规定乙肝就业歧视的救济途径和法律责任③。

第二，在《隐私权利保护法》中明确规定乙肝病毒携带是乙肝病毒携带者的隐私，非基于社会公共利益的考量或确有工作中的需要，任何人不得泄露乙肝病毒携带者的隐私，否则将承担法律责任。这种法律责任须具体落实到刑事责任或者民事上责任、行政责任。

第三，在《国家统一体检标准》中明确指出用人单位不得对求职者或者劳动者进行乙肝两对半的检测，特殊要求的行业除外。用人单位须严格按照国家制定的统一的体检标准来对求职者进行体检，不得擅自更改体检项目，体检单位也应该严格执行国家的体检标准，否则将承担相应的行政责任，如罚款、吊销其体检资格等，并与用人单位一起对造成的损失承担连带责任。用人单位如果违反该规定，应当承担较重的经济惩罚，赔偿求职者的经济损失，严重者可以作为单位犯罪，主要负责人和单位需要承担刑事责任。

最后，完善《就业促进法》、《劳动合同法》、《劳动争议调解仲裁法》关于乙肝歧视救济的规定。这三部法律是调整劳动关系非常重要的法律，有必要在其中对乙肝就业歧视法律问题进行规定，以提高反乙肝就业歧视的法律位阶。

2. 我国关于禁止乙肝病毒携带者就业歧视执法之完善

首先，在行政执法中，关于反乙肝就业歧视需建立起政府监管的法律制度。从目前这种歧视现象并无明显改观的情况来看，政府依然要承担主要的监管角色，动用其行政手

---

① 沈岿：《反歧视：有知和无知之间的信念选择——从乙肝病毒携带者受教育歧视切入》，载《清华法学》2008 年第 5 期。

② 类似需要修改的法律还有：《公共场所卫生管理条例》、《化妆品卫生监督条例》、《中华人民共和国传染病防治法实施办法》、《幼儿园管理条例》、《托儿所、幼儿园卫生保健管理办法》、《预防性健康检查管理办法》、《〈教师资格条例〉实施办法》、《公共场所卫生管理条例实施细则》、《生活饮用水卫生监督管理办法》、《涉及饮用水卫生安全产品生产企业卫生规范》、《消毒产品生产企业卫生规范》、《药品生产质量管理规范》、《药品经营质量管理规范》。

③ 具体相关制度的设计笔者将在司法制度的构建上阐述。

段，贯彻落实国家各种关于反乙肝就业歧视的法律制度。一方面，政府劳动行政管理部门和卫生行政管理部门须联合行动，对企业和医院作定期的检查，查处有关企业和体检中心的违法行为，并将处理结果公布于众；另一方面，政府文化行政部门和工商部门须联合行动，对乙肝医疗及药品的广告、宣传进行清理整顿，对虚假广告的制作者和发布者予以查处，并将处理结果公布于众。

其次，我国可以效仿其他国家，建立起类似"平等就业机会委员会"的机构。这种机构由社会各界不同行业的人士担任成员，并且独立于国家政府机构，成为独立的第三方，承担起反就业歧视的事业。该组织一般具有如下功能：对就业歧视的认定或消除歧视提出建议；受理被歧视者的申诉，并协助调解有关纠纷；对需要提起诉讼的歧视个案，提供法律援助；开展反就业歧视的宣传教育，普及法律和政策；为劳资双方人士提供反就业歧视的咨询和培训服务；协助立法机构进行反就业歧视的立法活动；协助劳资团体制定公平就业规则等。

3. 我国关于禁止乙肝病毒携带者就业歧视司法措施之完善

司法被称为维护正义的最后一张网，十分重要，尤其是在对如乙肝病毒携带者这样的社会弱势群体的司法保护的时候。关于反乙肝就业歧视司法举措的建构需要明确以下内容：

第一，关于反就业歧视案件受理机构的设置问题。在现行劳动争议案件由民事审判庭受理的情形下，建议设置专门的劳动争议审判庭，由劳动争议审判庭专门受理其他劳动争议案件和就业歧视案件。这样做的好处是一来减轻民庭民事争议案件压力过大负担过重，二来使劳动争议得到及时的解决，以保护劳动者的生存利益。

第二，关于反就业歧视案件举证责任的配置问题。在举证责任的设置上，设置区别于普通的民事诉讼的举证原则。我国可以借鉴英国的经验，受歧视者只须证明其受到了乙肝就业歧视的事实，而用人单位须证明其所作出的差别待遇是合法的或者其行为并没有歧视乙肝病毒携带者，否则法院将认定其歧视乙肝病毒携带者。

第三，关于反就业歧视案件法律责任的设置问题。这种责任包括两方面的含义：（1）该责任不仅仅是经济上的责任，还包括行政责任或刑事责任;① （2）法律须规定协助用人单位歧视乙肝病毒携带者的连带责任。

第四，在反就业歧视案件诉讼程序方面，引入公益诉讼制度，为乙肝就业歧视受害人提供更加实际的保护途径。目前全国各地所发生的乙肝就业歧视案例无不在全国掀起巨大的反响，尤其是号称"中国乙肝歧视第一案"的张先著诉安徽芜湖人事局案和浙江大学周一超案。这一系列的乙肝就业歧视案虽是以个人名义提起，甚至大部分败诉，但是无不具有公益诉讼的性质。但这对改善乙肝病毒携带者就业环境、推动中国法制的进程起了重大的作用。同时这些案件的背后往往有一些民间组织或乙肝病毒携带者群体的支持和参与，其中以民间维权团体作为携带者的代理人或者由这类团体以原告的资格提起诉讼应为此类诉讼的关键。

"公益诉讼"应成为携带者维权的一条主要救济途径，政府与司法机构应当为民间维

---

① 从目前的实践来看，只有加大对用人单位的惩罚力度，提高乙肝歧视的成本才能更好地杜绝用人单位在招聘的过程中对乙肝病毒携带者的歧视。

权团体针对携带者就业歧视所发起的公益诉讼提供便利，以使法庭成为传播反就业歧视理念的媒介，使个案在维护携带者就业权利的同时，具有转变民众观念、纠正社会偏见的宏观意义。

（三）我国禁止乙肝病毒携带者就业歧视其他措施之建议

法律制度的构建，无论是立法、行政还是司法仅仅是社会制度的一种，而真正消除乙肝歧视是需要社会全方位的努力。

1. 舆论宣传上禁止乙肝就业歧视的努力

舆论监督对纠正社会不公正的行为有着极其重要的意义。目前各种媒体也在不断的宣传乙肝科学知识，反乙肝就业歧视，但需要警惕的是少数媒体为牟利而给乙肝药贩子充当敛财的工具，歪曲乙肝知识，误导大众。舆论的宣传须旨在澄清目前存在的乙肝误解，消除公众的乙肝恐惧，以达观念上消除乙肝歧视的目的。

2. 医学上禁止乙肝就业歧视的努力

医学界一方面需要担负起从专业上纠正乙肝错误观念的职责，并从技术上为国家的立法提供支持，另一方面需要加大医学的研究力度，争取逐步破除乙肝病毒给人类带来的苦恼。此外还有加强全国范围内的疫苗接种工作，实现国家免费乙肝疫苗接种，这是预防乙肝病毒最好的途径。

3. 民间相关反乙肝就业歧视组织禁止乙肝就业歧视的努力

从目前的现状来看，民间组织成为反乙肝就业歧视的重要力量。政府应大力支持反就业歧视的民间组织，提供民间组织一定的发展空间，允许其与政府卫生部门、劳动监察部门和工会合作，宣传普及乙肝知识，对雇主和医院进行监督，对携带者提起诉讼提供法律援助。政府有关部门还应定期与这些民间组织进行有关反就业歧视的对话，及时了解易受歧视者的需求，了解来自社会民众的反应，并在这些信息的基础上及时修订和调整有关政策。

我国毒品犯罪的刑事政策及反思[*]

■ 何荣功[**]　　**莫洪宪**[***]

一、新中国毒品犯罪的刑事立法

我国毒品犯罪的刑事立法是根据毒品犯罪的发展趋势和禁毒斗争的实际需要而不断发展完善的。众所周知，历史上，中华民族曾深受鸦片祸害之苦，新中国成立后，自1950年起经过3年全国范围内的禁毒运动，毒品在我国基本灭绝，我国被誉为当时世界独一无二的"无毒国"。[①] 但是，随着改革开放和我国经济社会的发展，从20世纪80年代开始，毒品在我国死灰复燃，日益成为严重的社会问题。自1979年《中华人民共和国刑法》颁布以来，我国关于毒品犯罪的刑事立法大体历经了以下四个重要时期。

（一）开创时期：1979年刑法

1979年7月1日，第五届全国人民代表大会第二次会议制定颁布了《中华人民共和国刑法》（以下简称"79刑法"），第171条规定："制造、贩卖、运输鸦片、海洛因、吗啡或者其他毒品的，处5年以下有期徒刑或者拘役，可以并处罚金。""一贯或者大量制造、贩卖、运输前款毒品的，处5年以上有期徒刑，可以并处没收财产。"

根据该规定可见，"79刑法"对毒品犯罪的规定相当简单：（1）在罪名上，只有制

---

　* 该文系中欧死刑合作项目"毒品犯罪死刑适用的全球考察及其对中国的借鉴"阶段成果之一。
　** 武汉大学法学院副教授，法学博士、博士后。
　*** 武汉大学法学院教授，博士生导师，法学博士，武汉大学刑事法研究中心主任，中国法学会刑法学研究会副会长。

　① 参见郑蜀饶：《毒品犯罪的法律适用》，人民法院出版社2001年版，第8页。

造、贩卖、运输毒品三个罪名；（2）在处罚上，一般只判处 5 年以下有期徒刑，对于制造、贩卖、运输毒品罪的惯犯或大量制造、贩卖、运输前款毒品的，也只设置了有期徒刑。"79 刑法"之所以作出如此规定，是由我国当时毒品犯罪的实际情况决定的。1979年制定刑法时，毒品犯罪在我国尚未成为严重问题，当时我国还被视为"无毒国"，已经多年没有发现制造、贩卖、运输毒品的案件。即使偶尔发现个别的案件，其制造、运输毒品的数量也很小，对整个社会尚不构成严重的危害，① 因此，当时毒品犯罪没有必要通过重刑规制。

（二）加大打击时期：20 世纪 80 年代

进入 20 世纪 80 年代以后，随着我国改革开放和经济社会的发展，毒品在我国死灰复燃，日益成为严重的社会问题。为了打击毒品犯罪，维护社会稳定，这一时期，根据毒品犯罪的新形势，我国陆续制定颁布了数部重要法律，开启了我国用重刑打击毒品犯罪的历史。

1. 1982 年 3 月 8 日，第五届全国人大常委会第二十二次会议通过了《关于严惩严重破坏经济的罪犯的决定》（下称《决定》），该《决定》第 1 条对"79 刑法"第 171 条进行了补充和修改，规定："贩卖毒品，情节特别严重的，处十年以上有期徒刑、无期徒刑或者死刑，可以并处没收财产。""国家工作人员利用职务犯前款所列罪行，情节特别严重的，按前款规定从重处罚。"《决定》将贩卖毒品罪视为我国最严重的犯罪类型之一，首次设置了死刑的规定。

2. 1987 年 1 月 22 日，第六届全国人大常委会第十九次会议通过了《中华人民共和国海关法》，该法第 47 条将逃避海关监管，运输、携带、邮寄国家禁止进出口的毒品的，规定为走私罪，第一次将走私毒品的行为犯罪化。另外，该法还首次在我国设置了单位犯罪的规定，为惩治单位走私毒品提供了法律依据。

3. 1988 年 1 月 21 日，第六届全国人大常委会第二十四次会议通过了《关于惩治走私罪的补充规定》，第 1 条指出："走私鸦片等毒品……处 7 年以上有期徒刑，并处罚金或者没收财产；情节特别严重的，处无期徒刑或者死刑，并处没收财产；情节较轻的，处 7 年以下有期徒刑，并处罚金。"该《补充规定》将走私毒品罪的量刑标准进行了区分，使走私毒品罪的规定更加完备明确。

（三）完善时期：20 世纪 90 年代

20 世纪 80 年代末期至 90 年代，日益严重的毒品犯罪活动成为我国社会的一大公害，为了更加严厉地打击毒品犯罪活动，1990 年 12 月 28 日全国人大常委会制定颁布了《关于禁毒的决定》，该《决定》是我国第一部有关毒品犯罪的专门立法。《决定》对毒品犯罪进行了较为完善的规定：（1）明确界定了毒品的概念。《决定》第 1 条规定："本决定所称的毒品是指鸦片、海洛因、吗啡、大麻、可卡因以及国务院规定管制的其他能够使人

---

① 参见崔敏主编：《毒品犯罪发展趋势与遏制对策》，警官教育出版社 1999 年版，第 306 页。

形成瘾癖的麻醉药品和精神药品。"（2）对走私、贩卖、运输、制造毒品罪的量刑标准做了具体明确的规定。① （3）对利用、教唆未成年人犯毒品罪的，《决定》规定从重处罚。（4）对多次走私、贩卖、运输、制造毒品，未经处理的，《决定》规定毒品数量累计计算。

此外，《决定》大大扩展了刑法对毒品犯罪的调整范围，为严密刑事法网，设置了非法持有毒品罪（《决定》第 3 条）。还将包庇毒品罪犯、隐藏毒品、赃资、走私制毒配剂、非法种植罂粟、大麻等毒品原植物的行为规定为犯罪，予以严惩（《决定》第 4 条、第 5 条、第 6 条）。对引诱、教唆、欺骗、强迫他人吸食、注射毒品的、容留他人吸食、注射毒品冰出售毒品的行为，也规定为犯罪等（《决定》第 7 条、第 9 条）。

1997 年 10 月 1 日，现行刑法颁布施行（以下简称"97 刑法"），"97 刑法"基本上吸收了《关于禁毒的决定》的规定，同时根据我国禁毒中出现的新问题，也增加了一些新的规定，如根据司法实践中出现毒品类型的新情况，"97 刑法"明确将"冰毒"（甲基苯丙胺）规定为毒品类型之一。为了体现对毒品犯罪的从严打击和避免毒品犯罪刑罚适用中的困难，"97 刑法"强调"毒品的数量以查证属实的走私、贩卖、运输、制造、非法持有毒品的数量计算，不以纯度折算"等。

（四）调整时期：2005 年以来

自 1997 年刑法颁布以来，到目前为止，我国共颁布了七个刑法修正案和三部单行刑法，其中并未涉及毒品犯罪的修改补充问题。但这一时期，我国毒品犯罪的刑罚适用，特别是死刑的适用却发生重要变化，这主要是通过刑事政策的调整实现的。

新世纪伊始，在我国构建和谐社会大背景下，2005 年年底开始，中央逐渐提出并形成了宽严相济的基本刑事政策。为了贯彻宽严相济的刑事政策，切实限制、减少我国死刑的适用，自 2007 年 1 月 1 日起，最高人民法院收回了死刑案件的核准权，死刑的适用标准得到了严格控制。毒品犯罪（走私、贩卖、运输、制造毒品罪）作为当前我国死刑适用的主要罪名之一，② 如何贯彻宽严相济的基本刑事政策，限制和减少死刑的适用，便成为重要问题。这一时期，最高人民法院为此作出了积极努力，针对毒品犯罪刑罚适用问题，最高法院数次召开全国部分法院座谈会，印发《全国法院审理毒品犯罪案件工作座

---

① 根据《决定》第 2 条的规定：走私、贩卖、运输、制造毒品，有下列情形之一的，处 15 年有期徒刑、无期徒刑或者死刑，并处没收财产：（1）走私、贩卖、运输、制造鸦片 1000 克以上、海洛因 50 克以上或者其他毒品数量大的；（2）走私、贩卖、运输、制造毒品集团的首要分子；（3）武装掩护走私、贩卖、运输、制造毒品的；（4）以暴力抗拒检查、拘留、逮捕，情节严重的；（5）参与有组织的国际贩毒活动的。走私、贩卖、运输、制造鸦片 200 克以上不满 1000 克、海洛因 10 克以上不满 50 克或者其他毒品数量较大的，处七年以上有期徒刑，并处罚金。走私、贩卖、运输、制造鸦片不满 200 克、海洛因不满 10 克或者其他少量毒品的，处七年以下有期徒刑、拘役或者管制，并处罚金。

② 我国刑法虽然规定了 68 个死刑罪名，但在司法实践中，死刑的适用主要集中在故意杀人、故意伤害致人死亡、绑架杀人、抢劫致人死亡和走私、贩卖、运输、制造毒品五类案件上。

谈会纪要》,① 对毒品犯罪的刑罚适用进行了详细规定，形成了这一时期我国运用宽严相济刑事政策惩治毒品犯罪的鲜明特色。

二、当前我国毒品犯罪刑事政策的特色

宽严相济的刑事政策是我国当前的基本刑事政策，与先前"惩办与宽大相结合"的基本刑事政策相比，宽严相济的刑事政策强调和重视对犯罪的从宽处罚方面。但宽严相济的刑事政策也不否认对严重犯罪应依法严厉打击。在该政策提出之初，罗干同志就曾强调："贯彻宽严相济的刑事政策，必须坚持'严打'方针不动摇，对严重刑事犯罪依法严厉打击，什么犯罪突出就重点打击什么犯罪，在稳准狠上和及时性上全面体现这一方针。"由于特殊的国情和毒品犯罪的严峻现实，毒品犯罪长期被认为是我国最严重的犯罪类型之一，因此，对其进行"严打"一直是我国毒品犯罪刑事政策的基本（主要）方面。

（一）我国当前毒品犯罪刑事政策中的"严"

1. 立法中的体现。我国现行刑法的规定明显地体现了对毒品从严打击的基本立场，具体表现在以下主要方面：（1）现行《刑法》对有关毒品犯罪设专节规定，共计 11 个条文，12 个具体罪名，犯罪行为类型不仅包括走私、贩卖、运输、制造毒品的行为，还包括非法持有毒品等犯罪行为。（2）刑法对整个毒品犯罪规定了相对严厉的刑罚，特别是针对走私、贩卖、运输、制造毒品罪，刑法设置了死刑条款。（3）对走私、贩卖、运输、制造毒品的，不论数量多少，刑法规定均应追究刑事责任。另外，走私、贩卖、运输、制造、非法持有毒品的数量计算，刑法强调不以纯度折算。（4）为了剥夺犯罪分子再犯毒品罪的经济能力，刑法对所有毒品犯罪都规定并处罚金刑。（5）为提高毒品犯罪惩治力度，刑法针对毒品犯罪特别设置了再犯制度等。

2. 司法中的体现。依法严惩毒品犯罪的立场，不仅体现在立法中，还贯彻于刑事司法实践中。2000 年最高人民法院在广西壮族自治区南宁市召开了全国法院审理毒品犯罪案件工作座谈会，会议强调："人民法院作为审判机关，在禁毒斗争中担负着非常重要的任务，一定要从中华民族的兴衰存亡和国家长治久安的高度，深刻认识依法严厉打击毒品犯罪的必要性和紧迫性……对依法应当判处死刑的，必须坚决判处死刑，狠狠打击毒品犯罪分子的嚣张气焰，始终保持对毒品犯罪严打的高压态势，以有效遏制毒品犯罪发展蔓延的势头。"2004 年 12 月，最高人民法院姜兴长副院长在全国法院刑事审判工作座谈会上指出："继续贯彻'严打'方针，依法严厉打击毒品犯罪。对毒品犯罪保持'严打'高压态势，是禁毒工作的一项重要方针。"宽严相济刑事政策提出后，2008 年 9 月 24 日，最高人民法院张军副院长《在全国部分法院审理毒品犯罪案件工作座谈会上的讲话》中指

---

① 为了加强毒品犯罪案件的审判工作，依法惩治毒品犯罪，2000 年以来，最高人民法院数次召开专题座谈会，主要有：（1）2000 年在南宁市召开的"全国法院审理毒品犯罪案件工作座谈会"；（2）2004 年在佛山市召开的"全国法院刑事审判工作座谈会"；（3）2007 年在南京市召开的"全国部分法院刑事审判工作座谈会"；（4）2008 年 9 月 23 日至 24 日在辽宁省大连市召开的"全国部分法院审理毒品犯罪案件工作座谈会"。其中，形成有 2000 年的《南宁会议纪要》和 2008 年的《大连会议纪要》。《大连会议纪要》是在最高人民法院统一行使死刑案件核准权后针对我国当前毒品犯罪案件审理的新情况作出的。

出："基于当前毒品犯罪的形势，要继续坚持'严打'方针，依法严惩严重毒品犯罪。""首先，要在整体上树立对毒品犯罪依法从严惩处的指导思想。其次，要将'严打'锋芒指向危害更为严重、发案率更高的毒品犯罪，尤其是那些走私、贩卖、运输、制造毒品的犯罪分子，该重判的一定要重判。对其中毒品犯罪数量大、主观恶性深、人身危险性大、罪行极其严重的犯罪分子，该判处死刑的，要坚决依法判处。"

对毒品犯罪依法从严打击的刑事政策直接影响了各级司法机关对毒品犯罪案件具体问题的认定。比如，我国《刑法》第 23 条规定，"对于未遂犯，可以比照既遂犯从轻或者减轻处罚"，因此，走私、贩卖、运输、贩卖毒品的犯罪分子，即使罪行极其严重，但只要属于犯罪未遂的情形，一般就不能判处死刑（立即执行），因此，如何界定走私、贩卖、运输、贩卖毒品罪犯罪既遂与未遂的标准，便具有十分重要的意义。但是，长期以来，该问题一直是困扰我国刑法理论和司法实践的难题。当前我国的司法实践并没有采取对犯罪人有利的解释，张军副院长在前述讲话中就明确指出："在毒品犯罪既遂与未遂的认定上，应当以有利于依法严厉惩罚犯罪为原则。具体判定时如产生争议、把握不准的，应按照从严打击犯罪的要求，认定为既遂。"①

（二）我国当前毒品犯罪刑事政策中的"宽"

宽严相济基本刑事政策提出后，特别是自最高人民法院 2007 年 1 月 1 日起统一行使死刑核准权以来，虽然各级司法机关依法严厉惩处严重毒品犯罪的政策没有任何改变，但为了贯彻和执行宽严相济的基本刑事政策，限制和减少死刑的适用，该时期，我国在刑事政策执行中凸显了对毒品犯罪的从宽处罚，集中表现在对毒品犯罪死刑（立即执行）适用的严格限制上。

1. 关于毒品犯罪死刑适用的依据。过去一个时期，在我国司法实践中，毒品数量对毒品犯罪量刑的作用曾被不适当地夸大，有些地方人民法院在决定对犯罪分子是否适用死刑时甚至不乏唯数量论。当前这种不当的做法基本上被纠正，最高人民法院一再强调："毒品犯罪案件死刑裁量的重要情节，但不是唯一情节。人民法院在对被告人决定是否适用死刑时，应综合考虑毒品数量、危害后果、被告人的主观恶性、人身危险性、犯罪的其他情节以及当地毒品犯罪形势等各种因素，区别对待。"

2. 关于毒品犯罪死刑适用的标准。目前我国刑事政策的基本立场是，死刑只适用于最严重的毒品犯罪，行为人犯走私、贩卖、运输毒品罪的，虽然毒品的数量达到了刑法规定或司法实践实际掌握的标准，但只要被告人具有法定或酌定从宽情节的，不判处或尽量不判处死刑（立即执行）。

3. 关于运输毒品罪死刑适用。根据刑法的规定，运输毒品罪与走私、贩卖、制造毒品罪并列规定有死刑。前些年，我国就有学者提出，单纯的运输毒品行为只是毒品犯罪的中间环节，从法律性质上讲，运输毒品的行为原本是走私、贩卖、制造毒品罪的帮助行为，因此，对运输毒品案件的处刑标准应当与走私、贩卖、制造毒品罪有所区别，尽量从

---

① 《刑法》第 23 条明确规定了犯罪未遂，司法实践的做法显然违反了罪刑法定。

轻处罚，避免适用死刑。① 该观点为司法实践广泛接受，《大连会议纪要》就明确强调："当前我国运输毒品犯罪重点打击的是指使、雇佣他人运输毒品的犯罪分子和接应、接货的毒品所有者、买家或者卖家。受指使、雇佣的贫民、边民或者无业人员，只是为了赚取少量运费而为他人运输毒品，一般不适用死刑。"运输毒品罪在毒品犯罪中一直占有很高比例，比如，在我国毒品犯罪重灾区的云南省，多年来，运输毒品的案件约占整个毒品犯罪案件的80%以上。② 运输毒品罪死刑的限制适用，对于我国司法实践中减少毒品犯罪死刑的适用具有重要意义。此外，根据《大连会议纪要》的精神和规定，司法实践中，即使被告人走私、贩卖、运输、制造毒品数量达到实际掌握的死刑数量标准，但只要属于《纪要》规定情形之一的，③ 也可以不判处被告人死刑立即执行，体现了对毒品犯罪从宽处罚的立场。

三、当前我国毒品犯罪刑事政策需完善的几个问题

对毒品犯罪进行严厉惩处是我国自20世纪80年代形成的对毒品犯罪的刑事政策，直至今日，该政策并未丝毫动摇，但如前所述，在当前宽严相济基本刑事政策和严格限制、减少死刑的大背景下，该政策进行了一定的调整，突出了对毒品犯罪惩治中"宽"的方面。实践证明，该政策应当说符合了我毒品犯罪的实际情况，对惩治毒品犯罪，维护我国社会和谐稳定起到了重要作用，但笔者认为，当前我国毒品犯罪刑事政策中，尚有不少问题需要进一步完善，这里择其中几个主要问题，论述如下：

1. 在宏观方面，我国目前惩治毒品犯罪的措施多是集中在毒品犯罪刑事审判环节，效果值得反思。毒品犯罪是个社会问题，当前我国毒品犯罪泛滥，既有国外因素，也不乏国内需求、管理方面原因。然而，在刑事政策领域，我国过去近30年惩治毒品犯罪的措施主要集中于探索如何通过人民法院的审判活动依法有效打击毒品犯罪问题，忽视了毒品犯罪的规律和存在的社会原因。我们并不否认刑事审判活动对惩治毒品犯罪所具有的积极意义，但是，过去30年惩治毒品犯罪的历史也充分表明，根除和减少毒品犯罪仅仅依靠刑事审判工作是远远不够的，"最好的社会政策就是最好的刑事政策"，我们应当将毒品犯罪案件的审判放在禁毒工作的整体格局中起思考，积极探索毒品犯罪规律，调整禁毒策略，吸收国外惩治毒品的有益经验，丰富惩治毒品犯罪刑事政策的内容。近年来，我国有

---

① 参见周道鸾：《毒品犯罪的刑事政策和法律适用——云南省毒品犯罪调查》，载赵秉志主编《刑法评论》（2006年第2卷），法律出版社2006年版，第284页。

② 参见周道鸾：《毒品犯罪的刑事政策和法律适用——云南省毒品犯罪调查》，载赵秉志主编《刑法评论》（2006年第2卷），法律出版社2006年版，第285页。

③ 根据《大连会议纪要》的规定，这些具体的情形是：（1）已查获的毒品数量未达到实际掌握的死刑数量标准，到案后坦白尚未被司法机关掌握的其他毒品犯罪，累计数量超过实际掌握的死刑数量标准的；（2）经鉴定毒品含量极低，掺假之后的数量才达到实际掌握的死刑数量标准的，或者有证据表明可能大量掺假但因故不能鉴定的；（3）因特情引诱毒品数量才达到实际掌握的死刑数量标准的；（4）以贩养吸的被告人，被查获的毒品数量刚达到实际掌握的死刑数量标准的；（5）毒品数量刚达到实际掌握的死刑数量标准，确属初次犯罪即被查获，未造成严重危害后果的；（6）共同犯罪毒品数量刚达到实际掌握的死刑数量标准，但各共同犯罪人作用相当，或者责任大小难以区分的；（7）家庭成员共同实施毒品犯罪，其中起主要作用的被告人已被判处死刑立即执行，其他被告人罪行相对较轻的等。

学者在反思我国过去禁毒政策后提出，惩治和减少毒品犯罪，需要调整禁毒策略，注重对零星贩毒的惩治；需要重视禁种毒源，开展毒源地的替代种植等，① 我们认为，这些意见值得重视。

2. 从我国毒品犯罪的客观现实看，需要关注新型毒品的刑法规制。新型毒品是相对鸦片、海洛因等传统毒品而言的概念，主要指的是经人工化学合成的致幻剂、兴奋剂类毒品。近年来，新型毒品在我国呈迅速蔓延之势。2006 年《中国禁毒白皮书》指出："在我国，滥用冰毒、氯胺酮、摇头丸等新型毒品人数不断增多，已形成传统毒品与新型毒品交叉滥用的局面。"《刑法》第 357 条只是规定了毒品的种类和特征，对毒品的范围并没有作出明确的限制。当前我国司法实践中出现的新型毒品已达数百种之多，而且，随着科学技术和制药工业的进步和发展，新型毒品的种类还会呈现继续增加的趋势。为了规范各级人民法院对新型毒品的审判工作，2006 年 8 月最高人民法院刑一庭出台了《关于审理若干新型毒品案件定罪量刑的指导意见》（以下简称《意见》），该《意见》对氯胺酮等 10 种新型毒品定罪量刑明确规定了数量标准，为我国打击当前日益严峻的新型毒品犯罪提供了依据，无疑具有重要意义。但《意见》只是规定了 10 种新型毒品的定罪量刑问题，其他大量新型毒品入罪的标准，《意见》并未涉及。那么，是否一切国家规定管制的能够使人形成瘾癖的麻醉品和精神药品都应认定为属于刑法中的毒品，进而认定为属于毒品犯罪呢？若单纯从刑法的规定看，无疑是可以肯定的。但新型毒品和传统毒品毕竟不同，即使同属于新型毒品的，不同类型的新型毒品在成瘾性和对人体、社会危害方面也有着重要差别。作为保障法的刑法若不考虑新型毒品的种类和性质，不加区分都纳入其调控范围，显然是不合适的。从世界发达国家的做法看，也并非将所有新型毒品纳入到刑法调控范围，比如，英国自《1971 年滥用毒品法》颁布以来，毒品被分为 A、B、C 三级，面对司法实践中存在的种类繁多的毒品，英国毒品犯罪法只是将极其少量的（10 多种）的毒品纳入到刑法调控的范围。所以，我们认为，虽然我国《刑法》未对毒品的种类作任何限制，但实践中能够构成刑法分则第六章第七节毒品罪的"毒品类型"宜以"刑法典和司法解释明确规定"为限，对于刑法典和司法解释没有明确规定的新型毒品，刑法应尽量保持谦抑、克制，不要轻易认定为犯罪。另外，新型毒品大部分是通过人工合成的化学合成类毒品，司法实践中不少毒品是混合使用的，成分复杂。该种场合，如何认定毒品的种类？毒品的数量如何计算？这也是我国当前司法实践面临的新问题，不仅需要刑法理论的研究，也需要尽早规范化。

3. 对于运输毒品罪，当前立法有必要废除其死刑适用。截止到 2010 年 3 月，世界上共有 32 个国家或地区在法律上对毒品犯罪规定了死刑。② 自 1982 年死刑引入毒品犯罪以来，毒品犯罪的死刑问题便成为理论和司法实务界共同关注的课题。关于毒品犯罪死刑的存废，我国学者的认识经历了一个变化发展过程。众所周知，中华民族历史上曾深受毒品之害，我国对毒品有特别的感触，以至于在过去很长时期，从严打击毒品犯罪，对严重毒

---

① 参见郑蜀饶：《毒品犯罪规律的新认识与禁毒政策的新思考》，载熊选国主编《刑事审判参考》（2007 年第 6 集），第 138 ~ 139 页。

② Patrick Gallahue and Rick Lines, The death penalty for drug offences: Global overview 2010, The International Harm Reduction Association, London, 2010, p. 7.

品犯罪分子判处极刑被认为是天经地义的事，少有人怀疑其合理性。随着我国经济社会发展和人权意识的提高，我国学者在对死刑制度改革的同时，毒品犯罪的死刑问题逐渐引起了学者们的关注。如前指出，2004 年，国家法官学院周道鸾教授赴我国毒品犯罪的重灾区云南省进行调查，报告明确提出，运输毒品罪其处刑标准应当与走私、贩卖、制造毒品罪有别。① 虽然报告没有明确提出毒品犯罪死刑存废问题，但对运输毒品罪处刑标准的认识实际上与运输毒品罪死刑适用问题紧密关联。而此一段时间，赵秉志教授等学者却明确提出了包括毒品犯罪在内的我国非暴力犯罪死刑废除问题。赵秉志教授指出："基于我国特殊的国情，对于贪污罪、受贿罪等贪利型职务犯罪以及毒品犯罪，在现阶段亦应首先通过提高其死刑的适用标准以严格限制于减少死刑之适用，并根据社会发展状况作持续深入的努力，力争在 2020 年前废止其死刑规定。"②

　　近年我国学者对死刑问题的研究直接影响到了我国死刑立法改革。今年 8 月 23 日，第十一届全国人民代表大会常务委员会第十六次会议召开，《刑法修正案（八）草案》（以下简称《草案》）首次提交审议。据报道，《草案》拟取消盗窃罪等 13 个死刑罪名，这是我国当前死刑制度改革的大事，《草案》一改我国 20 多年来死刑一直扩张的趋势，无疑具有划时代意义。③ 虽然提请审议的《草案》中并没涉及毒品犯罪死刑废除问题，但据报道，该《草案》起草讨论期间，取消运输毒品罪等死刑问题已为代表和有关机关关注，只是最终没有得到立法者的积极支持而已。

　　我们认为，由于我国当前毒品犯罪的形势十分严峻，虽然包括死刑在内的刑罚制度对于减少和预防犯罪的作用是有限的，但当前和今后一个时期，在我国减少和预防毒品犯罪社会机制不健全的情况下，死刑对于打击和减少毒品犯罪仍然具有不可替代的意义。在这种背景下，此次刑法修正案没有取消毒品犯罪死刑，是完全可以理解的。但我们不得不考虑的事实是：（1）全球一体化是当今世界发展的基本事实，我国对毒品犯罪死刑（乃至整个死刑制度）存废问题的讨论不仅要考虑我国的国情，也不能不放眼世界范围内死刑发展的潮流和趋势。"死刑只能适用于最严重的罪行，毒品犯罪并不属于最严重罪行的范畴"，④ 已是当今国际社会的共识，在这种情况下，我国若无视国际社会的意见和联合国人权公约的规定，显然是不合时宜的。（2）从运输毒品罪的社会危害性看，运输毒品的行为在刑法性质上并非都属于走私、贩卖、制造毒品的帮助行为，但在整个毒品犯罪的链条上，运输毒品的行为充当的往往是毒品的中间、辅助环节。而走私、贩卖、制造毒品的行为，或者是毒品犯罪的源头，后者直接导致毒品直接向社会扩散，就社会危害性而言，

---

① 参见周道鸾：《毒品犯罪的刑事政策和法律适用——云南省毒品犯罪调查》，载赵秉志主编《刑法评论》（2006 年第 2 卷），法律出版社 2006 年版，第 282 页。

② 赵秉志著：《死刑改革探索》，法律出版社 2006 年版，第 129 页。

③ 这 13 个罪名是：走私文物罪，走私贵重金属罪，走私珍贵动物、珍贵动物制品罪，走私普通货物、物品罪，票据诈骗罪，金融凭证诈骗罪，信用证诈骗罪，虚开增值税专用发票、用于骗取出口退税、抵扣税款发票罪，伪造、出售伪造的增值税专用发票罪，盗窃罪，传授犯罪方法罪，盗掘古文化遗址、古墓葬罪，盗掘古人类化石、古脊椎动物化石罪。参见殷泓、王逸吟：《刑法修正案（八）草案取消 13 项死刑罪名》，载《光明日报》2010 年 8 月 24 日第 6 版。

④ Rick Lines, The death penalty for drug offences: a violation of international human rights law, The International Harm Reduction Association, London, 2007, p.18.

运输毒品的行为与其不能等量齐观,① 保留对运输毒品罪死刑难以符合我国刑法规定的死刑只应当适用于"罪行极其严重的犯罪分子"的规定。（3）从我国司法实践破获的运输毒品犯罪案件的实际情况看，运输毒品的主体有其特殊性，多是贫困农民、下岗工人、无业人员为赚取少量运费而受雇从事毒品的运输，相对于毒品犯罪幕后指使者，这些犯罪分子在整个毒品犯罪链条中所起的作用较小、所处的地位相对轻微，主观恶性也较小、犯罪收益相对于幕后指使者也不能同日而语，因此，刑法从严惩处的更应当是毒品犯罪的幕后指使者、毒枭（这些人往往属于毒品的贩卖者），而非直接从事毒品的运输者，保留对运输毒品罪的死刑难以起到很好的社会效果。另外，从国际社会保留对毒品犯罪死刑国家的立法看，大多保留的是对走私、贩卖毒品罪的死刑，少有国家对运输毒品犯罪适用死刑。若从该角度看，《刑法修正案（八）草案》未将运输毒品罪死刑废除提上日程，不能不说有其局限性。

---

① 参见周道鸾：《毒品犯罪的刑事政策和法律适用——云南省毒品犯罪调查》，载赵秉志主编《刑法评论》(2006 年第 2 卷)，法律出版社 2006 年版，第 284 页。

反思与重构诉讼时效效力之理论及实践[*]
——兼评现行法有关规定

■　杨　巍^{**}

诉讼时效的效力，是指时效期间届满后所发生的法律后果。① 诉讼时效期间届满，是一种法律事实，该法律事实引起何种法律关系变动，与诉讼时效的效力为同一问题。当事人对于诉讼时效制度的直观感知，直接来源于诉讼时效期间届满后对当事人双方权利义务在实体上和程序上的双向影响。对于诉讼时效效力我国应采何种模式，学界历来争议较大。在现有争论点中，既有不同观点实质上的冲突，亦不乏因认识的偏差而造成的非实质性误解。最高人民法院于 2008 年颁布了法释［2008］11 号《最高人民法院关于审理民事案件适用诉讼时效制度若干问题的规定》②，该司法解释是对《民法通则》实施二十年余年来诉讼时效理论发展及实务经验的一种总结。由于各种原因，该司法解释虽然相较于《民法通则》而言具有一定程度的进步，但仍然存在一些理论和制度上的缺憾。本文在梳理、反思诉讼时效效力现有学说理论的基础上，对诉讼时效效力各立法模式实质上的核心规则进行归纳，并进一步评述我国现行法有关规定。

---

　* 本文系笔者主持的 2010 年度国家社科基金项目 "民法时效制度的案例统计与反思研究"（项目编号：10CFX043），武汉大学人文社会科学自主科研项目 "民法时效制度研究" 阶段性成果。
　** 杨巍，武汉大学法学院讲师，法学博士。
　① 佟柔主编：《中国民法学·民法总则》，中国人民公安大学出版社 1990 年版，第 316 页；郑玉波：《民法总则》，中国政法大学出版社 2003 年版，第 536 页。
　② 以下简称《诉讼时效解释》。

一、诉讼时效效力现有理论之反思

（一）效力区别说与效力等同说之争

各国及地区立法对于诉讼时效效力的规定是基本相同还是根本对立？学界存在争议。

1. 效力区别说

我国大陆及台湾地区民法学界的主流观点认为，诉讼时效的效力，因各国民法的规定不同而有区别。各国及地区民法关于诉讼时效效力的规定，主要可概括为三种模式：

模式一：实体权消灭主义。

此种立法，将诉讼时效的效力规定为直接消灭实体权。系采纳德国学者温特夏德（Windscheid）的主张。① 一般认为，日本民法采取该模式，《日本民法典》第 167 条规定："①债权因 10 年间不行使而消灭。②债权或所有权以外的财产权，因 20 年间不行使而消灭。"富井政章教授指出："时效之效力，在权利之取得或消灭，无特别规定者，其效力发生于法定期间已届满之时，故时效非推定权利得丧之结果。时效之结果，回溯起算日，而生权利得丧之效力，因消灭时效而免除之债务者，无支给完成日以前利息之义务。"②

模式二：诉权消灭主义。

此种立法，系采纳德国学者萨维尼（Savigny）的主张。萨氏认为，诉讼时效完成后，其权利本身仍然存在，仅诉权归于消灭，此为罗马法消灭时效之本旨。时效届满后的权利，因诉权消灭不能请求法院为强制执行，即所谓自然债。③ 一般认为，《法国民法典》、1922 年《苏俄民法典》及匈牙利采取该模式。《法国民法典》第 2262 条规定："一切物权或债权的诉权，均经 30 年的时效而消灭。"④ 1922 年《苏俄民法典》第 44 条规定："起诉权，逾法律规定之期间而消灭。"《匈牙利民法典》第 325 条规定："时效完成的请求权，不能在法院强制执行。"还有学者认为，意大利民法采取的也是诉权消灭主义。⑤ 诉权消灭主义在立法及学说上又衍生出"胜诉权消灭主义"，关于该说，后文将作详述。

模式三：抗辩权发生主义。

系采德国学者欧特曼（Oertmann）的主张。欧氏认为，时效完成后，义务人因而取得拒绝履行的抗辩权。如义务人自动履行的，视为抛弃其抗辩权，该履行行为应为有效。⑥

---

① 梁慧星：《民法总论》，法律出版社 2001 年版，第 268 页。

② 富井政章：《民法原论（第一卷）》，陈海瀛等译，中国政法大学出版社 2003 年版，第 375～376 页。

③ 梁慧星：《民法总论》，法律出版社 2001 年版，第 269 页。

④ 《法国民法典》第 2262 条的译文，此处引用的是梁慧星著：《民法总论》，法律出版社 2001 年版，第 269 页。但依据罗结珍译：《法国民法典》，中国法制出版社 1999 年版，第 2262 条的译文为："一切诉讼，无论是对物诉讼还是对人诉讼，时效期间均为 30 年。"

⑤ 参见侯利宏：《消灭时效的效力》，载梁慧星主编《民商法论丛》（第 22 卷），金桥文化出版（香港）有限公司 2002 年版，第 279～280 页；葛承书：《民法时效——从实证的角度出发》，法律出版社 2007 年版，第 43 页。

⑥ 梁慧星：《民法总论》，法律出版社 2001 年版，第 269 页。

一般认为，德国及中国台湾地区采取该模式。《德国民法典》第 214 条第 1 款规定：“消灭时效完成后，债务人有拒绝履行给付的权利。”中国台湾地区“民法典”第 144 条第 1 款规定：“时效完成后，债务人得拒绝给付。”在该立法模式下，“债务人在消灭时效届满后有权拒绝给付，这是一种技术意义上的抗辩权。债务人是仅仅主张消灭时效，还是想以其他方式为自己辩护，应当由债务人自己来决定。”① 王泽鉴先生指出：“依据（台湾地区‘民法典’）第 144 条第 1 项规定，系采抗辩权发生主义，即消灭时效完成后，权利自体本身并不消灭，其诉权亦不消灭，仅使义务人取得拒绝给付抗辩权而已。”② 还有学者认为，1964 年《苏俄民法典》采取的也是抗辩权发生主义。③

2. 效力等同说

有学者针对效力区别说提出质疑，指出：“世界各法域尽管在诉讼时效的立法条文上千差万别，但其届满后的法律效果是基本相同的，即均表现为抗辩权发生。”④ “无论采取何种立法例，诉讼时效（消灭时效）届满后的效果在以下方面是一致的：当事人一方已经履行的，不得以时效期间届满为由要求返还，另一方受领时效届满后的债务清偿的，不构成不当得利。”⑤ “学者有认为日本民法采取了实体权消灭主义，法国采取了诉权消灭主义。但是如果不是从个别规范措辞论断，而是从全部规范分析，这些国家似乎既不是消灭实体权，也不是消灭诉权，而也只是赋予当事人（义务人）通过主张才能拒绝履行义务或免除义务的权利，这就是说，只赋予了抗辩权。”⑥ “关于消灭时效效力三个主义的学说有检讨的余地。首先，学说指出的三个主义的代表法典并不准确。将日本民法典视为权利消灭主义的代表，其实是一种误解。法国民法典本身并未明确其属于权利消灭主义还是诉权消灭主义，而且就该法典而言，以上两个主义的区分对其没有实际意义，因此将其视为权利消灭主义或诉权消灭主义的代表都是不恰当的。其次，将消灭时效的效力归结为三个主义，并未触及消灭时效效力的根本。按照三个主义的学说，上述几个法典应属于不同的主义，时效完成的法律效果应该是不同的。但是，很多法典中消灭时效效力的内容在以下几方面其实是一致的……三个主义的学说是从法典规定的表面进行分类，有牵强的嫌疑。”⑦

基于上述梳理可知，效力区别说的要点有：（1）各国及地区诉讼时效效力是存在差异的；（2）各立法的差异性可概括为“三个主义”；（3）证明该差异存在的主要依据是各民法典的条文表述。效力等同说的要点有：（1）各国及地区诉讼时效效力是基本一致的；（2）各立法诉讼时效效力的一致性主要表现为抗辩权的产生；（3）判断诉讼时效效力，不应仅依据个别条文的字面含义，而应结合相关条文作综合判断。

笔者认为，效力区别说存在着明显的缺陷。其一，该说过分夸大了各国诉讼时效效力

---

① ［德］迪特尔·梅迪库斯：《德国民法总论》，邵建东译，法律出版社 2001 年版，第 102 页。
② 王泽鉴：《民法总则》，中国政法大学出版社 2001 年版，第 542 页。
③ 梁慧星：《民法总论》，法律出版社 2001 年版，第 269 页。
④ 葛承书：《民法时效——从实证的角度出发》，法律出版社 2007 年版，第 65～66 页。
⑤ 郭明瑞：《诉讼时效的效力问题》，载《法学》2008 年第 9 期。
⑥ 龙卫球：《民法总论》，中国法制出版社 2002 年版，第 626～627 页。
⑦ 侯利宏：《消灭时效的效力》，载梁慧星主编《民商法论丛》（第 22 卷），金桥文化出版（香港）有限公司 2002 年版，第 280～282 页。

的差异性，忽略了各国规定在本质上的共性。尤其是该说将各立法分为三个主义的做法，极易使人误认为各国及地区诉讼时效效力存在着不可调和的冲突。事实上，欧洲各国在诉讼时效制度上的差异主要集中在时效期间上，以至于有学者将各国混乱的时效期间形容为"一个色彩斑斓的花布拼缝物"。① 而对于诉讼时效的效力，各国均将时效届满作为一种承担责任的抗辩事由。而且，在欧陆各国及普通法国家，法院均不会主动依职权适用时效丧失规定，而始终只有当被告提出主张时才适用时效规则。② 这表明，各国立法对诉讼时效效力的态度是基本一致而非对立的。其二，将时效援引规则作为一个孤立的规定看待，忽略了时效援引规则对诉讼时效效力的影响。实际上，诉讼时效援引规则直接影响甚至决定了诉讼时效完成所产生的法律效力。在法国和日本，由于存在时效援引规则，③ 时效届满并不能当然引起诉权或实体权利的消灭，而是义务人通过援引时效规则来主张抗辩。将这种法律效果称为诉权消灭主义或实体权利消灭主义，是名不副实的。其三，没有严格区分诉讼时效期间届满的直接效力与行使时效抗辩权或援引权的效力之间的区别。诉讼时效期间届满的效力，分为两个层次，即诉讼时效期间届满的直接效力与行使时效抗辩权或援引权的效力。现有争议中有很多争点实际上都是混淆了这两个不同层次效力的结果。这两个层次的效力包含哪些具体内容，本文将在第二部分详述。其四，该说在大陆法系学界并未得到普遍认可。效力区别说产生于我国台湾地区学界，该说最初由何人提出，已不可考。该说传入我国大陆学界后，遂成为教科书之通说。但在大陆法系领域内，除我国台湾地区外，学界及实务并未普遍采用"三个主义"的归类方法。欧陆各国中，无论是被归类为抗辩权发生主义的德、奥，还是被归类为诉权消灭主义的法、意，时效期间届满的基本效力均为义务人取得某种形式的抗辩权，④ 而并不存在效力区别说所描述的显著差异。从某种程度上说，效力区别说之所以成为我国通说，是在我国大陆民法理论资源有限、司法经验不足的特定历史背景下，受到台湾地区不成熟理论观点长期不当影响的结果。

　　一个有必要澄清的问题是：日本民法是否真的采取实体权消灭主义？我国学界一般认为，日本民法采取的是典型的实体权消灭主义，⑤ 并有学者进一步提出批评意见，认为"如此立法不仅将法律与道德绝对区分，将二者完全割裂，对权利人未免过于苛刻，而且忽略了当事人的主观意愿，杜绝了义务人于诉讼时效期间届满后履行义务的合法性，过分突出了法律的干预"。⑥ 该批评建立在这样一种基础之上，即依据日本民法，诉讼时效期间届满后，适用于时效的权利本体即归于消灭，即使义务人自愿履行，亦构成不当得利而

① 参见［德］克里斯蒂安·冯·巴尔、乌里希·德罗布尼希主编：《欧洲合同法与侵权法及财产法的互动》，吴越等译，法律出版社 2007 年版，第 159 页。

② 参见［德］克里斯蒂安·冯·巴尔：《欧洲比较侵权行为法》（下卷），焦美华译，法律出版社 2007 年版，第 685 页。

③ 参见《法国民法典》第 2223 条、《日本民法典》第 145 条。

④ 参见［德］莱茵哈德·齐默曼、［英］西蒙·惠特克主编：《欧洲合同法中的诚信原则》，丁广宇等译，法律出版社 2005 年版，第 345～354 页。

⑤ 参见王利明：《民法总则研究》，中国人民大学出版社 2003 年版，第 743 页；魏振瀛主编：《民法》，北京大学出版社、高等教育出版社 2000 年版，第 193～194 页。

⑥ 夏利民：《民法基本问题研究》，中国人民公安大学出版社 2001 年版，第 241 页。

可要求权利人返还。但是，这种认识与事实相符吗？

笔者认为，认为日本民法中时效届满即导致实体权利当然消灭的观点，实际上是一种积众成谬的误解。其一，该观点的主要依据是《日本民法典》第 167 条，该条规定："①债权因十年间不行使而消灭。②债权或所有权以外的财产权，因二十年间不行使而消灭。"而且，第 168 条以下各条对于特殊时效期间的规定，也都采取"××权利，因××年不行使而消灭"的表述。但是，仅以这种条文表述就推导出实体权消灭的结论，是不能令人信服的。因为，我国台湾地区"民法典"第 125 条规定："请求权，因 15 年间不行使而消灭。"该表述与与日本民法完全相同，但学界并未因此认为台湾地区民法采实体权消灭主义，而认为其所采为抗辩权发生主义。另外，我国 2009 年修改前《保险法》第 27 条规定："人寿保险以外的其他保险的被保险人或者受益人，对保险人请求赔偿或者给付保险金的权利，自其知道保险事故发生之日起二年不行使而消灭。"学界也未因此认为保险法诉讼时效采实体权消灭主义。① 其二，在日本学界，不认为义务人自愿履行已过时效的义务构成不当得利。山本敬三教授指出："即使时效完成，是否享有权利的取得、义务的消灭这种利益，还要依赖于当事人的意思。表明享受这种利益的意思为时效的援用，而表明放弃的意思为时效利益的放弃。民法在规定因时效的完成而取得权利或权利消灭（民 162、167）的同时，还规定：如果当事人不援用，则法院不得依时效进行裁判（民 145）。"② 我妻荣教授认为："本来，裁判应当依据实体性权利义务关系进行，尽管依时效发生权利的得丧，但如果不能原原本本地进行裁判，就可以说是一种矛盾。因此，应当如何谋求这之间的调和构成第一个问题……从时效是也要考虑当事人的意思使之发生效果的制度来看，解释为时效完成时，当事人依援引使权利的得丧发生，作为说明是最为简明的。与德国民法将消灭时效的效果作为抗辩权的取得的宗旨相同，说明时效完成后的清偿和承认的效果也适当贴切。这样进行解释，就脱离了民法作为时效的效果发生权利的得丧的文理。但是，将第 162 条、第 167 条等的规定与第 145 条、第 146 条综合地加以解释，决没有不合理之处。"③ 四宫和夫教授认为，时效完成的直接效果是援用权的产生。"时效完成之要件一旦具备，享受时效利益之人即取得援用权。由于援用权之行使，时效下之权利得失方得以出现。亦即，时效援用权作为时效完成之直接效果而产生，其行使加上时效之完成，使时效之本体效果得以产生。"④ 四宫和夫教授的观点，除了所用概念不同之外，已经与抗辩权发生说没有本质区别。由此可见，日本学界主流观点认为，时效完成的效力应与当事人是否援用结合在一起考虑。因此，时效届满后，义务人自愿履行的，即为放弃时效利益，亦构成有效清偿而非不当得利，这与其他国家的时效效力并无不同。其三，在日本司法实务界，并未实际采用实体权消灭主义。日本法律实务界和理论界，无论当事人双方进行辩论时，还是法官的判决书中或者在学者的文章中，都经常使用"请

---

① 参见温世扬主编：《保险法》，法律出版社 2007 年版，第 126 页。值得注意的是，为避免产生歧义，2009 年修改后《保险法》第 26 条不再采取"保险金给付请求权因××年不行使而消灭"的表述。

② ［日］山本敬三：《民法讲义 1 总则》，解亘译，北京大学出版社 2004 年版，第 379～381 页。

③ ［日］我妻荣：《我妻荣民法讲义 I 新订民法总则》，于敏译，中国法制出版社 2008 年版，第 411～412 页。

④ ［日］四宫和夫：《日本民法总则》，唐晖、钱孟珊译，台湾五南图书出版有限公司 1995 年版，第 332 页。

求权"、"时效的抗辩"等概念。在审判实务中，时效的援用一般最迟必须在二审的口头辩论终结前行使，假如因没有援用完成了的时效而败诉时，那之后债务人就不能再以消灭时效为理由主张债务的消灭（1939 年 3 月 29 日大审院判决）。这些均与德国民法消灭时效规定的宗旨一致。从日本民法的条文、判例中，均看不出在请求和接受给付这两个债权的基本权能方面，日本的"权利本身消灭"与德国的"请求权消灭"有何本质不同。①其四，《日本民法典》第 508 条规定："因时效消灭的债权，在其消灭以前适于抵消时，其债权人可以适用抵消。"既然已过时效的债权可适用抵消，这表明实体权利并未消灭。因为如果时效经过导致实体权利消灭，也就不存在所谓抵消的问题了。因此，该条规定与各国"已过时效债权仍可用于抵消"的普遍态度，也并无不同。由此可见，认为日本民法采取实体权消灭主义的观点，是仅从条文字面含义理解所造成的误解。诉讼时效期间届满后，并不当然导致实体权利消灭；义务人自愿履行义务的，也并不构成不当得利；已过时效的债权，仍可用于抵消。日本民法所规定的诉讼时效效力，与德国等其他国家并无本质上的区别。

（二）反思胜诉权消灭说及新近学说

1. 胜诉权消灭说的内容

在《民法通则》颁布后相当长的时期内，胜诉权消灭说在我国学界居于通说地位。但学者间对该说具体内容的表述，则存在一定差异。佟柔先生认为："时效届满，权利人的胜诉权消灭，其起诉权和实体权利则不消灭。无论当事人是否了解时效否认规定或是否提出时效抗辩，司法机关均应依职权调查诉讼时效问题，如果原告的请求或权利适用诉讼时效，且时效期间已经届满，又没有应予保护或延长时效期间的特殊情况，就应判决对其权利不予保护。这种做法，由苏联首先实行，并为我国和其他社会主义国家所采纳。它把当事人的意志和司法机关的职能及主导性结合起来，从而可以保障各种当事人在适用法律上的平等。根据我国民法通则的规定，采用胜诉权消灭说，义务人在时效届满后自愿履行的，权利人仍有权接受，这一点与诉权消灭说的效果相同。时效完成后，主权利不受保护，其从权利也随之丧失法律保护。因为后者是从属性，不能脱离主权利而独立存在。"②彭万林先生认为："诉权包括起诉权和胜诉权，前者为权利人发动诉讼程序以保护权利之权；后者为在权利之存在经诉讼程序确认后，请求法院运用国家强制力使权利得以实现之权。在我国，诉讼时效完成后，不及时行使权利的权利人不丧失起诉权，仍可向法院请求发动诉讼程序，以便法院调查有无诉讼时效已完成的事实，以及权利人于时效期间内不行使权利有无法定事由之外的正当理由，从而作出正确的处断。但在诉讼程序开始后，法院经调查确认诉讼时效已完成，权利人于时效期间内不行使权利无法定事由外的正当原因的，将驳回权利人之诉讼请求。"③李开国先生认为："实体诉权消灭主义的优越性在于：按实体诉权消灭主义，诉讼时效期间届满后，不仅作为母体的民事权利本身不消灭，其所

---

① 于敏：《侵权损害赔偿请求权的消灭时效》，载梁慧星主编《民商法论丛》（第 22 卷），金桥文化出版（香港）有限公司 2002 年版，第 238 页。

② 佟柔主编：《中国民法学·民法总则》，中国人民公安大学出版社 1990 年版，第 317～318 页。

③ 彭万林主编：《民法学》，中国政法大学出版社 1994 年版，第 136 页。

生的请求权亦不消灭，仅请求权之强制执行效力丧失（即实体诉权消灭），这样当事人间的权利义务仍可在道德层面上继续存在（即作为自然权利义务关系而存在）。这种制度设计也就——克服了民事权利消灭主义、请求权消灭主义所存在的问题，在诉讼时效完成的法律效果问题上形成了一个以时效利益抛弃规则为中心的，以实体诉权消灭规则、抗辩权发生规则为照应的和谐的制度体系。这种制度构建的好处还在于，它将原本由法律解决的问题基于诉讼时效期间届满而交给道德去解决，这就既实现了诉讼时效制度所追求的效益价值，又缓和了因诉讼时效期间届满而引发的法律与道德的紧张关系。根据我国《民法通则》第135条和第138条规定的精神，我国民法采取的是实体诉权消灭主义。"① 应注意的是，李开国先生主张的实体诉权消灭主义，从字面上似乎应属胜诉权消灭主义，但李开国先生同时又认为"时效利益抛弃规则是时效效果立法的核心规则"，"义务人的时效抗辩权自权利人的诉讼时效期间届满时当然取得，但是不能认为权利人的实体诉权自诉讼时效期间届满时当然消灭"。② 可见，该实体诉权消灭主义与传统的胜诉权消灭主义并不完全相同。

学者间对胜诉权消灭说的解读虽因侧重点不同而导致具体阐释有所差异，但其共同要点主要有：（1）无论诉讼时效期间是否经过，均不消灭起诉权；（2）法院应主动援引时效规定；（3）义务人自愿履行债务，仍然有效。

2. 胜诉权消灭说之反对意见

近些年来，学界对胜诉权消灭说持批评、反对的意见越来越多，其否定该说的理由可主要归纳为以下几个方面：

理由一："胜诉权"概念本身就不合理。

有学者对"胜诉"是否为一种权利，提出质疑。"胜诉权的说法不甚合理。它容易使人产生曲解，联想到胜诉权利消灭，仿佛权利人只要在时效期间届满前为诉讼上请求就会胜诉。事实上，虽然当事人有胜诉权是胜诉的依据，无胜诉权是其败诉的原因，但当事人起诉后是否胜诉并不确定，胜败与否取决于法院的审定。"③ "如果承认'胜诉'是一项权利的话，那么'胜诉权'这个概念就暗含着这样的意思：如果某人拥有胜诉权，那么他就应当获得胜诉，法院就应当判决其胜诉。如此，法院审理案件的目的则成为辨别谁享有胜诉权。"④ "胜诉是诉讼结果的一种，把获得某种特定结果作为诉讼参与人的既定权利，这是违反法理和实践。胜诉与否取决于每一具体案件中当事人提出的诉讼请求是否相当于其实体权益，它可能因当事人变更其诉讼请求而改变。胜诉是可变的结果，不是法定的权利。因此，即便抽离实体意义上的诉权的这一中间环节，直接规定消灭时效的效力为诉权消灭，也是不科学的。实体意义上的诉权这一概念自身尚未定型，认为消灭时效的效力在于实体意义上的诉权消灭，只能使消灭时效的效力不知所指，概念模糊。"⑤

① 李开国：《民法总则研究》，法律出版社2003年版，第449～450页。
② 李开国：《民法总则研究》，法律出版社2003年版，第445、451页。
③ 夏利民：《民法基本问题研究》，中国人民公安大学出版社2001年版，第242页。
④ 闫庆霞：《"胜诉权"辨析》，载《法学评论》2007年第1期。
⑤ 温世扬、廖焕国：《民事时效立法简论》，载王利明等主编《中国民法典基本理论问题研究》，人民法院出版社2004年版，第222～223页。

理由二："胜诉权"的基础"二元诉权说"存在理论瑕疵。

"胜诉权"概念的逻辑起点，是二元诉权说，即认为诉权具有程序意义和实体意义这两重诉权。但是，"二元诉权说仅仅在技术上对资产阶级的三大诉权说作糅合处理，缺乏合理性；而且无同一概念的内涵，使程序意义和实体意义诉权陷入相互矛盾；在诉讼实践中区分二者的工作相当困难，而且没有必要"。① "近年来，随着诉讼法学研究的发展，国外各种诉讼制度及理论被不断地引进并给予评价，与此同时亦有不少国内学者自己的原创性见解。在我国法学研究薄弱时期从前苏联引进的传统的二元诉权说亦因其自身的诸多弊端而受到较多批判，此后发展起来的各种诉权学说虽大部分仍秉承着诉权的程序含义和实体含义的划分，但其具体内容已有了较大差异，且在关于诉权理论的论述中已鲜有'胜诉权'概念。我们不应用'胜诉权'这一含混的概念来阐释实质意义上的诉权，'胜诉权'一词应从诉权理论中加以剔除。"②

理由三：胜诉权消灭说导致理论学说与现实生活的背离。

"按照诉讼时效届满胜诉权消灭说，在诉讼程序中，由于权利人请求法院予以强制保护其权利的胜诉权消灭，故其请求义务人履行义务的请求不能实现。但是，就权利人直接要求义务人履行因为而言，由于其'实体意义上的权利'仍然存在，故义务人并没有不履行义务的正当性，理论上仍然应当履行自己的义务。可是，实践中，一般情况下，多是权利人直接向义务人主张权利，义务人也直接以诉讼时效届满为由予以拒绝，而对于诉讼时效确已届满的权利，权利人一般也不会再诉至法院，徒增烦扰。那么，我们是不是应当因为义务人并没有在诉讼程序中主张诉讼时效届满，权利人胜诉权消灭，因而就否认这种社会通行做法的实际效力呢？"③ "诉讼时效期间届满仅是说明权利人请求法院强制义务人履行义务的权利有丧失的可能性，而非实际丧失。也就是说时效期间届满后并非法院就绝对不保护权利人的权利，如权利人有正当事由或义务人放弃时效利益，权利人还可实现自己的权利。"④

理由四：法院主动援引时效规定违背了私法自治的理念。

"法庭不待当事人主张而主动适用诉讼时效，违背民法时效制度的本质和市场经济的要求，加之中国民法通则规定的诉讼时效期间过短，更严重不利于人民和企业合法权益的保护。"⑤ "法院主动适用诉讼时效，是对当事人处分权的过分干预。诉讼时效届满，义务人就取得了一种可以不再履行其义务的利益，权利人如提出请求，义务人可进行有效的抗辩。既是一种利益，在法律规定的范围内应允许当事人自由处分，换言之当事人对诉讼时效主张与否，是对其时效利益的处分，这种处分既没有违反法律的规定，也没有侵犯国家、集体及他人的合法权益。因此，人民法院不应主动干预，否则就破坏了私法自治原则。"⑥ 法院主动援引时效规定之不妥当性，王利明先生归纳为四个方面的理由："第一，

① 江伟主编：《民事诉讼法学原理》，中国人民大学出版社 1999 年版，第 240 页。
② 闫庆霞：《"胜诉权"辨析》，载《法学评论》2007 年第 1 期。
③ 史浩明、张鹏：《胜诉权消灭说 vs 抗辩权发生说》，载《法律适用》2004 年第 11 期。
④ 夏利民：《民法基本问题研究》，中国人民公安大学出版社 2001 年版，第 241 页。
⑤ 梁慧星：《民法总论》，法律出版社 2001 年版，第 270 页。
⑥ 汪渊智：《论诉讼时效完成的效力》，载《山西大学学报》2002 年第 3 期。

法官依职权主动审查违背了私法自治的精神。第二，法官依职权主动审查不利于对债权人的保护。第三，法官依职权主动审查不利于使法官保持中立地位。第四，法院依职权主动审查时效是否届满，乃是因为受到苏联民法胜诉权消灭主义的影响，且与我国民事诉讼历来采取职权主义的诉讼模式有关。"①

笔者认为，胜诉权消灭说在理论及实践上存在诸多缺陷，是毋庸置疑的事实，学者对其的批评理由也基本上可以成立，但对胜诉权消灭说也应给予客观公正的评价。笔者对胜诉权消灭说的评价如下：其一，该说产生的历史背景是，私法自治的理念在立法及实践上尚未被充分认识，法院审判方式采取职权主义模式，苏联民法理论对我国立法及实践尚存在巨大影响。因此，胜诉权消灭说是特定历史阶段的必然产物。该说在民事立法及理论研究均未成熟的特定历史阶段，为保证民事案件的顺利审结、民事纠纷及时得到解决、促进理论研究的进一步深入，曾经发挥过积极的、正面的作用，对此应予承认，而不宜一概否定该说的历史作用。其二，该说主张法院应主动援引时效规定，这是该说在理论上推导出的结论。《民法通则》对于法院能否主动援引时效规定，实际上并未作出规定。主张法院应主动援引时效规定的观点，在特定历史条件下可能是合适的，因为它与极端的职权主义审判模式相一致，但是在民事立法及实践已经取得了很大进步的今天，该主张显然不能为理论及实践所接受。其三，不宜过分地夸大胜诉权消灭说在理论及实践上的危害，虽然该说也确实存在着一定的理论瑕疵。《民法通则》有关诉讼时效的规定，并未出现"胜诉权"字样。胜诉权消灭说只是学理上对诉讼时效效力的一种理论描述或理论总结，不宜将该说理解为是指导《民法通则》进行时效立法的理论依据。义务人有权拒绝履行时效届满的义务、义务人自愿履行后不得要求返还，这两点是诉讼时效届满后最基本的法律后果，对此，胜诉权消灭说也是承认的，② 这与其他各说并无不同。其四，"胜诉权"概念在理论上难以自圆其说，主张法院应主动援引时效规定有违私法自治原则，这两点是胜诉权消灭说的致命缺陷。在民事立法及理论研究已经逐渐趋于成熟的今天，胜诉权消灭说作为一项历史的产物，已经完成了其应有的历史使命，应当为其他更为合理的学说理论所替代。

3. 新近学说

在批评、否定胜诉权消灭说的基础上，有学者提出了抗辩权发生说、请求权消灭说、实体权利消灭主义等主张。

近些年来，多数学者主张抗辩权发生说。"采纳抗辩权发生说的主要理由在于：第一，它完全符合时效制度的目的。第二，体现了私法自治的精神。第三，抗辩权发生说准确地解释了时效届满的直接效果与援引时效条款所产生的效果。第四，对于诉讼时效届满后，义务人自愿履行债务的行为进行了合理的解释。第五，抗辩权发生说符合大多数国家的立法经验。"③ 还有学者认为："抗辩权发生主义的正当性在于：（1）鉴于实体权及诉权消灭主义具有的内在缺陷而坚持抗辩权发生主义。（2）抗辩权发生主义具有其他两种

---

① 王利明：《民法总则研究》，中国人民大学出版社 2003 年版，第 713～714 页。

② 参见《民法通则》第 138 条。

③ 王利明：《民法总则研究》，中国人民大学出版社 2003 年版，第 746～747 页。

模式所欠缺的内在合理性。（3）抗辩权发生主义与诉讼时效制度的价值目标相符，并能体现意思自治的精神。（4）抗辩权发生主义更能体现法律的人性化、人文化因素，利于法律与道德的融合。（5）抗辩权发生主义符合大多数国家的立法经验。"①

有少数学者主张请求权消灭说，认为"采胜诉权消灭说过于局限，难以反映时效的全貌；而采实体权消灭说，则难以圆满解释时效制度。我国将来的民法典应采用请求权消灭说"。② 还有学者将请求权消灭说的理由归纳为："第一，由于诉讼时效的客体是请求权，因而时效完成后直接导致的是请求权的丧失，而不能是其他权利。第二，时效完成后所消灭的请求权，不是向法院提起的诉讼的权利即起诉权，而是向法院请求保护的权利，对此我国《民法通则》第153条明确规定：'向人民法院请求保护民事权利的诉讼时效期间为2年，法律另有规定的除外。'请求权的消灭，意味着基础权利的请求力丧失，而基础权利仍然存在。以债权为例，时效完成后债权的请求权能不存在，但其受领给付和保持给付的权能照样存在，债权自身并不消灭。第三，时效完成后并不意味着请求权的绝对消灭，而是相对消灭。也就是说，时效届满后请求权并不是自动地、当然地、绝对地丧失，而是有条件地丧失，该条件便是义务人行使拒绝履行的抗辩权。只有在义务人进行抗辩的情况下，请求权才丧失。"③

还有少数学者主张实体权消灭主义，认为"从法国民法典规定消灭诉权到德国民法典的抗辩权产生，再到日本民法和瑞士债法的不完全的实体权利消灭，诉讼时效经过后，权利的效力沿着从强到弱、从有到近乎于无的路径走向。这几部法律中，数法国民法典的消灭诉权最弱，其次是德国民法典的抗辩权产生，日、瑞法律中的不完全实体权利消灭主义对权利人权利的限制最强。也许这种关于诉讼时效的效力立法的演化，并不是立法者的刻意追求，他们或许并没有发现其中的趋势。随着人口的城市化和经济的全球化，诉讼时效届满后权利的效力将会进一步削弱，乃至最终彻底消灭。这应当是诉讼时效效力立法所体现的发展趋势。从制定一部面向未来的法律的角度来看，我国诉讼时效效力的立法应当抛弃既有模式，实行完全的实体权利消灭主义。完全的实体权利消灭主义立法模式下，诉讼时效期间届满后，权利人权利彻底消灭，义务人没有法律上的给付义务。即使当事人在诉讼中没有引用时效抗辩，法官也应当主动引用时效条款进行判决驳回原告的诉讼请求"。④

笔者认为，上述各新近学说虽从形式上看内容差异明显，但其共同点都仍然是遵循了效力差别说的思路所作的进一步展开。基于上文对效力差别说的批判，该观点为本文所不采。对于诉讼时效效力的研究，应更多地着眼于时效期间届满后所涉后果的各项具体规则，尤其是各立法中普遍承认的那些规则，而不应过多纠缠于对某一立法应采何种概念性术语总结。

---

① 冯恺：《诉讼时效制度研究》，山东人民出版社2007年版，第236~238页。

② 柳经纬：《关于时效制度的若干理论问题》，载《比较法研究》2004年第5期。

③ 汪渊智：《论诉讼时效完成的效力》，载《山西大学学报》2002年第3期。

④ 魏盛礼：《完全的实体权利消灭主义：我国诉讼时效效力立法的应然选择》，载《河北法学》2006年第11期。

二、诉讼时效效力各立法之共性分析

（一）诉讼时效效力的三种立法模式

本文赞同效力等同说对于诉讼时效效力各立法的基本认识，即各立法关于诉讼时效效力的规定，虽然条文表述各异，立法技术也不尽相同，但在诉讼时效效力的几个基本方面，则是共性大于差异，并不存在本质上的区别。效力区别说将各立法划分为"三个主义"的做法，具有非科学性和形式性的显著缺陷，已如前文所述。本文以立法技术为区分标准，该标准主要考量时效抗辩权规则和时效援引规则在民法典中如何设置，将各立法归纳为三种模式：

模式一：规定诉讼时效届满的义务人取得抗辩权，不规定时效援引规则。

德国、我国台湾地区采取该模式，该模式被现行通说称为抗辩权发生主义。采取该模式的民法典只规定了时效期间届满义务人取得时效抗辩权，① 而并没有规定法院不得主动援引时效的规则。这是因为，诉讼时效届满的直接后果是义务人取得抗辩权，由于该抗辩权属于义务人享有，其作用在于对抗权利人之请求权，而法院非该抗辩权享有者，法院不能主动援引时效规定则为文中当然应有之义。因此，虽然《德国民法典》没有规定时效援引规则，但德国学界普遍认为时效规定应由义务人主张，法官不得主动援引。②

模式二：规定诉讼时效届满，权利（或诉权）消灭，同时规定法院不得主动援引时效规则。

法国、意大利、日本等国采取该模式。在这些国家的民法典中，一方面规定时效期间届满的后果是权利（或诉权）消灭，③ 另一方面又规定法院不得主动援引时效规则。④ 在这种模式下，诉讼时效届满的直接后果并非权利（或诉权）消灭，而是义务人取得援引时效规定的权利。换言之，权利（或诉权）的消灭，不是诉讼时效届满的当然效力或后果，而是义务人援引时效规定的后果。采取该模式的国家及地区，在法典上没有像德国民法直接规定义务人的时效抗辩权，但"权利（或诉权）消灭+法院不得主动援引时效"规定的客观效果，与德国民法的抗辩权发生主义实际上是类似的。⑤ 尤其值得注意的是，在采取该模式的国家，虽然民法典中没有类似《德国民法典》第214条明确规定时效抗辩权的条文，但在学理及实务界，时效抗辩权同样作为一个毋庸置疑的通行概念被采用。⑥

模式三：规定诉讼时效届满的义务人取得抗辩权，同时规定法院不得主动援引时

---

① 参见《德国民法典》第214条、台湾地区"民法典"第144条。

② ［德］迪特尔·梅迪库斯：《德国民法总论》，邵建东译，法律出版社2001年版，第102页。

③ 参见《法国民法典》第2219条、《意大利民法典》第2934条、《日本民法典》第167条。

④ 参见《法国民法典》第2223条、《意大利民法典》第2938条、《日本民法典》第145条。

⑤ 对于时效援引规则的性质，即该规则为实体法规则还是程序法规则，日本学界存在争议，有不确定效果说、解除条件说、停止条件说、要件说等。参见［日］四宫和夫：《日本民法总则》，唐晖、钱孟珊译，台湾五南图书出版有限公司1995年版，第335页；［日］我妻荣：《我妻荣民法讲义Ⅰ新订民法总则》，于敏译，中国法制出版社2008年版，第411~412页。

⑥ 参见［德］莱茵哈德·齐默曼、［英］西蒙·惠特克主编：《欧洲合同法中的诚信原则》，丁广宇等译，法律出版社2005年版，第345~354页。

规则。

葡萄牙、阿根廷等国采取该模式。在这些国家的民法典中，既规定有时效抗辩权的条文，① 也规定有法院不得主动援引时效规则。② 单纯从立法技术上来看，该模式有重复规定之嫌。因为如果规定了诉讼时效届满的后果是义务人取得抗辩权，由于该抗辩权归属于义务人，法院当然无权越俎代庖主动适用，因此也就无需再规定法院不得主动援引时效规则。这也正是德国民法仅规定时效抗辩权，而不规定法院不得主动援引时效规则的原因。但从另一方面看，这样双重规定的好处在于，可以避免当事人之间的无谓争议、明确法官的职责范围，因此该模式在司法实务上亦有其积极价值。

比较这三种模式，第一种模式立法技术最为严谨，法律效果最为清晰；第二种模式在法律效果上虽与第一种模式相同，但其规定容易引起误解，且多需要借助理论上的解释和澄清才能明确其真实的法律效果；第三种模式法律效果清晰，但在立法技术上稍存瑕疵。

（二）诉讼时效效力各立法之共性分析

以上分析的三种模式虽然在立法技术上存在着不同程度的差异，但对于诉讼时效期间届满所产生法律后果及其具体规则的设置，各立法的态度实际上则基本一致，笔者将其归纳为以下几个方面：

第一，区分诉讼时效效力的两个层次，即诉讼时效期间届满的直接效力与行使时效抗辩权或援引权的效力。

诉讼时效期间届满的直接效力与行使时效抗辩权或援引权的效力，是两个不同层面的问题。前者是指诉讼时效期间届满引起的直接后果、当然后果，该效力是随着诉讼时效期间届满当然发生的，而与当事人的意思无关。该效力是案件事实因符合法律相关规定而直接产生的效果，该效果并不表明在案件审理中法官必然会适用时效规定作为裁判的依据。后者是指当事人主张时效抗辩权或援引权之后，在案件的具体审理过程中，法院依据时效规定作出相关裁判所体现出的效力。该效力是否发生，取决于当事人的意思及法官对具体事实的认定。也就是说，该效力并不随着前一种效力产生而当然产生，该效力的产生还需要具备其他的一些条件。基于对这两种效力的区分，有学者将前一种效力称为"时效完成之直接效果"，后一种效力称为"时效之本体性效果"。③ 质言之，诉讼时效期间届满的直接效力解决的问题是"时效期间届满能使何人取得何种利益"，行使时效抗辩权或援引权的效力解决的问题是"享有时效利益的当事人一旦行使其权利，在裁判上具体体现为哪些效果"。

第二，诉讼时效期间届满的直接效力，是作用于义务人方面的，即使义务人取得用以对抗权利人的某种权利。

从各立法的规定来看，诉讼时效期间届满的直接效力，均表现在义务人方面。其一，诉讼时效期间届满的直接效力，主要表现为义务人取得用以对抗权利人的某种权利。德国

---

① 参见《葡萄牙民法典》第 304 条、《阿根廷民法典》第 3949 条。
② 参见《葡萄牙民法典》第 303 条、《阿根廷民法典》第 3964 条。
③ 参见［日］四宫和夫：《日本民法总则》，唐晖、钱孟珊译，台湾五南图书出版有限公司 1995 年版，第 332、341 页。

民法将该权利直接规定为时效抗辩权，日本民法间接地将该权利规定为时效援引权，葡萄牙民法同时规定抗辩权与援引权。义务人的这些权利无论冠以何种名称，其基本作用都是用以对抗权利人的请求权。各立法对于时效抗辩权及时效援引规则的在设置上的差异，更多的是立法技术的不同所造成形式上的差异，而非由于立法政策的迥异造成的实质上法律后果的对立。其二，诉讼时效期间届满的直接效力，并不直接表现在权利人方面。诉讼时效期间届满，并不直接导致权利人的权利消灭或减损，而是由对方即义务人取得对抗权利人的某种权利。其三，诉讼时效期间届满，也不意味着法院可直接依据时效规定作出裁判。由于抗辩权或援引权归属于义务人，即使客观上时效期间届满，法院也不得主动依职权适用时效规定作出裁判。虽然 1964 年《苏俄民法典》规定法院可不考虑当事人意思而直接适用时效规定，但该规定严重违反意思自治的基本理念，已被绝大多数立法例所抛弃。

第三，行使时效抗辩权或援引权的效力，各国及地区立法例具有共性。

义务人主张抗辩权或援引权，表明义务人具有依诉讼时效对抗权利人的意思，因此，法院在案件审理及裁判时，应考虑有关诉讼时效的相关事实，诉讼时效规定亦应成为法院的裁判依据。行使时效抗辩权或援引权的效力，四宫和夫教授将其称为"时效之本体性效果"，该效力在各国及地区的立法例上，具有以下几方面的共性：

首先，诉讼时效期间届满的权利丧失强制执行力，即权利人如果以该权利作为向法院申请强制执行的依据，不会得到法院的支持。德国学界一般认为，"如果债务人在诉讼程序中提出了时效抗辩权，那么，债权人的请求权就不能通过司法程序得到执行，也就是在这个意义上成为'无诉权'的了，对于这种请求权不用考虑它在实体法上是否成立，就不予支持"。① 我国学界一般认为，"对权利人来说，在时效届满后，权利人的实体权利和诉权均不发生消灭。如果义务人援引时效抗辩权，权利人的权利就会转化为一种不完全的权利，即形成一种自然权利②。在时效届满以后，权利人的债权中的请求权能减弱，而债权的受领权能并没有减弱"。③ 这些论述虽存在差异，但其共同点在于，都认可时效抗辩权被主张后，与其相对的请求权的权能就会导致一定程度的减损，即该请求权中依司法程序请求强制执行的权能归于消灭。因此，时效抗辩权被主张后，对权利人而言，其享有的权利成为一种无法得到强制执行的权利，但权利的其他权能仍然存在。

其次，诉讼时效期间届满后，义务人自愿履行的，权利人不构成不当得利，义务人不得要求返还。《德国民法典》第 214 条第 2 款规定："为满足已完成消灭时效的请求权而给付的一切，即使是在不知道请求权已完成消灭时效的情况下给付的，也不得请求返还。债务人的合于合同的承认以及担保的提供，亦同。"各国及地区的大多数立法，都有与

---

① ［德］卡尔·拉伦茨：《德国民法通论》（上册），王晓晔等译，法律出版社 2003 年版，第 346～347 页。

② 学界通常将时效届满之债权称为"自然债权"，但也有少数学者持不同意见，例如黄立先生认为："时效完成之请求权，与自然债务不同，此请求权仍可控诉，而于不抗辩时亦可获胜诉之判决，故此种请求权，应称为不完全请求权。"参见黄立：《民法总则》，中国政法大学出版社 2002 年版，第 495 页。

③ 王利明：《民法总则研究》，中国人民大学出版社 2003 年版，第 747 页。

《德国民法典》第 214 条第 2 款类似的规定。《法国民法典》没有就义务人自愿履行的效力专门作出规定，但是法国学界一般认为，"在自愿履行时效届满的债务的情形下，可能并不必借助自然债务理论来解释拒绝返还之诉，尽管这通常被认为是自然债务最为典型的情形。实际上，时效并不会自动导致债务的消灭，它必须由债务人援引。因此，如果在履行完毕以后再主张时效已经届满，从而要求返还，就应当看到在给付的当时，民事债务是具有完全的效力的，故接受给付不构成不当得利"。① 《日本民法典》也没有就义务人自愿履行的效力专门作出规定，但依据上文的分析，在日本学界及司法实务界公认的观点是：已过时效的义务人自愿履行的，不构成不当得利。

再次，诉讼时效期间届满的债权，在符合一定条件的前提下，仍可用于抵消其他债权。《德国民法典》第 215 条规定："在最早可以抵消或拒绝履行给付的时刻，请求权尚未完成消灭时效的，消灭时效的完成，不排除抵消和对留置权的主张。"瑞士（《瑞士债法典》第 120 条）、日本（《日本民法典》第 508 条）、我国台湾地区（"台湾民法典"第 337 条）等均有类似之规定。梅迪库斯教授指出："在许多情况下，一项请求权的消灭时效虽然已经届满，但是权利人仍得以抗辩的方式主张该权利。如果抵消状态在时效届满之前就已形成，某项债权虽已罹于时效，但依然可以用于抵消。这是第 389 条规定抵消具有溯及力的必然后果。如果消灭时效是在留置权产生以后才届满的，则仍然可以将已罹于时效的债权用于留置。"② 诉讼时效期间届满的债权，之所以在一定条件下仍可用于抵消，其原因在于该债权虽然请求强制执行的权能已经消灭，但权利本体及其他权能仍然存在，故仍有可能符合抵消的条件。

最后，主权利时效期间届满，对从权利的影响。《德国民法典》第 217 条规定："主请求权完成消灭时效时，对取决于主请求权的从给付的请求权也完成消灭时效，即使这一请求权所适用的特别消灭时效尚未完成亦同。"瑞士（《瑞士债法典》第 133 条）、荷兰（《荷兰民法典》第 3：312 条）、我国台湾地区（"台湾民法典"第 146 条）等均有类似之规定。从权利指法定或约定孳息、收益、报酬。从权利以主权利之存在为前提，主权利之移转或消灭，原则上及于从权利。③ 但应注意的是，在德国（《德国民法典》第 216 条）和我国台湾地区（"台湾民法典"第 145 条第 1 项），抵押权、质权等担保从权利，并不因主债权诉讼时效期间届满而消灭。

综上所述，对于诉讼时效的效力，各国及地区立法的共性远大于差异，可以说是不同的技术处理达到了相同或类似的效果。诉讼时效期间届满的直接效力，各国及地区都规定于义务人方面，德国直接规定义务人取得抗辩权，法国、日本则规定义务人取得援引时效的权利用以对抗权利人。行使抗辩权或援引权的效力，各国及地区立法和司法实务也是基本一致的，具体表现为强制执行力的丧失、自愿履行不得要求返还、抵消的适用及对从权利的影响等方面。

一个值得研究的问题是：诉讼时效规定之援引，是否存在例外？或者说，在时效期间

---

① ［法］雅克·盖斯旦等：《法国民法总论》，陈鹏等译，法律出版社 2004 年版，第 691 页。

② ［德］迪特尔·梅迪库斯：《德国民法总论》，邵建东译，法律出版社 2001 年版，第 103 页。

③ 黄立：《民法总则》，中国政法大学出版社 2002 年版，第 496 页。

届满的场合下，能否依据诚实信用原则等规定，认定不发生时效期间届满的效果？在德国学界，对该问题学者多持肯定意见。拉伦茨教授认为："作为反对权，时效抗辩权受到前面提到的对权利行使的一般限制，特别是受到由诚实信用原则发生的限制。如果义务人在此之前曾对人造成一种印象，他不准备行使他的反对权，或者他故意或非故意地阻碍权利人为了中断时效而及时提起诉讼，那么，义务人的这种行为就可以是不被允许的权利行使行为。所以，在这些情况下，债务人主张时效，也即行使反对权，是和他自己早些时的行为相矛盾的，因而也是违反诚实信用的。"① 梅迪库斯教授认为："在消灭时效领域，有可能出现两个方面的违反诚实信用行为。（一）在适用 30 年普通消灭时效期间（指德国债法改革之前——笔者注）的情况下，依诚实信用原则，债权人在时效未届满之前就不得行使其权利了。这就导致失权（Verwirkung）。（二）另一方面，特别是在消灭时效比较短促的情况下，债务人主张时效已届满的行为是否可能违反诚实信用原则。这里也以这种主张是否构成一种不合法的、自相矛盾的行为为准。只有在债务人妨碍了债权人及时采取中断时效的行为的情况下——即如债权人根据债务人的行为，能够获得债务人将不提出时效已过之抗辩的印象——债务人主张时效已届满的行为才违反诚实信用原则。"② 在我国台湾地区，学者认为："义务人对时效之明知而等待，不妨碍时效之完成，但时效抗辩之主张，如系违反诚信原则之权利行使，仍不得为之，尤其是债务人以诈欺之方法，阻止债权人为权利之主张时。"③ 在希腊，学界认为在明显违反诚信、不公平或违背善良风俗等情况下援引诉讼时效已过的抗辩可构成权利滥用。而在奥地利，这种情况主要通过恶意抗辩制度来解决。④ 由此可见，在各国及地区的理论界及实务界，一般认为，虽然时效期间已届满，但如果义务人存在欺诈等不诚信行为使权利人合理相信义务人不会行使时效抗辩权，则义务人不得以时效抗辩权对抗权利人。这种认识，以德国法上的自相矛盾行为（*venire contra factum proprium*）理论为基础，是该理论适用于时效领域的当然结论。自相矛盾行为理论在时效领域主要被适用于两种场合：一是权利人的自相矛盾行为使义务人合理相信权利人不会再行使权利，则在时效届满之前，权利人就丧失有关权利。这种情形属于权利失效（*Verwirkung*）制度调整。二是义务人的自相矛盾行为使权利人合理相信义务人不会行使时效抗辩权，则在时效届满后，义务人仍不得主张时效抗辩权。在这种情形下，法院可依据诚实信用原则否认时效抗辩权的存在。

三、诉讼时效效力现行法规定及评述

（一）诉讼时效效力现行法规定的基本内容

《民法通则》对诉讼时效的效力未设完整、明确的规定，仅在第 138 条中规定了义务

---

① ［德］卡尔·拉伦茨：《德国民法通论》（上册），王晓晔等译，法律出版社 2003 年版，第 347 页。

② ［德］迪特尔·梅迪库斯：《德国民法总论》，邵建东译，法律出版社 2001 年版，第 103 页。

③ 黄立：《民法总则》，中国政法大学出版社 2002 年版，第 494 页。

④ 参见 ［德］莱茵哈德·齐默曼、［英］西蒙·惠特克主编：《欧洲合同法中的诚信原则》，丁广宇等译，法律出版社 2005 年版，第 346～347 页。

人自愿履行的效力。此外，最高人民法院先后颁布了法复〔1994〕3号《最高人民法院关于债务人在约定的期限届满后未履行债务而出具没有还款日期的欠款条诉讼时效期间应从何时开始计算问题的批复》、法复〔1997〕4号《最高人民法院关于超过诉讼时效期间当事人达成的还款协议是否应当受法律保护问题的批复》、法释〔1999〕7号《最高人民法院关于超过诉讼时效期间借款人在催款通知单上签字或者盖章的法律效力问题的批复》等司法解释，这些司法解释针对诉讼时效的一些具体问题作出了规定。最高人民法院于2008年颁布了法释〔2008〕11号《最高人民法院关于审理民事案件适用诉讼时效制度若干问题的规定》，该司法解释专门针对诉讼时效相关问题作出了较为系统、完整的规定，该司法解释是现行法中关于诉讼时效最为重要的法律规范之一。我国现行法对于诉讼时效效力的规定，其基本内容体现为以下几个方面：

第一，《诉讼时效解释》正式确立了抗辩权发生主义。《民法通则》没有对诉讼时效的效力作出明确规定，有学者依据第135条"向人民法院请求保护民事权利"的规定认为《民法通则》采取的是胜诉权消灭说，该说在我国学界长期以来争议不断、纠缠不清。《诉讼时效解释》明确规定了对诉讼时效的效力采取抗辩权发生主义，该解释第1条规定："当事人可以对债权请求权提出诉讼时效抗辩。"

第二，《诉讼时效解释》既规定了时效抗辩权，又规定了法院不得主动援引时效规则。该解释第1条规定了义务人的时效抗辩权，第3条规定："当事人未提出诉讼时效抗辩，人民法院不应对诉讼时效问题进行释明及主动适用诉讼时效的规定进行裁判。"这种立法模式，与德、法、日等国均有所不同，而与葡萄牙、阿根廷之立法模式相同。该模式的优点在于法律效果清晰、可避免不必要的争议，缺点在于在立法技术上稍存瑕疵，有重复规定之嫌。值得注意的是，各国一般仅规定法院不得主动援引时效，而对于能否主动向当事人就时效问题进行释明，则通常未作规定，在学理上一般存在争议。① 而依据《诉讼时效解释》第3条的规定，法院主动援引时效和主动释明时效，都被禁止。依据最高人民法院某些法官的观点，应区分消极释明与积极释明而有所不同。"对于诉讼时效抗辩权是否释明而言，法官可进行消极的释明。因为在消极释明情形下，当事人已有提出诉讼时效抗辩权的意思表示，只是不够充分明确，因此，法官进行消极的释明并不违反当事人意思自治原则和处分原则，也不违反法官居中裁判的中立地位。义务人不提出诉讼时效抗辩，法院不应进行积极释明。"②

第三，《诉讼时效解释》将时效抗辩权的主体限定为当事人，并对时效抗辩权的行使作出了规定。各国对于时效抗辩权或援引权的主体，规定并不一致。在采取抗辩权发生主义的德国，时效抗辩权当然由债务人享有。在法国，债权人以及对于时效完成有利益的其他任何人，均可主张时效。③ 在日本，判例及学说将可援引时效的主体范围限定于依时效

---

① 〔德〕迪特尔·梅迪库斯：《德国民法总论》，邵建东译，法律出版社2001年版，第102页。

② 奚晓明主编：《最高人民法院关于民事案件诉讼时效司法解释理解与适用》，人民法院出版社2008年版，第80~81页。

③ 参见《法国民法典》第2225条。

直接取得权利或者免除义务者。① 依据《诉讼时效解释》规定，时效抗辩权的主体是"当事人"，其本意当解释为债务人。《诉讼时效解释》还对时效抗辩权在诉讼程序中的行使作出了规定，该解释第 4 条第 1 款规定："当事人在一审期间未提出诉讼时效抗辩，在二审期间提出的，人民法院不予支持，但基于新的证据能够证明对方当事人的请求权已过诉讼时效期间的期限除外。"该款规定包括两层含义：①一般情形下，当事人一方在一审未提出诉讼时效抗辩，在二审期间提出的，人民法院不应支持；②当事人一方在一审期间未提出诉讼时效抗辩，如果在二审期间该当事人有新的证据足以证明权利人的请求权已过诉讼时效期间而提出诉讼时效抗辩的，人民法院应予支持。第 4 条第 2 款规定："当事人未按照前款规定提出诉讼时效抗辩，以诉讼时效期间届满为由申请再审或者提出再审抗辩的，人民法院不予支持。"该款规定也包括两层含义：①当事人一方未按照第 1 款的规定提出诉讼时效抗辩，而在判决生效后，基于诉讼时效抗辩权申请再审的，无论当事人是否提出新的证据，人民法院均不予支持。②当事人一方未按照第 1 款规定提出诉讼时效抗辩，而在判决生效后，提出再审抗辩的，人民法院如果查明诉讼时效抗辩权已过行使阶段，则无须查明诉讼时效期间是否已经届满的事实，对义务人提出的诉讼时效抗辩不予支持。②

第四，《民法通则》和《诉讼时效解释》均规定，义务人自愿履行的，不得要求返还。《民法通则》第 138 条规定："超过诉讼时效期间，当事人自愿履行的，不受诉讼时效限制。"《最高人民法院关于贯彻执行〈中华人民共和国民法通则〉若干问题的意见（试行）》第 171 条规定："过了诉讼时效期间，义务人履行义务后，又以超过诉讼时效为由反悔的，不予支持。"《诉讼时效解释》第 22 条规定："诉讼时效期间届满，当事人一方向对方当事人作出同意履行义务的意思表示或者自愿履行义务后，又以诉讼时效期间届满为由进行抗辩的，人民法院不予支持。"依据以上这些规定，诉讼时效期间届满后，义务人自愿履行的，仍然有效，权利人受领给付不构成不当得利。这与各国立法对于义务人自愿履行的规定，是基本一致的。依据《诉讼时效解释》第 22 条的规定，当事人一方向对方当事人作出同意履行义务的意思表示，义务人也丧失时效抗辩权。该规定包括两层含义：①适用该条的条件是"当事人一方向对方当事人作出同意履行义务的意思表示"，即义务人向权利人单方作出意思表示，而无需双方达成合意。②义务人作出该单方意思表示后，即丧失诉讼时效抗辩权，而不考虑是基于何种原因作出该意思表示，如不知时效规定等。

第五，依据《诉讼时效解释》规定，主债务诉讼时效期间届满的效力，及于保证债务。该解释第 21 条规定："主债务诉讼时效期间届满，保证人享有主债务人的诉讼时效抗辩权。保证人未主张前述诉讼时效抗辩权，承担保证责任后向主债务人行使追偿权的，人民法院不予支持，但主债务人同意给付的情形除外。"该规定包括两层含义：①主债务诉讼时效期间届满，无论主债务人是否放弃诉讼时效抗辩权，保证人均享有主债务人的诉讼时效抗辩权。亦即，主债务诉讼时效期间届满的效力，及于保证债务，主债务与保证债

---

① ［日］我妻荣：《我妻荣民法讲义Ⅰ新订民法总则》，于敏译，中国法制出版社 2008 年版，第 412 页。

② 奚晓明主编：《最高人民法院关于民事案件诉讼时效司法解释理解与适用》，人民法院出版社 2008 年版，第 96～98 页。

务两者的诉讼时效，也遵循从随主的规则。① ②保证人未主张主债务诉讼时效抗辩权，承担保证责任后向主债务人行使追偿权的，分两种情况处理：一是主债务人未放弃时效抗辩权的，人民法院对保证人行使追偿权不予支持；二是债务人放弃时效抗辩权或时效利益的，人民法院对保证人行使追偿权应予支持。

（二）现行法有关规定之评述

《诉讼时效解释》是现行法中关于诉讼时效最为重要的司法解释，该解释在现有法律及司法解释的基础上，对我国的诉讼时效制度作了较为系统的梳理和规定，其中有些规定体现近年来学界对于诉讼时效制度研究的理论成果。该解释对于完善我国的诉讼时效制度，以及促进学界对诉讼时效制度进行更深一步的研究，都具有积极意义，这是不容否认的。但是，在诉讼时效效力的问题上，该司法解释也仍然存在着一定程度的不足与缺陷，体现为以下几个方面：

第一，《诉讼时效解释》未能正确认识诉讼时效抗辩权与时效援引规则的关系，在立法技术上存在一定瑕疵。如上文所述，"仅规定诉讼时效抗辩权，不规定时效援引规则"的德国模式，与"权利（或诉权）消灭+法院不得主动援引时效"的日、法模式，系采取不同的立法技术，而达到相同的法律效果。这两种模式的共同点在于，将诉讼时效抗辩权与时效援引规则作为同一个问题的两个方面，统一加以考虑，而并非将两者看作不相干的两个规范。《诉讼时效解释》显然没有正确认识诉讼时效抗辩权与时效援引规则的关系，将两者作为两个独立的规范均予以规定。该解释第1条首先规定了诉讼时效抗辩权，又于第3条规定了法院不得援引诉讼时效的规则。依据学界一般的认识，时效抗辩权属于"需要主张的抗辩权"，需要依据权利人相关愿望才能产生效力。这种抗辩权，如果当事人不主张，法院不得主动强制行使此类抗辩权。② 因此，第1条既然规定了诉讼时效抗辩权，就当然可以推知该抗辩权由当事人而非法院享有，在当事人未行使该抗辩权的情形下，法院不得主动援引诉讼时效的规定进行裁判。这样一来，第3条规定的时效援引规则，就成了对第1条的同义反复。当然，这种双重规定的立法方法，对于明晰诉讼时效的法律效力、明确法院的职责及避免不必要的争议，也确实具有一定的积极意义。但是，如

---

① 最高人民法院有法官认为，依据《诉讼时效解释》第21条，主债务诉讼时效完成，保证债务诉讼时效并不当然随之完成。但基于保证债务为从债务的特性，根据《担保法》的规定，保证人享有债务人的抗辩权。债务人放弃对债务的抗辩权的，保证人仍有权抗辩。在保证人主张主债务人诉讼时效抗辩权的情形下，其无需承担保证责任。奚晓明主编：《最高人民法院关于民事案件诉讼时效司法解释理解与适用》，人民法院出版社2008年版，第357页。笔者不同意该观点，因为：其一，保证人能否享有主债务人的诉讼时效抗辩权？该问题从形式上看是保证人能否享有主债务人有关抗辩权的问题，但其实质是主债务诉讼时效与保证债务诉讼时效的关系问题，两者不能割裂开来。其二，如果认为一方面保证人可用诉讼时效抗辩权对抗债权人，不承担保证责任，另一方面保证人的保证债务的诉讼时效尚未完成，这种认识在理论上和实践上都是行不通的。即在这种情况下，保证人究竟应否承担保证责任？无法给出令人信服的回答。因此笔者认为，对于《诉讼时效解释》第21条第1款，应解释为主债务诉讼时效期间届满的效力，及于保证债务，即主债务诉讼时效完成的，保证债务诉讼时效随之完成。也只有这种理解，才能合理说明第21条第2款的规定。

② 龙卫球：《民法总论》，中国法制出版社2002年版，第129页。

果单纯从立法技术的角度来评价，这种双重规定的立法方法显然存在着重复规定的瑕疵。此外，对于诉讼外援引时效规定的效力如何，该解释也未作规定。①

第二，《诉讼时效解释》对于诉讼时效释明的规定，不尽合理。体现为两个方面：其一，关于释明权的问题，规定于该司法解释是否恰当，值得商榷。所谓释明权，是指当事人的主张不明确或者有矛盾、或者不正确、或者不充分时，法院可以依据职权向当事人提出关于事实及法律上的质问，促请当事人提出证据，以查明案件事实的权能。② 释明权是程序法上的制度，各国及地区一般在民事诉讼法中对释明权的规则作出规定，③ 而对诉讼时效的释明问题，在民法典中通常不作规定，而由学理加以解释。④ 我国学界一般认为，《最高人民法院关于民事诉讼证据的若干规定》第 3 条、第 35 条等条文，即是对释明权的规定。将本属程序法的制度规定于该司法解释，是否恰当，值得商榷。而且，这样规定容易引起诉讼时效制度究竟属于实体法还是程序法的无谓争论。其二，退一步说，即使认为有必要将诉讼时效的释明问题规定于该司法解释，该司法解释对释明的具体规定也是不合理的。依据释明权的原理，法律只应禁止法院对诉讼时效的积极释明，而对于消极释明，则不在禁止之列。但该解释第 3 条笼统地规定禁止法院对诉讼时效进行释明，这样就至少在文义上将消极释明也纳入了禁止的范围。因此，笔者认为，较为合适的有两种选择：一是对诉讼时效的释明不作规定，而交由程序法解决；二是如认为非规定不可，就应明确规定禁止对诉讼时效进行积极释明，而可以对其进行消极释明。

第三，对于诉讼时效期间届满后，义务人自愿履行或承认的法律后果，《诉讼时效解释》的规定不尽合理。体现为两个方面：其一，该司法解释第 22 条的规定涉及两种情形，一是债务人向债权人作出同意履行义务的意思表示，二是债务人自愿履行了义务。在第一种情形下，债务人仅作出意思表示，而并没有实际的履行行为。由于债务人并未实际履行，债权人的请求权也就未得到实现，此时就会存在债务人还能否以时效抗辩权对抗债权人的问题。在第二种情形下，债务人已经实际履行了义务，债权人的请求权已经得到实现，用来对抗请求权的时效抗辩权已没有行使的可能。在这种情形下，存在债务人能否要求返还的问题，而非行使时效抗辩权的问题。可见，这两种情形的法律后果并不相同，但该司法解释第 22 条将这两种情形的后果都规定为"以诉讼时效期间届满为由进行抗辩的，人民法院不予支持"，显属不当。该条后半段的正确表述应为："又以诉讼时效期间届满为由进行抗辩或者要求返还的，人民法院不予支持。"其二，该司法解释第 22 条将债务人承认债务的方式仅限于"向对方当事人作出同意履行义务的意思表示"，不尽合理。对于诉讼时效期间届满后，债务人承认债务的方式，各国及地区立法一般采取较为灵活的规定。《德国民法典》第 214 条第 2 款规定："为满足已完成消灭时效的请求权而给付的一切，即使是在不知道请求权已完成消灭时效的情况下给付的，也不得请求返还。债

① 日本法上，在裁判外援引时效也确定地发生效力，只要一旦在裁判外援用了，使法律效果确定是适当的，过后反悔没有必要在裁判上承认放弃。参见［日］我妻荣：《我妻荣民法讲义Ⅰ新订民法总则》，于敏译，中国法制出版社 2008 年版，第 415 页。

② 江伟主编：《民事诉讼法学原理》，中国人民大学出版社 1999 年版，第 197 页。

③ 参见《德国民事诉讼法》第 139 条、《日本民事诉讼法》第 149 条、我国台湾地区"民事诉讼法"第 199 条。

④ ［德］迪特尔·梅迪库斯：《德国民法总论》，邵建东译，法律出版社 2001 年版，第 102 页。

务人的合于合同的承认以及担保的提供，亦同。"《葡萄牙民法典》第 304 条第 2 款规定："然而，对时效已完成之债自愿作出给付以履行债务之人，不得请求返还该给付，即使在不知时效已完成之情况下亦然；对以任何方式满足或承认时效已完成之权利或为其提供担保，亦适用该制度。"该司法解释第 22 条将债务人承认债务的方式限于"向对方作出意思表示"的单方行为，显属过窄。该条与我国以前的有关司法解释的规定也不一致，例如依据法复〔1994〕3 号《最高人民法院关于债务人在约定的期限届满后未履行债务而出具没有还款日期的欠款条诉讼时效期间应从何时开始计算问题的批复》、法复〔1997〕4 号《最高人民法院关于超过诉讼时效期间当事人达成的还款协议是否应当受法律保护问题的批复》、法释〔1999〕7 号《最高人民法院关于超过诉讼时效期间借款人在催款通知单上签字或者盖章的法律效力问题的批复》等司法解释，债务人承认债务的方式并不仅限于单方作出意思表示。

第四，对于诉讼时效期间届满的债权能否适用于抵消，《诉讼时效解释》未作规定。各国及地区民法典一般均规定，时效届满的债权在一定条件下，仍可适用于抵消。① 其依据在于，诉讼时效两个层次的效力，均不导致权利本身消灭，为公平起见，已过时效债权在一定条件下应当能够在当事人之间抵消。我国学界一般认为，时效届满的债权可作为被动债权适用于抵消，但不得作为主动债权适用于抵消。② 该观点与德、日等国立法并不相同。依据《德国民法典》第 215 条规定，只要抵消权产生时债权的诉讼时效未完成，在时效完成后抵消权就仍可行使，《日本民法典》第 508 条的规定与此类似。德国学者将此情形解释为"权利人以抗辩的方式主张该项权利"，③ 日本学者则将此解释为"基于相抵性质的特则，依时效债权消灭的溯及效力的例外"。④ 笔者认为，德、日的规定更为合理，因为此规定更为符合抵消的原理，也与抗辩权发生主义相一致（因为时效届满后，债权本体并未消灭）。

第五，对于诉讼时效期间届满对有关从权利的影响，《诉讼时效解释》的规定存在欠缺和不合理之处。其一，对于诉讼时效期间届满对有关从权利的影响，该司法解释没有就一般情形作原则性规定，而仅规定了诉讼时效期间届满对保证债务的影响。各国及地区民法典一般规定，主债权诉讼时效完成时，当然引起从权利诉讼时效完成的后果。⑤ 此处的从权利，主要包括法定或约定孳息、收益、报酬。⑥ 对于这些常见的从权利，该司法解释既未作原则性规定，也未作专门规定，使得在理论及实务上徒生纷扰。其二，对于诉讼时效期间届满对保证债务的影响，该司法解释的规定不尽合理。依据《担保法解释》规定，

---

① 参见《德国民法典》第 215 条、《瑞士债法典》第 120 条、《日本民法典》第 508 条、我国台湾地区"民法典"第 337 条。

② 王利明：《合同法研究》（第二卷），中国人民大学出版社 2003 年版，第 364 页；马俊驹、余延满：《民法原论》，法律出版社 2005 年版，第 252 页。

③ 〔德〕迪特尔·梅迪库斯：《德国民法总论》，邵建东译，法律出版社 2001 年版，第 103 页。

④ 〔日〕我妻荣：《我妻荣民法讲义 I 新订民法总则》，于敏译，中国法制出版社 2008 年版，第 410 页。

⑤ 参见《德国民法典》第 217 条、《瑞士债法典》第 133 条、《荷兰民法典》第 312 条、《俄罗斯民法典》第 207 条、《埃及民法典》第 386 条、我国台湾地区"民法典"第 146 条。

⑥ 黄立：《民法总则》，中国政法大学出版社 2002 年版，第 496 页。

主债务诉讼时效与保证债务诉讼时效的关系，并不采取从随主原则，而是在各自独立的前提下存在一定牵连。①《诉讼时效解释》改变了态度，依据该司法解释第 21 条规定，主债务诉讼时效期间届满，保证债务也产生时效届满的效果。依此规定，主债务诉讼时效与保证债务诉讼时效的关系，也适用从随主原则，保证人可行使诉讼时效抗辩权拒绝履行保证债务。但该条规定仍存在问题。如前文所述，保证人能否享有主债务人诉讼时效抗辩权的问题，从形式上看是保证人能否享有主债务人有关抗辩权的问题，但其实质是主债务诉讼时效与保证债务诉讼时效的关系问题。如果承认主债务与保证债务在诉讼时效问题上也适用从随主原则，那么，依据从权利的效力和强度不得超过主权利的原理，主债务诉讼时效期间届满时，保证债务的效力和强度发生相应减弱，即保证债务也产生诉讼时效期间届满的效果。在此情形下，保证人行使的是保证债务的诉讼时效抗辩权，而非主债务的诉讼时效抗辩权。《诉讼时效解释》第 21 条的规定，回避了主债务诉讼时效与保证债务诉讼时效的关系问题，而是规定保证人享有主债务人的诉讼时效抗辩权。这就产生了以下疑问：保证人行使主债务人的诉讼时效抗辩权的同时，保证债务的诉讼时效是否完成？如果此时保证债务的诉讼时效尚未完成，基于保证合同的相对独立性，保证人为何可以拒绝债权人要求其履行保证债务的请求？这些问题，在理论上难以得到合理解释。其三，对于诉讼时效期间届满对抵押权、质权等担保物权的影响，该司法解释未作规定。《担保法解释》仿照我国台湾地区的立法，对于主债务诉讼时效与担保物权存续期间的关系，采取了相对独立的规定。② 但是，《物权法》又改变了态度。③《诉讼时效解释》对此问题采取回避态度，未作规定。笔者认为，该司法解释第 21 条合理的规定方法应为：主权利诉讼时效期间届满，其效力及于从权利。适用本条的从权利，包括保证债权、利息、约定或法定孳息、其他形式的收益等。对于担保物权和其他从权利，法律、行政法规另有规定的，不适用本条规定。

---

① 参见《担保法解释》第 35、36 条规定。
② 参见《担保法解释》第 12 条第 2 款。
③ 参见《物权法》第 202、220 条。

农村集体建设用地使用权流转法律问题[*]

■ 张素华^{**}

随着我国城市化与工业化进程的推进，建设用地的需求量越来越大，在国家垄断建设用地供应一级市场的前提下，同时也在经济利益的驱动下，大量农村集体建设用地使用权隐形入市，各地形成了独具特色的流转模式。党的十七届三中全会审议通过的《中共中央关于推进农村改革发展若干重大问题的决定》明确指出："在土地利用规划确定的城镇建设用地范围外，经批准占用农村集体土地建设非公益性项目，允许农民依法通过多种方式参与开发经营并保障农民合法权益。逐步建立城乡统一的建设用地市场，对依法取得的农村集体经营性建设用地，必须通过统一有形的土地市场，以公开规范的方式转让土地，享受平等权益。"该决定所提出的逐步建立城乡统一的建设用地市场的目标，为农村集体建设用地使用权入市提供了强有力的政策支持。

一、农村集体建设用地使用权流转立法现状及困境

《物权法》第 135 条规定，建设用地使用权人依法对国家所有的土地享有占有、使用和收益的权利，有权利用该土地建造建筑物、构筑物及其附属设施。第 151 条规定，集体所有的土地作为建设用地的，依照土地管理法等法律规定办理。从上述规定可以看出，物

---

* 本文是武汉大学人文社科自主科研项目"农村集体建设用地使用权流转法律问题研究"阶段性成果。

** 张素华，武汉大学法学院副教授，法学博士。

权法中所说的建设用地使用权仅限于国家所有的土地，物权法第十二章关于建设用地使用权流转的相关规定自然不能适用于农村集体建设用地。农村集体所有的建设用地的流转问题只能依据《土地管理法》的相关规定办理。《土地管理法》第 43 条规定，任何单位和个人进行建设，需要使用土地的，必须依法申请使用国有土地，但是，兴办乡镇企业和村民建设住宅经依法批准使用本集体经济组织农民集体所有的土地的，或者乡（镇）村公共设施和公益事业建设经依法批准使用农民集体所有的土地的除外。第 63 条规定：农民集体所有的土地的使用权不得出让、转让或者出租用于非农建设；但是，符合土地利用总体规划并依法取得建设用地的企业，因破产、兼并等情形致使土地使用权依法发生转移的除外。《城市房地产管理法》第 8 条规定，城市规划区内的集体所有的土地，经依法征用为国有土地后，该幅国有土地的使用权方可有偿转让。从上述规定可以看出，我国现行法律原则上只允许国有土地使用权的流转，城市规划区的集体建设用地近乎禁止流转，如果要流转也只能先征收为国有。农村集体建设用地使用权也只是在几种有限的例外情形下方可流转。

然而，《宪法》第 10 条和《土地管理法》第 2 条均又规定：土地使用权可以依法转让。这里的土地使用权当然可以解释为既包括国有土地使用权，也包括集体土地使用权。与此同时，有关农村工作的相关政府文件也默许了农村集体建设用地使用权的实际流转。比如中发【2003】第 3 号文《中共中央、国务院关于做好农业、农村工作的意见》要求"各地要制定鼓励乡镇企业向小城镇集中的政策，通过集体建设用地流转、土地置换、分期缴纳出让金等形式，合理解决企业进镇的用地问题"；国务院【2004】28 号文《关于深化改革严格土地管理的规定》进一步指出，既要采取最严格的措施保护农田、控制用地规模，同时要"在符合规划的前提下，村庄、集镇、建制镇中的农民集体所有建设用地使用权可以依法流转"；同时，国土资源部于 2006 年 3 月下发了《关于坚持依法依规管理节约用地支持社会主义新农村建设的通知》，明确要求今后要"稳步推进集体非农建设用地使用权流转试点"。在这些政策的支持下，安徽芜湖、广东南海、江苏苏州、重庆、天津等地纷纷开展了试点，许多省市还以地方政府令的形式颁布了农村集体建设用地使用权流转管理办法。上述政策文件和地方立法为打破限制提供了契机，同时也指明了方向。

论述至此，农村集体建设用地使用权流转中出现的困境就显而易见了。① 一方面是现行法律规范体系内部出现的矛盾，另一方面是现行法律制度与现实生活的冲突。反观我国目前调整农村集体建设用地使用权流转关系的法律规范体系，其内部并不协调，归纳起来主要表现为两个方面：第一，不同效力层次的法律规范之间的冲突。《宪法》第 10 条明确规定土地使用权可以转让，《土地管理法》第 63 条又明确规定除非有特殊情形，否则禁止流转。第二，同一法律内部法律规范之间的矛盾。《土地管理法》第 2 条有关土地使用权可以依法转让的规定与其第 63 条近乎禁止的规定显然冲突。与此同时，尽管法律禁止农村集体建设用地使用权的流转，然而实践中农村集体建设用地使用权流转的事实普遍存在，可谓八仙过海各显神通。以珠江三角洲为例，双方主体都有流转的强烈需求。对流转方而言，农民集体对流转的建设用地的所有权不变且收入稳定，租金收入成为当地农村

---

① 陈立浜：《论农村集体建设用地使用权流转的制度构建》，载《研究生法学》2007 年第 3 期

的主要收入来源。再从用地方来说，不仅降低了企业准入的门槛，节省了资金，而且简化了手续，企业投产收益的时间大大缩短了。正因为如此，造就了农村集体建设用地使用权隐形流转市场的繁荣。

农村集体建设用地使用权流转的"隐形市场"的繁荣有着深厚的现实基础和强大的背后推动力。经济的发展使得对建设用地的需求越来越大，国有土地供给的有限性不能解决社会对大量土地需求的矛盾。据国土资源部统计，2007 年度国务院共核减各城市申报建设用地总面积的 31.81% 和新增建设用地的 24.56%。2008 年度国务院对 84 所城市的申报用地共核减 2730.05 公顷，其中核减新增建设用地 2342.46 公顷，分别占申报用地和申报新增建设用地的 8.65% 和 9.77%。2009 年度国务院对 81 所城市申报用地共核减 1522.3 公顷，其中核减新增建设用地 1106.1 公顷，分别占申报用地和申报新增建设用地的 4.24% 和 4.19%。从以上数据分析可以得出，尽管国有建设用地核减比例逐年下降，但国有建设用地无法满足用地需求的矛盾依然存在，加之集体建设用地相比于国有建设用地存在的价格优势，众多的企业和个人转而向集体组织要求使用土地，集体组织面对土地用于非农建设所产生的巨大经济效益，从而也产生了强烈的流转愿望。农村集体建设用地使用权的流转在实践中屡禁不止。据统计，珠三角地区通过隐性流转的方式使用农村集体建设用地实际超过集体建设用地的 50%。江苏省苏州市全市 80% 以上的农村建设用地已进入市场流转，累计用地总量超过 20.7 万亩。在上海市全区范围内，农村建设用地的流转已经覆盖了 17 个乡镇，覆盖率达 100%。① 在广大农村地区，特别是在沿海经济发达地区，农村集体建设用地使用权流转的现象大量存在，"以租代征"作为一种新的集体土地流转形式也越来越普遍。2007 年开展的全国土地执法"百日行动"清查结果显示，全国"以租代征"涉及土地面积 2.20 万公顷（33 万亩）。2008 年开展的全国土地执法"百日行动"共查处"以租代征"案件 1.87 万件，涉及土地面积 32.1 万亩。据国家土地督察北京局对华北五省区市的调查，"以租代征"主要有六种表现形式：一是用地单位或个人直接与村委会签订协议租赁土地；二是基层政府直接租赁农村集体土地；三是基层政府转租农村集体土地；四是基层政府作为土地租赁中介人促成租地行为；五是村民自行出租自己的承包地；六是村委会租用农户的承包地搞非农建设。② "以租代征"行为的发生，严重影响了国家对土地的宏观调控及耕地资源的保护，其实质就是为了规避法律的相关规定，如农用地转用和土地征收审批、缴纳土地有偿使用费、土地收益分配、履行耕地占补平衡义务等。实践中，农村集体建设用地使用权非法流转的主要形式有：（1）集体经济组织未经批准将集体建设用地非法出让、出租给他人用于建设，集体经济组织收取土地出让金或租金；（2）集体经济组织假借农村集体建设用地使用权入股、联营等方式与他人共同兴办企业的名义，实为将农村集体建设用地使用权出让、出租给他人；（3）农村集体建设用地使用权人不按法律规定用途使用集体土地，而是将其用于房地产开发，导致大量"小产权房"的出现。

---

① 宋志红：《农村集体建设用地使用权流转法律制度研究》，中国人民大学出版社 2009 年版，第 19~20 页。

② 新华网：《全国土地违法现新花样，"以租代征"冲击土地调控》，http：//news. xinhuanet. com/house/2007-11/12/content_7056155. htm，2010/06/29。

　　如果继续在现行法律框架体系下进行农村集体建设用地使用权的隐性流转，随着农民法律意识的觉醒，征地矛盾将越来越激化，全国各地也不可避免地会发生由于征地而引起的农民群体性事件。原因在于：按照《宪法》、《物权法》、《土地管理法》的规定，国家为了公共利益的需要，可以依照法律规定对土地实行征收或者征用并给予补偿。但关于公共利益的界定标准以及所谓合理的标准如何确定都极易产生分歧。更何况经常有人扯着"公共利益"的大旗，干着营利性甚至暴利性项目，农民对征地行为越来越不信任。加之现在补偿标准普遍按照农用地的产值予以确定。一亩农用地一般也只有 3 万元左右的征地补偿费，若涉及铁路公路建设，每亩征地补偿费只有 5000～8000 元左右。有学者指出，按照现行方式征地就是从根本上剥夺了农民以后的生存权，带来的问题首先就是造就了大量的失地农民，他们将成为这个社会中非常特殊的群体。由于身份的二元制，农村人在城市当中不能享受城市居民所享有的医保、社保、失业保险等一系列待遇，成为"三无农民"，即"种田无地、就业无岗、社保无份"。这样就容易对国家的长治久安形成巨大隐患。①

二、农村集体建设用地使用权流转实践模式

　　面对农村集体建设用地使用权非法流转的现状与现行立法持否定态度的冲突，国土资源部审时度势，开始有步骤、分计划的在某些省市试点农村集体建设用地使用权的流转，在这些试点区域形成了各具特色的农村集体建设用地使用权流转模式，归纳起来主要有以下几种典型模式。

　　1. "成片综合开发"模式——山东济南为代表

　　在城市化快速发展的进程中，大量使用农民集体土地成为一种必然，国家获得集体土地的方式则是动用国家征收权，受政府承受能力及农民利益长期保障等因素的限制，山东济南在城市开发中进行了有益的探索，提出了由城市运营商进行"成片综合开发"的模式。为实现"成片综合开发"，山东济南委托大型国有企业——三联集团对开发区域进行统一开发，统一规划，统一招商引资，运用这种模式对阳光舜城和凤凰城两个项目进行成片综合开发。其基本做法是：首先，在政府授权、村民代表大会表决通过的前提下，三联集团作为城市运营商，通过与每户农民平等协商签订协议，把村庄成建制并入企业，三联集团不仅接受农民与土地，村集体经济组织的全部债务也由企业承担。其次，三联集团接受集体土地的同时，相应的集体经济组织的土地全部转为国有土地，三联集团对该区域的土地享有优先开发权而不是土地所有权和使用权，即三联集团对该区域的任何土地的使用都必须取得政府部门的审批。再次，村集体经济组织并入企业后，农民的身份也同步转为市民，三联集团对农民提供长期的生活保障、就业和福利。如阳光舜城的所有农民每人获得 10 万元的一次性补偿，凤凰城的所有农民每人获得 2 万元的一次性补偿；在两个开发区内，三联集团无偿提供农民每人 40 平方米的高标准住宅，农民要求住房面积超过标准面积 30% 以内的部分还可以按成本价购买，产权归农民个人；三联集团对符合招工条件的农民，分期分批安排就业，就业岗位主要是保安、保洁、环保等社区服务工作，在阳光

---

　　①　引自王卫国教授在广东省国土资源厅调研座谈会上的发言。转引自陈立浜：《论农村集体建设用地使用权流转的制度构建》，载《研究生法学》2007 年第 3 期。

舜城，有劳动能力不愿就业的农民，三联集团还应发给生活保障金；对达到一定年龄的农民，三联集团每月为其发放生活费和医疗费，对未能在三联集团安排就业的农民，三联集团每月发放失业保障金；三联集团为解决农民子女上学难的问题，为适龄子女提供教育补助，引进高质量的学校进入社区，此外三联集团还在社区内修建了老年活动中心、青年之家及健身设施等基础设施。

2. "三个集中"模式——安徽芜湖为代表

安徽芜湖作为一个国家级的农村集体建设用地使用权流转的试点城市，从土地所有权和使用权相分离的角度出发，实行农村集体建设用地使用权有偿、有期限的流转，推出了"三个集中"模式。所谓的"三个集中"是指工业向园区集中，农民向小城镇集中，土地向规模经营集中。为实现"三个集中"，芜湖试点的各镇根据不同的区位优势和产业特点，分别建设了绿色食品工业园、机械工业园、木业工业园等十个工业园区，吸引上百家企业入驻；为鼓励农民进小城镇、中心村居住，加大对城镇和中心村基础设施建设，同时允许农民通过土地置换的方式将原宅基地复垦为耕地，增加的耕地由农民继续承包耕种；积极稳妥地促进农民向第二、三产业转移，鼓励农民按照依法、有偿、自愿的原则流转土地，以实现土地的规模化、集约化经营。其基本做法是：第一，将参与流转的农村集体建设用地限定为乡镇土地利用总体规划确定的集镇建设用地范围内乡镇企业、乡镇公共设施和公益事业、住宅建设，以及其他设施建设使用的土地，允许集体建设用地在不改变土地集体所有的条件下以转让、租赁、作价入股、联营联建、抵押等方式流转。第二，规定由乡镇的土地发展中心同集体经济组织和承包者签订土地有偿流转合同，专门成立镇政府投资建设公司，将流转来的建设用地进行前期开发，再依照"三个集中"原则，重新整合农村土地资源，然后通过招标、拍卖等公开市场方式将集体建设用地转包、出租或者出让给土地使用者。第三，规定了农村集体建设用地使用权流转的收益分配。2002 年明确规定市级政府不再参加土地流转收益和土地增值收益的分成，而是由县、乡、集体经济组织按 1：4：5 的比例分成。同时规定县、乡分得的流转收益主要用于城镇基础设施建设。第四，为防止土地流转中地价确定的随意性和保障农民的利益，试点各镇分别对农用地和集体建设用地的地价进行统一评估，建立土地等级和基准地价制度。第五，为保障农民的长远利益，对农民的补偿安置方式更加灵活，规定集镇建设用地对土地使用者或承包经营者除实行一次性货币补偿安置外，还可采取划拨一定比例土地留给集体经济组织、返还土地使用费、支付土地租金、折股分红、购买养老保险、劳动安置等方式。

3. "直接入市"模式——广东省为代表

广东省作为我国经济较发达的省份之一，在总结其他省市农村集体建设用地使用权流转经验的基础上，于 2005 年正式颁布了《广东省农村集体建设用地使用权流转管理办法》，成为我国对农村集体建设用地使用权流转行为进行规范的第一个正式的省级规章。学者周其仁对该《管理办法》的正式颁布，比喻成"时来风送滕王阁"，并认为其主要特点之一就是以法律的形式规定，农村集体土地将与国有土地一样，"按同地、同价、同权"原则，纳入统一的土地市场。[①] 其基本做法是：首先，依照集体土地所有权与使用权

① 周其仁：《同地、同价、同权——我对广东省农地直接入市的个人看法》，载《中国经济周刊》2005 年第 33 期。

相分离的原则，对农村集体建设用地使用权流转的主体、流转方式等方面仿照国有土地使用权作出了规定，明确指出农村集体建设用地使用权在保留土地集体所有的条件下可以出让、出租、转让、转租和抵押的方式流转。其次，明确规定集体建设用地的用地项目包括兴办各类工商业企业（含国有、集体、私营企业、个体工商户、外资投资企业）、兴办公共设施和公益事业及兴建农村村民住宅，赋予了集体土地所有者及使用者更完整的产权，扩大了集体建设用地的使用范围。再次，明确规定了农村集体建设用地使用权流转的程序，只要符合法律规定，政府不再干涉集体建设用地的流转，由集体土地所有者或集体建设用地使用者依照法定程序直接在市场上流转。为保障农民对集体土地的合法权益，明确规定以出让、出租、抵押方式流转农村集体建设用地使用权的，必须经集体经济组织成员的村民会议 2/3 以上成员或 2/3 以上村民代表的同意。此外，对使用集体建设用地用于商业、旅游、娱乐等经营性项目的，还必须在土地交易市场通过招标、拍卖、挂牌等方式进行，实际上这是参照了国有土地使用权公开交易的程序和办法。最后，广东省对农村集体建设用地使用权流转价格的确定和流转收益的分配进行了有创见的探索，注重将农民权益的保护落实到具体制度。其中，流转价格的确定要求使用基准地价的管理体系，而流转收益的分配则注重向农民倾斜，政府不再参与土地流转收益的分成，取而代之的是税收制度。此外，还明确规定应把通过出让、出租方式流转农村集体建设用地使用权所获得的收益纳入集体财产中予以统一管理。土地流转收益的 50% 以上还应当存入银行（农村信用社）专户，用于农民的社会保障安排，不得挪作他用。

4. "地票"模式——重庆市为代表

2007 年国务院批准在成渝两市设立"全国统筹城乡综合配套改革试验区"，重庆作为拥有三千多万人口的特大城市，城乡二元结构异常突出，是典型的大城市带大农村，因此在重庆试点统筹城乡发展，一旦成功意义重大。实现城乡统筹发展，农村集体土地的管理与使用制度改革是试验的核心和关键，为落实中央提出的城镇建设用地与农村建设用地增减挂钩政策，① 重庆市对集体建设用地的流转进行了积极有益的探索，形成了集体建设用地流转的"地票"模式。所谓"地票"，即与建设用地挂钩的用地指标，是指农村宅基地及其附属设施用地、乡镇企业用地、农村公共设施和公益事业建设用地等农村集体建设用地复垦为耕地，并经土地管理部门验收合格后产生的可用于建设的用地指标。其基本做法是：首先，在农民自愿及集体经济组织同意的前提下，将农村集体建设用地进行专业复垦变为耕地，并经土地管理部门验收合格后形成建设用地指标。其次，建设用地指标通过农村土地交易所面向社会进行公开交易，购得建设用地指标的单位并不是直接获得建设用地使用权，而是在城市规划区内选定待开发的土地，由国家对该幅土地实施征收转用手续并进行补偿安置后，通过招、拍、挂等法定程序取得国有建设用地使用权。再次，为保障农民对土地的合法权益，重庆市政府在综合考虑耕地开垦费、新增建设用地有偿使用费等因

---

① 城镇建设用地与农村建设用地增减挂钩是指根据土地利用总体规划，将若干拟复垦为耕地的农村建设用地地块（即拆旧地块）和拟用于城镇建设的地块（即建新地块）共同组成建新拆旧项目区，通过建新拆旧土地复垦，最终实现项目区内建设用地总量不增加，耕地面积不减少，质量不降低，用地布局更合理的土地整理工作。建设用地增减挂钩政策的核心还在于保护十八亿耕地红线，以维护国家粮食安全。

素的基础上，制定了全市统一的城乡建设用地挂钩指标基准交易价格。建设用地指标交易产生的价款，除缴纳少量的税费外，绝大部分返还给农民和集体经济组织，集体经济组织获得的土地交易收益，应当纳入农村集体财产统一管理，用于本集体经济组织成员分配和社会保障、新农村建设等社会公益事业。最后，为保障农民的长远利益，农民家庭申请宅基地及其附属设施复垦的，必须提供其拥有其他稳定住所、稳定生活来源的证明，复垦产生的新耕地，农民可以继续进行承包经营。此外，对放弃宅基地、进入城镇的农民，政府加大了对其社会养老保险、城镇居民医疗保险、子女就学及其他方面的社会保障。

通过以上比较分析可以得出：济南模式促进了农民生活水平的提高，实现了村庄的就地城市化，有利于国家对土地资源的宏观调控，但其毕竟是以农民失去土地来换取社会保障的，是一种变相的国家征收土地的模式，土地的所有权最终转为国家，本质上依然是否认集体建设用地的市场化流转，且将全体农民的生产、生活保障寄托于自负盈亏的企业，一旦企业发生如 2008 年的金融危机的经营风险，后果将会很严重。此外，中国农村如此之庞大，特别是一些偏远地区人烟稀少，经济发展极为落后，要想在中国这样的环境下由以盈利为目的的企业来完成农村城市化，代价和成本是极其高昂的，此种模式难以获得普遍推广。芜湖模式促进了土地的集约高效利用和农民权益的保障，为农村经济的发展提供了强有力的资金保障，其不足就在于集体土地所有者及农民并不能直接向土地使用者流转农村集体建设用地使用权，而需先将土地使用权流转给建设投资公司，然后再由建设投资公司将农村集体建设用地使用权流转给土地使用者，整个过程都是在政府的主导下实施，没有体现农民的意志，不利于国有土地市场和集体土地市场的公平竞争，是一种不充分的农村集体建设用地使用权市场化流转。广东模式强调集体建设用地直接入市流转，打破了现有的非农建设用地必须征为国有的格局，赋予国有建设用地与集体建设用地平等的法律地位，实行"同地、同权、同价"原则，有利于土地市场的统一，促进了土地市场的公平竞争，使农民真正享受到土地所带来的巨大利益，但其极大地冲击了国有土地市场，可能影响国家土地规划，使国家难以发挥对土地的宏观调控作用。重庆模式促进了土地的集约高效利用，有利于实现耕地占补平衡和保护耕地，提高农业经济效益，但其最终还是以征收集体土地满足城镇建设用地需要的，国家剥夺农民土地利益的本质依然没有改变。"地票"的公开交易客观上使一部分农民的土地利益得以实现，但同时也使另一部分农民的土地利益因国家征收得以牺牲，总体上是一种此消彼长的关系，农民对土地的总体利益没有实现最大化，显然重庆模式下的农村集体建设用地使用权市场化流转制度依然没有完全建立。从实现国有土地和集体土地所有者平等地位，保障集体经济组织及农民的土地利益，建立健全公平、竞争、有序、统一的土地市场的角度出发，笔者赞成我国农村集体建设用地使用权直接入市流转。

三、农村集体建设用地使用权隐形流转的原因及存在的问题

农村集体建设用地使用权隐形流转普遍大量存在是有其原因的：

首先，随着经济的发展，建设用地需求量日益增大，国有土地日益不能满足用地需求。随着农村的城镇化发展，公路、通信、市政设施等配套措施的日臻完善，交通日益便利，尤其是随着省际高速公路网络的普及，城市圈日益形成与扩大，许多投资者便将土地需求的范围延伸至农村，农村的城镇化发展又受到国家政策的鼓励，因为农村的城镇化发

展不仅有利于消化多余的农村劳动力，还有助于提升农村的经济发展水平，改善农村的生活条件，缩小城镇差距。集体土地的资产价值得以体现。根据科斯的经济学定理，有交易就有价值。因此经济的发展是农村集体建设用地使用权入市流转的外在动力。

其次，级差地租的存在，使得农村集体建设用地使用权的流转满足了双方利益主体的需求，这是农村集体建设用地使用权交易红火的内在原因。随着经济的发展，我国的用地制度从无偿划拨转变为有偿使用，凡是建设需要使用土地的，都必须按照《土地管理法》的规定通过招拍挂的形式取得，城市国有土地拍卖的价格更是节节攀升，土地作为一种稀缺资源，其价值是不言而喻的。然而，根据《土地管理法》的规定，建设需要使用土地的，必须使用国有土地，如果是集体土地，也必须通过征收先将其转为国有土地。然而，征收补偿的价格与土地实际拍卖的价值之间存在巨大的级差地租，引起了被征收集体组织的强烈不满。更何况，集体土地一旦被征收，农民集体便永远丧失了使用权，而通过其他渠道进行的集体土地的流转反倒可以长久地保持收益，受经济利益的驱动，在巨大级差地租的诱惑下，许多集体经济组织也想办法通过各种隐蔽的方式投入市场，导致各地的做法各不相同，市场秩序也极为混乱，有些地方甚至违背土地利用规划和耕地保护政策违规用地。与此同时，用地者也能从农村集体建设用地使用权直接流转中获益。如果按照《土地管理法》的规定，用地者必须经过繁琐的用地审批程序，而且要为此支付巨额土地使用费，加重了用地者的融资负担，甚至因为资金问题使得项目流产。反而农村集体建设用地使用权的自由流转则可以形式灵活多样，大大降低资金投入负担。

再次，农村集体建设用地使用权的流转是用地结构调整和再配置的必然诉求。我国的经济发展经历了农村支援城市，城市反哺农村这样一个过程。随着经济宏观结构和微观结构的调整，许多乡镇企业面临着转型的需要，尤其是一些低效高耗能企业所占用的土地面临着结构调整的需要。然而，现行的土地流转模式却给这些集体土地的流转设置了较高的门槛，必须先征后用，不仅税费高昂，且手续麻烦。而农村集体建设用地灵活多样的流转方式就可以简化手续，降低资金门槛。比如广东佛山南海市所开创的集体土地流转模式不仅给农村集体经济组织带来了恒久的利益，而且节约了企业的开办成本。

最后，农村集体建设用地使用权的流转有利于构建农村社会保障体系，促进社会的和谐发展。农村社会保障体系的构建对于我国这样一个农业人口多、底子薄的国家来说，尤其显得重要与迫切。许多政策的推行都受制于农村社会保障体系的欠缺。我国目前农村社会保障体系的构建遇到的最大问题就是缺钱。如果允许农村集体建设用地使用权自由流转，而不是一定要通过国家的话，那么政府通过征收所获取的差额利益就可以很大程度上保留在集体内部。并可以通过制度设计将该部分收益专款专用，专门用以补充农村社会保障体系构建的资金缺口。这完全可以借鉴广东省或者类似广东省的做法即将流转所得50% 以上存入银行专户并以专款的形式用于集体组织成员的社会保障安排，不得挪作他用。由于我国一直以来都将土地征收作为城市建设用地的唯一合法途径。集体建设用地必须先通过征收变成国有土地才能进入一级市场流转。但此过程中，由于"公共利益"界定不清和征收程序不完善所导致的损害农村集体利益和农民利益的事件比比皆是。据国土资源部提供的数字显示：因为土地征收所引发的信访占信访总量的 70% 以上。征收所导致的政府与农民之间的矛盾升级不仅不利于和谐社会的构建，而且增加了社会不安定因素。

在目前现行法律不允许农村集体建设用地使用权流转的背景下，农村集体建设用地使用权的隐形流转带来了许多问题：

首先，根据《土地管理法》的规定，任何单位和个人进行建设需要使用土地的，必须依法申请使用国有土地。这就意味着国家对土地一级市场的完全垄断。而国家全面垄断建设用地使用权市场缺乏法律上的正当性。因为《宪法》明确规定，集体土地归集体组织成员所享有，各个集体组织对集体土地享有独立的所有权，国家因公共利益以外的目的对农村集体建设用地使用权进行征收就师出无名，如果硬扛着公共利益的旗号，则有公权力侵犯私权利之嫌。因此，国家垄断土地一级交易市场缺乏正当性。国家垄断建设用地使用权市场还极易诱发腐败行为。因为需要建设用地的单位和个人要获得建设用地主要通过国家有关机关取得，拥有土地征收审批权和出让权的政府机关及其相关领导就会成为权力的寻租者，即便是不主动寻租，也很可能成为众多人的行贿对象，土地腐败屡屡曝光，不仅有损法律的权威，更损害了政府形象。更为严重的是，由于国家以农业用地的标准予以征收，以工商业用地的标准予以出让，期间存在巨大的利差，由于我国惯行的土地财政政策，地方政府可以留存部分土地差价，这样就极大地诱导了政府的征地冲动，导致土地规划管理、用途管制都形同虚设，有些地方政府甚至滥用权力更改规划达到征收的目的，这将导致保护耕地的政策彻底落空，严重威胁到粮食安全和生态环境。

其次，由于流转交易缺乏法律依据，导致农民利益受损的情况比比皆是。由于集体建设用地的流转得不到法律的承认，同样的土地，农民只能以相对低廉的价格提供给用地需求者，而用地需求者也存在法律上的风险，如果国家要把这块土地进行征收，征收以后，现在用地者则得不到任何补偿。因此，用地者也要求农民降低地价。① 另外，由于农民囿于认识水平和眼界的限制，往往图一时之利益，将土地相对廉价地交给了土地使用者。从内蒙古等地实地调查的材料显示，许多农民在拿到一次性补偿款之后，大多选择了建房，然而，新房内却空空如也，由于丧失了基本的谋生工具，许多农民只得背井离乡进城务工，留在村里的大多是老弱病残。更有甚者，由于集体土地产权关系不清，"农民集体"是个抽象概念，没有明确的法人代表，农村集体组织成员参与集体土地所有权行使的机会很少，这又给乡村干部凭借其地位利用土地谋取利益提供了条件，类似损害农民利益的现象屡见不鲜。

再次，集体土地的隐形流转，使得农村土地产权关系紊乱，影响交易安全。"公示公信原则"是不动产交易应当遵循的基本原则之一。由于我国现行法律禁止农村集体建设用地使用权直接以出让、转让、出租方式流转，当事人在实际流转中很难获得权属登记，当事人往往是私下进行，当然无法获得有效的权属凭证，其交易行为一旦发生纠纷，司法部门也处于两难境地，各地做法不一，导致土地产权关系的混乱，加大了交易成本。② 隐形的集体土地流转市场规则很不完善，极不规范，自发流转往往没有资产评估环节，无税收负担，在流转成本几乎为零和无障碍的前提下，较高的流转收益回报诱使人们大肆进行灰色交易，甚至挑战保护耕地的基本底线，出现了有组织、大规模、多形式的土地非法流

---

① 揭明：《农村集体建设用地使用权流转的法律思考》，载《学术交流》2008年第9期。

② 陶进华：《限制农村集体建设用地使用权流转带来的问题与改革路径分析》，载《成都行政学院学报》2008年第4期。

转，严重扰乱土地交易市场秩序。① 与此同时，灰色交易的大量存在，使得国家对土地市场的宏观调控无法实现。另外，限制农村集体建设用地使用权流转的法律规定也导致了"小产权房"在全国范围内的蔓延，"小产权房"对我国房地产市场的影响不言而喻，引起了国家高度重视，要求妥善解决。

最后，农村集体建设用地使用权隐形交易市场本身存在隐患。尽管现行法律层面是禁止农村集体建设用地使用权流转的，但中共中央、国务院一系列的文件政策都在不同层面支持农村集体建设用地使用权的流转②，使得农村集体建设用地使用权的流转超越法律规定而客观持续存在，这种实际允许集体建设用地入市无疑打破了目前国家垄断土地一级市场的格局，"多头供应"必然使得农民集体与地方政府之间形成利益冲突。地方政府就有可能采取系列措施阻碍农村集体建设用地使用权的继续流转。比如，各地在制定农村集体建设用地使用权流转办法时都不约而同地设置了流转条件，"应当符合国家有关产业政策及土地利用总体规划、城市规划或村庄、集镇规划"。也就是说，如果农村集体与地方政府发生了利益冲突，地方政府首先就可以修改城市规划，使集体建设用地同国有土地虽处于相同经济区位而有不同的用途，导致其价值的差异性，甚至限制或者禁止农村集体建设用地使用权的流转。有些地方政府为了保证自己的收益，还可能滥用土地征用权，借公共利益需要任意扩大征用范围，将本可自由流转的集体建设用地通过工业园区、高科技园区等形式转为国有。

综上所述，农村集体建设用地使用权的隐形流转不仅对土地交易市场构成威胁，挑战国法权威，而且其自身也存在朝夕不保的风险。农村集体建设用地使用权的流转只有上升到通过法律予以调整的高度，才能真正解决上述存在的严重问题。

四、农村集体建设用地使用权流转的法理分析

农村集体建设用地使用权能否进入市场流转，理论界存在较大分歧。归纳起来，主要有两种观点。第一种观点认为，农村集体建设用地使用权除集体内部调整转让外，不宜直接进入市场，而只能通过先征为国有或转为国有的方式进入市场。唯有如此才有利于保护耕地，有利于土地市场的健康发展。第二种观点认为，集体土地所有权与国家土地所有权在法律地位上平等，所有权的权能充分，应当同等对待。因此，在不违反城市规划、不冲击基本农田保护区的前提下，农村集体建设用地使用权可以直接进入市场，而无须转变土地所有权。③ 第一种观点显然值得商榷。我国实行严格的土地用途管制制度，如果各级政府机关能够严格执行农用地转用的审批手续，保护耕地的目的自然能够达到；相反，如果不能严格执行农用地转用的审批手续，再严格的土地用途管制，也不能避免土地资源的浪费。此外，我国法律对公共利益的界定不明，导致各级政府机关将公共利益无限扩大，各

---

① 王权典：《农村集体建设用地使用权流转法律问题研析——结合广东相关立法及实践的评述》，载《华南农业大学学报（社会科学版）》2006年第1期。

② 1997年颁布的《关于进一步加强农村集体土地管理的通知》；中发【2003】第3号文《中共中央国务院关于做好农业和农村工作的意见》；国务院【2004】28号文《关于深化改革严格土地管理的规定》等。国土资源部和国务院法制办还批准了系列试点地区推行农村集体建设用地使用权的流转。

③ 林建伟：《房地产法基本问题》，法律出版社2006年版，第130页。

种工商业、旅游、房地产为目的的用地项目都可以通过征收集体土地实现用地需求，征收集体土地没有限制在公共利益的范围之内，大量集体土地都将转为国有建设用地，进一步加剧了耕地资源的紧张。也有学者担心，允许农村集体建设用地使用权市场化流转会促使大量农村土地转为建设用地，解决中国十四亿人口吃饭问题的十八亿亩耕地红线必然突破，农民的生活必将失去保障，国家粮食安全必然受到冲击。笔者认为，这种担心是没有必要的。我国实行集体建设用地总量控制及耕地占补平衡制度，只要能够落实非农建设占用耕地按照"占多少，垦多少"的原则，开垦出与所占用耕地的数量和质量相当的耕地，并不会导致耕地数量的减少，十八亿亩耕地红线绝对能够守住。据此，笔者认为应当允许农村集体建设用地使用权有条件的市场化流转，农村集体建设用地使用权市场化流转具有正当性。

首先，农村集体建设用地使用权的自由流转是权利平等的内在要求。马克思政治经济学认为，社会主义所有制是单一的全社会公有制即全民所有制，集体所有制是一种必然要向全民所有制过渡的低级的公有制形式。① 国家所有权一直以来被认为具有优先地位，导致集体所有权对于国家所有权而言有服从的义务，这是一种认识误区。② 土地所有权作为一种民事权利，无论主体是谁，其法律地位都一律平等。然而，基于集体土地所负担的特殊职能，从规范土地市场秩序，保护耕地的立场出发，根据现行《土地管理法》的规定，集体土地所有权主体的土地收益来源总是被限制在农用上，国家基本上不允许对集体土地进行普通的商业性开发，一般商业企业开发需要使用集体土地的，必须将该集体土地征为国有。国家不仅垄断了建设用地的供应市场，导致土地拍卖价格居高不下，而且有违权利平等原则，将国有建设用地与农村集体建设用地区别对待，导致农村集体土地使用权的价值无法通过正常的市场交易实现。

其次，允许农村集体建设用地使用权流转是物权法定原则的需要。物权法定原则是物权法的基本原则，根据《物权法》第 5 条规定，物权的种类和内容由法律规定。《物权法》第 135 条规定，建设用地使用权人依法对国家所有的土地享有占有、使用和收益的权利，有权利用该土地建造建筑物、构筑物及其附属设施。从该条规定可以看出，建设用地使用权仅限于国家所有的土地，农村集体建设用地使用权并没有涵括其中，更不用说农村集体建设用地使用权了。然而，从农村集体建设用地使用权隐形流转的现状以及中央的相关政策来看，农村集体建设用地使用权的流转是大势所趋，农村集体建设用地使用权如何取得、通过何种方式变动都亟需法律作出明确规定，否则将无法产生物权效力。农村集体建设用地使用权当事各方的利益无法得到有效保护。我国目前调整农村集体建设用地使用权流转关系的法律规范体系，其内部矛盾重重。不仅国家法律与中央政策文件冲突，不同效力等级的法律规范相互矛盾，而且在同一法律内部也存在法律规范之间的不协调。农村集体建设用地使用权的物权属性不容置疑，然而法律规范的缺漏将导致其权利实现的难度，形成了城乡二元分割态势，导致同一价值的土地使用权价值差异巨大。明确农村集体建设用地使用权的物权属性与内容，不仅有利于农村集体建设用地使用权的稳定，而且有

---

① 王祖强：《社会主义所有制理论创新与发展》，中国经济出版社 2005 年版，第 129 页。

② 在物权立法过程中，对于所有权的立法模式选择之争，就暗含着不同主体所有权之间可能产生不平等的担忧，正因为如此，《物权法》第 4 条规定了物权的平等保护原则。

利于对农村集体建设用地使用权的管理。逐步缩小城乡差距和改变城乡二元结构，有利于消除城乡协调发展的体制性障碍，减少边缘化人群。

再次，农村集体建设用地使用权的直接入市是我国土地制度变迁的必然结果。新中国成立以来，围绕我国农村土地制度，国家进行了一系列的改革探索，我国现行农村土地制度也是在不断发展和创新的过程中形成的，我国农村土地制度的变迁过程大致经历了以下几个时期：（1）农民土地私有制时期（1949—1952）。新民主主义革命的主要任务和目标之一就是进行土地改革，废除封建土地制度，实现耕者有其田。1949 年新中国成立后不久，中国共产党就迫切地在各解放区开展土地改革运动，通过土地改革，我国实现了农村土地从封建地主私有制向农民私有制的转变，与此相适应，国家承认农村土地产权的自由流动，允许土地所有者买卖、出租、典当、赠与土地等交易行为。这个时期，由于我国还处于新民主主义社会时期，社会主义公有制尚未形成，出现了土地的国家所有和农民私人所有并存的格局，集体土地所有权和使用权的概念还处于探索之中。（2）农村土地集体所有制时期（1953—1978）。新民主主义革命取得成功后，中国共产党开始逐步探索建设社会主义社会的道路，实行生产资料的社会主义公有制制度，土地制度的改革随即提上议事日程。1953 年农业合作化运动开始启动，农村合作社从初级社逐步过渡到高级社，与此同时，土地所有权也从农民私有逐步过渡到合作社集体所有，农民丧失了土地所有权和使用权。到 1958 年全国又开展了人民公社化运动，原来以高级社为单位的、集体所有、集体使用的土地制度被冲破，土地实行公有化和全民化。至 1962 年《农村人民公社工作条例修正草案》的颁布，农村人民公社的体制才真正稳定下来，这一体制下的农村土地集体所有制——集体所有和集体使用的"三级所有，队为基础"的权属关系才被正式确立下来，并一直延续到 1978 年。这个时期，是当代中国土地制度比较混乱，也是土地集体所有制的确立时期，由于受计划经济体制的影响，土地使用制度受国家经济计划的调控，实行的是一种无偿、无期限、无流动的土地使用制度，农村集体建设用地使用权流转尚未建立。（3）家庭联产承包责任制时期（1978 年至今）。在农村集体土地所有制建立初期，土地经营实行集体所有、集体统一经营的模式严重挫伤了农民的生产积极性，1978年安徽小岗村村民自发实行家庭联产承包责任制，并最终得到国家承认。这个时期，随着我国计划经济体制向市场经济体制的转变，国有土地使用权开始以转让、出让等方式实行流转，国有土地市场化有偿使用制度基本实现，国有土地使用权流转市场也逐步完备，但农村集体建设用地使用权的流转却受到国家的严格控制。1988 年新修正的《宪法》明确规定允许土地使用权的转让，此处的土地使用权依照法理解释当然包括农村集体土地使用权，但 1998 年修改的《土地管理法》仍然规定"农民集体所有的土地的使用权不得出让、转让或者出租用于非农业建设"，2004 年修改的《土地管理法》虽然对特定条件下的农村集体建设用地使用权流转进行了规定，但流转方式的规定比较单一，对农村集体建设用地使用权流转仍进行严格限制，2007 年通过的《物权法》则干脆规定集体建设用地流转依照土地管理法等法律规定办理，并未突破上述限制。与法律严格限制农村集体建设用地使用权流转相比，国家政策开始逐步放开农村集体建设用地使用权的流转。国务院[2004] 第 28 号文件《关于深化改革严格土地管理的规定》提出，"在符合规划的前提下，村庄、集镇、建制镇中的农民集体所有建设用地使用权可以依法流转"。国土资源部[2006] 第 52 号文件《关于坚持依法依规管理节约集约用地支持社会主义新农村建设的通知》指出，"要适应新农村建设的要求，经部批准，稳步推进城镇建设用地增加和农村建设用地减少相挂钩试点、集体非农建设用地使用权流转试点，不断总结试点经验，及时加以规范完善"。2008 年十七届三中全会又通过了《中共中央关于推进农村改革发展若干重大问题的决定》，明确规定，"在土地利用规划确定的城镇建设用地范围外，经批准占用农村集体土地建设非公益性项目，允许农民依法通过多种方式参与开发经营并保障农民合法权益。逐步建立城乡统一的建设用地市场，对依法取得的农村集体经营性建设用地，必须通过统一有形的土地市场、以公开规范的方式转让土地使用权，在符合规划的前提下与国有土地享有平等权益"。

从我国土地制度变迁的历史脉络来看，农村集体建设用地使用权流转经历了从无到有，从法律严格限制到政策逐步放开，从农民的自发流转到地方政府支持流转再到中央政府积极开展流转试点的演变过程。从土地流转的发展趋势来看，推动农村集体建设用地使用权市场化流转无疑是有效利用土地的正确方向，它能够促进土地的集约高效利用，使农民在土地上的权利得到巩固，土地的价值也得以最大化体现。正是因为现行的集体建设用地制度不能适应生产力发展的要求，不能满足农民对土地利益的最大化，集体建设用地隐形流转市场才得以繁荣，最终导致国家政策一步一步冲破国家法律的限制，要求集体建设用地通过统一有形的土地市场以公开规范的方式流转。

五、农村集体建设用地使用权流转的制度构建

市场化不等于自由化。允许农村集体建设用地使用权市场化流转，并不是说这种流转是任意的，可以无限制的自由流转，而是应该在法律规定的范围内的合法流转。归纳起来，主要应该在以下几方面对农村集体建设用地使用权市场化流转加以法律规制。

（一）立法上的规制

首先，应尽快修改《土地管理法》、《物权法》等相关法律，承认农村集体建设用地使用权流转的合法性，使其与国有土地使用权实现同地、同权、同价。农村集体建设用地使用权从民法理论上来讲属于用益物权，用益物权以对标的物的占有、使用、收益为主要内容，收益不仅体现在使用中，而且体现在流转中，允许农村集体建设用地使用权人在法定范围内以转让、出租、抵押等方式流转农村集体建设用地使用权，有利于实现物权人完整意义上的收益权能，使其与国有土地使用权一样具有完整权能，从而实现私权的平等保护和城乡土地市场的统一。其次，尽快制定规范农村集体建设用地使用权流转的全国性法律，明确农村集体建设用地使用权流转的主体、条件、范围、方式、收益分配等。当前，我国的农村集体建设用地使用权流转的规范还停留在地方政府规章层面上，效力等级低，规范比较混乱，加之国家法律对农村集体建设用地使用权流转的否定态度，导致司法实践到底是适用法律还是地方政府规章存在较大困难，为消弭司法适用的困难和流转混乱的局面，当务之急就是尽快制定规范农村集体建设用地使用权流转的全国性法律，实现农村集体建设用地使用权流转主体、条件、范围、方式、收益分配等的统一。

（二）程序上的规制

农村集体建设用地使用权的流转包括初次流转和再次流转，由于两种流转方式涉及的

主体不同，流转程序上也存在差异。

农村集体建设用地使用权初次流转是指集体土地所有权人设定并转出农村集体建设用地使用权。农村集体建设用地使用权初次流转关系到集体经济组织及农民的利益甚巨，其流转应当遵循农民的意愿，实行私法自治原则，初次流转的程序应当包括村民或村民代表表决、流转许可申请和批准、签订流转合同、办理登记。首先，集体经济组织就集体土地用于非农建设的土地流转方案向本集体经济组织成员予以公示，并经村民会议 2/3 以上成员或 2/3 以上村民代表的同意。其次，集体经济组织持土地所有权证、村民或村民代表同意流转的书面材料等，向土地管理部门申请农村集体建设用地使用权流转许可，土地管理部门经审查，对符合土地利用总体规划和年度计划的申请，应当予以批准。其中，涉及农用地转用审批的，还应当依法向有关人民政府申请农用地转用审批手续。再次，集体经济组织通过协议或公开竞价的方式确定用地单位，用地单位应当与集体经济组织签订土地流转合同，就土地用途、使用年限、土地出让金等达成一致。最后，用地单位和集体经济组织持土地权属证书、村民或村民代表同意流转的书面材料、土地流转合同，向土地管理部门申请农村集体建设用地使用权登记手续，土地管理部门应当依法给予办理登记。

农村集体建设用地使用权再次流转是指农村集体建设用地使用权人将其获取的农村集体建设用地使用权予以转出。再次流转的程序应当包括签订流转合同、办理登记。首先，流转双方应该依照平等协商原则签订农村集体建设用地使用权再次流转的合同。其次，流转双方持农村集体建设用地使用权证、初次流转合同、再次流转合同，向土地管理部门申请登记，土地管理部门应当依法给予办理土地变更登记。由于农村集体建设用地使用权再次流转建立在初次流转的基础之上，再次流转则无须经集体经济组织全体农民或代表三分之二以上的多数同意，否则有碍交易效率，增加交易成本，但流转方应当通知集体经济组织，以便其知晓谁在利用土地及向谁行使权利。

（三）流转收益分配规制

集体经济组织作为土地所有者将农村集体建设用地使用权流转后获得的土地收益如何进行分配，关系到国家、集体经济组织及农民三方的利益，怎样的利益分配能够兼顾三者的利益，是考验国家的重大问题。关于土地流转收益的分配，理论界存在四种观点，即国家、集体、农民分享论、集体和农民共同分享论、农民独享论和国家享有土地流转收益，农民享有使用权补偿论。集体经济组织作为集体土地所有者将农村集体建设用地使用权流转后分享土地流转收益实属必然，是其行使所有权的当然表现。农民直接依靠土地生存，失去土地的农民如果不能分享土地流转收益必将影响他们的生活水平，威胁社会稳定。国家既不是土地所有者也不直接依靠土地生存，不能直接参与土地流转收益的分配，但国家通过加强基础设施建设客观上提升了土地的价值，其作为公权力主体只能通过税收等手段对集体土地资源进行宏观管理与调控。综上所述，笔者比较赞成土地流转收益集体和农民共享论，且在保障农民生活水平不至于下降的原则下，适当向农民倾斜。集体经济组织和农民分配土地流转收益的具体比例，应当由村民会议全体村民或村民代表 2/3 以上表决通过，且集体经济组织分得的土地流转收益应当纳入集体财产统一管理，专款只能用于农民的社会保障安排、乡村公益设施建设等社会公益事业。

（四）农民保障体系的构建

土地与农民的利益关系甚巨，由于目前农村养老、医疗、社会救助等社会保障体系还不够健全，土地作为农民最基本的生活保障，许多农民从心理上对土地流转还是有后顾之忧的，农村社会保障体系的滞后制约了农村土地的流转。为加快农村集体建设用地使用权的流转，为避免土地流转后，导致农民生活困难，我国应尽快完善失地农民利益保障的配套制度建设，具体应该做到以下几点：一是加快农村最低生活保障、养老保险、农村合作医疗、社会救助等社会保障体系建设，使全体农民能与城镇居民一样享受最基本的社会保障。二是创新集体建设用地流转形式，保障农民的长远利益。安徽芜湖的入股分红经验值得借鉴，即先将每亩土地折价入股，按其农业年产值 850 元乘以 30 倍即每亩按照 25500 元确定，一次性支付农民 6400 元/亩，余额 19100 元/亩，村民委员会作为集体股参加镇办工业园入股，实行保底分红。按照此种形式，镇办工业园即使亏损，农民不但不承担亏损，还能获得每年 440 元/亩的保底收入，如果有盈利则按股份进行分红。三是建立专门针对失地农民的利益保障机制。如安徽鸠江区大桥镇从土地流转费中列支 8800 元/亩，分别对 55 岁、50 岁以上的男、女性农民实行养老补助，年补助 440 元/人，直至 30 年土地承包期结束。马塘区马塘镇结合地处城郊结合部的特点，对流转土地后的农民建立最低生活保障线，确定每人每月 192 元的最低生活保障标准。① 四是努力促进失地农民就业。使用集体建设用地兴办企业的，鼓励企业优先使用该集体经济组织的失地农民进入企业工作。政府也应免费为失地农民提供就业信息、就业咨询、就业指导等，努力提高失地农民的职业技能，千方百计促进失地农民就近就业。

---

① 贺妮娜：《我国农村集体建设用地流转研究》，华中科技大学 2006 年硕士论文。

替代性纠纷解决机制与基层
民事纠纷的化解研究[*]

■　乔雄兵[**]

目前，中国正处于经济高速增长、社会结构加速变更的转型时期。而在转型时期，由于体制不完善，法制还不够健全，各主体之间的利益冲突导致大量社会矛盾产生，其中有大量社会矛盾属于基层民事纠纷。大量的基层民事纠纷产生，亟需合理有效的纠纷解决机制来解决纠纷，化解社会矛盾。但是我国现有民事争议解决机制在此方面显得越来越力不从心，导致很多基层民事纠纷不能及时解决，影响到社会的稳定，对社会主义和谐社会的构建带来影响。

此外，随着基层民事纠纷的日益增长，纠纷及时解决的需求与司法资源的有限矛盾更加突出。随着民事案件不断增加，法官负担变得日益繁重，降低了民事纠纷的解决效率。这种现象一些经济发达地区表现尤为明显。另外，传统的民事纠纷解决方式，包括诉讼和仲裁等在解决转型时期的各种基层民事纠纷方面也面临很多问题，如程序复杂、效力低下、成本高昂、方式单一等问题。因此，为了高效地解决基层民事纠纷，需要改革我国目前的民事纠纷解决体制，借鉴及引入西方的替代性争议解决方式，探索符合中国国情的多元基层民事纠纷解决方式，以化解基层社会矛盾，构建社会主义和谐社会。基于此，本文

---

　　* 本文为 2010 年湖北省法学会课题《替代性争端解决与基层民事纠纷化解研究》（项目编号 SFXH101）的最终研究成果。

　　** 乔雄兵，武汉大学国际法研究所讲师，法学博士。

拟对替代性纠纷解决机制在西方国家的发展与运用进行比较论述，并探讨如何在我国引入各种替代性纠纷解决机制，有效地化解基层民事纠纷。

一、替代性纠纷解决机制的概念及发展

（一）替代性纠纷解决的历史沿革

替代性纠纷解决机制（Alternative Dispute Resolution，简称 ADR），又称为选择性纠纷解决机制或非诉讼纠纷解决机制。① 替代性纠纷解决机制的概念源于美国，原来是指 20 世纪逐步发展起来的各种诉讼外纠纷解决方式，现已引申为在世界各国普遍存在着的、民事诉讼制度以外的非诉讼纠纷解决程序或机制的总称。替代性纠纷解决机制的目的就是公正、迅速、经济地处理所有争议。② 替代性纠纷解决机制是 20 世纪 70 年代末与 80 年代初发展起来的。此前美国的民权运动、越战、政治不稳等社会问题凸显，法院的医疗纠纷、产品责任纠纷、交通事故纠纷、保险纠纷以及行政机构管制行为纠纷、集团诉讼案件增多，"诉讼爆炸"使法院不堪重负。诉讼的昂贵、耗时、程序繁复等固有局限日益显露，在大城市，最简单的案件走诉讼审判程序可能花上几年时间。于是，美国人开始反思司法程序对于现实生活的作用，不仅是效率和经济问题，在实体问题上，法官和诉讼律师已经取代了当事人自己对于解决纠纷的控制。正如学者所言，我们必须抛弃法院是唯一处理争议机构的念头，因为提起诉讼请求的人就如有疼痛的人，他们所要求的只是减轻疼痛，因此，他们并不在意是在法院由律师或法官或在其他地方减轻疼痛的。③

早在 20 世纪 60 年代开始，替代性纠纷解决机制就引起了美国社会的注意。为解决社区纠纷，1964 年《民权法案》(Civil Right Act) 规定，美国国会有权要求司法部设立社区关系解决机构。进入 20 世纪 70 年代后，美国法院对替代性争议解决机制的态度发生了重大变化。1971 年，密歇根东区联邦法院首先采用法院附设调解程序。1976 年召开了庞德会议（Pound Conference），会议的主要议题就是讨论如何解决司法案件堆积以及诉讼费用高昂和时间拖延的问题。哈佛大学法学院教授弗兰克·桑德教授（Frank Sander）在会上的讲话通常被认为是 ADR 在美国复活的日期。④ 弗兰克教授提出了各种争议解决程序的概念。他指出，传统的以法院为基础的争议解决程序并非唯一的——尽管是最重要的争议解决方式。弗兰克教授提出建立多重争议解决系统，以适应不同种类争议解决的需要。⑤ 庞德会议在律师、法官以及立法者中引起了对 ADR 的广泛的兴趣，也导致了替代性纠纷

---

① 还有人称之为多元纠纷解决机制，在澳大利亚，其被称为外部争议解决机制（External Dispute Resolution）。

② See Timothy D. Record, Alternative Dispute Resolution: Magistrate Judges Used as ADR Neutrals-Benefits and pitfalls, 13 Adelphia L. J. 3 (2000).

③ See Timothy D. Record, Alternative Dispute Resolution: Magistrate Judges Used as ADR Neutrals-Benefits and pitfalls, 13 Adelphia L. J. 3 (2000).

④ See Jean R. Sternlight, Is Alternative Dispute Resolution Consistent with the Rule of Law? Lessons from Abroad, 56 Depaul L. Rev. 570 (2007).

⑤ See ADR and the Courts, a Manual for Judges and Lawyers, Butterworth Legal Publishers, 1987, p. 9.

解决机制在家庭纠纷以及一些小额争议中的运用。1978 年，宾夕法尼亚东区联邦法院开始采用了法院附设仲裁程序。

同时，根据 1934 年的《授权法案》，国会授权联邦最高法院制定《民事诉讼程序规则》。根据该权力，美国联邦最高法院建立了司法会议，作为联邦法院的监督和管理机构。① 在立法方面，1983 年，美国联邦最高法院修改了《联邦民事诉讼程序规则》第 16 条，允许使用各种司法外程序解决争议。修订后的第 16 条第 1 款首次把和解确定为审前会议的目的。此外，该条第 3 款还规定法官和律师可以考虑和解或采取其他替代性纠纷解决方法的可能性。此后，简易陪审团（Summary Jury Trial）、早期中立评估（Early Neutral Evaluation）等替代性纠纷解决机制相继出现。

1990 年颁布的《民事司法改革法》（Civil Justice Reform Act，CJRA）进一步加快了联邦法院 ADR 发展的步伐。该法授权联邦法院进行法院附设 ADR 的试验，缩小了立法和司法机关对于 ADR 的分歧。与此同时，国会于 1990 年通过了《行政争议解决法》（Administrative Dispute Resolution Act）。但是该法的实施期只有五年，不仅如此，该法没有意识到保密性对 ADR 程序的重要性，以至于当事人频频利用《信息自由法》（Freedom of Information Act，FOIA）要求获得纠纷解决中的有关记录，从而严重阻碍了 ADR 在行政争议解决中的实际运用。②

1993 年对于《联邦民事诉讼程序规则》第 16 条的再一次修改明确规定了司法程序。由此，"促进和解"构成了美国现代和解文化的基础。1993 年和 1994 年，基于这一程序的成功，国会建议在联邦地区法院提供强制性法院附设仲裁服务，但法院坚持认为对这一服务的提供法院可自行选择。妥协的方案授权现存有 ADR 程序的 20 个联邦地区法院当中的 10 个只能提供自愿的、非约束性仲裁，另外 10 个法院可以根据情况，强制当事人参加仲裁程序。③

1996 年，国会重新通过了新的《行政争议解决法》，并使之成为永久性立法，而不像 1990 年的立法那样只有五年的实施期，同时对保密性问题作了明确的规定，这大大推动了当事人采用 ADR 的热情。1998 年，国会通过了《替代性纠纷解决法》，该法规定联邦地区法院在民事诉讼中可以使用 ADR 方式解决纠纷。该法规定每个联邦法院至少要有一种 ADR 程序，并根据各个地区的具体情况制定 ADR 实施细则。该法的出台，使得 ADR 得到广泛而有效的推广。国会还要求各地区法院指定 ADR 的地方性规则。一些联邦法院就制定了这样的规则，如密西西比联邦法院就制定有这样的规则。④

除此之外，美国联邦和各州还制定有大量的涉及 ADR 的有关法律。如 2001 年，统一州法委员会制定了《统一调解法》（Uniform Mediation Act）。⑤ 该法对调解中的特权和保密

---

① See Timothy D. Record, Alternative Dispute Resolution: Magistrate Judges Used as ADR Neutrals-Benefits and pitfalls, 13 Adelphia L. J. 3 (2000).

② 参见蔡从燕：《美国民事司法改革架构中的 ADR》，载《福建政法管理干部学院学报》2003 年第 3 期。

③ 参见杨严炎：《美国司法 ADR 之考察》，载《当代法学》2006 年第 4 期。

④ See Timothy D. Record, Alternative Dispute Resolution Magistrate Judges Used as ADR Neutrals-Benefits and pitfalls, 13 Adelphia L. J. 3 (2000).

⑤ 该法在 2003 年作了修订。

性问题做了明确的规定。调解员和当事人在调解过程中所说的话禁止在其他法律程序中使用。《统一调解法》受到美国律师协会、美国统一州法委员会以及绝大部分争议解决机构的认可。①

替代性纠纷解决方式在美国被广泛运用后，产生了较好的社会效果。据统计，在1976年至2002年之间，美国各州法院民事案件的数量增加了168%，联邦法院民事案件的数量增加了144%，但是进入陪审团审理的案件却降低了2/3，在州法院从1.8%降至0.6%，而联邦法院则从3.7%降至1.2%。导致这种现象的一个重要原因就是调解、仲裁等替代性纠纷解决方式的运用，使得大量纠纷得以在法院之外解决。②

（二）替代性纠纷解决方式在其他国家的发展

1. 英国

在英国，20世纪90年代，随着英格兰及威尔士民事司法制度两份调查报告的公布，英国启动了具有里程碑意义的民事司法改革。导致这种司法改革的是沃尔夫勋爵于1996年发布的《接近司法》的报告。此后，1998年司法部发布了名为《司法现代化》的报告。报告中明确指出，在民事事项方面，在绝大部分情况下，去法院应该只是最后的选择。③ 根据《接近司法》报告的设想，民事司法改革应实现以下目标：尽可能避免采取诉讼；减少诉讼的对抗性，增加合作；简化诉讼；缩短诉讼时间，并使其具有确定性；诉讼费用变得更具有可支付性与可预见性，与个案的价值及复杂程度更相称等。为了实现该目标，更为激进的措施被介绍给法院，主要包括：鼓励当事人在程序中互相合作；在早期确定问题，决定是否可以采取简易程序；鼓励当事人适用替代性争议解决方式（ADR）等。④《接近司法》最终报告的出台使得ADR在英国的地位发生了根本的变化。最终报告鼓励人们只有在用尽其他可以利用的、更为合适的纠纷解决程序后才诉诸法院程序解决纠纷。1999年生效的《英国民事诉讼规则》对ADR制度进一步具体化。如《英国民事诉讼规则》第1.4条规定，如法院认为适当，可以鼓励当事人采取替代性争议解决程序，并促进有关程序的适用以及协助当事人就案件实现全部或部分的和解。其第26.4条规定，当事人在完成案件分配问题并提交法院时，可通过书面形式请求法院中止诉讼程序的进行，由当事人尝试通过替代性争议解决方式解决纠纷。此外，英国为促进ADR实践还采取了其他一些措施。如积极挖掘民间ADR资源的功能、扩大法律援助资金在ADR里的运用等。⑤ 为推动ADR在英国的运用，英国政府采取了一系列的行动。例如，2001年，英国政府发布了ADR承诺，规定如果当事人愿意，所有政府部门都应该使用ADR。

2. 日本

在日本，尽管大部分国际商事争议是通过仲裁的方式解决的，但是绝大部分国内争议

---

① See Mary A. BediKian, Alternative Dispute Resolution, 55 Wayne. L. Rev. 21 (2009).

② See J. C. Goldsmith, Arnold Ingen-Housz, ADR in Business, Kluwer Law International, pp. 137-138.

③ See J. C. Goldsmith, Arnold Ingen-Housz, ADR in Business, Kluwer Law International, pp. 191-200.

④ See Sandra McDonald, ADR lands in Britain, 9 Bus. L. Today 22 (2000).

⑤ 参见杨艺红：《英国民事司法改革进程中的ADR》，载《重庆师范大学学报》（哲学社会科学版）2007年第5期。

既不是通过诉讼也不是通过仲裁解决的，而是通过 ADR 的方式解决的。在日本，ADR 主要有三种，分别为法院附设的 ADR、行政 ADR 以及私人 ADR 等。

首先，就法院附设的 ADR 而言，1922 年的《租赁调解法》建立了首个法院附设调解系统。随着一战后日本经济的繁荣，大量人口向大城市集中，使得租赁纠纷日益增多，给法院带来很大负担。为减轻法院负担，政府希望当事人通过法院附设的调解友好地解决纠纷。① 日本的调解可以分为《民事调解法》所规定的民事调解和《家事审判法》所规定的家事调解。② 家事调解，一般是由设置在家事法院的调解委员会对有关家庭事件进行的调解，而对除此之外的民事案件进行的调解，则属于民事调解。调解虽属于自治性纠纷解决方式，但同时包含一定的强制性因素。比如，接受调解程序后的关系人，有参加的义务，如无正当理由而不按时参加，会受到相应的制裁。日本是少有的将调解制度有组织、有系统地纳入司法制度的国家。③

在行政调解方面，在日本，很多行政机构都有自己的 ADR 用来处理行政纠纷。例如，日本劳动卫生省就有自己的 ADR 机构。绝大部分行政 ADR 机构都可以提供咨询、调解、仲裁等服务。一些行政争议解决机构还被赋予在没有仲裁协议的情况下作出行政裁决的权力。

最后，对于私人 ADR，在日本，私人 ADR 要晚于法院附设 ADR 以及行政 ADR。最早的私人 ADR 是在 1926 年建立的海事仲裁机构。直到现在，它仍然是日本解决海事争议的唯一的 ADR 机构，并且在最近增加了调解作为 ADR 的解决方式。1950 年，日本商会成立了专门的国际商事仲裁机构。对于日本私人 ADR 比法院附设 ADR 及行政 ADR 晚的原因，有学者认为，只要是公共 ADR 具有广泛的管辖权，有充足的人力、财力等资源。其次，公共 ADR 的权威性被普遍认可，个人和公司都对这种公共 ADR 给予了足够的尊重。因私人 ADR 需要从他人处获取经费，因此，人们自然地就会对这种 ADR 的中立性产生怀疑。④ 不过，这种状况正在发生变化，最重要的推动力来自日本律师协会。1978 年，日本律师协会成立了专门的争议处理中心——交通事故争议处理中心，该中心由各保险公司联盟提供资金支持。1990 年，东京第二律师协会成立了一个专门用来处理各种民事纠纷的 ADR 机构。2003 年，日本建立了专门的调解中心。此外，还有很多行会下建立有专门的 ADR 中心。

在立法方面，日本涉及 ADR 的一般法律是 2004 年 11 月通过的《ADR 促进法》，该法于 2007 年 4 月 1 日生效。该法是在司法改革委员会的建议基础上制定的，其目的是为了强制推行 ADR 制度。该法对 ADR 的基本原则以及政府在推进 ADR 方面的义务等做了规定。除了《ADR 促进法》外，涉及 ADR 的法律还有 1951 年的《民事调解法》以及 1948 年的《家事审判法》，该法对法院附设调解作了规定。

---

① See Aya Yamada, ADR in Japan, Does the New Law Liberalize ADR from Historical Shackles or legalize it?, 2 Contemp. Asia. Arb. J. 5 (2009).

② 日本的《家事审判法》于 1948 年生效，《民事调解法》于 1951 年制定。

③ 参见章武生：《司法 ADR 之研究》，载《法学评论》2003 年第 2 期。

④ See Aya Yamada, ADR in Japan, Does the New Law Liberalize ADR from Historical Shackles or legalize it?, 2 Contemp. Asia. Arb. J. 11 (2009).

3. 新加坡

在传统的新加坡法律中，ADR 并不受重视。直到 20 世纪 90 年代，调解才在新加坡法律中复兴。① 现在，调解已经成为新加坡法律体系的一个重要部分。调解被广泛运用于法庭、政府部门、商业及其他领域。

调解在新加坡的复兴很大程度上要归功于新加坡司法系统的支持，特别是前任大法官杨邦孝的推动。早在 1992 年 1 月，司法系统在高等法院和初级法院发起成立了民事案件审前会议。这些审前会议由主簿协调，权衡案件，提出最佳的、有效的解决方案，并鼓励纠纷双方在"无妨碍"的基础上进行协商，从而解决纠纷。1996 年，新加坡最高法院通过《新加坡法院第 O34A 号令》正式确立了审前会议的做法。该命令使法院有权命令当事双方出席审前会议，或在诉讼程序启动之后的任何时刻作出其他命令或指示，以利于公正、快速、经济地处理纠纷。

新加坡共有三种形式的调解。第一类是法庭调解。法庭调解是指在纠纷方启动诉讼程序之后在法庭进行的调解。这类调解主要由初级法庭执行，并受 E@ dr 中心（又称作PDRC，即初步纠纷解决中心）协调。1994 年，新加坡法院成立了法庭纠纷调解中心（CDR），引入法庭调解的做法。其主要目的是将调解程序重新引入新加坡，协助维护家庭和睦、社会和谐。同时还有其他一些目的：降低解决冲突的费用从而提高生产力，并充分运用公共资源从而得到解决冲突的更佳方案。今天，CDR 已经在初级法院得到稳固确立。

第二类是私人调解，私人调解主要由新加坡调解中心（SMC）负责开展。新加坡调解中心于 1997 年 8 月正式成立，它是新加坡法律学会下属的非营利性组织。它的目标是创立一种环境，让人们有效地以非对抗性的方式，寻求解决冲突的持久性解决方案，为建设一个和谐的社会和繁荣的商业环境做出贡献。

还有第三类调解，它主要在政府组织和工业团体中展开，例如社区调解中心（Community Mediation Center）、赡养父母仲裁法庭以及新加坡消费者协会等。②

在立法方面，新加坡虽没有专门规范 ADR 的统一立法，但也有一些相关的立法。如1998 年生效的《社区调解中心法案（Cap 49A）》。此外，在 2002 年修订的新加坡《国际仲裁法》等法规中也有一些涉及调解的规定。

除以上国家外，在其他很多国家，ADR 制度都有很大的发展。如澳大利亚、比利时、马来西亚、菲律宾、泰国等，本文在此不一一详述。

（三）主要的替代性纠纷解决方式

从世界各国的立法和实践来看，替代性纠纷解决方式主要有以下一些方式。

1. 谈判

谈判指交易双方通过信息交流，将非对称信息逐渐变成对称信息，从而影响对方立

---

① See J. C. Goldsmith, Arnold Ingen-Housz, ADR in Business, Kluwer Law International, p. 149.

② See J. C. Goldsmith, Arnold Ingen-Housz, ADR in Business, Kluwer Law International, pp. 149-151.

场，说服对手，以此实现交易利益最大化的过程。① 而《布莱克法律词典》对此的解释是：“谈判就是双方讨价还价的过程，在此过程中当事人试图对争议事项或潜在的争议事项达成有关协议。”谈判主要是在当事人之间直接进行的，通常并不需要一个中立的第三者作为调解人。但是，有时候当事人也可能会向与争议无直接联系的人寻求帮助，引导谈判的进行。② 在谈判过程中，当事人都是面对面地解决纠纷，这与诉讼等有所不同，因为在诉讼过程中，当事人可能会远离裁判者，因此，谈判具有直接性和参与性。同时，谈判也不需要遵守特定的规则，这与诉讼、仲裁等有很大的不同。

一般而言，在民事争议中，如果当事人能对谈判的结果有一个现实的估计，则谈判往往会进行得比较顺利。

2. 调解

调解是当事人在第三方的帮助下，通过充分协商，私下解决纠纷的无斗争、无约束力的程序。调解员的主要职责是提供一个双方当事人都能接受的争端解决方式。在西方，调解最早可以追溯到 18 世纪，甚至更早。③ 而在中国，调解的历史可以追溯到西周，西周时期的铜器铭文中已有对调解的记载。④ 从历史上讲，许多国家的机构调解都是在其司法制度发展的初级阶段形成的。在调解过程中，调解员的权威是非常重要的，当事人之所以把争议交给调解员就是因为他们相信调解会对其争议做一个合理的处理结果，因此不需要求助于司法决定。

调解与谈判最大的不同之处在于调解过程中当事人不会直接面对面处理争议，而是依赖第三人的帮助处理有关争议。调解具有机密性，除非各方同意，当事人在调解中所提供的证据不能在诉讼中使用。

在实践中，调解的方式是多种多样的。有的采取协助的方式，调解员构建便于当事人沟通的平台，然后当事人自行达成和解协议；有的采取的是评估的方式，调解员在了解案情的基础上提出解决争议的建议。不过，在实践中通常的做法是调解员在一开始采取协助式，随着当事人差异的缩小，再引入评估式的调解模式。调解是世界各国使用的最普遍的替代性纠纷解决方式。⑤

3. 仲裁

仲裁是双方当事人将他们之间发生的争议交付第三者居中评断是非，并作出裁决，裁决对双方当事人均具有约束力的一种争议解决方式。作为一种争端解决程序，仲裁也有较长的历史。作为一种定纷止争的方式，其起源可以追溯到公元前的古希腊时期，当时的古

---

① 参见丁建忠著：《商务谈判》，中国人民大学出版社 2003 年版，第 3~4 页，转引自郑晶：《美国 ADR 制度的最新发展》，载《厦门大学法律评论》第 12 辑，厦门大学出版社 2006 年版，第 190 页。

② See Mark V. B. Partridge, Alternative Dispute Resolution, Oxford, 2009, p. 33.

③ See Charles Chatterjee, A nna Lefcovitchm, Alternative Dispute Resolution: A Practical Guide, Routledge, 2008, p. 20.

④ 参见张熙娴、龙家兰：《调解的过去和现在》，载《云南大学学报》（法学版）2010 年第 2 期。

⑤ 据统计，在美国，截止 1995 年，共有 51 个联邦法院使用了调解程序。除了美国外，调解在英国、新加坡、日本、中国、印度、印度尼西亚、马来西亚、菲律宾、泰国等都有广泛的运用。

希腊人就已经开始用仲裁方式来解决各种争议。① 仲裁属于一种特殊的替代性纠纷解决方式。仲裁克服了普通诉讼程序过于正式、费用高昂的缺点，当事人可以自由选择仲裁规则和适用的实体法。仲裁与调解的不同之处在于仲裁是中立者而不是当事人拥有对结果的控制权，其最终的结果也是由仲裁员作出的。

4. 调解——仲裁

该程序主要是将仲裁与调解结合起来解决纠纷的一种方式，但在程序中仲裁起着主导作用。在该程序中，当事人通过协议约定，首先由中立人进行调解，帮助当事人达成双方都能接受的结果，如果调解失败，则开始仲裁程序。② 当事人选择调解——仲裁程序主要认为采用该程序既可以享受调解的优点，也可以获得一个确定的裁决。调解——仲裁包括很多不同的形式。有的是调解员与仲裁员为同一人，如果调解不成，调解员的身份就转为仲裁员，对案件作出具有约束力的裁决。有的则是调解后换人仲裁，调解和仲裁分别由不同的人来进行。还有的是调解员与仲裁员是不同的，但是都参加调解程序以便尽快解决争议。③

5. 法院附设调解

法院附设调解是由当事人或法院选出的调解员来协助诉讼当事人达成和解协议，澄清争议，从而解决争议的一种途径。根据其强制性不同，可以分为强制的附设调解和非强制的附设调解。④ 通常涉及婚姻家庭、邻里纠纷以及小额的民事纠纷，若借助法院便利的ADR程序，往往能及时有效地解决纠纷。对这类案件，法院把调解规定为诉讼的前置程序，诉讼前必须强制调解。除此之外，其他类型的案件允许当事双方自愿提出调解或由法庭提议调解，当允许当事人在特定时间内拒绝该提议。法院附设调解也是很多国家采用的一种替代性纠纷解决方式。

6. 法院附设仲裁

传统的仲裁是根据当事人的合意，把争议交给第三者居中裁判，从而作出具有约束力裁决的一种争议解决方式。但现在很多国家对仲裁突破了合意的限制，建立了一些强制性的仲裁形式，如劳动争议仲裁、法院附设仲裁等。在美国，法院附设仲裁具有强制性，无须当事人的同意即可根据法律的规定强制适用，但在裁决作出的一定期限内（通常是30天）不具有约束力。20世纪80年代以来，越来越多的法院开始使用法院附设仲裁程序。其中，以加利福尼亚北区法院和宾夕法尼亚东区法院最为典型。⑤ 根据加利福尼亚北区法院模式，案件在起诉后，立即对可仲裁性进行审查。代理律师向法院建议证据开示的时间，并从法院提供的名单中挑选一名仲裁员或仲裁团。听审一般在律师的办公室进行，如果当事人在裁决作出后的一定期限内没有要求重新审理，则该裁决将成为终局裁决，具有

---

① 参见邓瑞平、孙志煜：《论国际商事仲裁的历史演进》，载《暨南学报》(哲学社会科学版) 2009 年第 6 期。

② See Laurie S. Coltri, Alternative Dispute Resolution, Prentice Hall, 2009, p. 201.

③ See Laurie S. Coltri, Alternative Dispute Resolution, Prentice Hall, 2009, p. 201.

④ 参见郑晶：《美国 ADR 制度的最新发展》，载《厦门大学法律评论》第 12 辑，厦门大学出版社 2006 年版，第 207 页。

⑤ 参见郑晶：《美国 ADR 制度的最新发展》，载《厦门大学法律评论》第 12 辑，厦门大学出版社 2006 年版，第 209 页。

约束力。宾夕法尼亚东区法院模式有所不同，听审通常在法庭内进行，可能会对证人进行传唤。同时规定，如果申请重新审判的当事人未能在重新审理中获得更为有利的结果，将受到处罚。在以上两种模式中，当事人均不需要负担仲裁员的报酬，而是由法院行政办公室负担。

7. 早期中立评估

早期中立评估（Early Neutral Evaluation）是美国加州北区联邦法院首先采用的 ADR 程序，其利用率较低。它是指争议双方当事人选择在争议所涉专业领域内的专家作为中立者，由双方提出事实上的理由和法律上的主张后，经评估人研究后发表意见。① 与调解、仲裁不同的是，这种程序形式可以多样化，可以和解，可以要求律师和当事人进行进一步调查。通过这种方式，当事人能自愿地进行谈判，而不必诉诸费时费力的诉讼制度来解决问题。该程序最早试行于 20 世纪 80 年代加利福尼亚北部地区，其后在美国其他联邦法院得以被推广。除美国外，早期中立评估程序在英国也有广泛的运用。例如，英国《商事法院指引》规定，如果案件合适且当事人同意，法院可以就纠纷提供可以提供无偏见的、无约束力的早期中立评估程序。②

8. 小型审理

小型审理（Mini Trial）针对的是一些案件不需要全面的审理从而采取一种快捷的方式来进行审理，其常用于商事纠纷中。在具体操作方面，先由双方当事人的律师向由中立专家和具有处分权的高级管理人员组成的小组简要地陈述各自的立场。在陈述结束后，管理人员试图通过协商来解决他们的纠纷。小型审理不会最后作出一个裁决，但是中立专家会给出一个没约束力的意见，以便当事人对争议形成自己的观点。小型审理的主要目的是缩短争议解决的周期，从而帮助当事人对争议性质以及可能的法律后果有清楚的认识，使当事人认识到一个务实的裁决是必要的。③ 小型审理可以有效地节约时间和金钱。目前，很多国家都有一些组织可以提供小型审理服务。如英国的争议解决中心（the Center for Dispute Resolution）等。

9. 简易陪审团

简易陪审团（Summary Jury Trial）是一种不具法律约束力的评价机制，是对正式陪审团审理的模拟，又具有小型审理的某些特征。其主要目的是通过向当事人模拟正式陪审团对案件审理可能的结果，从而说服当事人尽快解决纠纷。④ 简易陪审团由美国联邦法院法官托马斯·兰布罗斯于 1984 年首创。其主要用于当事人分析较大，和解谈判陷入僵局，而正式审判又即将开始的场合。在具体程序方面，简易陪审团首先选出一个咨询陪审团，然后对案件进行快速、简易的审理。审理结束，陪审团将作出一个决定，作为当事人解决争议的基础。与其他 ADR 方式相比，简易陪审团时间花费较大，因此，除非案件通过正式审理需要较长时间，否则法院不鼓励使用这种方式。简易陪审团主要在一些复杂的民事

---

① 参见郭玉军、甘勇：《美国选择性争议解决方式介评》，载《中国法学》2000 年第 5 期。

② See J. C. Goldsmith, Arnold Ingen-Housz, ADR in Business, Kluwer Law International, p. 209.

③ See Charles Chatterjee, Anna Lefcovitchm, Alternative Dispute Resolution: A Practical Guide, Routledge, 2008, p. 85.

④ See Laurie S. Coltri, Alternative Dispute Resolution, Prentice Hall, 2009, p. 198.

案件，如产品责任等集团诉讼案件中使用较普遍。①

10. 私人审判

私人审判（Private Judging），又被称为租借法官，指当事人根据法律或法庭规则，经法庭决定在特定名单上挑选收取报酬的中立者进行裁判和解决争议的方法。通常中立者都是退休的法官或律师，程序上类似于小型审理。私人审判的优点在于能够迅速确定开庭日期，使具有较高知名度的商业机构能避开媒体的关注，从而避免对其产品和商业行为造成不良影响。同时，因为是自己选定的法官，当事人更容易认可结果的合理性。私人审判主要是美国司法实践采取的一种替代性争议解决方式。②

除了以上介绍的几种替代性纠纷解决方式以外，在各国实践中还有很多的替代性纠纷解决方式。同时，因替代性纠纷解决方式具有开放性，因此，随着实践的发展，还有很多新的替代性纠纷解决方式产生。

（四）替代性纠纷解决机制的优点

1. 高效

相比诉讼程序的费时，替代性纠纷解决机制具有高效、快捷的特点。诉讼程序通常要耗费很长的时间。例如，我国《民事诉讼法》规定民事案件的一审期限为自立案之日起6个月。有特殊情况，经本院院长批准还可以延长6个月。但是 ADR 却可以在最短的时间内解决纠纷。一个典型的商事纠纷通过 ADR 解决可能只需要几天时间，但是如果通过诉讼，则可能会需要一年以上的时间。

2. 经济

在很多情况下，当事人选择 ADR 的一个重要原因就是其经济性，与诉讼相比，其成本低廉。在诉讼中，双方当事人都需要聘请律师，因此，诉讼成本会很高。但是在替代性争议解决方式中，当事人不需要聘请律师，也没有陪审团，故费用会低廉得多。尽管涉及不同类型纠纷以及当事人选择的 ADR 方式不同，其效果会有所不同，但是 ADR 与复杂的诉讼程序相比，仍具有节约时间和成本的优势。这里的成本，不仅包括当事人运用 ADR 过程中支付的直接成本，也包括纠纷过程中派生的间接成本，如业务中断、当事人间关系的破坏以及未来商业机会的丧失等。

3. 保密

在替代性纠纷解决机制中，当事人可以约定，在争端解决中所披露的信息不能在以后的程序中披露或用于与争议解决无关的目的。如果当事人愿意，争议解决最后的结果也可以是非公开的。同时，各国有关替代性纠纷解决的立法都专门对保密性问题有明确的规定，这些都保证了争议当事人的信息的安全。而在诉讼中，除特殊案件以外，案件的审理都是公开的。虽然在审理中可以获得一个保护性的命令，但是庭审中所使用的信息最终还

---

① See Laurie S. Coltri, Alternative Dispute Resolution, Prentice Hall, 2009, p. 198.

② 目前，美国加利福尼亚州、纽约州、俄勒冈州、俄亥俄州、德克萨斯州采用了这种方式，参见 See Charles Chatterjee, Anna Lefcovitchm, Alternative Dispute Resolution: A Practical Guide, Routledge, 2008, p. 37.

是会变成公共记录的一部分。① 因此，对一些涉及商业秘密的案件，越来越多的当事人愿意选择替代性纠纷解决方式。

4. 非正式

在各种替代性争端解决方式中，当事人都可以自由地设计他们认为合适的程序。与诉讼程序相比，替代性争议解决方式具有简易性和非正式性。一般而言，选择替代性纠纷解决方式，当事人可以自由地选择争议解决的地点以及争议解决的时间，也不需要遵守严格的程序规则，甚至也不需要适用特定的法律。

5. 风险控制

在 ADR 中，当事人可以对争议解决的各个程序进行控制。当事人可以选择何种 ADR 方式，选择何人作为其争议解决的主体。在调解中，当事人甚至可以选择调解的结果。而在诉讼程序中，当事人无权选择法官，判决的结果也具有不可预测性。因此，替代性纠纷解决方式可以提高对风险的控制。

6. 提高关系

因为绝大部分的 ADR 都是在非正式、非对抗的氛围下进行的，因此，在争议之后，当事人依然能维持良好的商业伙伴关系。对抗是西方诉讼制度的最基本特点。然而，ADR 与诉讼制度有很大不同，其以合作及非对抗为基本特点。

7. 多赢的结果

传统的诉讼方式，胜败观念明显，因此导致当事人在诉讼过程中充满对抗。相比诉讼程序，ADR 更重视结果的公平、双赢和利益的平衡。其以追求实质正义为其主要目标，因此，对程序正义较诉讼较为宽松，只要双方对纠纷解决的结果表示满意，对程序规则没有过多的要求。

（五）对替代性纠纷解决机制的不同观点

尽管替代性纠纷解决机制在越来越多的国家被认可，但是也有很多学者对替代性纠纷解决机制持不同看法。如有学者认为，将争议解决私有化会带来很多问题，因为在公共审判中为保护个人利益，法律的制定是必要的。他指出，司法裁决的优点是它能保证政府官员而不是私人正确地解释宪法和有关法律。② 还有人提出，当争议解决被私人化之后，其丧失了最基本的教育功能。另有人指出，替代性纠纷解决机制削弱了社会弱者在争议解决中的地位。例如，当私人公司使用正式的合同要求其客户或雇员在法庭之外解决纠纷时，其目的就是为了使得争议解决对自己更加有利。③ 还有人认为，替代性纠纷解决机制对女人不利，因为女人在调解等替代性争议解决中的地位比起其在诉讼中将更糟，尤其是在家庭法事项方面。④

---

① See Mark V. B. Partridge, Alternative Dispute Resolution, Oxford University Press, p. 15.

② See Harry T. Edwards, Alternative Dispute Resolution: Panacea or Anathema? 99 Harv. L. Rev. 668 (1986).

③ See Is Alternative Dispute Resolution consistent with the Rule of Law Lessons from Abroad, 56 DePaul. L. Rev. 571 (2007).

④ See Trina Grillo, the Mediation Alternative: Process Dangers for Women, 100 Yale L. J. 1545 (1991).

总体而言，这些批评都是担心替代性纠纷解决机制对法律规则的损害。但是笔者认为，好的替代性纠纷解决机制不仅不会损害一个国家已有的法律规则，相反可以更好地维护法律的权威性。各种替代性纠纷解决方式的运用既便利了争议的当事人，使他们能够得到实质的正义。同时，各种替代性解决方式的运用，减轻了法院的诉讼压力，避免了因诉讼过多而导致的案件久拖不决等现象，使得法院能更好地利用诉讼这种公力救济途径服务于公众，维护法律的权威。

二、我国基层民事纠纷的产生原因及特点

世界各国的社会发展规律表明：在人均 GDP 达到 1000～3000 美元的这个阶段，既是经济发展的黄金期，又是各种社会矛盾的凸显期。目前，我国正处于转型时期，社会经济持续高速发展，社会结构正发生重大变化，原有的相对稳定的、单一的社会结构和社会心理，经过一系列分化、组合和震荡之后，呈现出差异性、多样性和复杂性的特点。在产业结构快速转型、社会利益格局急剧变化的情况下，社会矛盾也日益增多，当前的社会矛盾也呈现出多元化的特点。根据国家信访局的分类，目前存在的社会矛盾主要有八大类：一是企业改制、劳动及社会保障问题；二是"三农"问题；三是涉法涉诉问题；四是城镇拆迁安置问题；五是反映干部作风不正和违法乱纪问题；六是基层机构改革中的问题；七是环境污染问题；八是部分企业军转干部要求解决政治待遇和经济待遇的问题。① 除此之外，基层民事纠纷产生的类型还包括婚姻家庭继承方面的纠纷；各种市场经济主体之间产生的合同、知识产权以及金融证券等方面的纠纷；企业破产而引起的纠纷；消费者权益、商品质量等方面的纠纷；医疗事故纠纷等。

（一）基层民事纠纷产生的原因

就基层民事纠纷产生的原因来说，主要有以下几个方面：

首先，基层民事纠纷，说到底是政治、经济、文化等各方面矛盾的综合反映。在社会转型时期，随着各个阶层、群体和组织的分化，不同社会群体和阶层的利益意识不断被唤醒和强化，在社会资源有限的前提下，多元化的利益群体不可避免地会互相竞争和发生冲突，由此会产生各种社会矛盾。随着市场经济和各项改革的不断深入，利益主体多元化、利益关系多样化、利益诉求复杂化的趋势越来越明显。由经济物质利益引发的人民内部矛盾大量涌现。据调查，当前群体性事件的主要诱因包括征地拆迁、工资福利、企业改制、民间纠纷、环境污染等。利益矛盾已经成为引发基层社会矛盾的主要方面，已经成为影响社会和谐的主要因素。这种民事矛盾如果不能在主体间通过一定方式解决，就会成为纠纷，而不得不诉诸法院或仲裁机构。例如，据统计，1982 年全国法院一审民事受案仅为 77 万多件，但是到了 2009 年，全国法院共受理一审民事案件 580 多万件。②

其次，民意表达渠道与基层民事纠纷的多元化不相适应。当前，因各种利益冲突引发的人民内部矛盾凸显，群体性事件增多，这在某种程度上与缺乏畅通的民意表达渠道有关。现有的反映社情民意的平台较少，群众诉求表达渠道比较单一，难以适应利益主体多

---

① 参见杨小君：《完善纠纷解决机制构建和谐社会》，载《甘肃行政学院学报》2006 年第 3 期。

② 数据参见历年最高人民法院公报，载中国政府网：www. gov. cn，2010 年 9 月 10 日访问。

元化、利益需求多样化的新形势。当前受理群众诉求、听取群众意见还是集中于政府包揽的信访渠道。而当群众反映一些敏感问题时，不少基层政府出于形象和政绩的考虑，往往对民意表达反应迟钝，甚至采取可掩盖则掩盖，可回避则回避的态度。而这种民意疏导不及时，往往就会引发群体性的事件。

再次，基层化解民事纠纷的能力不足。目前许多基层组织在化解民事纠纷的能力以及工作机制方面都存在很多问题。当前，社会转型使得人情社会逐渐走向理性社会，由对人的依赖逐步走向对物质的依赖，人的组织认同感、归属感逐渐淡化，基层组织的社会控制力也明显弱化。尤其在农村，部分基层组织班子不强，工作弱化，对群众的行为、思想、动态等信息掌握不及时，从而导致对基层社会矛盾的控制力下降。此外，还有一些基层干部处事不公，使一些本该在基层处理的问题，发展成为热点、难点问题，从而引起争议的产生。

最后，社会主义法治的不成熟，也是基层民事纠纷产生的重要原因之一。尽管改革开放20多年以来，经过几代人的努力，我国社会主义法律体系已经初步建立。据统计，截止到2010年4月，我国现行有效的法律已有233部，行政法规680多件，地方性法规9000多件。① 然而，在民事制度的很多方面，法律规定依然不完善，或虽有规定，但是规定内容不合理甚至互相冲突，从而导致纠纷的产生。例如，在医疗纠纷方面，我国没有专门的《医疗事故法》，已有的《医疗事故处理条例》对医疗事故的鉴定以及处理程序等都存在很多不完善的地方，因此经常引发医患纠纷，甚至引起群体性事件。虽然2009年的《侵权责任法》② 对医疗纠纷的赔偿等作了规定，但是在医疗纠纷方面，立法依然存在很多不完善的地方。另外，在有些方面，虽然我国有明确的法律规定，但是在一些地方却不能真正实施，从而引起纠纷。

（二）基层民事纠纷的主要特点

从我国当前基层民事纠纷整体来看，呈现出纠纷利益化、矛盾复杂化以及纠纷群体化等特点。

首先，当前基层民事纠纷呈现出利益化的趋势。在改革开放初期，基层民事纠纷主要集中于婚姻家庭、邻里纠纷以及一般的侵权行为。然而，随着改革开放以及市场经济的发展，社会经济生活发生了重大变化。市场经济的发展使得许多人开始涉及许多新的领域，如房地产、个体经营、进城务工等，由此产生的合同纠纷以及各种债权债务纠纷日益增多。在这种类型的民事纠纷中，许多就是因为经济利益冲突而引起的，如城市的拆迁还建、企业职工下岗、劳动争议纠纷等。以全国法院系统受理的经济纠纷案件为例，1983年仅受理4.6万件，到1993年共受理94.9万件，10年间增长了20倍；到2006年全国法院共受理298万件，相当于1983年的65倍、1993年的30倍。据统计，2009年，全国各

---

① 参见中国法院网：http://www.chinacourt.org/html/article/201006/12/413807.shtml，2010年10月20日访问。

② 《侵权责任法》于2009年12月26日通过，2010年7月1日起实施。该法第七章规定了医疗损害责任。

级法院审理的合同以及其他各类经济纠纷案件为 3670316 件，占一审民事案件总数的63%。①

其次，随着市场经济的发展，基层民事纠纷呈现出复杂化的趋势。传统的民事纠纷中，当事人之间的关系往往比较简单，而在当前的形势下，一个纠纷往往包含多种民事关系，既有人身关系，又有财产关系。同时，有些民事纠纷甚至还包含刑事关系、行政关系等，增加了纠纷处理的难度。据统计，目前的民间纠纷已经从过去的 10 多种发展到现在的 30 多种，往往是多种纠纷交叉在一起。② 此外，随着实践的发展，还会有很多新型的民事纠纷产生，这些都会使得民事纠纷变得更加复杂。

再次，民事纠纷处理不好容易出现纠纷群体化。一般而言，群体性事件是人民内部矛盾发展到一定程度的一种极端表现，虽然仍属于人民内部矛盾的范畴，但其敏感性、关联性、对抗性、扩散性较强，对经济社会会产生连锁的负面影响。因为很多民事纠纷涉及的主体众多，纠纷的处理结果往往与众多主体利益息息相关，因此，纠纷的当事人一旦对纠纷的处理不满，就会团结起来，形成群体性事件。例如，在农村，由于基层行政组织不依法办事而引起的土地、山林、池塘承包等众多农民成为纠纷当事人；在城镇，因企业改制、职工下岗、企业内部集资、房屋拆迁还建等，许多有共同利益的群众成为纠纷当事人。这些涉及主体众多的纠纷，一旦处理不好就会引起群体性事件。

三、我国已有的民事替代性纠纷解决机制及不足

在我国历史上，"息讼"的官方政策极大地刺激了民间诉讼外纠纷解决机制的运用。实际上，在我国历史上始终存在着与正式的国家诉讼并行不悖、相辅相成的非正式的民间调解及其他纠纷解决机制。他们高度自治、同时并存、相得益彰，从而构成了一个多元化的纠纷解决机制。③

（一）中国现有的替代性纠纷解决机制

1. 调解
（1）人民调解制度。

人民调解制度起源于历史上的民间调解，是在对旧的民间调解进行扬弃的基础上逐步形成与发展起来的。用调解的方式平息民间纠纷在我国有很长的历史，最早可以追溯到西周时期，当时官制中设有"调人之职"，"司万民之难而谐合之"，即设有专门负责调解事务的官员。在唐代，规定乡里的民间纠纷必须由坊正、村正、里正先调，调解未果始能上诉至县衙，调解成为诉讼的必经程序。此后历经各朝各代，直至民国，调解一直在基层社会生活中发挥着"平诉息讼"、"以德教化"的作用。④

---

① 参见最高人民法院人民法院年度工作报告（2009 年），载最高人民法院官网：http：//www.court. gov. cn/，2010 年 10 月 10 日访问。

② 参见王勇、李其玲：《浅析当前农村社会矛盾纠纷的特点、成因及对策》，载江苏司法行政网：http：//www. jssf. gov. cn，2010 年 10 月 12 日访问。

③ 参见范愉：《非诉讼纠纷解决机制研究》，中国人民大学出版社 2000 年版，第 10 页。

④ 参见胡俊华等：《ADR 制度中国化之路径解析》，载《河北建筑科技学院学报》（社会科学版）2005 年第 3 期。

新中国成立后特别是改革开放以来，人民调解制度得到了迅速发展，人民调解委员会作为基层群众自治性组织的地位得到了《中华人民共和国宪法》等法律的确认。现行的人民调解制度萌芽于土地革命战争时期，并在1954年政务院颁布的《人民调解委员会暂行组织通则》中正式确定。此后，人民调解制度在中华人民共和国宪法中得以确立。如《中华人民共和国宪法》第111条规定："人民调解委员会是基层群众自治组织——居民委员会、村民委员会下设的一个工作委员会，其专门职责是调解民间纠纷。"1989年，《人民调解委员会组织条例》颁布，取代了1954年的《人民调解委员会暂行组织通则》。2002年，司法部又制定了《人民调解工作若干规定》，逐步完善了人民调解程序。2002年，最高人民法院制定了《审理涉及人民调解协议的民事案件的若干规定》，明确了调解协议的法律性质，是人民调解工作逐步趋近成熟。2010年8月28日，第十一届全国人大常委会第十六次会议通过了新的《中华人民共和国人民调解法》。该法第2条规定："本法所称的人民调解，是指人民调解委员会通过说服、疏导等方法，促使当事人在平等协商基础上自愿达成调解协议，解决民间纠纷的活动。"多年来，人民调解在解决基层民事纠纷方面起到了重大的作用。目前，全国有人民调解组织82.4万个，人民调解员494万人。多年来，人民调解组织每年调解的各类矛盾纠纷都保持在数百万件。仅2009年就达到767.6万件，调解成功率达96%以上。①

（2）法院调解。

除了有人民调解外，法院调解也是中国民事诉讼的特色之处。所谓法院调解，主要是指在人民法院的主持下双方就民事争议自愿、平等地进行协商，以达成协议，解决纠纷的诉讼活动。

新中国成立以来，法院调解受到党和国家的高度重视，逐渐发展成我国民事审判中具有特色的一项基本原则。1982年颁布的《中华人民共和国民事诉讼法》（试行）第6条明确规定，人民法院审理民事案件，应该着重进行调解。1991年的《中华人民共和国民事诉讼法》② 删去了"着重调解"一词，而取代以"应当根据自愿原则进行调解"。该法第85条规定："人民法院审理民事案件，根据当事人自愿的原则，在事实清楚的基础上，分清是非，进行调解。"一般而言，法院调解是人民法院对受理的民事案件、经济纠纷案件和轻微刑事案件进行的调解，是诉讼内调解。对于婚姻案件，诉讼内调解是必经的程序。至于其他民事案件是否进行调解，取决于当事人的自愿，调解不是必经程序。法院调解书与判决书有同等效力。

多年以来，法院调解对化解基层民事纠纷起到了重要作用。据统计，2009年，全国各级法院受理一审民事案件5800144件，审结5797160件，审结的一审民事案件中，调解和撤诉结案359.3万件，占案件总数的62%。③ 就湖北省而言，据统计，湖北省各级法院

---

① 参见《司法部官员谈人民调解法颁布：有助于化解社会矛盾》，载《法制日报》，2010年9月7日。

② 1991年的《民事诉讼法》于2007年修订。

③ 参见最高人民法院《人民法院工作年度报告（2009）》，最高人民法院官网：http://www.court.gov.cn/，2010年10月10日访问。

2009 年共受理各类民事案件 175753 件，审结 165655 件，一审调解和撤诉结案率为 60.97%。① 这一数据和全国基本一致。

（3）行政调解。

行政调解是在国家行政机关的主持下，指以当事人双方自愿为基础，由行政机关主持，以国家法律、法规及政策为依据，以自愿为原则，通过对争议双方的说服与劝导，促使双方当事人互让互谅、平等协商、达成协议，以解决有关争议而达成和解协议的活动。行政调解主要有四种：

一是基层人民政府，如乡镇人民政府或街道办事处有关人员对一般民间纠纷的调解，这是诉讼外调解。

二是国家行政机关依照法律规定对某些特定民事纠纷或经济纠纷或劳动纠纷等进行的调解。

三是公安机关的调解。我国 2005 年《治安管理处罚法》第 9 条规定："对于因民间纠纷引起的打架斗殴或者损毁他人财物等违反治安管理的行为，情节轻微的，公安机关可以调解处理。经公安机关调解，当事人达成协议的，不予处罚。"同时，中国《道路交通事故处理办法》第 30 条规定："公安机关处理交通事故，应当在查明交通事故原因、认定交通事故责任、确定交通事故造成的损失情况后，组织当事人和有关人员对损害赔偿进行调解。"这是法律法规授予公安机关调解的权利。公安机关对民事案件进行调解有利于妥善解决纠纷，增进当事人之间的团结。

四是婚姻登记机关的调解。《中华人民共和国婚姻法》规定，男女一方提出离婚，可由有关部门进行调解或直接向人民法院提出离婚诉讼。同时，该法还规定，男女双方自愿离婚的，应同时到婚姻登记机关申请，因此，婚姻登记机关也可以对离婚案件进行调解。

多年来，行政调解在协助法院以及人民调解委员会等解决基层民事纠纷方面发挥了重要的作用。据统计，仅公安机关的治安调解一项，2009 年全国公安机关治安部门就共调解处理治安案件 372 万余起，占查处治安案件总数的 33.7%。②

（4）调解中心调解。

除了以上的调解以外，一些仲裁机构还专门设立有调解中心。如中国国际商会就在很多城市设立有调解中心。此外，还有一些地方设有专门的商事调解中心。如 2010 年 8 月 31 日，江苏省首家商事调解中心在常州正式成立。该机构将作为常州市解决商事争议的常设化机构，对纠纷的调解不收取任何费用。③

2. 仲裁

仲裁在我国也有很长的历史。早在 1912 年，国民政府就颁布了《商事公断处章程》。1933 年 11 月在革命根据地通过的《中华苏维埃劳动法》中确立了用来解决劳动争议的仲裁制度。1943 年 4 月晋察冀边区行政委员会发布的《关于仲裁委员会的工作指示》，则全

---

① 参见《湖北省高级人民法院 2009 年工作报告》，载湖北省政府网：http://www.hubei.gov.cn/，2010 年 9 月 12 日访问。

② 参见人民法院网：http://www.chinacourt.org/html/article/201010/05/430480.shtml，2010 年 10 月 15 日访问。

③ 参见新民网：http://www.news.xinmin.cn，访问日期 2010 年 9 月 20 日。

面规定了仲裁委员会的性质、任务、权限及与政府的关系和制度等。新中国的仲裁制度始于 20 世纪 50 年代的涉外仲裁活动。1954 年，在中国国际贸易促进委员会内设立"对外贸易仲裁委员会"。1959 年又批准设立了中国海事仲裁委员会。此后，大量的国内仲裁机构相继成立。1995 年新中国第一部仲裁法——《中华人民共和国仲裁法》颁布，表明具有中国特色的仲裁制度的正式建立，自此中国的仲裁制度开示走向制度化、法律化，并与国际仲裁制度相接轨。目前，全国已有 202 个仲裁机构和 3 万多名仲裁员，仲裁已经成为一种除诉讼外的最重要的纠纷解决方式。仲裁受理的案件也逐年提高。据统计，2007 年全国各仲裁委员会共受理案件 61016 件，2008 年为 65074 件，2009 年为 74811 件。① 在各仲裁委员会中，武汉仲裁委员会受案数量上一直名列前茅，其 2006 年受理仲裁案件为 7000 件，2007 年受理仲裁案件为 7192 件，2008 年受理仲裁案件为 7808 件，2009 年受理仲裁案件为 9770 件。②

3. 其他替代性纠纷解决方式

除以上各种争议解决方式外，我国还有很多其他的替代性争议解决方式。如消费者协会的调解以及劳动争议仲裁等。消费者协会是保护消费者利益的群众性组织。当消费者利益受到侵害时，消费者协会有权受理消费者的投诉，并对投诉事项进行调查和调解。劳动争议仲裁是指劳动争议仲裁机构根据劳动争议当事人的请求，对劳动争议的事实和责任依法作出判断和裁决，并对当事人具有法律约束力的一种劳动争议处理方式。2007 年 12 月 9 日，第十届全国人大常务委员会通过了《中华人民共和国劳动争议调解仲裁法》，该法已经于 2008 年 5 月 1 日起生效。该法的生效从程序上完善了我国的劳动立法体系。

此外，在我国还有一些行政机关设立有专门的申诉或信访机构，虽然该类机构并不是争议解决机构，但是在一定程度上间接地起着纠纷解决的作用，③ 有学者认为，信访可以被列入广义的 ADR 范围。④

（二）现有替代性纠纷解决机制的不足

总体而言，中国现有的民商事纠纷解决机制存在很大不足，主要体现在以下几方面：

1. 司法调解存在诸多缺陷

法院调解存在很多问题。首先，调解与诉讼判决属于两种不同的民事争议解决方式，而《民事诉讼法》将这两种不同的争议解决方式规定在同一民事诉讼程序中显得不合理。其次，法院调解具有浓厚的审判色彩。如《民事诉讼法》第 85 条规定，人民法院审理民事案件，根据当事人自愿的原则，在事实清楚的基础上，分清是非，进行调解。该条规定只有在事实清楚的基础上才能进行调解，这与调解的自治、灵活等特点完全背离，实际上是将调解程序审判化。再次，法院调解是调审合一，调解法官和主审法官重合。由于调解

---

① 资料来源于中国商事仲裁网：http：//www.ccarb.org/，2010 年 9 月 21 日访问。

② 参见武汉仲裁委员会网站：http：//www.whac.org.cn/，2010 年 9 月 20 日访问。

③ 徐昕教授认为，信访是一种极具中国特色的纠纷解决机制。他认为在中国现实的权力结构和制度背景下，在社会不公盛行、民众冤屈多而无处申诉的状况下，信访制度作为疏导不满和避免冲突升级的发泄机制，担当着特殊而重要的功能，成为民众申冤诉苦的最终救济途径。参见徐昕：《构建和谐社会与纠纷解决机制的完善》，载《法治论坛》第五辑。

④ 参见范愉：《代替性纠纷解决方式（ADR）研究》，载北大法律网，2010 年 9 月 20 日访问。

人员具有双重身份及地位上的优势，以合意为基础的调解常常变为法官主持引导下的调解。目前，全国大部分法院依然实行调审合一的传统模式，许多法官依然存在将调解视为与审判并行的结案方式而非当事人自治解决纠纷的传统司法理念。由于法官兼具审判者和调解者的双重身份，他既是疏导、钝化、消解当事人之间矛盾的调解者，又是诉讼活动的指挥者和纠纷的裁判者。他可以认定或否定当事人的主张，也可以支持或反对当事人提出的主张。这种身份上的竞合，使得调解者具有潜在的强制力，以拖压调、以判压调、以诱促调的现象仍未得到真正有效的抑制。最后，现有诉讼调解强调调解协议必须经法院审查确认符合有关法律规定，双方签收后才具有法律效力。这与司法自治的原则相冲突，也限制了当事人协议解决纠纷的空间。①

2. 仲裁没有发挥其应有的价值

仲裁作为最主要的非诉讼解决方式，本应该视为与诉讼相对应的纠纷解决方式，但在实践中却出现了仲裁的诉讼法趋势，主要表现为仲裁程序和仲裁规则的诉讼程式化规定。同时，仲裁机构作为民间组织，受到了来自法院的过多的司法干预，直接影响了仲裁的灵活化。② 此外，还存在对仲裁协议的要求过于严格、只承认机构仲裁，缺乏临时仲裁的规定等。这些因素都阻碍了仲裁作为一种替代性纠纷解决方式在缓解法院诉讼压力方面发挥其应有的作用。据统计，2009 年，全国 202 个仲裁委员会共受理案件 74811 件，比 2008 年增加了 9737 件。③ 但是同年全国法院新收一审、二审、再审民事案件 6436333 件，审结 6433585 件，同比分别上升 7.75% 和 8.41%。其中，新收一审民事案件 5800144 件，审结 5797160 件，同比分别上升 7.16% 和 7.73%，诉讼标的额达 9205.75 亿元，同比上升 15.72%。④ 2009 年全国法院一审民事案件的数量为全国仲裁委员会受理案件的 77 倍，可见仲裁在缓解法院诉讼压力方面发挥的作用依然十分有限。

3. 行政调解的法律效力和程序保障不够

行政调解是在行政主体主持下，以法律和公序良俗为依据，以当事人自愿为原则，通过协商、调停等方式，消除纠纷的一种机制。与人民调解以及法院调解相比，行政调解在处理纠纷，化解社会矛盾方面有着独特的作用。然而，在我国现行的法律法规中，都没有明确规定行政调解协议的效力问题。因此，行政调解协议除当事人自愿履行外，没有法律上的强制执行力。行政调解效力的不明确直接影响了行政调解在解决基层民事纠纷方面发挥应有的作用。以行政调解的公安机关调解为例，由于现有法律及法规仅对公安机关治安调解做了一些原则性的规定，对民事调解等缺乏明确的规定。但实际工作中，民事调解工作量要远远多于治安调解。例如，2009 年武汉市公安局共接到治安纠纷类报警数是 153298 起。⑤ 在这些报警中，有很大一部分属于民事纠纷。然而，由于工作量太大，且缺乏统一规范指导，一些基层民警往往对民事调解工作草率行事，随意性较大，影响到纠

---

① 参见陈晓宇：《论司法 ADR 对我国司法调解制度重构的意义》，载《辽宁公安司法管理干部学院学报》2008 年第 2 期。

② 参见刘晓红：《构建中国本土化 ADR 的思考》，载《河北法学》2007 年第 2 期。

③ 资料来源于中国商事仲裁网：http：//www.ccarb.org/，2010 年 9 月 21 日访问。

④ 参见最高人民法院人民法院年度工作报告（2009 年），载最高人民法院官网：http：//www.court.gov.cn/，2010 年 10 月 10 日访问。

⑤ 数据来源于武汉市公安局。

纷的公正处理。

4. 民间调解存在很多问题

民间调解也就是私人调解，主要是指在非官方组织或民间人士的帮助下解决纠纷的一种方式。目前，我国民间调解最主要的形式是人民调解，除此之外还包括行业调解、社区调解等形式。尽管人民调解制度在解决基层民事纠纷方面发挥了巨大作用，但是，随着实践的发展，它也面临着许多问题，使得人民调解在纠纷解决方面呈现下降趋势。我国的人民调解在国际上曾享有"东方经验"的美誉，人民调解的实行在 20 世纪 80 年代达到鼎盛时期，但进入 20 世纪 90 年代后则开始下滑。据统计，1986 年，人民调解的纠纷总量为 730.7 万件，同年法院受理的民事一审案件数量为 98.94 万件，诉讼案件只占调解案件的 13.5%；1998 年，法院受理案件数量达到 336 万件，诉讼案件占调解案件的 63.8%，经人民调解处理的民事案件数量和法院一审民事案件数量的比例已经从 20 世纪 80 年代的 17∶1 下降为 2001 年的 1∶1，2002 年更是转换为 0.7∶1。① 之后，随着各级政府对人民调解的重新重视，人民调解处理的民事案件数量才开始逐步提高。2009 年，经人民调解处理的民事纠纷和法院一审民事案件的比例为 1.3∶1。②

尽管如此，当前的人民调解依然存在许多问题。首先，自改革开放以来，随着中国法制化建设的不断发展，法治观念逐渐深入人心，通过司法实现正义成为社会的共识，诉讼成为纠纷解决的主要形式，而民间调解等替代性纠纷解决方式被不适当地置于诉讼或法治的对立面，受到以法治为中心的观念的排斥。③ 其次，调解组织不健全，不少村民委员会和居民委员会没有调解组织，或虽有调解组织，没有专门的调解人员，调解人员由其他干部兼任。同时，国家其他部门，特别是政府机关对人民调解的支持不够，对调解委员会的指导和监督也没有落到实处。再次，人民调解员法律素质不高。据统计，2001 年，全国共有人民调解员 779 万多人，高中（中专）以上文化水平的只占 55%。④ 到了 2009 年全国共有调解员 494 万人，高中以上文化水平的调解人员 298 万余人，占调解人员总数的 60.3%。⑤ 尽管近年来调解人员的文化水平有所提高，但是依然不能适应当前民事纠纷发展的需要。随着新的《人民调解法》的生效，一些学者提出担忧，有绝大部分只有高中文凭的调解员来执行具有专业性的法律调解可能会给法律的权威性带来影响。最后，人民调解机构经费不足，制约了人民调解的发展。尽管已有的有关调解的法律和法规都对人民调解的经费保障有所规定，但经费不足却是很多地方的人民调解机构面临的普遍问题。例如，武汉市前几年涉及人民调解和大调解的专项经费每年仅为 67 万元，按全市人口计算，人均仅为 0.07 元。⑥ 近年经费虽然有所增加，但是依然十分有限。

---

① 参见范愉：《当代中国非诉讼纠纷解决机制的完善和发展》，载《学海》2003 年第 4 期。

② 2009 年全国法院一审民事案件数量为 580 多万件，而同年人民调解处理的案件数量为 767.6 万件。

③ 参见徐昕：《完善人民调解制度与构建和谐社会》，载《中国司法》2006 年第 4 期。

④ 参见徐昕：《完善人民调解制度与构建和谐社会》，载《中国司法》2006 年第 4 期。

⑤ 参见杨明：《人民调解立法之路伴随争议》，载民主与法制网：http://www.mzyfz.com/news/，2010 年 9 月 28 日访问。

⑥ 参见武汉市委政策研究室：《关于武汉市建立大调解机制的思考》，载《中国司法》2010 年第 8 期。

除了人民调解之外，其他各种民间调解虽然也分流了部分民事纠纷，但是各种民间调解也存在专业化程度和规范化程度不高等问题，律师等法律专业人才在纠纷解决方面的作用没有得到充分的发挥。直到 2006 年 10 月 12 日，青岛市成立了首家律师调解服务机构，律师作为争议解决调解人的身份在我国才首次出现。①

5. 有关 ADR 的法律制度不健全

尽管我国社会实践中已有多种替代性纠纷解决方式，但是现阶段有关 ADR 的立法主要有 1994 年的《仲裁法》以及 2010 年 8 月 28 日第十一届全国人大新的通过的《中华人民共和国人民调解法》。除此之外，对于行政调解等我国没有相关的立法予以规定。而就已有的立法而言，也存在许多不完善之处。

首先，1994 年的《仲裁法》制定于我国市场经济发展的初期，该法只有 80 个条文，很多规定过于原则，在实施中产生了很多问题。比如《仲裁法》对仲裁协议的要求过于严格；仲裁证据规则遵循民事诉讼的证据规则，太严格，不符合仲裁自身的规律性；《仲裁法》只对机构仲裁做了规定，对临时仲裁缺乏明确规定；法院对仲裁的司法监督过于严格等。

其次，在人民调解的立法方面。2010 年的《人民调解法》在很多方面取得了进步，主要包括：（1）明确规定人民调解委员会调解民间纠纷不收取任何费用；（2）人民调解员不得泄露当事人的个人隐私；（3）调解协议具有约束力；（4）在人民调解活动中，当事人有权接受调解、拒绝调解或要求终止调解。不过，尽管新的《人民调解法》对许多问题做了规定，但是，依然存在一些不足之处，主要包括：对调解的受案范围缺乏明确规定；对调解的主管依然不明确；对调解的经费保障问题规定得依然过于笼统等。

四、完善基层民事纠纷替代性纠纷解决机制的若干建议

从前文的论述可见，目前我国在民事纠纷的解决方面，尽管没有出现"诉讼爆炸"的现象，但可以界定为一种明显的司法负荷现象。对于司法负荷危机，美国学者波斯纳在《联邦法院：危机与改革》一书中用经济学的术语把这种危机描述为供给与需求的问题。他认为，只有两种方法能够使司法服务的供给与需求恢复平衡：一是限制需求的方法，比如增加诉讼成本来降低需求；二是通过扩大供给的方法达到供需平衡，如增加法官或司法助理的数量。波斯纳的研究表明，限制需求的方法是不可行的，因为它涉及民众情绪和政治因素，大部分情况下不能采取这种方法。而扩大法律服务供给来缓和危机的方法同样带来许多争议，人们担心增加法官数量会使法官水平降低，损害法院声誉并进而影响司法的公正性。② 而解决司法供给与需求矛盾最好的方式就是大力发展各种形式的替代性纠纷解决机制。为解决我国当前基层民事纠纷解决方面存在的问题，也必须从多方入手，完善现有的替代性纠纷解决机制。

---

① 参见辜恩臻：《澳大利亚 ADR 的发展与启示》，载《仲裁研究》第 13 辑。

② ［美］安东尼·T. 克罗曼著：《迷失的律师：法律职业理想的衰落》，周战超、石新中译，法律出版社 2000 年版，第 344～345 页，转引自李其瑞、宋海彬：《转型社会视域下的多元解纷方式论析》，载《太平洋学报》2010 年第 6 期。

（一）制定和完善有关 ADR 的专门立法

任何制度的建立首先需要在立法上构建起一套尽可能与本国国情相适应的体制，而且要求法律的现实性、可操作性与社会已有的传统文化、价值取向以及诉讼观念相协调。我国的替代性纠纷解决机制也必须从我国的司法实际情况出发，作出符合我国国情的规定。在替代性纠纷解决的立法方面，我国没有专门的立法，已有的立法主要包括《民事诉讼法》、《仲裁法》以及《人民调解法》。但这些立法都是专门针对特定纠纷解决方式而言的，且在内容方面也存在很多不足之处。正如丹尼斯·劳埃德所说，法律应该具有某种最低限度的规则性与确定性，在既定范围的法律体系下，舍此则无法判断所当何为。① 笔者认为，从长远来看，我国也应该借鉴美国的《替代性纠纷解决法》以及日本的《ADR 促进法》制定一部系统的《替代性纠纷解决法》，通过立法对各种替代性纠纷解决方式的效力、保密性问题、裁决的执行等作出全面的规定。从短期来看，我国需要通过立法来完善司法 ADR 以及行政调解等予以规定。对于司法 ADR，可行的做法还是通过修订《民事诉讼法》来进行。而对行政调解，现阶段可以参照《人民调解法》制定一部《行政调解法》，对各种形式的行政调解作出全面的规定。在这点上，我国有关机关及学者实际上已经行动起来。目前，国务院法制办已经委托中国人民大学莫于川教授开始行政调解立法研究的专项课题，并由其起草《行政调解条例》。这对完善我国替代性纠纷解决机制立法来说无疑是一件可喜的事情。

除了全国统一的立法以外，笔者认为，现阶段我们还应该鼓励条件成熟的地区制定行政法规来促进替代性纠纷解决机制的发展。在这点上，我国已有部分地方政府制定了有关替代性纠纷解决的行政法规。2005 年 10 月 26 日，厦门市人大常委会通过了《关于完善多元化纠纷解决机制的决定》（自 2005 年 10 月 30 日起施行，以下简称《决定》）。这是我国第一个以地方立法形式对纠纷解决机制进行规范的法律文件。《决定》明确了协商、调解、仲裁、行政处理等不同的纠纷处理机制的地位、作用及其与诉讼之间的关系，具有较大的系统性、包容性、合理性和可操作性。《决定》明确了多元化纠纷解决的基本原则，提倡和鼓励当事人自愿选择纠纷解决方式，并且将构建多元化纠纷解决机制作为政府的责任。②

（二）大力推动司法 ADR

推动基层民事纠纷的有效解决，我们还必须大力推动司法 ADR 在我国的发展和运用。尽管我国目前的法院调解与其他国家的司法 ADR 有相似之处，但是也存在很大差异。首先，我国目前的法院调解不是严格意义上的司法 ADR。我国的法院调解具有浓厚的审判色彩。而司法 ADR 应该建立在当事人合意的基础上的，而且在程序上应具有很大的灵活性。其次，我国的法院调解以查明事实、分清是非、合法为基本原则，仍然像审判那样以

---

① ［英］丹尼斯·劳埃德著：《法理学》，许章润译，法律出版社 2007 年版，第 34 页。

② 参见齐树洁：《多元化纠纷解决机制与构建和谐社会》，载福建省律师协会网：http://www.fjlawyers.net，2010 年 9 月 15 日访问。

事实为焦点，确认责任和过错，带有浓厚的职权主义色彩。① 而司法 ADR 则不必遵守严格的原则。再次，我国目前的法院调解是调审合一，调解员和法官的身份是重合的。而通常的司法 ADR 中调审主体是分离的，这有利于纠纷的灵活处理。笔者认为，要完善和推动我国的司法 ADR，应该从以下几方面入手：

1. 丰富司法 ADR 的类型

关于司法 ADR 的类型，是一个值得认真对待的问题。从世界各国实践来看，司法 ADR 主要有两种，一种是以美国为代表的现代司法 ADR，一种是以日本为代表的传统司法 ADR。从司法 ADR 的表现形式来看，主要有：调解、仲裁、调解——仲裁、简易陪审程序、早期中立评估、小型审判等。我国究竟采取何种形式值得深入研究。笔者认为，从我国国情出发，我国现阶段应主要以审判前法院附设调解作为最主要的司法 ADR 形式。因为调解既是现代各国主要采取的形式，在我国又有充分的基础，所以应该作为司法 ADR 的主要形式。除了法院附设调解外，我国还可以采取法院附设仲裁的司法 ADR 方式。而其他的司法 ADR，如早期中立评估等在我国现阶段不能付诸实施。不过，ADR 本身具有很强的开放性，因此，具备条件的法院可以试探性的采取一些其他形式的 ADR。如小型审判、早期中立评估、社会法庭②等形式。

2. 设置司法 ADR 的前置程序

尽管实行司法 ADR 的各国对法院调解的规定各有差异，但是从司法实践来看，审前准备程序是法院调解的最佳阶段。同时，调解前置也并不意味着一旦进入正式的诉讼程序，法官就不能调解。我国应该采取调审分离的制度，在审前准备程序中的调解实行严格的调审分离，在进入庭审程序后的调解实行当事人合意为前提的调审结合模式。只有这样，才能保证案件的公正审理。

实际上，在司法实践中，我国已有不少法院进行了有益的探讨。如北京市朝阳区法院于 2005 年开始诉前调解工作。具体做法是由立案庭在当事人递交诉状之后，法院正式受理之前，根据纠纷的性质以及案件审理的难易程度等，依据有关法律法规，立案法官告知当事人诉讼风险和诉讼成本，指导或建议当事人通过其他途径或自行解决争议。必要时，与有关组织或机构协调沟通，使一部分争议得到非诉且及时有效地解决。③ 而上海浦东区法院则于 2006 年启动了诉前调解模式。将法院调解与社会调解结合，实行双轨制调解，法院专门聘请了一批具有丰富司法经验的街道司法干部、律师、仲裁员和退休法官从事诉前调解工作。当事人同意诉前调解的，可自主选择调解员，一旦调解成功，则由审判庭指定的相关法官进行诉前调解工作的审核，在保证当事人达成的调解协议的合法性的前提下，出具调解书确认其效力，如调解不成，则立即办理立案手续，案件进入诉讼程序。而

---

① 参见刘亚玲：《司法 ADR 与我国法院非诉讼纠纷解决机制的构建》，载《诉讼法论丛》第 10 卷，第 386 页。

② 社会法庭是 2008 年以来河南省高院所采取的一种形式，它是一种特殊的诉讼外解决民事纠纷的准司法组织。它是在人民法庭的指导下，由社会各阶层热心公益事业、有社会威望的社会法官所组成，主要处理当事人自愿诉至社会法庭的婚姻家庭、赡养、抚养、继承、相邻权、土地承包、民间借贷、人身损害赔偿等案件。社会法庭试行后在河南产生了较好的社会影响。不过，社会法庭也存在很多问题，如社会法庭的定位、裁决的效力问题等，都值得进一步探讨。

③ 参见张华、赵可：《人民法院诉前调解制度的初步建构》，载《法律适用》2007 年第 11 期。

从实施的效果来看，诉前调解广泛利用社会资源，有效地缓解了司法资源短缺的压力。

3. 确立司法 ADR 调解人员与审判人员分离的制度

确立司法 ADR 调解人员和审判人员的分离具有特别重要的意义，能更好地维护当事人的合法权益。消除后续案件审理中法官裁判可能先入为主的不利影响。从国外的法律规定来看，美国法院附设调解的主审法官不参与调解，调解员一般由受过专门训练并经法院认可的律师担任，通常由三名调解员进行调解，但有些情况下也可以由一名调解员进行调解。日本则是法院设立调解委员会，由指定法官担任调解委员会主任，再从其他有经验、有学识者中指定两名以上调解员，这两名调解员属于非正式公务员。① 在我国建立司法 ADR 制度，也应该实行调解员和法官的分离，防止法官先入为主，影响案件的公正审理。具体制度设计方面，我们可以在法院内设置专职或兼职的调解人员，兼职调解人员可以从仲裁员、法学专家、人民陪审员以及退休法官中选拔，建立一个准司法性质的纠纷解决程序。

4. 完善相应的配套制度

建立司法 ADR 的目的是为了分流案件、提高争议解决的效率，从而减轻法院的诉讼负担，为鼓励当事人利用司法 ADR，还需要完善相应的配套制度。很多国家为了司法 ADR 的实施规定了相应的配套措施如案件管理制度、诉讼费用的补偿、惩罚机制等。例如，日本法律规定，当事人接受调解程序后不参加调解的，将受到罚款的处罚。美国采取法院附设仲裁程序的一些州也规定，如果申请重新审判的当事人未能在重新审理中获得更为有利的结果，将受到处罚。为构建中国的司法 ADR，也必须根据我国的国情建立相关的配套制度。首先，为更好地推行司法 ADR，必须建立案件管理制度。通过建立案件管理制度可以使法院加强对案件的分配管理，促使当事人采取司法 ADR，在案件进入法院之后，要求当事人填写案件分配调查表，说明案件可供选择的纠纷解决方式以及不同方式的利弊、风险，最后根据案件的性质，采取法院依职权或法院建议或当事人主动提出采取 ADR 的方式。其次，建立诉讼费用的惩罚机制和罚款机制，以保障司法 ADR 制度的顺利实施。具体内容方面，我们可以规定，如果当事人不接受调解方案，在案件进入诉讼程序审理结束，法官在决定诉讼费用时，可以根据当事人在调解过程中的不同行为给予诉讼费用的补偿或处罚。

（三）进一步推动民间 ADR 的发展与完善

要构建我国新时期的替代性纠纷解决机制，以人民调解为基础的民间调解的作用就不容忽视。随着新的《人民调解法》的生效，人民调解必将迎来新的发展，但是前文已论及，当前的民间调解制度存在很多问题。对此，笔者认为应该从以下几个方面来完善民间调解制度。

首先，健全人民调解委员会的有关规章制度。长期以来很多基层人民调解委员会缺乏正式的组织及相关的规章制度，调解工作带有很大的随意性，影响了民众对调解的信任。因此，需要健全人民调解委员会的组织，人民调解委员会要建立健全的人民调解工作制度

① 参见刘金华：《我国司法 ADR 制度的构建》，载《山西省政法管理干部学院学报》2010 年第 1 期。

（包括岗位责任制、例会、业务学习和培训、民间纠纷排查、回访、业务登记、统计、档案、考评、表彰和奖励等各项规章制度），严格工作程序，克服工作中的随意性。①

其次，完善人民调解网络。为有效促进民间 ADR 的发展，必须构建多种类型、不同层次、全面覆盖的人民调解组织网络体系。要在现有的市、区和镇、街道人民调解委员会的基础上，针对村、社区管辖范围扩大、人口增多的实际，增设人民调解组织，增设人民调解员。在此方面，武汉市的做法就值得借鉴。据调查，近几年来，武汉市已经逐步建立和完善了人民调解组织网络体系。一是成立了市、区人民调解工作指导小组，共 14 个。二是全市共建立乡镇街道调解委员会 167 个，占总建制数的 100%。三是充实调整了社区（村）人民调解组织。全市共建立社区（村）调解委员会 3151 个，其他各类调解委员会 674 个，调解人员 21532 名。四是新发展了私营企业、三资企业、建筑、教育、土地等行业以及集贸市场、流动人口聚居地等调解组织。据统计，武汉现有区域性调解委员会 52 个，新兴行业组织调解委员会 185 个。②

再次，发展多种形式的民间调解机构。多年以来，人民调解的组织形式主要是基层群众自治性组织，即村民委员会、居民委员会设立的人民调解委员会，以及企事业单位根据需要设立的人民调解委员会。随后，各地相继出现了联合调解委员会、社区调解组织以及行业性的调解组织等。但是，这些调解机构还不是很普遍，已经不能满足当前民事纠纷发展的需要。因此，今后一段时间，我国要大力培育和发展民间调解组织，提高其解决纠纷的专业化水平。为此，我们既要充分发挥工会、妇联、共青团、综治机构等群众组织和机构在反映诉求、维护权益、提供服务、化解纠纷等方面的重要作用，又要充分发挥公证机构在预防和减少矛盾纠纷、节约司法资源方面的突出作用，引导当事人就重要的民事权利义务关系依法进行协商，达成协议。此外，随着我国社会结构的不断变迁，各种新型的民间组织、行业协会不断涌现，国家可以因势利导地在这些民间组织中建立调解机构，使其可以对服务对象、协会成员间的纠纷进行调解，不服裁决的可以到法院起诉。如各种商会、会计师协会等可以建立行业的自治性的纠纷解决机构。最后，针对一些特定领域民事纠纷比较突出的问题，可以建立专业性的调解组织。如当前在征地拆迁、劳动争议、教育医疗、安全生产、食品卫生、环境保护等领域纠纷比较突出，条件成熟的地区就可以考虑在这些领域建立专门性的调解组织。

另外，在经济发达地区还可以探索建立一些营利性的 ADR 机构，它们可以按照法律的规定登记注册，并按照市场规律，在法律允许的范围内提供专业服务，收取费用，并承担民事责任。在这点上，上海已有成功的经验。例如，2009 年，上海市邀请了 60 多名律师参与信访案件的核查，并出具法律意见书。经过律师核查，使得很多信访案件得以解决，而律师也得到了相应的报酬。③

---

① 参见徐昕：《完善人民调解制度与构建和谐社会》，载《中国司法》2006 年第 4 期。

② 参见王中华：《武汉市人民调解工作的实践和思考》，载湖北政府法制信息网：http://www. hbzffz. gov. cn，2010 年 10 月 25 日访问。

③ 参见《上海政府出资购买民间服务化解社会矛盾》，载中青在线：http://zqb. cyol. com/content/2010-01/21/content_3051106. htm，2010 年 9 月 20 日访问。

（四）规范扶持行政 ADR 的发展

行政调解就是国家行政机关对经济活动和社会生活执行管理和监督的一种方式。它不仅可以调解公民之间的纠纷，还可以调解公民与法人之间和法人与法人之间的权利义务关系的争议。这是它不同于人民调解的一个重要特点。多年以来，我国行政机关调解处理了大量的经济纠纷和民事纠纷，而通过调解的许多纠纷，大量的是双方当事人自觉履行，很少再通过诉讼途径解决。可以说，行政调解对保护公民、法人和其他组织的合法利益不受侵犯，为调整经济关系和社会关系，维护社会稳定，推动社会主义经济建设起了重要作用。从实际情况来看，行政机关调解，尤其是公安治安纠纷类调解在纠纷解决中具有重要的作用，因此要构建我国基层民事纠纷的替代性纠纷解决机制，必须予以大力扶持和重视。例如，据笔者调查，武汉市武昌区公安局 2009 年 1 月 1 日至 12 月 31 日接到的治安纠纷类报警数为 24858 起。其中，约有 7% 属于重复报警或不属于公安机关管辖的事项。①武汉市公安局其他分局的情况也是基本类似。但是，现阶段我国行政调解没有受到应有的重视，因此，需要通过采取多种措施扶持规范行政 ADR 的发展。笔者认为，具体而言主要包括：规范行政 ADR 的程序，保证行政 ADR 的权威性；建立行政调解与诉讼的衔接制度，防止久调不决，以便及时处理有关纠纷；建立对行政调解的监督机制，保证行政调解的公正性等。

（五）建立多种 ADR 的衔接和协调机制

从实践来看，目前我国已经形成了人民调解、行政调解以及司法调解等多种形式的替代性纠纷解决机制，但是如何建立多种纠纷解决机制的衔接和协调机制也是我国今后需要解决的问题。目前，建立大调解的格局已经成为普遍的共识，也得到了国家有关文件的肯定。2006 年 10 月 10 日通过的《中共中央关于构建社会主义和谐社会若干重大问题的决议》中指出："要完善矛盾纠纷排查调处工作制度，建立党和政府主导的维护群众利益机制，实现人民调解、行政调解以及司法调解的有机结合，把矛盾化解在基层，解决在萌芽状态。"中央政法委书记周永康在 2009 年 12 月 18 日的全国政法工作电视电话会议上也指出，要完善人民调解、行政调解、司法调解三位一体的"大调解"工作体系，把劳动争议、医疗纠纷、环境保护、食品药品安全等领域的调解队伍建设好，把工会、共青团、妇联等各方面力量调动好，形成依靠基层党政组织、行业管理组织、群众自治组织，共同及时有效化解社会矛盾的机制，做到哪里有人群，哪里就有调解组织；哪里有矛盾，哪里就有调解工作。②但是如何构建多种调解的衔接与协调，现有立法对此规定并不明确。

笔者认为，为更好地解决基层民事纠纷，应该尽快建立人民调解、行政调解、司法调解以及其他各种替代纠纷解决方式多位一体的纠纷解决体系。具体如下：

首先，要建立人民调解与司法 ADR 的衔接机制。在此方面，建立法院调解等司法 ADR 的前置程序，民事纠纷在起诉之前首先由法院有关调解人员进行调解或由法院委托人民调解委员会进行调解。调解达成调解协议的，人民法院可以对调解协议的效力进行审

---

① 数据来自武汉市公安局。

② 参见中国政府网：http：//www.gov.cn，2010 年 10 月 15 日访问。

查，已依法确认调解协议的效力。调解不成的，则可以依法提起诉讼。在此方面，很多地方已有成功的经验。例如，2008 年 6 月，广州天河区成立了天河区调解中心。该中心由区司法局新设立的天河区人民调解委员会和区法院派驻的调解组构成，实行分工合作，相互配合，以调解解决天河区民事纠纷为工作目标，实现人民调解与司法调解相互衔接。该调解中心的运行模式为：一是建立诉讼立案前优先引导机制，起诉时由法院立案庭引导当事人到调解中心进行诉前人民调解。二是经双方当事人同意将诉讼中经筛选的民事案件移交调解中心进行司法调解。三是对于人民调解委员会主持达成的调解协议，通过调解中心快速办理立案确认手续，实现人民调解和司法效力的对接。四是建立案件速裁机制，实现案件繁简分流。在调解中心直接安排法庭适用简易程序快速裁决，融调解与速裁于一体。① 该调解中心成立两年多取得了较好的社会效果。

其次，建立人民调解与行政调解的衔接。行政机关受理民事纠纷后，可以根据案件的性质邀请或委托人民调解员参加调解。调解不成的，再依法作出处理或告知当事人起诉或通过其他方式解决纠纷。同时，可以在一些受理案件比较多的部分，如基层派出所，设立人民调解室，以便随时解决纠纷。实践中，很多地方政府已经在此方面做了有益的探索。例如，2008 年 8 月，武汉市司法局与市公安局联合下发了《关于建立人民调解与治安调解相互衔接配合工作机制的意见》。该《意见》对人民调解与治安调解互相配合的组织和制度、任务和流程、工作保障等做了详细的规定。② 《意见》要求有条件的公安派出所和街道、乡镇人民调解委员会可在街道（乡镇）公安派出所内共同设立"纠纷调处室"。其主要流程为：（1）公安派出所对群众报警中的各类纠纷，受理后应及时甄别，符合人民调解条件的依法依规分流移送给"纠纷调处室"的人民调解员进行调解处理；没有设立"纠纷调处室"的，分流移送给街道、乡镇人民调解委员会进行调解；符合治安调解条件的，分流移送给公安派出所民警进行治安调解。（2）"纠纷调处室"或街道、乡镇人民调解委员会在接到公安派出所移送的民间纠纷后，在当事人自愿的基础上指派"纠纷调处室"或街道、乡镇人民调解委员会的人民调解员依法依规进行调解。调解成功的依法制作《人民调解协议书》并加盖人民调解委员会印章。《意见》颁布后，取得了较好的社会效果。以武昌区为例，据调查，武昌公安分局针对民警治安矛盾纠纷调解工作任务重的问题，在有关部门的支持下，在 15 个街道公安派出所设立"民事调解工作室"，组建 34 名首席人民调解员队伍，实行驻派出所办公，专门负责矛盾纠纷排查调处工作。经过近一年运行，共调处纠纷 1435 起，成功达成协议的有 1332 起，成功率达 92.8%。③

再次，要建立信访与人民调解、司法 ADR 等的衔接。人民调解组织可以考虑与信访部门建立联系，信访部门可以将部分能够由人民调解组织或法院司法 ADR 部门处理的案件及时移交给他们去调解。人民调解组织或法院司法 ADR 部门收到信访部门移交的案件应该及时调解，如果调解不成，则交给有关机关或由人民法院进行处理。

---

① 参见广州市天河区人民法院网：http://www.gzthfy.gov.cn，2010 年 10 月 20 日访问。

② 参见武昌区司法行政网：http://wzq.wuchang.gov.cn/web/default.aspx? tabid = 125&contentid = 1272，2010 年 10 月 21 日访问。

③ 资料来自武汉市公安局。

（六）强化培训 ADR 专门人才

随着我国社会主义法治化以及法学教育的不断发展，目前，我国法院、检察院、律师等法律职业群体已经建立了一套成熟的人才选拔机制。通过司法资格考试的实施，法律从业人员的素质也有了很大的提高。但是，替代性纠纷解决机制专门人才方面，目前，我国立法还没有明确的规定。这使得我国从事 ADR 的有关人员在不同地区，不同方式上存在很大差异。要进一步推动替代性纠纷解决机制在解决基层民事纠纷方面的作用，就需要大力提高 ADR 从业人员的素质。提高 ADR 专业队伍素质是 ADR 质量的保证。ADR 是维护社会稳定的第一道防线，这就要求 ADR 专业人员具有较高的思想道德水平，为人公正，认真负责，热心 ADR 工作，能密切联系群众，有一定威信民望，并具备较高的法律专业水平。要做到这一点，我们就必须多管齐下，可以采取的主要措施包括：

（1）通过各种培训班，培训会议，现场观摩等方式提高 ADR 从业人员的素质。根据新的《人民调解法》的规定，县级以上地方人民政府司法行政部门负责指导本行政区域的人民调解工作。基层人民法院对人民调解委员会调解民间纠纷进行业务指导。因此，基层司法行政部门以及法院应该承担起培训或指导 ADR 从业人员的主要责任。要提高 ADR 从业人员的素质，可由司法行政部门或人民法院定期举办各种培训班，分批次地选送调解员等进行培训。同时，还可以组织调解员等到一些比较成功的调解委员会或法院进行现场观摩，提高从业技巧。此外，经济条件好的地区，还可以组织调解员等到有关高校法律院系进行法律专业知识等的培训，从而提高从业能力。

（2）通过选举和聘任等方式，不断吸引更多的高素质人才从事 ADR 工作，优化 ADR 专业队伍结构。对此，可以考虑通过选举和聘任等方式，从退休政府公务员、法官、检察官、律师、法学专家等中选拔一批热心公益事业、懂法律的高素质人才到 ADR 专业队伍中来。同时，还可以从大学生中选拔一批热心基层工作的人充实到 ADR 队伍中来。对于一些地方所创造的"首席调解员"制①、"调解人员等级制"② 以及"持证上岗制"等好的经验和做法，应该予以大力推广和介绍。

（3）加强对 ADR 专业队伍的监督和管理。为保证各种替代性纠纷解决机制的公正和合法，还需要加强对 ADR 从业人员的监督管理，制定有关 ADR 从业人员的职业道德规范，以防止其在争议解决过程中存在偏袒一方当事人或泄露当事人隐私或商业秘密等行为。对此，司法行政部门或其他机关应该通过各种考核以及奖惩等措施来加强 ADR 专业队伍的监督和管理。

五、结语

基层民事纠纷的产生是与社会经济生活的发展密不可分的，而如何更好地利用各种替

---

① 例如，2007 年 11 月，武汉市出台了《武汉市首席人民调解员管理办法》，对首席调解员的任选条件、工作范围和考核制度等作了具体规定。目前，武汉市共有首席调解员 2100 多名。

② 例如，2001 年，宁波市制定了《宁波市人民调解员等级制度实施办法》，对不同等级的人民调解员的考评范围以及权利与义务等作了规定。

代性纠纷解决基层民事纠纷也是值得深入研究的课题，本文在此方面虽然做了一些探索，但是还有很多问题值得进一步研究。只有各种替代性纠纷解决机制都充分发挥比较优势，并互相依存，互相衔接，以此解决基层民事纠纷，这样才能实现最终的社会和谐。

后哥本哈根时代中美能源与气候变化合作：
现状、挑战及前景*

■　杨泽伟**

哥本哈根会议虽然已经落下帷幕，但是能源安全与气候变化问题仍然是尚未落定的"尘埃"。中美作为世界上最大的两个排放大国，其在能源安全与气候变化问题上的立场、态度与行动，对世界能源格局和气候变化问题的发展进程尤为关键。因此，研究两国的合作问题，具有重要的意义。

一、中美能源与气候变化合作的基础

中美在能源与气候变化方面的合作，具有较大的现实可行性和基础，具体体现在以下三个方面：

（一）能源资源环境的国情相似

中美两国虽然社会制度、经济发展水平不同，但是两国的能源资源环境有着"惊人的相似"：美国是目前世界上最大的能源消费国，美国石油消耗量超过世界任何其他国家，约占全球用油量总量的 25%，而中国在 2004 年就成为了世界第二大石油消费国，用

　*　本文系作者主持的国家社科基金重大招标项目"发达国家新能源法律政策研究及中国的战略选择"（项目批准号 09&ZD048）的阶段性成果。
　**　杨泽伟，武汉大学珞珈特聘教授、博士生导师、法学博士。

油量约占世界总量的9%；两国对进口能源的依存度都比较高，均希望国际能源市场价格稳定，都面临保障能源供应安全和能源海上运输通道安全的任务；两国国内的煤炭资源都十分丰富，中国用煤较多，约占世界用煤总量的40%，美国位居第二，用煤量约占世界总量的16%等。① 此外，中美两国的能源效率都不高。

（二）全球气候变化的挑战相同

在大气中集聚的温室气体正在从根本上改变地球气候。权威的"政府间气候变化专门委员会"（The Intergovernmental Panel on Climate Change，IPCC）发现，近年来世界各地的冰川普遍收缩，气候变暖已确定无疑；如果二氧化碳浓度继续上升，则人类面临的气候变化挑战更加严重。② 中美是世界上两个最大的二氧化碳排放国，两国的排放量均超过全球总量的20%。③ 因此，中美相互合作是应对全球气候变化的关键。正如有学者所指出的："一个没有中国和美国参与的后京都国际气候变化协议框架将不会取得任何实质效果，已经是国际社会的广泛共识。"④

（三）新能源开发利用的利益相近⑤

能源大量消耗的压力、全球气候变化的挑战，使中美两国共同推进新能源开发利用的利益完全一致。中美两国在新能源技术、新能源市场、节约能源和提高能效等方面存在诸多互补性，这为两国在新能源开发利用方面的合作提供了广阔的空间。

二、中美能源与气候变化合作的现状

中美能源与气候变化合作由来已久、形式多样，既有双边机制，也有多边舞台。

（一）双边机制

中美双边能源与气候变化合作，早在中美建交前后就已经开始。1979年，两国签订

---

① See Kenneth Lieberthal and David Sandalow, Overcoming Obstacles to U. S. -China Cooperation on Climate Change, Washington：the Brookings Institution, January 2009, available at http：//www. brookings. edu/~/media/Files/rc/reports/2009/01_climate_change_lieberthal_sandalow/01_climate_change_lieberthal_sandalow. pdf.

② See http：//www. climatesciencewatch. org/index. php/csw/details/ipcc. wg2. spm. scientists. draft/, Sarah Ladislaw etc., *Managing the Transition to A Secure, Low Carbon Energy Future*, Washington：Center for Strategic & International Studies and World Resources Institute 2008, p. 2.

③ See Kenneth Lieberthal and David Sandalow, Overcoming Obstacles to U. S. -China Cooperation on Climate Change, Washington：the Brookings Institution, January 2009, available at http：//www. brookings. edu/~/media/Files/rc/reports/2009/01_ climate_ change_ lieberthal_ sandalow/01_climate_change_lieberthal _sandalow. pdf.

④ Tao Wang and Jim Watson, China's Energy Transition：Pathways for Low Carbon Development, University of Sussex UK and Tyndall Centre for Climate Change Research 2009, p. 2.

⑤ See Natural Resources Defense Council, From Crisis to Opportunity：How China is addressing climate change and positioning itself to be a leader in clean energy, July 2009, available at http：//www. nrdc. org/international/Chinacleanenergy/09072901. asp.

了《中美政府间科学技术合作协定》，它成为了之后 30 多个双边环境和能源协定的框架；同年，中国国家计委与美国能源部还签署了《双边能源协议谅解备忘录》。目前中美两国间较为重要的双边能源与气候变化合作机制主要有①：

1. 中美石油和天然气工业论坛。1995 年，美国能源部与中国国家计委及其他部级石油和天然气单位联合创立了"中美石油和天然气工业论坛"，就油气工业技术、市场和发展等问题进行了广泛的交流和探讨。2009 年 9 月，中国国家能源局与美国能源部、商务部联合主办了第九届中美石油天然气工业论坛，双方详细讨论了页岩气等非常规天然气勘探开发技术、应用及行业发展存在的问题与挑战、提高油气采收率、加快天然气发展、促进重油与深水油气勘探开发、LNG 产业发展和市场开发、天然气行业管理和政策、在第三国开展油气合作等问题。

2. 中美能源政策对话。2004 年 5 月，美国能源部与中国国家发改委举行了"中美能源政策对话"。它重启了 1995 年美国能源部和中国国家计委关于能源政策咨询的谅解备忘录，签署了美国能源部和中国国家发改委关于工业能源效率合作的谅解备忘录，包括在中国 12 个最高能耗企业开展能源审计以及到美国进行实地考察、培训审计员等。2009 年 9 月，在青岛举行了第四次中美能源政策对话，双方代表不但讨论了两国最新能源政策、中美清洁能源联合研究中心、洁净煤技术、非常规天然气开发、核能及可再生能源等重大政策性问题，而且针对未来合作提出了许多具体设想，并签署了三个合作协议。

3.《中美能源与环境十年合作框架》。2008 年 6 月，在第五次中美战略经济对话中，两国签署了《中美能源与环境十年合作框架》，为优先处理相关问题提供了平台。在《中美能源与环境十年合作框架》下，中美在以下五个功能领域建立了五个联合工作组以进行合作：清洁、高效和安全发电与输电；清洁水；清洁空气；清洁和高效交通；森林和湿地生态系统保护等。

4. 中美战略与经济对话。2009 年 7 月，首轮中美战略与经济对话在华盛顿举行，能源问题是其重要议题之一。中美就能源合作与气候变化达成了谅解备忘录，双方建立气候变化政策对话与合作机制，以推动关于国内应对气候变化战略和政策的讨论和交流、向低碳经济转型的务实解决方案、成功的国际气候变化谈判、具体项目的合作、适应气候变化、提高能力建设和公众意识提高以及中美城市和省州应对气候变化的务实合作等。此外，该谅解备忘录扩展并加强中美之间在清洁高效能源和环境保护方面的合作，双方还决定通过油气论坛、能源政策对话和新建立的中美清洁能源研究中心继续开展务实合作、并同意在战略石油储备、提高能源市场透明度等领域开展对话等。2010 年 5 月，第二轮中美战略与经济对话在北京举行，双方签署了《中国国家发展改革委与美国国务院关于绿色合作伙伴计划框架实施的谅解备忘录》、《中国国家能源局与美国国务院中美页岩气资源工作组工作计划》、《中国国家核安全局和美国核管制委员会关于进一步加强西屋

---

① See Asia Society, Common Challenge, Collaborative Response: A Roadmap for U. S. -China Cooperation on Energy and Climate Change, Washington: Asia Society Center on U. S. -China Relations, Pew Center on Global Climate Change, January 2009, available at http: //www. pewclimate. org/docUploads/US-China-Roadmap-Feb09. pdf, Robert S. Price, A Chronology of U. S. -China Energy Cooperation, the Atlantic Council of the United States 2008.

AP1000 核反应堆核安全合作备忘录（续签）》等有关能源和核能利用方面的协议。

5. 中美清洁能源联合研究中心。2009 年 7 月，由中国科技部、国家能源局和美国能源部共同宣布成立中美清洁能源联合研究中心。它旨在促进中美两国的科学家和工程师在清洁能源技术领域开展联合研究，首批优先领域包括节能建筑、清洁煤、清洁能源汽车等。

6. 中美清洁能源务实合作战略论坛。2009 年 10 月，首届中美清洁能源务实合作战略论坛在北京开幕。中美两国有关代表就中美清洁能源合作的整体战略目标、两国在清洁能源领域的务实合作展开深入沟通和讨论，议题包括洁煤的利用、太阳能、风能、生物质能、核能合作以及碳捕获技术、新型电网技术、低碳城市对话等领域的合作。

（二）多边机制

中美多边能源合作机制，主要包括：

1. 亚太经合组织能源工作组。"亚太经合组织能源工作组"（the APEC Energy Working Group，EWG）成立于 1990 年。它是亚太经合组织下的一个自愿性的区域论坛，旨在促进能源贸易和投资，保障能源行业对亚太地区的经济和社会发展做贡献，减轻能源利用对环境的影响。2007 年，亚太经合组织峰会发表了《亚太经合组织领导人关于气候变化、能源安全和清洁发展的悉尼宣言》，重申了亚太经合组织领导人与国际社会所有成员一道，为持久地解决全球气候变化问题而共同努力。

2. 碳封存领导人论坛。2003 年 6 月，由中国、美国等 21 个国家在华盛顿成立了"碳封存领导人论坛"（Carbon Sequestration Leadership Forum，CSLF）。它是国际间推动碳捕获和封存技术的机构，其主要目标是发展经济有效的技术，在二氧化碳的输送和长期储存过程中对其进行有效隔离。目前，该论坛已经批准了 17 个二氧化碳捕获和封存技术项目，还批准了一个技术路线图，以便为国际社会未来在此领域的合作指明方向。

3. 国际氢经济伙伴关系计划。2003 年 11 月，来自美国、中国等 15 个国家和欧盟委员会的代表在华盛顿共同签署了《氢经济国际伙伴关系计划》（The International Partnership for Hydrogen and Fuel Cells in the Economy，IPHE）。该计划旨在通过促进氢燃料研发和标准制定方面的国际合作，协调各国在发展氢经济方面的努力，以保障能源安全和应对气候变化的挑战。

4. 亚太清洁发展与气候伙伴关系计划。2006 年 1 月，中国、美国、日本、澳大利亚、印度和韩国等共同发起了"亚太清洁发展与气候伙伴计划"（the Asia-Pacific Partnership on Clean Development and Climate）。该伙伴计划旨在通过国际合作，促进清洁能源和高效能源技术的开发和推广，在应对气候变化的同时，实现发展经济、减少贫困、保证能源安全和减少空气污染的目标。

此外，中美两国均为"国际能源论坛"（International Energy Forum）的成员。所有这些，都为中美两国在能源与气候变化方面的合作提供了重要舞台。

三、中美能源与气候变化合作的主要领域

中美两国在能源与气候变化方面的合作，可以涵盖的领域十分宽广，主要有：

（一）新能源

中美两国在新能源方面的合作包括洁煤、核能和提高能效等。

1. 洁煤。洁煤技术代表了最新、最先进的以煤炭为基础的能源技术。"洁煤"（Clean Coal）不但提供了可靠的能源，而且最大限度地减少了对健康和环境的副作用。因此，洁煤技术应成为中美能源合作的首选。中美两国在洁煤领域各有所长、可以互补。对中国而言，制定合理的能源价格，可以为洁煤技术投资增长、高效处理和节能提供动力；对美国而言，支持重大洁煤技术的研究和开发；① 同时，利用中国的煤气化技术促进以煤为基础的"多联产"工艺，加快美国"碳捕获和封存"（Carbon Capture and Sequestration）的试验过程，建立知识产权补偿协议框架、实现技术共享②等。

2. 核能。1998 年，中国国家发改委与美国能源部签订了《和平利用核能的议定书》。2007 年，中国国家发改委与美国能源部签订了《中美双边民用核能合作行动计划》，该计划旨在全球核能合作伙伴关系下补充讨论拓展和平利用核能并防止核扩散，以实现其零排放、可持续电力生产；双边合作包括分离技术、燃料和材料开发、快速反应堆技术和安全措施规划等。同年，中国国家核电技术公司与美国能源部签署了《中美西屋公司核反应堆协议》，美国能源部审核出售 4 套使用新改进的西屋公司压水堆技术的 1100 兆瓦 AP-1000 核电厂，这四套核电厂将在 2009 年到 2015 年间建成，它标志着中美核能合作的新开端。2007 年 12 月，中国政府出台了《国家核电发展专题规划（2005—2020 年）》。按照该规划，中国核电占全部电力装机容量的比重将从现在的不到 2% 提高到 4%。可以说，核能是今后中国新能源发展的战略重点之一。因此，今后中美两国在核能领域的技术合作还有待进一步深化。

3. 提高能效。从长远来看，提高能效是保障能源安全和实现减排目标的重要步骤之一。③ 2007 年，中国标准化研究院中国标准认证中心与美国环保署签署了《能源之星协调互认谅解备忘录》。根据该备忘录，双方将开发相互认可的统一的节能认证技术规范，协调认证实施程序。这是两国在提高能效方面进行合作的一个重要成果。近年来中美都提出了一些降低能耗的约束性指标，因而两国在机动车的转型（电动汽车方案）、建筑能效的最大化（绿色建筑）④、智能电网等方面，还有很大的合作潜力和空间。

---

① See David Wendt, Clean Coal: U. S. - China Cooperation in Energy Security, New York: the East West Institute, 2008, pp. 10-11, available at http://www.ewi.info/clean-coal-us-china-cooperation-energy-security.

② 事实上，中国的华能集团已经与美国的公司开展了有关洁煤项目的合作。See Jeffrey Logan etc., For China, the Shift to Climate-Friendly Energy Depends on International Collaboration, Boston Review, January/ February 2007, p. 4.

③ See Sarah Ladislaw etc., A Roadmap for A Secure, Low Carbon Energy Economy: Balancing Energy Security and Climate Change, Washington: Center for Strategic & International Studies and World Resources Institute, January 2009, p. 22.

④ 据"政府间气候变化专门委员会"第四次评估报告估计，到 2020 年建筑物使用能源产生的二氧化碳排放可以减少近 30%，且无须增加净成本（即绿色建筑的财政收益可望抵消投资成本）。

（二）应对气候变化

气候变化在很大程度上是全球能源使用激增的结果，所以"新能源技术无疑在保障能源安全和减少温室气体排放方面将发挥重要的作用"[1]。2007年，中国国家发改委与美国农业部签订了《合作开发生物燃料的谅解备忘录》，该备忘录旨在鼓励在生物质燃料和原料供应生产与可持续性、转化技术和工程、生物产品开发和利用的标准、农村和农业发展战略等方面开展合作。2009年11月，奥巴马总统访问中国期间，中美两国签署了七份有关清洁能源方面的合作协议。[2] 包括风能、太阳能和生物质能在内的清洁能源是应对气候变化的一个关键组成部分。研究表明每年额外投资8000亿美元到1.3兆美元于能源技术，能够限制全球气温上升2～2.4度[3]；还有研究认为，清洁能源方面的新投资能够在2018年给美国提供250万个新的工作岗位。[4] 因此，中美两国应采取措施消除开发清洁能源方面的法律、经济障碍，共同制定清洁能源科研和开发行动的计划，以共同应对气候变化的挑战。正如美国学者所指出的："美国一国开发和利用新能源技术，并不能实现全球温室气体减排的目标，也不是一种最经济的方式；只有各国合作、协调行动才是应对气候变化的捷径。"[5] 事实上，加利福尼亚州已在探讨在全球暖化方面可能与中国合作的途径。[6]

（三）供应安全

能源安全与气候变化在很大程度上是相互关联的，因为减少能源需求、提高能效能降低温室气体的排放。[7] 中美在能源供应安全问题上存在诸多共同利益，这方面的合作主要涉及：

1. 共同维护世界能源市场稳定。近年来受"资源民族主义"（Resource Nationalism）、

---

[1] Britt Childs Staley etc. , Evaluating the Energy Security Implications of A Carbon-Constrained U. S. Economy, Washington: Center for Strategic & International Studies and World Resources Institute, January 2009, p. 1.

[2] See the Brookings Institution, China on the World Stage: Climate Change, Regional Blocs and Resource Investment, Washington: the Brookings Institution, November 30, 2009, p. 5, available at http://www. brookings. edu/events/2009/1130_china. aspx.

[3] See IEA, IEA Energy Technology Prospectus 2008, Paris.

[4] See U. S. Conference of Majors and Majors Climate Protection Center, "U. S. Metro Economies: Current and Potential Green Jobs in U. S. Economy", 2008.

[5] Britt Childs Staley etc. , Evaluating the Energy Security Implications of A Carbon-Constrained U. S. Economy, Washington: Center for Strategic & International Studies and World Resources Institute, January 2009, p. 12.

[6] See Kenneth Lieberthal and David Sandalow, Overcoming Obstacles to U. S.-China Cooperation on Climate Change, Washington: the Brookings Institution, January 2009, available at http://www. brookings. edu/~/media/Files/rc/reports/2009/01_climate_change_lieberthal_sandalow/01_climate_change_lieberthal_sandalow. pdf.

[7] Sarah Ladislaw etc. , Managing the Transition to A Secure, Low Carbon Energy Future, Washington: Center for Strategic & International Studies and World Resources Institute, February 2008, p. 4.

地缘政治等因素的影响，世界能源市场正变得越来越脆弱和不稳定。① 中美作为世界上两大石油进口国，一方面应在多边能源合作框架内协调两国的政策；另一方面，应互相尊重彼此对能源安全问题的关切，特别是要逐步增加中国参与国际石油定价的话语权，以增强对国际油价的调控能力，从而影响国际石油市场。

2. 联合保障海上能源运输通道安全。世界能源市场主要依赖几条固定的海上运输线路。据美国能源信息署的统计："2007 年世界石油贸易的一半是通过固定的海上航线由油轮来完成的。"② 因此，作为海上能源运输大国，中美应在海上反恐、反海盗等方面进行合作，两国可具体商定各自保护海上能源运输通道的区域及其职责与义务，以共同维护海上运输线的安全。

（四）法律政策

无论是联邦政府还是各州，美国有关能源安全与气候变化方面的法律政策都较为完备，不但涵盖了石油、天然气和太阳能等化石能源与可再生能源领域，而且对节能、新能源的开发利用等都有明确规定，同时还根据国内外形势的变化及时推出新法（如《2009年清洁能源与安全法》等）。而中国在能源与气候变化方面的法律政策却不太完备，综合性的《能源法》也尚未出台。因此，一方面美国能源与气候变化方面的立法可以为中国提供借鉴和启示③；另一方面，两国也可以在能源与气候变化法律政策层面开展实质性的合作，包括立法技术和经验、政策的制定和实施、专业法律咨询以及人员培训等。

四、中美能源与气候变化合作的障碍

中美两国虽然在能源与气候变化方面的合作领域很广，但也面临不少困难。

（一）战略互信不足

"长期以来，中美关系中的分歧与差异被不断强化，彼此战略竞争、战略猜疑甚至战略对抗格外受重视。"④ 无论是佐利克提出的"负责任的利益攸关方"，还是斯坦伯格推出的"战略再保证"（Strategic Reassurance）⑤，都在某种程度上反映了中美两国间战略互

---

① See Sarah Ladislaw etc., A Roadmap for A Secure, Low Carbon Energy Economy: Balancing Energy Security and Climate Change, Washington: Center for Strategic & International Studies and World Resources Institute, January 2009, p. 11.

② See http://www.eia.doe.gov/emeu/cabs/World_Oil_Transit_Chokepoints/Background.html.

③ See Deborah Seligsohn etc., China, the United States, and the Climate Change Challenge, World Resources Institute October 2009, available at http://www.wri.org/publication/china-united-states-climate-change-challenge.

④ William S. Cohen, Maurice R. Greenberg, Smart Power in U.S.-China Relations: A Report of the CSIS Commission on China, Washington: Center for Strategic & International Studies (CSIS) March 2009, available at http://csis.org/files/media/csis/pubs/090309_mcgiffert_uschinasmartpower_web.pdf.

⑤ 2009 年 9 月，美国副国务卿詹姆斯·斯坦伯格指出："正如我们和我们的盟友必须表明的，我们已经准备好欢迎中国作为一个繁荣和成功的大国的到来，中国也必须向世界其他国家再保证它的发展和不断壮大的全球角色不会以其他国家的安全和幸福为代价。"

信的不足。正如美国学者所指出的："当前的中美关系正面临一种矛盾：即使在两国关系在一系列广泛问题上已经变得较为成熟和有效的时候，双方对对方长期意图的根本性不信任却实际上有增无减。"① 因此，不少美国人赞同"中国能源威胁论"；而许多中国人也认为，美国关于中国必须应对全球暖化的种种说法，不过是美国人企图令中国增长的火车头出轨的一系列努力中的最新招数。美国也是发达国家中在能源与气候变化领域唯一没有向中国提供官方发展援助的国家。

（二）对有关气候变化方面的条约义务理解的差异

众所周知，1992 年《联合国气候变化框架公约》确定了一项重要原则——"共同但有区别的责任原则"。该原则在 1997 年《京都议定书》中再次得到肯定。然而，在节能减排义务问题上，美国强调发达国家与发展中国家的"共同责任"，淡化发达国家与发展中国家的"区别责任"，并认为《京都议定书》缺少中国的减排承诺是该条约的主要失败之处；而中国坚持"共同但有区别的责任原则"的底线，并指出美国对全球气候变化负有较大的历史责任，现在解决这一问题时也应承担较大的义务：即不但要按照有关公约的要求率先减排，而且还要为发展中国家应对气候变化提供资金与技术的支持和帮助。由于中美两国在对有关气候变化方面的条约义务理解的这种差异，2009 年底哥本哈根气候变化会议成果也很不理想。②

（三）台湾等问题

台湾问题是中美关系中的首要问题。"如果美国在该地区采取任何行动或冒险触怒了中国民众，中国政府将会被置于对美国作出强硬反击的巨大压力之下。"③ 因此，美国插手台湾问题、对台军售等都会对中美两国在能源与气候变化方面的合作产生消极影响。

此外，近年来随着中国石油进口量的日益攀升，为了保障能源安全，中国能源企业加快了实施"走出去战略"的步伐，并与苏丹、伊朗、缅甸、委内瑞拉等国在能源领域进行了较为密切的合作。而美方认为，中国与上述"问题国家"的能源合作是对美国全球战略利益的挑战与威胁。例如，美国前众议院议长金里奇（N. Gingrich）就宣称："中国不应为了自身的经济发展和获得能源与资源，而不顾自己的国际形象，与上述这些国家往

① See Kenneth Lieberthal and David Sandalow, Overcoming Obstacles to U. S. -China Cooperation on Climate Change, Washington: the Brookings Institution, January 2009, available at http: //www. brookings. edu/ ~ /media/Files/rc/reports/2009/01_climate_change_lieberthal_sandalow/01_climate_change_lieberthal_sandalow. pdf.

② See Peter N. Spotts, Did Copenhagen talks open door to a new global order? January 14, 2010, available at http: //www. csmonitor. com/USA/Foreign-Policy/2010/0115/Did-Copenhagen-talks-open-door-to-a-new-global-order; Alex Evans and David Steven, Hitting Reboot: Where Next for Climate after Copenhagen? Managing Global Insecurity (MGI), January 2010, the Brookings' Foreign Policy Studies and Global Economy and Development Programs, pp. 3-4.

③ Tianjian Shi, Meredith Wen, Avoiding Mutual Misunderstanding: Sino- U. S. Relations and the New Administration, Washington: Carnegie Endowment, January 2009, available at http: //www. carnegieendowment. org/files/beijing_final. pdf.

来。只讲经济，而不讲道义，是所谓的新'重商主义'的表现。"佐利克也指出："采取重商主义的策略可导致中国与某些政权结成伙伴关系，使中国的名誉受损，同时也会促使其他人对中国的意图产生怀疑。"①

五、中美能源与气候变化合作的前景

（一）基本原则与立场

1. 主旋律：竞争中的合作。中美战略互信不足、对有关气候变化方面的条约义务理解的差异以及台湾问题等因素的影响，决定了两国在能源与气候变化方面的合作局限性与竞争关系。然而，"中美关系经常被认为是世界上最重要的双边关系"②。如果人类希望避免全球气候变化带来的最严重后果，那么中美两国的合作至关重要。如果中美两国能成为向低碳和可持续的全球经济战略转变的积极催化剂，整个世界将在应对气候变化上迈出巨大一步。中美两国也将在各自的能源安全、环境保护和确保本国人民经济繁荣方面更加接近。

2. 国家利益与国际义务的统一。"全球化时代国家经济安全具有新的特点，即在强调国家利益至上的前提下，在国际舞台上还必须承担大国义务。"③ 因此，在未来中美能源与气候变化合作过程中，一方面我们应继续坚持"共同但有区别的责任原则"，强调综合国力强大的国家承担更多的国际义务；另一方面，中国将与各国积极合作，承担与其综合国力相符的国际义务，在维护国际能源市场稳定、应对全球气候变化的挑战等方面发挥应有的作用。

（二）基本对策

1. 建立战略互信、树立合作安全观念。就中美关系而言，"双方日益增长的能源需求带来的不仅仅是竞争，而且还有许多共同利益——能源资源竞争和能源安全有可能最终成为拉近中美关系的因素"④。因此，中美双方应建立战略互信，承认对方观点的合理性，并尽可能予以肯定，以此为起点采取建设性行动。正如 2008 年中国国家领导人在沙特阿拉伯吉达国际能源会议上所指出的，能源问题是全球性问题，保障全球能源安全，国际社

---

① 马小军：《冲突，抑或合作？——中美关系面临能源层面的战略抉择》，载《新远见》2006 年第 8 期，第 36 页。

② See Asia Society, Common Challenge, Collaborative Response: A Roadmap for U. S. -China Cooperation on Energy and Climate Change, Washington: Asia Society Center on U. S. -China Relations, Pew Center on Global Climate Change, January 2009, p. 35, available at http: //www. pewclimate. org/docUploads/US-China-Roadmap-Feb09. pdf.

③ 本课题组：《中美能源对话与合作研究》，载《经济研究参考》2008 年第 55 期，第 25 页。

④ Randall G. Schriver, Prospects for U. S. -Japan-China Trilateral Cooperation, in the Conference on "U. S. -Japan-China Relations: Trilateral Cooperation in the 21ᵗʰ Century", Honolulu, August 15-17, 2005, p. 5.

会应该树立和落实"互利合作、多元发展、协同保障"的新能源安全观。①

2. 加强政府高层对话。解决能源安全问题和应对气候变化的挑战，需要强烈的政治意愿。因此，中美在能源与气候变化方面的合作要想在操作层面有实质行动，就必须要有政府最高层的持续支持，特别是政府层面的鼓励、引导和示范作用。为确保领导层的持续关注，能源和气候变化问题应成为未来中美高峰会晤的常设议题。两国领导人应在双边关系中定期回顾这些问题，更好地了解面临的挑战，跟踪进展，寻求进一步加强合作的机会，并为寻求全球解决方案共同发挥领导作用。

3. 改进现有合作机制、展开多层次的合作。如前所述，中美在能源与气候变化方面已经建立了一些双边和多边的合作机制，但这些机制间缺乏足够的协调和沟通。因此，应加强对现有合作机制的整合和协调。首先，应设立两国间专门委员会和专家工作组。专门委员会由中美两国的能源、环保、财政和外交等部门的高级官员组成，定期会晤，以制订和审议合作的战略方向和优先领域；专家工作组则由两国政府的资深官员、独立专家、商业和金融界以及非政府组织的代表组成，其任务是确定合作的目标和时间表，制订行动计划并监督实施。② 其次，确立优先合作的领域，如洁煤、可再生能源等。正如美国"杰克逊侯全球事务中心"（Jackson Hole Center for Global Affairs）主任大卫（David Wendt）博士所指出的："建立可持续的中美能源伙伴关系，是将洁煤作为一种行之有效的长期能源方案的捷径。"③ 最后，促进两国地方之间的合作，以更大规模地培育两国地方行为者包括政府、公司、研究机构、大学和非政府组织之间的合作。

4. 推动成立"中美能源同盟"。美国布鲁金斯学会（Brookings Institution）、美中关系全美委员会（National Committee on Us-China Relations）、环境保护基金（Environmental Defense Fund）和对外关系委员会（Council on Foreign Relations）还提议成立"中美能源同盟"，以加强中美之间在节能新技术方面进行联合研究和开发行动的新合作关系，如碳捕获和封存、可靠的数据采集方法、可持续能源以及其他可能融入新经济模式基础的创新技术等。虽然目前该建议过于理想化、付诸实施还有不少困难，但不妨考虑作为今后的一个发展方向。

---

① 参见《中国倡新能源安全观：各国携手创建清洁、经济、安全可靠的世界能源供应体系》，载新华网 2008 年 6 月 23 日，最后访问日期 2010 年 5 月 4 日。

② See Asia Society, Common Challenge, Collaborative Response: A Roadmap for U. S. -China Cooperation on Energy and Climate Change, Washington: Asia Society Center on U. S. -China Relations, Pew Center on Global Climate Change, January 2009, p. 35, available at http: //www. pewclimate. org/docUploads/ US-China-Roadmap-Feb09. pdf.

③ David Wendt, Clean Coal: U. S. - China Cooperation in Energy Security, New York: the East West Institute, 2008, p. 1, available at http: //www. ewi. info/clean-coal-us-china-cooperation-energy-security/.

论海上货物运输中货方诉权主体的确定

■　张　辉*

海上货物运输作为国际贸易的一个重要环节，涉及众多不同的当事人，法律关系错综复杂。当发生货物灭失、损坏、迟延交付或被无单放货等情形时，货方①当事人中究竟谁具有诉权②，能够在法院提起索赔诉讼，在法律层面并无统一而明确的规定，在实践中各个法院做法也不一致。

海上货物运输案件中诉权问题如此繁复，除了因为海上运输涉及的当事人众多，还在于货方诉权的请求权基础具有多样性，可以是基于违反运输合同的损害赔偿请求权，也可以是基于侵权的损害赔偿请求权，或者基于承运人和收货人、提单持有人之间存在法定的提单法律关系而具有的损害赔偿请求权。③进一步而言，这一问题还涉及对提单的性质及其所表彰权利内容的理解。因此，研究海上货物运输中的诉权问题，其理论和实践意义自不待言，本文拟就三种不同请求权基础对确定货方诉权主体所产生影响进行探讨，试图提出一个确定诉权主体的统一而便捷的解决方法。

---

* 张辉，武汉大学法学院副教授，法学博士。

① "货方"一词是海上货物运输领域中对与货物具有利益关系之人的概括称谓，往往与承运人相对称，他可能是托运人、发货人、收货人、提单持有人，甚至可能包括未被付款赎单的银行和代位求偿的保险人。

② 一般认为，诉权是当事人请求法院行使裁判权以保护其民事权益的权利，具有程序和实体双重内涵，本文认为，就同一索赔内容而言，享有诉权的货方主体应是唯一的，这也就带来了如何判定由谁来行使诉权的问题。

③ 《海商法》第78条："承运人同收货人、提单持有人之间的权利、义务关系，依据提单的规定确定。"目前学界对基于此产生的请求权属性尚存争议。

一、货方诉权主体与海上货物运输违约之诉

（一）海上货物运输合同的性质

海上货物运输合同的双方当事人是托运人和承运人，但实际上，运输合同通常还有一重要的参与者——收货人，并且在国际贸易中，托运人和收货人经常不是同一人。对于收货人在海上货物运输合同关系中的法律地位，我们认为海上货物运输合同是一种为第三人利益的合同，收货人即属于"第三人"。

第三人利益合同，是涉他合同的一种，是指合同当事人一方，约定他方向第三人给付，第三人因之取得直接请求给付权利的合同。① 第三人利益合同的订约双方以自己名义订立合同，并以使第三人直接、独立地取得权利为目的，无须第三人参加合同或为承诺，并且第三人权利非由合同债权人处转承取得，而是根据合同规定取得对于债务人固有的权利。对于第三人利益合同的效力问题，对第三人而言，第三人在作出明示或默示的意思表示接受合同权利后，成为合同的债权人，享有合同约定的权利，包括直接请求债务人履行义务的权利，受领债务人给付的权利，还享有就该权利进行转让、抵消、免除等权利。对于债权人而言，债权人有请求债务人向第三人为给付的权利，并且，在债务人没有对第三人履行给付义务或履行迟延时，债权人可向债务人请求损害赔偿。但这里必须区分的是，此时债权人向债务人请求损害赔偿的权利不同于第三人享有的损害赔偿请求权。第三人的损害赔偿请求权针对的是因债务人不履行合同义务而对第三人造成的损失，而债权人的损害赔偿请求权针对的是因债务人不对第三人履行合同义务而导致的债权人的损失。

大陆法系国家大多承认第三人利益合同，如《法国民法典》第 1121 条规定："人们为自己与他人订立合同或对他人赠与财产时，也可为第三人的利益订立条款，作为该合同或赠与的条件。"《德国民法典》第 328 条也明确规定："当事人得以合同订立向第三人为给付，并使第三人有直接请求给付的权利。"按照德国和法国的规定，第三人有权直接请求债务人履行债务，并享有针对债务人独立索赔的权利。

在英国普通法中，"合同相对性"原则十分严格。由于第三人利益合同理论突破了合同相对性原则的限制，因此英国普通法并不承认第三人利益合同。但为了解决现实生活中大量存在的第三人利益合同，英国法不得不通过衡平法中的信托制度或通过制定成文法规则来改变普通法的传统理论。1999 年 11 月 11 日通过的《合同（第三人权利）法》(The Contracts (Rights of Third Parties) Act, 1999) 改变了合同相对性原则，在一定情况下赋予第三方要求履行合同条款的权利。

我国《合同法》第 64 条规定："当事人约定由债务人向第三人履行债务的，债务人未向第三人履行债务或者履行债务不符合约定，应当向债权人承担违约责任。"该条可视为我国立法接受第三人利益合同理论的证明，但该条对第三人权利及其救济方式未能作出更进一步的规定。不少学者认为第三人不享有直接向债务人要求履行债务及主张损害赔偿

---

① 郑玉波：《民法债篇总则》，台湾三民书局 1989 年版，第 391 页。

的权利，其仅能接受约定人的履行，在要求履行及救济方面只能依赖合同债权人。① 但《合同法》第 309 条规定："货物运输到达后，承运人知道收货人的，应当及时通知收货人，收货人应当及时提货。"《海商法》第 42 条规定："收货人，是指有权提取货物的人。"在实践中也普遍认为收货人有权向承运人请求交付货物。此外，全国人大法工委编写的《中华人民共和国合同法释义》也明确《合同法》第 64 条是关于为第三人利益合同的规定。在为第三人利益合同下，债务应当由债务人向第三人履行，而不是向债权人履行；不但债权人享有请求债务人向第三人履行的权利，第三人亦有直接取得请求债务人履行的权利。债务人不向第三人履行或瑕疵履行的，第三人与债权人一样有权请求债务人履行、赔偿损失或请求债务人承担瑕疵履行责任。② 这都说明合同第三人的履行请求权和损害赔偿请求权在我国是得到确立的。

海上货物运输合同是较典型的第三人利益合同，这主要表现在合同以及提单对于收货人的记载。收货人或提单持有人享有独立的直接的请求权，这体现在提单明确记载了收货人或提单持有人的权利，并且这种权利自合同订立时起就归属于收货人或提单持有人，而绝非是从托运人处转让而来。

对于收货人也是运输合同的托运人的情形，应该认为此时构成第三人与托运人契合的特例，而并非违反第三人利益合同的性质。

（二）基于运输合同的诉权主体之———托运人

海上货物运输造成货方损害时，可能的诉权主体包括作为合同债权人的托运人或者作为受益第三人的收货人。

我国《海商法》第 42 条第 3 项规定："托运人是指：1. 本人或者委托他人以本人名义或者委托他人为本人与承运人订立海上货物运输合同的人；2. 本人或者委托他人以本人名义或者委托他人为本人将货物交给与海上货物运输合同有关的承运人的人。"在这一定义中，"委托他人为本人"是指托运人委托代理人，该代理人以其自己的名义与承运人订立海上货物运输合同，即隐名代理。根据这一定义，在同一海上货物运输合同下，可能同时存在两个托运人。③ 第一种托运人常被称为"契约托运人"，第二种托运人常被称为"发货人"或"实际托运人"。

无论在何种情形下，契约托运人是海上货物运输的当事方无疑。当发生承运人不履行运输合同项下的义务时，契约托运人有权要求承运人赔偿损失。但是此时契约托运人有权要求赔偿的范围依情形不同而有所差异。一般而言，在契约托运人是国际货物买卖的卖方而收货人是买方的情形（如 CIF 贸易条件）下，依据第三人利益合同理论，收货人即受益第三人有独立的请求权要求承运人赔偿因货物灭失、损坏、迟延交付、无单放货带来的损失。而此时契约托运人可要求赔偿的范围仅限于承运人未向收货人交货导致托运人遭受的损失。即正常情形下，提单已转让给收货人后，收货人仅应当向承运人要求赔偿货物实

---

① 房绍坤：《民商法问题研究与适用》，北京大学出版社 2002 年版，第 210～211 页；尹田：《论涉他契约》，载《法学研究》2001 年第 1 期。

② 胡康生主编：《中华人民共和国合同法释义》，法律出版社 1999 年版，第 112～113 页。

③ 司玉琢主编：《海商法》，法律出版社 2007 年版，第 94 页。

际损失的全部价值。此时托运人（卖方）已经收到货款，或者虽未取得但有充分的权利要求取得全部价款。因而承运人的违约行为并未对托运人造成实际上的损失，故托运人虽在理论上享有损害赔偿请求权但实际上无权就货物损失向承运人索赔。但是，实践中常常出现，货损发生后收货人（买方）拒收货物，不是向承运人要求赔偿而是起诉卖方（托运人）未履行合同义务；或者在托运人承担整个货物运输期间风险和责任的情况下，如采用 DDU、DDP 贸易术语，收货人可拒收不符合合同约定的货物，并向托运人请求赔偿。在此种情形下，托运人因承运人未能向第三人履行义务导致的损失应获得法律的救济，此时托运人应具有对承运人的诉权。

另外，必须说明的是，以上的讨论实际隐含的前提是提单已转让的情形。对于发生货损货差而单证尚未转让到收货人的情形，又可分两种情况讨论。对于签发的是可转让提单的情形，提单是合同中受益第三人的凭证，契约托运人依据持有的提单有权请求承运人赔偿货物损失。对于签发不可转让单证的情形，契约托运人对承运人的诉权则在收货人向托运人直接起诉的情形下才存在。

与契约托运人不同，由于实际托运人不是海上货物运输合同的当事人，故其对于可能发生的货物损害没有索赔权。在 FOB 贸易中，当其将货物交付承运人时其已完成了买卖合同下的交货义务，也不会出现上文中讨论的收货人向其索赔的情形。所以，实际托运人没有对承运人的诉权。

（三）基于运输合同的诉权主体之二——收货人

基于海上货物运输合同是第三人利益合同的前提，收货人是这一合同中的受益第三人。虽然其不是合同的当事人，但依照前文的论述，其享有直接的请求权。这一请求权包括：（1）向承运人请求提货的交付请求权。这在我国《海商法》第 42 条、第 71 条有体现。[①]（2）发生货物灭失、损坏、迟延交付时，向承运人请求损害赔偿的权利。（3）就承运人的无单放货行为，向承运人要求损害赔偿的权利。在（2）、（3）两种情形下，收货人都对承运人享有损害赔偿请求权，进而具有相应之诉权。

二、货方诉权主体与海上货物运输侵权之诉

（一）侵权损害赔偿请求权的基础

传统理论一般认为，海上货物运输中，侵权损害赔偿请求权的基础是所涉货物的所有权。"英国法为了政策上的理由……所以一向坚持只准拥有真正货物或托管的人士才能以侵权起诉。其他不拥有货物，但有各种合法利益人士受同一侵权而损失，也是投诉无门。"[②]

依据传统认识，货物所有权人即是侵权损害赔偿请求权人。以此为前提，在认定特定

---

① 《海商法》第 42 条规定："……（四）收货人，是指有权提取货物的人。"第 71 条规定："提单中载明的向记名人交付货物，或者按照指示人的指示交付货物，或者向提单持有人交付货物的条款，构成承运人据以交付货物的保证。"

② 杨良宜：《国际货物买卖》，中国政法大学出版社 1999 年版，第 268 页。

案件中具体的诉权主体时，就必须先明确在海上运输中货物所有权移转的时间。而各国法律对所有权转移时间的规定多有不同，并且，各国法律多规定货物所有权的移转可以由当事人约定。这项规定赋予了当事人选择的自由，但同时也必然意味着移转时间的多样与模糊。这意味着，在认真考察具体个案的合同条款之前，无法通过一个确定而简单的标准划分权利主体。另外，即便能够确定所有权转移的时间，但严格依照所有权人才有权提起侵权诉讼的做法也不一定能维护实质上的公平。如"The Aliakmon"案中，真正受损失的货方却无法以侵权起诉。①

可见，以所有权作为侵权请求权基础的传统认识具有难以克服的固有缺陷，不利于保护真正权利主体的利益。对于这一缺陷的解决，可以从国际贸易法的处理方式中获得灵感。

国际贸易面临所有权转移所带来的种种困难，而相关公约和惯例则完全回避了这一问题。如《联合国国际货物买卖合同公约》（以下简称 CISG）第 4 条规定："……本公约除非另有明文规定，与以下事项无关：（a）合同的效力，或其任何条款的效力，或任何惯例的效力；（b）合同对所售货物的所有权可能产生的影响。"《国际贸易术语解释通则》（以下简称 Incoterms）也根本没有去解决所有权转移的问题。

传统理论认为，买卖合同的实质就是买卖货物的所有权，一单买卖合同的顺利进行，必须先以物权法的规定来明确双方各自对其货物或金钱拥有完全的所有权，然后才能由合同法来保障买卖双方严格依照合同履行义务直至完成买卖。但实践中，对于货物买卖的双方来说，他们在交易的时候几乎不可能去特意考虑背后隐藏的如此复杂的意思表示。因而，国际贸易公约的做法是，回避所有权转移问题。"实际上，正是通过切断所有权与贸易中其他重要概念之间的联系、降低所有权概念的重要性，国际公约成功避免了各国错综复杂的所有权概念可能给国际贸易带来的不利影响。"② CISG 以货物风险转移来代替所有权转移，简便而有效地解决了谁来承担损失以及谁有权起诉的问题，以实践的结果来检验这一做法，国际贸易并没有因为对所有权问题的回避产生混乱，反而更加有序。

虽然回避了所有权转移，但是以货物风险作为侵权请求权基础并非就缺乏理论支撑。从侵权法的角度出发。"侵权行为是给他人的合法权益造成损害的行为……损害既包括物质或金钱的损害，也包括人身伤害和死亡、其他非财产损害。"③ 可见，侵权行为侵犯的对象是"权利"或者"利益"，而并非一定是所有权，只不过所有权是利益直接的体现，抑或说所有权人具有利益的传统观念根深蒂固而已。那么，具体到海上货物运输中，谁对货物享有利益？"利益之所在即风险之所系"，国际贸易术语中对风险的划分为我们区分真正对货物享有利益的主体提供了很好的判断标准。当货物遭受损失时，这利益损失是由货物风险的承担者实际承受的。因而，货物风险的承担者因货物的安全而享有利益，因货物受损害而遭受损失，即，货物风险的承担者就是货物利益的真正享有者，也是我们所要找寻的侵权损害赔偿请求权的权利人。其实，这和传统理论并不矛盾。只不过是，在传统理论中，所有权、利益、风险三者是统一的，风险永远随着所有权的转移而转移，而现在

---

①　杨良宜：《国际货物买卖》，中国政法大学出版社 1999 年版，第 269 页。

②　郭瑜：《海商法的精神——中国的实践和理论》，北京大学出版社 2005 年版，第 168 页。

③　马俊驹、余延满：《民法原论》，法律出版社 2005 年版，第 997 页。

国际贸易中风险转移和所有权转移的联系断裂，我们把目光的焦点从所有权转投向货物风险而已。

（二）基于侵权损害赔偿请求权的诉权主体——货物风险承担者

依据上文论述，基于侵权损害赔偿请求权的诉权主体应为国际货物买卖中的卖方（运输合同中的托运人）和买方（运输合同中的收货人），以及在货物运输途中，买方将货物再次转卖的买受人。此时，依据 CISG 的规定，转卖方通过向买方转移运输单据而完成交付货物，此时这种买受人（海上货物运输中的提单持有人）与原合同的买方在侵权理论上权利义务没有差别，故笔者将其归于买方之中。

在海上货物运输中，侵权行为一般发生在货物已装船或已交付承运人之后的运输过程中，如果采用 E、F、C 组贸易术语，此时风险已经从卖方转移到了买方，买方是风险的承担者，因而享有对承运人的诉权。由卖方承担货物风险的情况，主要采用 D 组贸易术语。D 组术语情况下，当运输途中发生货损货差或者承运人无单放货时，卖方对承运人享有基于侵权的损害赔偿请求权，从而拥有诉权。另外，即使是卖方在履行国际货物买卖合同中发生 CISG 规定的根本违约情形，卖方对货物损害仍有权向承运人索赔。由于卖方的根本违约行为，比如迟延交货造成根本违约，货物在交付承运人后的运输途中遭受损失的，承运人仍然有赔偿责任。而此时买方拒收货物，卖方仍承担风险，故承运人应向卖方赔偿。

实践中，买方拥有诉权的情况更为常见，在常用的国际贸易术语中，买方一般从货物装船或交至承运人处时起承担货物的风险，货物转售后的买受人也通常从货物交至承运人时起承担货物损失的风险①。因而，买方对运输途中发生的货物损失具有侵权损害赔偿请求权。

三、货方诉权主体与基于提单法律关系之诉

（一）提单法律关系

我国《海商法》第 78 条规定："承运人同收货人、提单持有人之间的权利义务关系，依据提单的规定确定。收货人、提单持有人不承担在装货港发生的滞期费、亏舱费和其他与装货有关的费用。但提单中明确载明上述费用由收货人、提单持有人承担的除外。"这条规定是我国司法实践中据以确定承运人同收货人、提单持有人间权利义务关系及解决纠纷的基础。笔者认为，该条规定直接在承运人与收货人、提单持有人间设定了一种法定的提单法律关系。不过首先必须指出的是，本条规定将收货人和提单持有人并列实为不妥。因为，收货人是在运输合同项下的主体定位，当其持有提单时，就是提单持有人，而其未持有提单时，则依然是收货人，与承运人之间的关系无法依提单记载而定，此处写入"收货人"显然是画蛇添足，没有必要。

---

① 参见 CISG 第 68 条："对于在运输途中销售的货物，从订立合同时起，风险就移转到买方承担。但是，如果情况表明有此需要，从货物交付给签发载有运输合同单据的承运人时起，风险就由买方承担。"

　　提单关系的属性为何，从另一角度讲就是提单持有人诉权的法律基础是什么。关于这一问题，学者们和各国立法司法者的观点颇有差异，有海上货物运输合同说、法律规定说、为第三人利益说等。

　　在不少学者以及法律实务部门人士看来，提单持有人和承运人之间的关系仍是一种海上货物运输合同关系，甚至认为提单就是双方之间的合同。在许多提单持有人起诉承运人的海商案件中，卷宗的案由一栏填写的是"海上货物运输合同纠纷"。

　　这种对提单持有人和承运人之间的关系的定性的认识来自英国法的实践。英国1855年《提单法》第1条规定："提单中记名的任何收货人，以及提单涉及货物的所有权将根据提单或者通过提单转让或背书向其转移的任何受让人，应被转移和授予全部诉权，同时授予这些货物有关的责任约束，就像该提单所包含的合同是与他本人签订的一样。"根据此规定，收货人和提单持有人可以依据海上货物运输合同起诉，不必以托运人名义。这是该法对合同相对性原则的一个突破。提单上记名的收货人或持有人可以通过背书将运输合同上的权利随货物转移。被背书人取得对承运人违反运输合同行为请求赔偿的诉权，随诉权转移的还有运输合同项下与货物有关的义务。英国《1992年海上货物运输法》进一步取消了背书转让提单与行为目的（转让货物所有权）之间的联系，该法第2条第1款规定，提单合法持有人或收货人被视为海上货物运输合同的缔约方，从而被转让和赋予该合同项下的一切诉讼权利。根据该法第5条第2款的规定，该法所指的提单持有人包括（a）占有提单的人，他因为是提单上记名的人成为提单下货物的收货人；（b）根据提单的背书交付，或在不记名提单时，根据提单的其他转让，占有提单的人；（c）因进行任何交易致使其成为持有单证的人，但使之成为上述（a）或（b）段规定之持单人的此类任何交易不应是在下述时间达成的，即：对承运人而言持有该单证已不再具有拥有该单证项下货物的权利之时；此外，只要是出于善意而成为持单者，均可被视为合法提单持有人。

　　关于提单关系为合同属性的认识在英国法下是正确的，但在大陆法包括中国法的理论和立法背景下则是错误的，此种基于提单而形成的法律关系绝非合同关系。提单法律关系的独特性表现在它在相当大程度上独立于原海上货物运输合同，具体而言，其间区别在于：（1）提单法律关系和运输合同关系产生的基础和性质不同。运输合同系双方当事人基于合意而产生的，是意定的合同关系；而提单法律关系是由法律直接强行规定的，无当事人的合意，是法定债权债务关系。（2）运输合同关系的主体是托运人和承运人，而提单法律关系的主体是承运人和提单持有人。（3）运输合同关系和提单法律关系下双方当事人的权利义务范围也不尽相同，提单法律关系下的权利义务完全以提单记载的条款为准，而运输合同中双方可以举证证明存在书面合同之外的特别约定。而事实上，我国《海商法》第78条的措辞也回避了合同一词，表明立法者并不认同提单法律关系的合同属性。

　　为第三人利益说本质上也是认为提单关系属于合同关系，但这无法解释非收货人的提单持有人为何成为海上货物运输合同的参与者。为第三人利益说只适合解释收货人的诉权问题。

　　法律规定说是台湾学者杨仁寿先生提出的观点。他认为："吾认为受货人之取得权利，其基于法律之规定，受货人取得权利，既非受让'托运人'之权利，亦非出于契约的约定，故应以'法律规定说'为是……"① 杨仁寿先生所说针对的是承运人与收货人之间的关系，也被不少学者扩大理解到承运人与提单持有人之间的关系。笔者认为，承运人与提单持有人之间的关系为法律直接强制规定无疑，二者无需存在任何意思表示的契合，但以此解释承运人与收货人之间的关系则不准确，第三人利益说较为妥当。

（二）提单持有人的诉权

基于法定的提单法律关系，提单持有人对承运人享有独立的请求权。因而，当承运人违反提单记载的义务，造成货物损害，或者无单放货时，提单持有人都具有独立的诉权。

不过，疑问在于，既然提单法律关系与运输合同关系完全独立，那么对同一货物损失或无单放货案件，提单持有人具有独立的诉权，必然意味着运输合同关系下的托运人也拥有诉权，因为承运人违反提单下义务的行为也同样违反了运输合同下的义务，而这两个请求权又是分别基于独立的两个法律关系所提起的，承运人是否要承担两次赔偿？这个问题的另一种表述是，为何运输合同下托运人的权利会因另一个独立的提单法律关系而消灭或中止②？

笔者认为，提单法律关系虽然在相当程度上独立于海上货物运输合同关系，但二者之间仍有着紧密的联系，由于其指向的标的物是同一的，因此不可能基于同一标的物的损失而产生两个重合的请求权和诉权。海上货物运输合同是为第三人利益的合同，承运人在签发提单之后，其对第三人所承担的义务将基于提单而履行，而非再基于海上货物运输合同进行履行，因此，提单持有人基于提单而享有货物交付请求权和诉权，而托运人则基于海上货物运输合同享有对承运人不履行而导致其承担损害后果的赔偿请求权和诉权，这两种权利指向不同，不相矛盾，承运人不存在重复赔偿的问题。

另外，我国《合同法》第91条规定："有下列情形之一的，合同的权利义务终止：（一）债务已经按照约定履行；（二）合同解除；（三）债务相互抵消；（四）债务人依法将标的物提存；（五）债权人免除债务；（六）债权债务同归于一人；（七）法律规定或者当事人约定终止的其他情形。"所谓合同中止，是指基于债务人的抗辩，合同的请求力暂时停止，抗辩权消灭后，合同及恢复原有的效力。综合来看，认为随着提单的转移，托运人的权利中止或终止都缺乏法理依据。托运人权利并非中止，它不同于提单持有人的权利。

四、海上货物运输中货方诉权主体的整合与统一

综合前文的论述，海上货物运输中发生承运人违反合同义务的情形时，具有诉权的主体可归纳为：基于运输合同起诉的，主要是收货人，契约托运人（特定情形下其诉权才有意义）；基于货物风险可提起侵权之诉的，主要是承担货物风险的买方（包含转买方），还包括采取特定贸易术语时或有"根本违约例外"情形时的卖方；基于提单有权起诉的，

---

① 杨仁寿：《海商法论》，台湾三民书局1990年版，第344页。
② 有观点认为，此时是提单的转让导致提单所证明的海上货物运输合同中托运人权利的"休止"。如果货物被拒收或其他原因，提单转回托运人持有时，则上述"休止状态"结束，托运人的权利恢复。参见杨仁寿：《海商法论》，台湾三民书局1990年版，第280页。

是提单持有人。

对上述诉权主体加以分析，可知实际上海上货物运输中的诉权主体可统一于提单持有人。例如，一般的货物灭失、损坏或无单放货案中，收货人，即运输合同受益第三人，同时持有提单，并且依据贸易术语或 CISG 的风险划分规则对货物损失承担风险，即此时该收货人无论以何种请求权基础均有权起诉，且此时再无其他主体有权起诉。而特定情形下，如收货人以卖方未履行合同义务拒收货物向托运人追偿的情形，实际托运人未转移提单的情形，发生卖方根本违约的情形，看似几方当事人的诉权有冲突，但仔细分析就会发现，这些都是提单暂时与提单的有权持有人相分离的情形，而通过正常的程序安排，诉权仍然都可以回归至提单持有人手中。如对收货人拒收货物向托运人索赔的情形，收货人此时持有提单，他可以选择向托运人索赔也可要求承运人赔偿损失。如其向承运人索赔，则托运人之诉权无实际意义，不相冲突。如其向托运人索赔，则无权再持有提单，应将提单返还托运人，则托运人取得全部请求权基础上的诉权。再如，对实际托运人未转移提单的情形，这主要是发生在契约托运人又是收货人，未支付货款而以保函取得货物的情况。此时，实际托运人可以要求收货人给付货款，或者起诉承运人。此时的理由是，依提单记载之权利义务，或者依运输合同下提单持有人的受益第三人身份，都有权要求承运人对其无单放货行为承担赔偿责任，且此时没有其他诉权存在。这种情形的变形是，实际托运人未转移提单，而承运人将货物放给收货人以外的其他人，则对此种情形，实际托运人已履行其交货义务，应要求收货人依约付款赎单，然后，无论基于何种请求权，收货人均有权要求承运人赔偿损失。再如发生卖方根本违约的情形，提单虽已转移但风险未转移，此时持有提单的买方应向根本违约的卖方要求损害赔偿，而将提单返还卖方，则对承运人的诉权统归于卖方。

之所以将提单作为海上货物运输中诉权统一主体的表征，是因为提单持有人基于侵权和违约之诉的主体资格都需经过认真查明，而持有提单这一表征最为明显。当然，在上述提单与有权持有人暂时分离的情形，必须经过一定的交易安排或是配合才能使提单复归真正有权的提单持有人。此时，如果提单的现实持有者拒不交出提单，或以提单持有人身份向承运人索赔，则有权的提单持有人可以起诉现实持有者侵犯其债权，要求赔偿由此造成的损失。运用这种制度，应可使提单持有人这一真正权利主体的利益得到保护。

中国-东盟自由贸易区投资协议析评[*]

■ 肖　军[**]

目　　录

一、《投资协议》的背景
二、《投资协议》的主要条款
三、对《投资协议》的综合评价

2009 年 8 月 15 日，在泰国曼谷举行的第八次中国-东盟经贸部长会议上，中国商务部部长陈德铭与东盟十国的经贸部长签署了中国-东盟自由贸易区《投资协议》。该协议的签署标志着双方成功完成自由贸易区协议谈判。2010 年 1 月 1 日，涵盖了 19 亿人口、近 6 万亿美元年国民生产总值和 4.5 万亿美元年贸易总额的中国-东盟自由贸易区按计划正式启动。[①]

《投资协议》包括 27 个条款，规定了保护与促进投资、提高投资政策透明度等方面的条约义务。此前中国历时 18 年与各东盟成员国分别签订的双边投资条约（BIT），其规则因缔约国对国际投资保护的态度变化而各不相同。《投资协议》既提高了自贸区内对外国投资者的国际法保护水平，又基本统一了各缔约方所相互承担的相关国际法义务，起到了"整平游戏场地"的作用。但与中国近年来所签订的 BIT 相比，《投资协议》含有更多的限制投资保护义务适用的规定，削弱了其所提供的保护力度。

一、《投资协议》的背景

中国是东盟的最大邻邦，在一些东盟成员国与中国之间曾经或者仍然存在领土或海洋

---

* 本文为武汉大学"70 后"学者学术发展计划、武汉大学自主科研项目（人文社会科学）研究成果，得到"中央高校基本科研业务费专项资金"资助。本文中将《中国-东盟自由贸易区投资协议》简称为《投资协议》。

** 肖军，武汉大学法学院国际法研究所副教授，法学博士。

① 参见中国自由贸易区服务网，http：//fta. mofcom. gov. cn/article/chinadongmeng/dongmengnews/201001/ 2031_1. html，2010 年 7 月 2 日访问。

划界争端。除双边途径之外，中国十分重视通过东盟发展与东盟成员国的稳定政治关系，双方为此作出了不少努力并取得多项重要成果。① 经贸关系的发展和融合会促进政治关系的稳定，并且，中国经济的发展使加强中国与东盟的经贸关系成为双方的必然选择。基于地缘政治与经济发展的需要，在中国 2000 年 11 月提出的倡议基础上，双方开启自贸区谈判。

2002 年 11 月 4 日，中国与东盟签署《中国-东盟全面经济合作框架协议》（以下简称《框架协议》），约定在 2010 年建成中国-东盟自由贸易区。该协议的目标之一是"逐步实现货物和服务贸易自由化，并创造透明、自由和便利的投资机制"。② 为此，双方同意谈判与签署各相关具体协议并纳入《框架协议》内。为促进自贸区的建设、尽早享受自贸区带来的利益，双方制定了"早期收获"计划，决定对以农产品为主的 500 多种产品先行降税。③ 由于东盟各国在所涉产品上更具比较优势和出口竞争力，有评论指出，在该计划中，中国作出了主要承诺，实际上单方面地开放了市场。④

此后，中国与东盟各国于 2004 年 11 月签署了《货物贸易协议》及《争端解决机制协议》、于 2007 年 1 月 14 日签署了《服务贸易协议》。各缔约方将按照《货物贸易协议》规定的降税模式，逐步削减直至取消在大部分产品上的进口关税；依照《服务贸易协议》，在 GATS 承诺的基础上进一步开放市场；⑤ 就《框架协议》（包括各附属协议）项下权利和义务的争端，应适用《争端解决机制协议》解决之。通过《货物贸易协议》与《服务贸易协议》的规定，《框架协议》所制定的"逐步实现货物和服务贸易自由化"的目标得以实现。以统计资料更为完备的货物贸易为例，2002—2008 年间，中国-东盟双边贸易额年均增长达到 25%。⑥ 自 2010 年 1 月 1 日起，中国与东盟 6 个老成员⑦之间 90% 以上的产品实现零关税，中国对东盟的平均关税从 9.8% 降至 0.1%，东盟 6 个老成员对中国的平均关税从 12.8% 降到 0.6%。中国与 4 个东盟新成员之间的贸易自由化也将于 2015 年达到相同水平。⑧

外国直接投资在中国和多数东盟成员国的经济中发挥着重要的作用。东盟成员国（如新加坡）是在华外国投资的主要来源地之一。总体来看，2004 年东盟成员国在华直接

① 例如，2002 年中国与东盟签署的《南海各方行动宣言》及《关于非传统安全领域合作联合宣言》，中国于 2003 年加入的《东南亚友好合作条约》等。

② 《框架协议》第 1 条 b 项。

③ 《框架协议》第 6 条。

④ See Alyssa Greenwald, *The ASEAN-China Free Trade Area（ACFTA）：A Legal Response to China's Economic Rise?*, Duke Journal of Comparative and International Law, Vol. 16, Winter 2005, p. 198.

⑤ 东盟成员国之一老挝尚未加入 WTO。

⑥ 根据商务部网站有关数据计算。

⑦ 文莱 、印度尼西亚、马来西亚、菲律宾、新加坡和泰国。其他四个国家，即柬埔寨、老挝、缅甸和越南，为东盟新成员。

⑧ 参见中国自由贸易区服务网，http：//fta. mofcom. gov. cn/article/chinadongmeng/dongmengnews/201006/ 2876_1. html，2010 年 7 月 2 日访问。

投资存量已达到 354 亿美元，并在此后基本保持稳定。① 随着中国经济的发展，中国政府开始实施"走出去"战略，促进企业海外投资，并取得显著成效。根据《2008 年度中国对外直接投资统计公报》，② 中国对外直接投资存量从 2002 年的 299 亿美元迅速增长至 2008 年的 1839.7 亿美元。同一时期内，中国在东盟成员国的投资存量也增长了十倍，达到 65 亿美元。然而，其与东盟成员国在华投资相比仍有很大差距。尽管新加坡和印度尼西亚位居中国海外投资 20 大目的地之列，但中国在东盟的投资仅占中国海外投资总量的 3.5%。由此可见，中国对东盟成员国的海外投资已有迅速增长，但潜力仍然十分可观，这与东盟成员国在华投资近年来保持稳定形成对比，并可能意味着中国更希望获得在东盟成员国新的投资机会。

2003—2008 年中国对外直接投资存量情况表（单位：亿美元）

	2003	2004	2005	2006	2007	2008
总量	332	448	572	906.3	1179	1839.7
在东盟国家投资	6	10	13	18	40	65

数据来源：历年《中国对外直接投资统计公报》，作了计算和处理。

在上述背景下，中国和东盟成员国经过六年的努力，③ 克服了谈判中出现的一些分歧和困难，④ 于 2009 年签署了《投资协议》，确保了中国-东盟自由贸易区 2010 年 1 月 1 日的按时启动。

二、《投资协议》的主要条款

《框架协议》第 5 条为中国-东盟自由贸易区投资协议设定了如下目标：第一，谈判以逐步实现投资机制的自由化；第二，加强投资领域的合作，便利投资并提高投资规章和法规的透明度；第三，提供投资保护。本节将审视《投资协议》的主要条款，考察其能否实现上述目标。

（一）投资和投资者的定义

投资和投资者的定义决定了投资条约的适用范围，只有合格的投资和投资者能享受条

---

① 根据中国商务部统计数据计算。

② 中国商务部网站，http://hzs.mofcom.gov.cn/accessory/200909/1253868856016.pdf，2010 年 7 月 2 日访问。该统计公报自 2004 年起按年度发布。

③ 中国-东盟贸易谈判委员会投资工作组于 2003 年设立并启动《投资协议》谈判。

④ See Huiping Chen, *China-ASEAN Investment Agreement Negotiations*, Frontiers of Law in China, Vol. 1, 2006, pp. 423-431.

约所提供的保护，因此投资和投资者的定义无疑是条约的核心内容之一。①

《投资协议》第 1 条第（4）项规定的是一个以资产为基础的投资定义，② 包括"各种资产"，并以非穷尽的方式（"包括但不限于"）列举了五类资产，如动产与不动产、股票债券、知识产权、特许经营权、金钱请求权等。但是，这些资产应是一方投资者"根据另一缔约方相关法律、法规和政策在后者境内投入的"。③ 借此，缔约方意在限制投资定义涵盖范围的广泛性，引导外国投资者遵守东道国的政策和法律。若发生争议且被提交国际仲裁解决，东道国或可基于该限制主张所涉资产不构成投资，即不在条约的适用范围之内。

在一些国际投资仲裁案例中，某项资产——特别是金钱请求权——是否构成条约所规定的投资是重要的争议问题。如 MHS 案中，④ 争议焦点便是一项基于沉船打捞合同的金钱请求权可否构成 BIT 所规定的投资。该案仲裁庭援引了学者学说⑤和其他仲裁裁决⑥，根据其所提出的认定投资的五要素逐一考察，最终裁定本案所涉金钱请求权不构成投资。⑦ 对此，申诉人以仲裁庭明显越权为由向 ICSID 申请撤销裁决。撤销专门委员会认为，根据 BIT 的条款可以认定本案金钱请求权构成投资。专门委员会多数意见还倾向于 Biwater 仲裁庭的裁决⑧，主张不应在每个案件中严格地适用"Salini Test"，因为上述五要

---

① 参见张庆麟：《评晚近国际投资协定中"投资"定义的扩大趋势》，载张庆麟主编：《全球化时代的国际经济法》，武汉大学出版社 2009 年版，第 346～347 页。

② 关于投资条约中的投资定义的类型及原因，参见陈安主编：《国际投资条约的新发展与中国双边投资条约的新实践》，复旦大学出版社 2007 年版，第 34～36 页；余劲松主编：《国际投资法》，法律出版社 2007 年版，第 219 页。

③ 根据第 1 条第（4）项的脚注，政策系指经一缔约方政府批准和宣布并以书面形式向公众公布的影响投资的政策。因此，"政策"一词涵盖范围广泛，除直接针对投资外，还包括任何为实现其他目的（如环境保护、社会保障）但影响到投资的政策，但应符合透明度之要求。

④ Malaysian Historical Salvors Sdn Bhd v. The Government of Malaysia, ICSID Case No. ARB/05/10. 该案的基本案情如下：申诉人 Malaysian Historical Salvors Sdn Bhd（简称 MHS）于 1991 年 8 月与马来西亚政府签订一份"无结果无报酬"（no finds-no payment）合同，约定由 MHS 寻找一艘在马来西亚领海内的古沉船并打捞船上货物。MHS 应自行承担所有费用，如打捞成功且获得拍卖收益，则马来西亚政府按合同规定的收益比例向 MHS 支付。经过四年的努力，MHS 打捞出来的瓷器经拍卖获得近 298 万美元。但马来西亚政府没有按照合同规定的 70% 比例支付，而是仅付给申诉人 120 万美元。双方由此发生争议，2004 年 9 月申诉人依英国-马来西亚 BIT 提请 ICSID 仲裁。

⑤ 系指 Schreuer 教授在其著作 "The ICSID Convention：A Commentary" 中提出的投资应具有的五个基本特征：一定的持续时间（a certain duration）；一定的利润和收益的预期（a certain regularity of profit and return）；风险的承担（the assumption of risk）；较大数额的投入（substantial commitment）；对东道国经济发展的贡献（significance for the host State's development）。

⑥ 有关裁决已经为数不少，如 Joy Mining 诉埃及案，有关该案的评述，参见陈安主编：《国际投资条约的新发展与中国双边投资条约的新实践》，复旦大学出版社 2007 年版，第 48～50 页。由于 Salini 诉摩洛哥案裁决在这一问题上的影响，学界和仲裁庭常将运用上述五要素认定投资（或略有出入）的方法称为"Salini Test"。See e. g. MHS v. Malaysia, Award on Jurisdiction, 17 May 2007, paras. 74, 101-102.

⑦ MHS v. Malaysia, Award on Jurisdiction, paras. 107-146.

⑧ Biwater Gauff（Tanzania）Limited v. United Republic of Tanzania, ICSID Case No. ARB/05/22, Award, 24 July 2008.

素并非明确规定之法律，不应将其上升为固定不变的测试。① 因此，专门委员会撤销了仲裁庭裁决。

显然，在 MHS 案中，BIT 并未明文规定"Salini Test"五要素的事实，是专门委员会认定仲裁庭越权并撤销裁决的主要依据。假如所涉条约有类似于《投资协议》中"根据另一缔约方相关法律、法规和政策在后者境内投入"的限制性规定，仲裁庭则不必寻求"Salini Test"的帮助，而只需依照该限制性规定裁定：由于所涉金钱请求权依据东道国法律并非"投资"，故不能得到条约的保护。这应是该项规定法律意义之所在。② 同时，应该注意的是，根据该规定的语义，纳入考虑范围的应是投资"投入"时的法律。若投资设立后，东道国法律发生变化，不应以其为由否定投资的性质及拒绝适用有关条约。③

投资者的定义在第 1 条第（5）款中，是指"正在或已在其他缔约方境内进行投资的一缔约方自然人或一缔约方法人"。"正在……进行投资"一语在中国签订的国际投资条约中十分少见，其意味着处在投资设立阶段的投资者也有资格获得协议的保护。但该用语的特殊意义因为其注释而大幅削弱：注释明确地将该词的适用范围限定为两种情形：其一是最惠国待遇条款；④ 其二是转移和利润汇回条款，即与初始投资的转移相关的问题。

"一缔约方的法人"指的是根据该国法律设立或组织的任何法人实体，但根据协议第十五条"利益的拒绝"，如果存在下述两种情况之一，缔约方可以拒绝给予另一方投资者本协议的利益：第一，如果进行投资的是一个由非缔约方的人拥有或控制的法人且后者在另一方境内没有实质性商业经营；第二，如果进行投资的是一个由拒绝给予利益的缔约方的人拥有或控制的法人。在这两种情况下，"法人的面纱"被揭开，隐藏在"另一方投资者"身后的非缔约方或东道国的投资者不能享受条约的利益。

（二）投资待遇

《投资协议》中的投资待遇标准包括最惠国待遇、国民待遇和公平公正待遇。

协议所规定的国民待遇（第 4 条）与最惠国待遇（第 5 条）的适用范围并不相同。国民待遇仅适用于投资设立之后的管理、经营、处置等方面，而最惠国待遇的适用范围扩大至投资的"准入、设立、获得、扩大"方面，即扩大到了准入阶段。中国签订的国际投资条约规定准入前（pre-establishment）最惠国待遇的尚不多见，除本协议外，仅有 2008 年的中国-新西兰自由贸易协定（FTA）、2009 年的中国-秘鲁 FTA 中的投资章节。不过，在准入阶段的外资待遇标准方面，关键问题是国民待遇，而不是最惠国待遇，因为东道国的目标是保护本国民族工业与投资者，其主要与国民待遇相关；区别对待不同国籍的外国投资者（即违反最惠国待遇）对实现前述目标并无多大裨益。而且，在《投资协议》中，第 14 条实际上不允许外国投资者将东道国违反准入前最惠国待遇义务的行为提请国

① MHS v. Malaysia, Decision on the Application for Annulment, 16 April 2009, paras. 78-80.

② 关于该问题的详细分析，参见于文婕：《双边投资条约投资定义条款中"符合东道国法律"要求对 ICSID 仲裁管辖的影响及其启示》，载《国际经济法学刊》2009 年第 4 期，第 325～346 页。

③ 当然，东道国根据新的法律采取的行动给投资者造成损害是否违反了条约的条款，则是另一个问题。

④ 《投资协议》规定了准人前的最惠国待遇，但外国投资者无权将东道国对准入前最惠国待遇义务的违反提请国际仲裁解决，详见下文有关分析。

际仲裁，使该义务更加有名无实。

国际投资自由化在国际投资条约中主要体现为准入前国民待遇条款。近年来，东盟积极推动投资自由化，在 2009 年签订的东盟内《全面投资协议》(Comprehensive Investment Agreement)、东盟-韩国 FTA、东盟-澳大利亚与新西兰 FTA 中，都规定了全面的准入前国民待遇。① 由于《框架协议》将"谈判以逐步实现投资机制的自由化"作为目标之一，在中国与东盟的谈判中，针对中国希望协议仅涉及投资促进与保护的立场，② 东盟曾坚持纳入准入前国民待遇条款。东盟主张，中国与东盟各国均已签订 BIT，足以实现促进和保护投资之目标，一个没有投资自由化条款的新投资协议将因此而缺乏必要性。据悉，中国作出了让步，同意在协议中纳入投资的逐步自由化条款。③ 上文对中国与东盟之间相互投资现状的分析表明，至少有限度的投资自由化（或准入前国民待遇）可能更利于促进中国在东盟的海外投资，④ 对中国经济整体的影响可能是积极的。因此，从双方政治和经济关系、推动自贸区建设的需要⑤等多方面考虑，在新的投资协议中接受准入前国民待遇或许更符合中国利益。但最终《投资协议》没有此项规定，这表明，中国拒绝准入前国民待遇的国际法义务的立场是坚决并不为局部利益所左右的。其中，法律因素的衡量起到了重要作用，尽管利益的考量可能是决策的基础，但在实践中法律的说服力是不可或缺的，否则，利益冲突情况下的谈判就将会成为各方实力赤裸裸的较量；如果在与东盟的协议中接受准入前国民待遇，那么，中国在与其他国家——特别是美国——谈判投资协议时，拒绝该义务的立场就将缺乏说服力。

值得注意的是《投资协议》第 6 条。它规定，最惠国待遇和国民待遇不适用于任何现存的或新增的不符措施以及这些措施的延续或修改。虽然将现存不符措施排除在适用范围之外于中国 BIT 并不鲜见，⑥ 但豁免"新增的"不符措施是中国投资条约中的首例。它允许缔约方在协议生效后还能采取歧视措施而不违反条约义务，这实质上等同于没有承担国际法义务。因此，第 6 条大大削弱了《投资协议》中最惠国待遇和国民待遇两个条款的实际价值。

此外，从 Maffezini 案开始，最惠国待遇能否适用于争端解决机制的争议屡有发生，不同仲裁庭作出了不同甚至针锋相对的裁决。⑦ 为避免类似问题的出现，《投资协议》第 5 条第（3）款明确规定，最惠国待遇不包含要求给予另一方投资者除本协议规定内容之外的争端解决程序。

---

① 关于不同类型的国民待遇及其与投资自由化的关联，参见余劲松主编：《国际投资法》，法律出版社 2007 年版，第 230～236 页。

② 参见陈辉萍：《构建中国-东盟自由贸易区投资法律框架》，载王贵国主编：《区域安排法律问题研究》，北京大学出版社 2004 年版，第 254 页。

③ See Huiping Chen, *China-ASEAN Investment Agreement Negotiations*, Frontiers of Law in China, Vol. 1, 2006, pp. 423-431.

④ 这当然取决于缔约各方的具体承诺情况。

⑤ 参考前述中国在"早期收获"计划中的努力。

⑥ 如 2003 年中国-德国 BIT、2007 年中国-韩国 BIT。

⑦ 关于该争议，参见肖军：《剪不断，理还乱——国际投资仲裁管辖与最惠国待遇条款的解释》，载张庆麟主编：《全球化时代的国际经济法》，武汉大学出版社 2009 年版，第 396～412 页。

　　与最惠国待遇和国民待遇相比，公平公正待遇在实践中引起的法律争议更多、更激烈。① 因此，《投资协议》在规定给予投资者公平公正待遇的同时，从两个方面明确限制其适用范围：首先，它仅指各缔约方在任何法定或行政程序中有义务不拒绝给予公正待遇；其次，违反本协议其他规定或单独的国际协定的决定，并不构成对公平公正待遇的违反。这样，《投资协议》实际上将公平公正待遇的内容限定为正当程序原则。

（三）征收与补偿、转移与汇兑等其他保护和促进投资的实体法规则

　　《投资协议》第 8 条规定征收（包括征收、国有化以及其他等同措施）只能在符合四个条件的前提下实施：第一，为公共目的；第二，符合国内法律程序；第三，以非歧视的方式实施；第四，按协议规定的方式给予补偿。协议所规定的补偿标准，概括地说，就是以公平市场价值为准、不应有不合理的拖延、允许以可自由兑换货币自由转移。

　　征收的合法性与补偿的标准曾是国际法中激烈争论的一个问题。但在当今的国际投资条约实践中，关于征收与补偿的条约规则渐趋一致（尽管还会有一些细节上的差异）。② 《投资协议》的有关规定是该趋势的又一例证，其补偿标准从实质上来看就是"充分、及时、有效"，即赫尔规则。

　　由于协议所规定的投资定义包括知识产权，东道国对知识产权的强制许可是否构成征收可能引发争议。因此，协议明确规定，关于征收与补偿的规则不适用于根据 TRIPS 协议给予的强制许可。

　　关于转移与汇兑，国际投资条约一般规定，缔约方应允许投资者将其投资自由兑换为外币，允许此类转移不延误的自由汇入或汇出，并给予最惠国待遇。《投资协议》也不例外，但详细地规定了一些具体的限制条件或例外情形，如应遵守各国外汇管理的程序规则、为维护汇率稳定或为实施协议所明确列举的法律法规而阻止或延迟某项转移等（第10 条）。

　　透明度是多边贸易体制即 WTO 法的一项基本原则。在其影响下，近年来国际投资条约——尤其是包括投资章节的 FTA——也开始规定透明度义务，具体内容通常效仿 WTO 的有关规则。③ 《投资协议》亦采用了此种做法。其第 19 条规定的透明度义务主要有两个方面：及时公布有关法律法规、国际协议或安排等；设立或指定咨询点。该义务的承担者是"各方"，但像其他保护投资的条款一样，义务的内容仅指向东道国缔约方，因为应予公布的是影响"境内投资"的法律法规等。④

---

　　① 有关的讨论非常多，此处仅举数例：陈安主编：《国际投资条约的新发展与中国双边投资条约的新实践》，复旦大学出版社 2007 年版，第 52 ~ 71 页；杨慧芳：《外资公平与公正待遇标准的要素评析》，载《法学评论》2009 年第 3 期，第 77 ~ 82 页；张庆麟、张晓静：《论公正与公平待遇的习惯国际法特征》，载《国际经济法学刊》2009 年第 4 期，第 30 ~ 47 页。

　　② 有学者主张，这些规则已经形成习惯国际法规则，参见张庆麟、张晓静：《国际投资习惯规则发展状况分析——以双边投资条约为考察对象》，载《法学评论》2009 年第 5 期，第 89 ~ 95 页。

　　③ 传统的 BIT 很少有这方面的规定。See UNCTAD, *Transparency*, UNCTAD Series on Issues in International Investment Agreement, UNCTAD/ITE/IIT/2003/4, p. 11.

　　④ 协议参考中文本第 19 条第 1 款（1）的用语是"发布在其境内关于或影响投资的……"，此处翻译不甚准确，原意应为"发布关于或影响其境内投资的"。

为实现促进与便利投资的目标，《投资协议》第 20 条、第 21 条要求缔约方开展各种方式的合作，如简化手续、促进信息交流、组织研讨会等。当然，这些措施只能为外国投资创造良好的条件，而不能替代私人投资者的决策。

（四）投资者-东道国争端解决机制

如前所述，《争端解决机制协议》适用于《框架协议》及其各附属协议，因此，缔约国之间因《投资协议》产生的争端的解决也可以适用《争端解决机制协议》。《投资协议》则在第 14 条中详细规定了投资者与东道国之间争端解决机制。

协议第 14 条适用于因东道国违反下述条款对投资的管理、经营、运营、销售或其他处置等行为给投资者造成损失而引起的投资争端：第 4 条（国民待遇）、第 5 条（最惠国待遇）、第 7 条（投资待遇）、第 8 条（征收）、第 9 条（损失补偿）、第 10 条（转移和利润汇回）。在此，有两点应予注意：首先，通过穷尽式地列举相关的协议条款，协议排除了投资者将东道国违反其他条款的行为诉诸争端解决机制的可能性，其中最重要且可能被违反的是透明度条款。其次，通过列举管理、运营等投资行为而将"准入、设立、获得、扩大"排除在外，协议否定了将东道国在外资准入阶段采取的措施提请争端解决的可能性，尽管协议规定的最惠国待遇适用于准入阶段。

争端发生后，双方应首先通过协商谈判解决。在（投资者）提出协商的书面请求后，① 如争议不能在 6 个月内解决，则投资者可以选择将其提交东道国国内法院或行政法庭，或者提请国际仲裁。可选择的国际仲裁机制包括 ICSID 仲裁、ICSID 附加便利规则仲裁、依据 UNCITRAL 规则的仲裁以及任何其他经由争端各方同意的仲裁。

如果争端一方是印尼、菲律宾、泰国或越南，投资者在国内救济和国际仲裁之间作出的选择是终局性的。而当争端方是中国以及其他六个东盟成员国之一时，即使争端已经被诉诸国内救济，只要国内法院没有作出最终裁决且投资者能够撤回申请，他仍然可以将争端提交国际仲裁。该两种规则都是为了防止国际仲裁庭可以像上诉法院一样审查国内法院的裁决，是严格程度不同的"岔路口条款"。

投资者选择国际仲裁，还必须满足两个条件。第一，投资者必须在知道或应当知道东道国违反协议的行为对其投资造成损害之后的 3 年内提请仲裁。② 第二，投资者必须在提交仲裁请求 90 日前将其打算仲裁的意愿以书面方式通知东道国，通知应指定一种仲裁规则并声明放弃发起其他程序的权利，应简要总结争议的基本情况；东道国有权要求投资者先完成该国国内法规定的行政复议程序。

如果投资者主张，东道国的税收措施违反了第 8 条关于征收的规定，则东道国有权请求与非争端缔约方进行磋商，以确定该税收措施是否等效于征收或国有化，即是否构成间接征收。仲裁庭应认真考虑缔约方经磋商作出的决定。借此，缔约方希望更多的通过政治途径解决此类争议，限制投资者成功挑战东道国税收措施的可能性。

---

① 协议并未限定该书面请求由谁提出，但因为这是投资者发起争端解决程序的前提条件，所以实践中通常会由投资者提出。

② 根据该条第 2 款的规定，对于在协议生效前已发生的事件引发的投资争端、已解决的争端或者已经进入司法或仲裁程序的争端，都不能适用本机制。

（五）例外条款

《投资协议》效仿 GATS，规定了三个例外条款：第 11 条"国际收支平衡保障措施"、第 16 条"一般例外"以及第 17 条"安全例外"。这三个条款都是在基本沿用 GATS 相应规则的基础上，① 添加 GATT 相应规则的某些要素。因此，当发生争议时，该三个条款的解释和适用，如第 16 条中"必需的"一词的含义、该条前言与各款之间的关系等，均应参考 WTO 有关案例。

近年来，与阿根廷经济危机相关的一些仲裁裁决②引起了人们对国际投资条约中安全例外条款的关注。③ 就《投资协议》而言，缔约方能否援引第 17 条，为其应对经济危机而采取的限制投资措施进行辩护呢？与 GATT 和 GATS 的对应条款相似，第 17 条也列举了缔约方保护基本安全利益的行动，包括与核不扩散相关的行动、战时或国内或国际关系中其他紧急情况下采取的行动等。根据通常的理解，所列举事项都或多或少地与军事威胁相关，但不包括经济危机。④ 然而，与 GATT 和 GATS 有关条款不同的是，《投资协议》第 17 条特意加入了"包括但不限于"的用语，说明上述列举是非穷尽的。因此，该安全例外条款虽没有明确提及经济危机，但仍可适用于缔约方应对经济危机的各种措施。

三、对《投资协议》的综合评价

第二次世界大战之后，保护和促进投资的国际条约形式主要为 BIT。自 1982 年与瑞典签订第一个 BIT 之后，迄今中国已与包括所有东盟成员国在内的 120 多个国家签订了此类条约。因此，评价《投资协议》在投资保护和促进方面的意义应以这些 BIT 为参照。

从 1983 年 3 月的中国-泰国 BIT 到 2001 年 12 月的中国-缅甸 BIT，中国与各东盟成员国之间签订 BIT 的时间跨度长达 18 年。其间随着中国经济的发展和对外开放程度的提高，中国对于 BIT 投资保护作用的态度也在发生变化。尤其是在 2000 年前后，中国 BIT 所规定的投资保护水平显著提高，主要体现在两个方面：第一，此前只有少数 BIT 规定国民待遇，而新的 BIT 基本都包括准入后国民待遇条款；第二，以前的 BIT 基本只允许投资者将征收补偿额的争议提请国际仲裁，而新的 BIT 取消这一限制，投资者通常可以将东道国任何违反 BIT 条约义务的行为诉诸国际仲裁。⑤ 这一发展在中国与各东盟成员国之间 BIT 的诸多差异上也得以体现，只有最新的中国-缅甸 BIT 规定了国民待遇；合法征收应满足的

---

① 《投资协议》还直接援引了 GATS 的有关规定，如第 16 条第 1 款（1）的脚注规定："就本款而言，《服务贸易总协议》第 14 条脚注 5 经必要修改后纳入本协议，构成协议一部分。"

② 如 CMS 诉阿根廷案等。

③ See UNCTAD, *The Protection of National Security in IIAs*, UNCTAD Series on International Investment Policies for Development, p. 1.

④ Ibid, pp. 85-87.

⑤ 在 2000 年之后的 BIT 中，参考国际投资条约实践的新发展，并考虑到特定缔约对方国家的谈判立场，一些 BIT 含有独具特色的规定，如 2006 年中国-印度 BIT 含有对判定间接征收的限制性规定、2008 年中国-墨西哥 BIT 规定了在国内学界备受质疑的国际法最低标准等。尽管如此，这些规则没有普遍出现在中国 BIT 之中，且其所体现的投资保护态度也未发生像 2000 年前后那样大的变化。

条件不尽相同；最早的中国-泰国 BIT 对征收补偿规定的是"合理"标准，其他条约则尽管用辞不同，但基本要求按市场价值予以赔偿；中国-泰国 BIT 没有规定投资者-东道国争端解决机制，中国-缅甸 BIT 允许将任何与投资有关的争议提请国际仲裁，其他 BIT 则只将该允许的范围限于征收补偿额。这种差异既加重了管理和实施条约的有关政府部门的负担，又可能使不同国籍的投资者遭受不平等待遇。①《投资协议》消除了差异，基本统一了各缔约方相互承担的保护投资的国际法水平，起到了"整平游戏场地"的作用；中国不必再为达到同一目的与每个国家重签或续签 BIT。

通过分析《投资协议》有关投资保护的具体条款，我们可以确定，其保护投资的条约义务水平基本上与中国 2000 年以后新签 BIT 相当，易言之，与中国-泰国 BIT 等相比，保护水平有了显著提高。但是，《投资协议》第 6 条对最惠国待遇和国民待遇条款的限制适用大大削弱了该两条款的实际效力，致使在此点上的投资保护力度逊色于其他中国新签的 BIT。假如采用与各国单独签订 BIT 的方式，或许（至少在大多数条约中）不会出现此种限制性规定。

由于各国政府不能代替投资者作出投资决策，因此，促进投资问题尽管重要，但在以政府行为为适用对象的国际投资条约中居于次要地位。例如，2001 年中国-缅甸 BIT 仅在第 2 条"促进和保护投资"的两款中，简单地要求东道国"鼓励"投资、提供获得签证和工作许可的便利。相比而言，《投资协议》中促进与便利投资的规定显然更具体和丰富。

自由贸易协定往往涵盖涉及货物贸易、服务贸易和投资等多方面的规则，实现缔约方之间利益交换与平衡的可能性比单纯调整国际投资的 BIT 更大；在《北美自由贸易协定》等 FTA 的示范和贸易自由化的推动下，各国签署的 FTA 多数含有投资自由化的内容。如前述东盟签署的 FTA 即是如此，尽管多数东盟成员国并没有在 BIT 中接受准入前国民待遇。

中国的 FTA 不可避免地受到该趋势的影响，也含有一些投资自由化因素，如准入前最惠国待遇、透明度、② 中国-新西兰 FTA 中的业绩要求条款等，但投资自由化的核心条款——准入前国民待遇一直被拒之门外。《投资协议》不仅因中国的反对而没有规定准入前国民待遇，而且将违反准入前最惠国待遇、透明度这些带有 FTA 特色的条约义务的东道国行为排除在争端解决机制适用范围之外，只允许将那些传统投资保护规则诉诸机制，使该协议明显地带有传统 BIT 的色彩。

综言之，《框架协议》为中国-东盟自由贸易区投资协议制定了投资自由化、投资保护和投资促进三个方面的目标。以这三个目标为衡量标准，《投资协议》显著提高了中国与多数东盟成员国之间关于投资保护的国际法义务水平，丰富了促进投资的合作方式，可谓"新瓶装新酒"。但是，协议仅对投资自由化问题略有涉及，拒绝了准入前国民待遇，与

---

① 尽管从法律上说，这种情况应该基于最惠国待遇条款而得以避免。例如，缅甸投资者得到了国民待遇，泰国投资者就可以诉诸最惠国待遇，要求获得与缅甸投资者相同的待遇，实际上也获得国民待遇。但 Maffezini 案及其类似案例表明，困难仍然可能存在。

② 关于透明度与投资自由化的关系，参见卢进勇等主编：《国际投资条约与协定新论》，人民出版社 2007 年版，第 62 页。

其他国家 FTA 的投资章节相比，协议更像是 FTA 中的 BIT。而且，协议的一些限制性规定使投资保护的水平甚至低于中国新签的 BIT。因此，在此意义上，《投资协议》可视为"新瓶装旧酒"。

海外法学前沿

新自由主义监管路径的失败[*]

——欧洲金融监管法制的最新发展与回顾

■ 冯　果[**]　柴瑞娟[***]

2008 年的金融风暴改写了世界经济的历史，其发源地美国，由于居于这场金融风暴的"风暴眼"处，更是饱受惨烈冲击，千疮百孔，痛定思痛之下，美国的金融监管体制变革拉开了序幕。相较之金融危机对美国的重创，欧洲虽然未能抵挡住华尔街瘟疫来势汹涌的蔓延，亦被累及，但大体而言，并未如美国般泥潭深陷。然而 2008 年对于欧洲来讲，也并非平静的一年。概览回顾 2008 年欧洲各国的金融领域，其均不乏这样那样的事件发生，其中尤以震惊世界的法国兴业银行违规交易案件和欧盟金融监管体制变革为最。一系列金融事件和政府监管举措的出台，预示着与新自由主义监管路径分道扬镳的新的监管时代即将开启。

一、欧洲金融市场发展回顾

与美国金融市场相比，欧盟的金融市场发展本就相对滞后，市场分割情况严重，各国

　* 本文系 2009 年度武汉大学海外人文社科项目 09 年度资助项目成果。感谢汪明玲、沈超、卢岚同学为本课题提供了部分资料。
　** 冯果，武汉大学法学院教授、博士生导师，法学博士。
　*** 柴瑞娟，山东大学法学院讲师，法学博士。

金融市场监管体系差异较大、冲突频繁，立法程序复杂、监管制度落后。① 在金融危机的冲击下，2008 年欧盟国家的经济萎缩幅度远超于预期，多国失业率急剧攀升，预算赤字高涨，欧盟《稳定与增长公约》关于财政赤字不得超过当年 GDP 的 3% 的规定形同虚设。

面对金融危机的凶猛冲击，欧洲各国政府均大显身手，纷纷出台各种措施干预金融市场以求应对。盘点 2008 年欧洲金融市场，各国政府干预金融市场的主要措施如下：

2008 年 10 月，欧元区 15 国领导人在法国巴黎举行有史以来的首次峰会，会议通过了一项大规模的救助计划——欧元区国家政府将在 2009 年年底前，为银行五年期以下的新发债务提供担保，并通过取得优先股的方式向银行直接注资，以缓解银行因为信贷紧缩而面临的融资困难。②

随后，英国财政部宣布对本国最大的三家银行——苏格兰皇家银行（RBS）、苏格兰哈里法克斯银行（HBOS）和劳埃德 TSB 银行（Lloyds TSB），注入总额 370 亿英镑的资本金。

而几乎与英国的救市措施同时，10 月 17 日德国联邦参议院通过政府提出的近 5000 亿欧元的救市计划，以稳定陷入危机的金融市场。无独有偶，西班牙政府亦批准组建一个规模为 300 亿欧元的基金，从该国银行收购流动性差的资产，这样银行就有资金继续向企业和家庭发放贷款。③

进入 11 月，各国加快了刺激本国经济的步伐。2008 年 11 月 25 日，英国财政部公布了一项总额为 200 亿英镑（1 英镑约合 1.48 美元）、以减税为核心的一揽子经济刺激计划，以恢复消费者信心、扭转经济颓势。根据该计划，英国政府将从 2008 年 12 月 1 日起把商品服务增值税税率从目前的 17.5% 暂时下调至 15%，2010 年再恢复到当前水平。同时，政府还计划从 2011 年起提高高收入人群个人所得税，把年收入在 15 万英镑以上的个人所得税税率从 40% 上调到 45%，以此筹集经济刺激计划所需资金。④

为协调各国步伐，11 月 26 日，欧盟委员会公布了一项总额达 2000 亿欧元的庞大经济刺激计划，试图协调各成员国拯救实体经济的行动。2000 亿欧元相当于欧盟国内生产总值的 1.5%，其中 300 亿欧元将来自欧盟预算和欧洲投资银行，其余 1700 亿欧元将包括各成员国自己采取的经济刺激行动。这实际上意味着欧盟成员国平均须拿出相当于本国国内生产总值 1.2% 的资金用于振兴本国经济。根据这份计划，成员国应考虑扩大公共支出以及减税、降息等积极的财政和货币政策，为经济增长注入活力。计划认为，加大公共支出力度对刺激需求会产生立竿见影的效果，减轻普通劳动者的税负和暂时降低增值税则会为消费提供支撑，在通货膨胀压力不断缓解的情况下，欧盟成员国中央银行的降息举动也将有助于帮助经济复苏。

2008 年欧盟亦有不少作为。迫于部分成员国的压力，欧盟委员会于 12 月 8 日公布了

---

① 陈彬、曾冠：《论欧盟证券一体化的发展与困境》，载《证券市场导报》2007 年第 10 期。

② 财经网综合报道：《欧元区国家通过大规模救助计划》，http：//www. caijing. com. cn/2008-10-16/110020807. html，2009 年 7 月 4 日访问。

③ 财经网综合报道：《西班牙政府批准组建一个规模为 300 亿欧元的基金》，http：//www. caijing. com. cn/2008-10-10/110019254. html，2009 年 7 月 4 日访问。

④ 新华网综合报道：《英国政府出台 200 亿英镑经济刺激计划》，http：//news. xinhuanet. com/fortune/2008-11/25/content_10409115. htm。

新的审批规则，放宽了对成员国救助金融机构的补贴限制，其中一项重要内容就是允许成员国向财务状况良好的金融机构提供补贴，以鼓励它们向实体经济部门发放贷款。根据新规则，欧盟委员会批准了德国政府修改后的金融救助计划。12 月 23 日欧盟委员会宣布批准英国政府对 5000 亿英镑金融救助计划作出的修改，以便适应新形势的需要。英国修改后的金融救助计划主要是调整了英国政府在为银行债务提供担保时的收费标准，扩大了被担保金融产品发售时采用的币种，除了原先规定的英镑、美元和欧元外，还可以是日元、澳元、加元和瑞士法郎。此外，欧盟委员会还同意，英国政府出于拯救实体经济的需要，在对财务状况良好的金融机构提供补贴时可放宽相关要求，无需提供重组方案。①

2008 年欧洲各国政府干预金融市场措施一览表②

时　　间	事　　件
2008 年 1 月 24 日	法国兴业银行欺诈案曝光
2008 年 10 月 7 日	冰岛政府宣布接管陷入财困的当地第二大银行 Landsbanki
2008 年 10 月 9 日	冰岛政府金融监管委员会宣布接管该国最大的商业银行 Kaupthing
2008 年 10 月 10 日	西班牙政府批准组建一个规模为 300 亿欧元的基金
2008 年 10 月 12 日	欧元区国家通过大规模救助计划
2008 年 10 月 13 日	英国向银行注资 370 亿英镑
2008 年 10 月 17 日	德通过 5000 亿欧元救市计划
2008 年 11 月 25 日	英国出台 200 亿英镑经济刺激计划
2008 年 11 月 26 日	欧盟出台 2000 亿欧元经济刺激计划
2008 年 12 月 4 日	欧元区主导利率降至 2.5%
2008 年 12 月 16 日	法国三家银行涉及麦道夫欺诈案
2008 年 12 月 23 日	欧盟批准英国新版金融救助计划

二、欧洲各国干预金融市场的措施与最新进展

进入 2009 年，各国挽救金融危机干预本国金融市场的步伐依然没有停歇。下文以几个主要的欧洲国家为例：

（一）德国

受全球金融危机影响，德国经济在 2008 年第三季度陷入衰退。为促进经济发展，德国政府于 2008 年 11 月宣布了第一个经济刺激计划，但实际效果收效甚微。刚进入 2009年，德国政府就酝酿新的经济刺激方案，2 月 20 日德国联邦参议院通过了政府提交的第二个经济刺激计划，该计划是德国战后出台的规模最大的经济刺激计划。根据该计划，政

---

① 尚军：《欧盟批准英国新版金融救助计划》，http：//news. xinhuanet. com/world/2008-12/23/content_10549446. htm。

② 由笔者根据公开报道搜集整理。

府将在今明两年内投入 500 亿欧元的资金，主要用于公共基础设施建设。该计划还包括降低法定医疗保险费、增加职工培训措施、对汽车制造等工业企业实施特殊的救助办法等。①

与此同时，为防止系统性危机导致银行倒闭，2 月 18 日还通过了允许将银行强制国有化的法案。该法案被称为金融市场稳定补充法律。该法案的制定是因为政府试图控制陷入困境的德国住房抵押贷款银行 Hypo Real Estate Holding AG，该银行已收到 1020 亿欧元的贷款和国家保障。②

欧盟委员会 2 月 19 日还批准德国政府为本国企业提供优惠利率贷款以刺激经济增长。根据这项临时性的经济刺激举措，德国各级政府以及政策性银行将为企业提供优惠贷款，凡 2010 年底前缔结的贷款合同在 2012 年底前可一直享受优惠利率，在此之后需按市价支付利息。但是，只有在 2008 年 7 月 1 日后陷入困境的企业才有资格申请，政府会为此提供补贴。此举将显著降低企业融资成本，是促进企业投资和经济复苏的有效方式，且相关安排可以保证不会对竞争构成影响。③

（二）英国

为了防止英国经济出现持久衰退，并刺激经济尽早复苏，继 2008 年 10 月以来，英国中央银行英格兰银行连续四次降息，累计降息幅度达 3.5% 之后，2009 年 1 月 8 日英格兰银行更是宣布将基准利率降低 0.5% 至 1.5%，这是该行 1694 年成立以来的最低水平，也是英格兰银行成立 315 年来首次将基准利率降至 2% 以下。④

1 月 14 日，英国政府宣布一项新的企业贷款担保计划，以帮助中小企业渡过危机。该计划包括 100 亿英镑的运营资金安排，用以担保银行向部分公司发放的至多 200 亿英镑短期贷款，这些公司的营业额高达 5 亿英镑，同时还将向营业额达 2500 万英镑的小型企业提供高达 13 亿英镑额外银行贷款担保。此外，英国政府还承诺将帮助企业获得新的长期融资，并将 7500 万英镑投资于那些需要充实资本的小公司。⑤

紧接着，英国政府推出了第二轮经济刺激计划，⑥ 该计划包括三个方面：政府为新消费贷款提供担保、订立计划限制银行"有毒资产"，以及建议为用作拯救苏格兰皇家银行（RBS）及苏格兰哈里法克斯银行（HBOS）的优先股重新融资。

① 胡小兵：《德国参议院通过战后最大的经济刺激计划》，http：//news. xinhuanet. com/world/2009-02/20/content_10859473. htm。

② 王丹瑾：《德国内阁批准银行国有化法案 防止银行倒闭》，http：//business. sohu. com/20090218/n262322638. shtml。

③ 尚军：《欧盟批准德国为企业提供优惠贷款以刺激经济》，http：//news. xinhuanet. com/world/2009-02/19/content_10852192. htm。

④ 杨笑：《英国央行将利率降至历史新低》，http：//news. sohu. com/20090305/n262633693. shtml。

⑤ 钟慧：《英国推出 100 亿英镑企业贷款担保计划》，http：//business. sohu. com/20090115/n261756616. shtml。

⑥ 2008 年 10 月份，英国首相戈登·布朗（Gordon Brown）宣布了 500 亿英镑（约合 880 亿美元）的计划，内容是部分国有化大型银行，并承诺为 2500 亿英镑（约合 4380 亿美元）的银行贷款提供担保，旨在拯救面临全球金融危机下的英国银行业。

而几乎同时，苏格兰皇家银行逾 300 亿美元的年度亏损令英国政府也加快了援助银行业的步伐。2009 年 1 月 20 日，英国政府公布了第二轮银行援助计划。根据该计划，英国政府考虑成立"坏账银行"，吸收各大商业银行有风险的贷款资产，以此鼓励银行恢复正常放贷，刺激经济复苏。而随着英国政府对各银行的救援，英国银行多数已经或即将开始实现国有化。同时英国政府将为银行亏损提供保险，并为其劣质资产提供担保。银行将与政府就其未来从某类特定资产带来的损失总额达成协议，财政部将为这数额以外的额外损失提供 90% 的担保。作为交换，银行将要向政府交付保险费用，同时，银行必须承诺增加对急需信贷的消费者和企业的放贷。此外，英国政府还将增持苏格兰皇家银行（RBS）股份，将其持股比例提高至 68%。英国财政部也将增持劳埃德银行（LloydsTSB）与哈利法克斯银行（HBOS）合并而成的劳埃德银行集团股份至 50%。若计划得到落实，除巴克莱银行与汇丰银行外，英国其他银行已大部分被国有化。①

（三）法国

较之动作频频的德国和英国，法国略显安静。除 1 月法国推出 105 亿欧元银行救助方案后，至今也无大的动作。1 月 21 日法国经济部公布了政府第二轮银行救助计划，规模最高将达到 105 亿欧元（约合 136.3 亿美元），具体数据取决于银行的需求。该轮新的救助计划基本上与去年通过的第一轮救助方案的规模相当，具体将使得受救助银行的核心资本充足率增加 50 个基点。②

三、欧盟金融监管体制之最新变革

（一）欧盟金融监管体制变革背景

金融危机对欧洲的重创，凸显了欧盟金融监管体系的弊端，也为改革提供了动力。目前，欧盟层面上的金融监管主要是由三个不同领域的专门委员会负责。它们分别是欧洲证券管理委员会、欧洲银行管理委员会以及欧洲保险和职业养老金管理委员会。这三个委员会分别由各成员国对口的监管机构代表组成，旨在促进欧盟层面上的金融监管协作，消除各成员国在监管规则上的差异。但从实际运行效果来看，效果甚微。在金融活动日益超越国界之际，欧盟内部的监管职权依然牢牢掌握在成员国手中，并且在欧盟层面上缺乏协调，由此形成了成员国各自为政、条块分割的格局——欧洲有一个欧元区，但是却有 27 个国家层面的监管机构。而这些监管机构之间只有相当松散的联系，并没有一个权力实体能够对各国监管者进行约束或规范。而且另一方面，各国金融市场之间存在着竞争——这使得监管者有激励去创造更"优惠"的监管环境来吸引市场参与者。③

---

① 孙晓辉：《英国再推千亿英镑银行援助计划》，载《证券时报》2009 年 1 月 20 日。
② 李斌：《法国推出 105 亿欧元银行救助方案》，载《中国证券报》2009 年 1 月 22 日。
③ 尚军：《经济观察：欧盟峰会勾勒泛欧金融监管蓝图》，http://news.xinhuanet.com/world/2009-06/18/content_11560467.htm 09618；Commission puts forward proposals to the European Council on sovereign wealth funds and financial stability, http://europa.eu/rapid/pressReleasesAction.do? reference = IP/08/313&format = HTML&aged = 0&language = EN&guiLanguage = en。

金融危机爆发后，欧盟开始反思自身金融监管体系的缺陷。为解决这种监管条块分割的现状，强化泛欧金融监管，保证金融市场的稳定，欧盟委员会作出了很多努力。2008年5月23日欧盟委员会发起一项公众咨询活动，为加强在欧盟层面上的金融监管寻求良策，以更好地防范和应对金融市场动荡。①

2008年10月欧盟委员会更是授权法国前央行行长雅克·德拉罗西埃为首的专家小组提出改革建议。专家小组在2009年2月底提交给欧盟委员会的报告中认为，随着经济全球化的发展，金融机构的活动往往超出一国范围，但欧盟境内的金融监管体系依然是成员国各自为政，明显落伍于现实需要。官方数据显示，欧盟共有8000多家银行，而其总资产的2/3掌握在40多家跨国企业手中。根据德拉罗西埃专家小组的建议，欧盟应设立两个泛欧金融监管机构，一个是欧洲系统风险委员会（ESRC），由欧洲中央银行牵头，负责从宏观层面上监测整个欧盟金融市场上可能出现的系统性风险，另一个则是欧洲金融监管者系统（ESFS），由各国金融监管机构代表组成，负责在微观层面上对跨国金融机构和金融活动实施更加有效的监管。② ESRC负责汇总、分析金融稳定方面信息，发布风险预警，且能在认为国家应对不足时于区域范围内采取行动。ESFS属于分权性组织，主要与各国现行监管者一道监管未上市企业，独立于政治机构之外，但对它们负责。③

其后，欧盟为此也曾提出过加强金融监管的"梯度方案"：第一步是在欧盟内部建立统一的金融监管机构，结束政出多门的现状。主要监管内容有：（1）将对冲基金纳入强制登记和监管范围；（2）信用评级机构须经欧盟认可；（3）要统一金融资产评估标准；（4）要提高银行的自备金率；（5）要制定金融企业负责人的薪水标准；（6）要对提供"避税港"的国家进行制裁。据悉，欧盟已对主要监管内容达成一致，监管细则有待谈判制定。第二步，欧盟将把其监管标准推向国际，推动有关国家参照制定。④

（二）欧盟金融监管变革：泛欧金融监管体制的建立

在经过一系列酝酿和预热之后，2009年5月27日，欧盟委员会主席巴罗佐（José Manuel

---

① http：//europa. eu/rapid/pressReleasesAction. do？ reference = MEMO/09/250&type = HTML&aged = 0&language = EN&guiLanguage = en；新华网综合报道：《欧盟拟强化泛欧金融监管》，http：//news. xinhuanet. com/newscenter/2008-05/23/content_8238829. htm。

② 尚军：《欧盟欲"趁热打铁"推进金融监管改革》，http：//cs. xinhuanet. com/xwzx/04/200904/t20090405_1811060. htm；http：//europa. eu/rapid/pressReleasesAction. do？ reference = SPEECH/09/271&type = HTML&aged = 0&language = EN&guiLanguage = en。

③ http：//europa. eu/rapid/pressReleasesAction. do？ reference = MEX/09/0527&format = HTML&aged = 0&language = EN&guiLanguage = en；新华网综合报道：《欧盟考虑加强金融监管》，http：//news. xinhuanet. com/world/2009-02/27/content_10900295. htm。

④ Financial services：Commission proposes stronger financial supervision in Europe，http：//europa. eu/rapid/pressReleasesAction. do？ reference = IP/09/836&format = HTML&aged = 0&language = EN&guiLanguage = en；方祥生：《欧盟要与美争夺金融监管主导权》，载《光明日报》2009年3月31日。Introductory remarks at the Joint Press Conference on European Financial Supervision，http：//europa. eu/rapid/pressReleasesAction. do？ reference = SPEECH/09/273&format = HTML&aged = 0&language = EN&guiLanguage = en；Financial services：Commission proposes stronger financial supervision in Europe，http：//europa. eu/rapid/pressReleasesAction. do？ reference = IP/09/836&format = HTML&aged = 0&language = EN&guiLanguage = en。

Barroso）在比利时首都布鲁塞尔的欧盟总部公布了欧盟金融监管的改革方案。该方案试图设立一套泛欧金融监管体系，加强欧盟层面上的金融监管，改变目前各成员国条块分割的局面。①

之后，在 2009 年 6 月 18、19 日的欧盟峰会上，经过欧盟 27 个成员国首脑讨论后一致同意，欧盟将"在 2010 年设立具有约束力"的金融监管机构，即组建由欧洲央行理事会成员推举主席的"泛欧风险监管委员会"，以在欧盟层面上加强金融监管，避免类似当前的国际金融危机今后重演。② 在欧盟领导人通过改革方案后，欧盟委员会计划在今年秋季出台相关立法建议，启动立法程序，新的泛欧金融监管体系有望于 2010 年诞生。

根据金融改革方案，欧盟拟建立一套全新的泛欧金融监管体系，在宏观层面上成立一个名为"欧洲系统性风险管理委员会"（European Systemic Risk Council 又称"泛欧风险管理委员会"）的新机构，负责监测整个欧盟金融市场上可能出现的系统性风险，及时发出预警并在必要情况下提出应对建议。"泛欧风险管理委员会"主席由欧洲央行理事会的成员推选产生，而理事会的成员既包括欧元区国家的代表，也包括欧盟成员国中非欧元区国家的代表。与此同时，在微观层面上，主要由成员国相关监管机构代表组成的 3 个监管局将分别负责银行业、保险业和证券业的监管协调。但三个金融监管委员会的权力亦有明确的限制，即任何监管措施的出台都不能损害成员国的财政主权，同样，在采取统一的决策时，必须充分发挥成员国各自监管机构的作用，在最大限度地化解矛盾和缩小分歧基础上，实施欧盟统一框架下的监管。③

（三）泛欧金融监管体制的前景展望

比较美国与欧盟的金融监管改革方案，两者不乏类似之处，最为突出的一点就是，美欧各自推出了自己的"超级金融监管机构"——美国金融监管改革方案中，美联储的监管范围扩大到所有可能对金融稳定造成威胁的企业，通过权力的集中，美联储完成了由中央银行到"金融监管超级警察"的跨越，将成为美国金融监管的最主要防线，而欧盟的主要由成员国央行行长组成的欧洲系统性风险管理委员会，与监管权力得到极大扩张的美联储角色非常相似，都担负着"超级警察"的角色。④

"超级警察"式的管理机构体现了非常时期，人们对于"强力"和"铁腕"的期待。"乱世用重典"、"病重需猛药"，对于欧美国家来说，金融改革方案也许是一剂应时应景

---

① 武巍:《欧盟委员会出台改革方案拟加强泛欧金融监管》, http://news. xinhuanet. com/photo/2009-05/27/content_11446677. htm。

② Financial Supervision—Frequently Asked Questions, http: //europa. eu/rapid/pressReleasesAction. do? reference＝MEMO/09/251&format＝HTML&aged＝0&language＝EN&guiLanguage＝en。

③ http: //europa. eu/rapid/pressReleasesAction. do? reference＝MEMO/09/251&format＝HTML&aged＝0&language＝EN&guiLanguage＝en; Financial services: Commission proposes stronger financial supervision in Europe, http: //europa. eu/rapid/pressReleasesAction. do? reference ＝ IP/09/836&format ＝ HTML&aged ＝0&language＝EN&guiLanguage＝en; 李铁:《欧盟:设立专门机构强化金融监管》, 载《经济日报》2009年 6 月 23 日。

④ 柳奇:《全球金融监管变革　美欧各自推出超级警察》, http: //news. xinhuanet. com/world/2009-07/03/content_11649183. htm。

的良药。如果改革方案付诸实施，不仅有助于美欧金融市场的规范可持续发展，也有利于世界各国金融市场的稳定发展，是值得肯定的。但是这剂药能够发挥多大的效力，尚未可知。①

尤其对于欧盟金融监管改革而言，前路更是崎岖。因为其改革涉及众多成员国利益，各国不仅存有歧见，而且相应的改革方案还需经立法程序和最终建立监管实体等繁复的过程。因此，可以预见的是，欧盟金融体制的改革，较之美国，其步履将更为蹒跚，且困难重重，因为这既是各国观念的交锋，也是各国利益的博弈。其未来进路如何，很难预料。然而可以预料的是，在金融监管领域，围绕是否存在监管过度、导致市场活力和创新不足，如何提高监管效率和有效性等问题的争论还将继续持续下去，此次金融监管体制的巨大变革，并不是这一系列问题的句号。

四、法国兴业银行违规交易案件之透析与反思

（一）法国兴业银行违规交易案件始末

对于法国金融界而言，2008 年最痛楚的记忆也许并不是其亦无例外的遭受到了弥漫全球的金融危机的侵袭和重创——据不完全统计，法国四大商业银行因次贷危机遭受的损失总计近 170 亿欧元，次贷危机亦导致银行股成为股市重灾区，各大银行股票市值大幅缩水，这些都迫使各银行普遍提高了个人房贷和消费贷款的利率，发放贷款的条件也更加严格。② 但 2008 年初法国兴业银行巨额欺诈案件的发生使得 2008 年成了法国金融监管史上不得不大写特写的一年。

2008 年 1 月 24 日，历史悠久的法国第二大银行——法国兴业银行（Société Générale Group，下称法兴银行）被 31 岁的权证市场交易员凯维埃尔（Jérôme Kerviel）拖入丑闻的阴影中。

在长达两年多的时间内，凯维埃尔未经授权，违规买入大量欧洲股指期货，违规头寸高达 500 亿欧元（此金额远远超过了法兴银行 359 亿欧元的市值），最终给法兴银行造成了 49 亿欧元（约合 71.6 亿美元）的巨额损失。③ 这次案件所造成的损失在法国银行史上是最大的一次，在世界银行史上也属单笔涉案金额最大的一次。法兴银行此次违规交易事

---

① 石建勋：《金融监管改革 美欧先放一枪》，载《人民日报》（海外版）2009 年 6 月 25 日。

② 其中农业信贷银行资产减记总额高达 55 亿欧元，兴业银行的损失也达到 49 亿欧元，Natixis 银行损失 39 亿欧元，损失较少的巴黎银行也达到 23 亿欧元。参见芦龙军：《次贷危机重创法国银行业》，http：//news. xinhuanet. com/fortune/.../content_9288810. htm。

③ 根据法兴银行事后对该事件的内部调查报告，凯维埃尔主要通过三种掩盖技术，来实现建立巨额方向性头寸，后又秘密操作解除这些头寸。一是，建立然后解除虚拟交易，从而掩盖市场风险，以及从未经授权的方向性建仓中可能获得的潜在收益。调查人员确认了 947 起这样的交易。二是，建立多对虚拟的反向性交易（购买/出售），目的是为了掩盖实现的收益。比如在 2007 年 3 月 1 日，凯维埃尔以 63 欧元的价格购买 200 多万股 Solarworld 的股票，同时又以 53 欧元的报价出售同等份额的该股票，从而在未建仓的情况下产生了虚拟的 2000 多万欧元的亏损。调查人员确认了 115 起这样的交易。三是，通过记录月度拨备，来掩盖他从自己欺骗性交易中所获非法收入。调查人员确认了 9 起这样的交易。参见钱亦楠：《法国兴业银行公布丑闻调查报告》，http：//www. caijing. com. cn/2008-05-24/100064833. html。

件较之 1995 年因新加坡分行交易员尼克·李森（Nick Lesson）违规交易日经指数期货损失 14 亿美元而致英国巴林银行一夜倾覆事件，如出一辙，有过之而无不及。

此次事件也一度将法兴银行拖致被其他银行收购的边缘，这家具有 144 年历史的老牌银行一度成为了法国巴黎银行、农业信贷银行、汇丰银行等十多家银行竞相收购的热门对象。① 虽然最后此次危机得到了较为成功的化解——法兴银行通过增资扩股 55 亿欧元解决了自有资金问题并恢复了支付能力，改变了被收购的命运。② 但该欺诈案严重影响了法兴银行的形象，暴露了法兴银行在风险控制和管理方面存在的问题，同时也为法国金融监管敲了警钟。

（二）　法兴银行违规交易案件透析

2008 年 7 月 4 日，法国银行监管机构——法国银行委员会（la Commission bancaire）对法兴银行开出了 400 万欧元的罚单，并给予正式警告，以惩戒其内部监控机制"严重缺失"，导致巨额欺诈案的发生。③ 至此，法兴银行危机虽已经安全度过，但所暴露出来的问题却值得深思。

关于巨额欺诈案的成因，法国银行委员会在公告中指出，兴业银行内部监控机制严重缺失，使得金融交易在各个级别缺乏监控的情况下，在较长时期内难以被察觉并得到纠正，因而存在较大可能发生欺诈案并带来严重后果。

2008 年 5 月 23 日法兴银行公布的内部调查报告《"绿色使命"行动报告》（La Mission Green）称，内部管理失误是造成该银行"巨额欺诈案"未能被及时发现的重要原因：这些秘密交易之所以拖到今年 1 月 18 日才被发现，不但由于凯维埃尔的技法高超，也因该行的风险控制系统存在一些明显漏洞。这些漏洞表现为：对于虚拟交易或者交易票面价值，缺乏进行控制的手段；在各个单元之间，风险控制链条出现断裂，缺乏一个系统而集中的风险报告和反馈机制；把注意力过多地集中在交易员是否正确操作，而忽视了欺骗性造假的风险；对于银行内部稽核部门认为必要的矫正措施，反应不够灵敏。④

然而若将此次案件的成因全部归咎于内部风险控制存有漏洞，恐有将问题简单化之嫌。事实上，创建于拿破仑时代、经历了两次世界大战并最终成为法国银行界支柱之一的

---

① 吴铮、钱亦楠等：《收购法兴?》，http：//www.cqvip.com/qk/81598X/200803/26534192.html；芦龙军《法不同意"恶意收购"兴业银行》，http：/world.people.com.cn/GB/1029/42356/6852018.html。

② Societe Generale Document de reference 2009：http：//www.societegenerale.com/sites/default/files/documents/Societe_Generale_Document_de_reference_2009_Avec_Rectificatif.pdf；*Le rapport du conseil d'Administration à l'Assemblée générale des actionnaires*，http：//www.societegenerale.com/sites/default/files/documents/rapportducaaag.pdf. 曹祯：《法国兴业银行交易员擅自投资损失 49 亿欧元》，http：//www.caijing.com.cn/20080124/46350.shtml；芦龙军：《法国兴业银行完成增资扩股计划》，http：//business.sohu.com/20080312/n255662929.shtml。

③ 《法兴银行被罚 400 万欧元》刘奥南：《法兴银行危机启示》，载《金融实务》2008 年第 7 期。

④ *Le rapport de l'inspection Société Générale：La Mission Green*，http：//www.societegenerale.com/sites/default/files/documents/green.pdf；*Le rapport du conseil d'Administration à l'Assemblée générale des actionnaires*，http：//www.societegenerale.com/sites/default/files/documents/rapportducaaag.pdf. 钱亦楠：《法国兴业银行公布丑闻调查报告》，http：//www.caijing.com.cn/2008-05-24/100064833.html。

法兴银行，一直以全球风险监控出色著称，其长期扮演着世界衍生品交易领导者的角色，是全球另类投资（包括保本基金）领域最大的提供商，被金融界公认为防范风险的典范。① 长期以来，其内部风险监控体系已经相当完善。凯维埃尔在一个被全世界公认的、非常严密的并经过无数次交易风险洗礼的风险管理系统中竟然违规交易长达两年多的时间，着实令人匪夷所思。

值得注意的是，根据法兴银行公布的报告，从 2006 年 6 月到 2008 年 1 月，法兴银行的风险控制系统自动针对凯维埃尔的各种交易拉响过 75 次警报，其中 2006 年 5 次，2007 年高达 67 次，而且随着交易量的膨胀，警报日趋频繁，平均每月超过 5 次以上。这 75 次警报分别出自包括运营、股权衍生品、柜台交易、中央系统管理等 28 个部门的 11 种风险控制系统，其中由运营部门和衍生品交易部门发出的警报最多，高达 35 次。② 但是遗憾的是，法兴银行监督部门并未对此有所反应并采取相应措施。所以，如果要深究法兴事件成因的根源，指责其风险控制系统存有漏洞并不确切，更为根本的，是这个老牌金融机构风险控制执行力的孱弱。

而更为深层的，风险控制执行力孱弱的背后，是银行经营理念和价值的偏离与失衡。银行业利益盈亏的考量，潜在影响着金融机构的风险监管能力，这直接决定着风险制度执行的实际效果。这恐怕是更为致命的原因。正如凯维埃尔所供述，是自己以往高达 15 亿欧元的盈利业绩令上司对其违规行为视若无睹。制度漏洞在一定程度上已经不再成为当今防范风险的关键。

而法国著名的《费加罗报》（*Le Figaro*）所进行的一份民意调查显示，50% 的人认为法兴银行应该为此次丑闻负首要责任，27% 的人认为法国金融市场管理局（*l'Autorité des marchés financiers*，AMF）监管不力，应该对此次事件负首要责任，只有 13% 的人认为凯维埃尔应该对这 49 亿欧元的损失负最大责任。③ 而从法国其他权威新闻媒体来看，如《世界报》（*Le Monde*）、《回声报》（*Les Échos*）等，对凯维埃尔的同情甚至支持都占据了不少的比例。④

（三）"法兴案"之警示与反思

法兴银行事件所带来的警示和反思是多重而且沉重的：

1. 内控机制及其执行力问题

法兴银行事件发生后，为解决暴露出来的其内控制度上的弊端，其在 2008 年 5 月公布的《"绿色使命"行动报告》中提出了近期和远期改进方案。其近期措施主要包括：限

---

① *Le rapport de l'inspection Société Générale : La Mission Green*，http：//www. societegenerale. com/sites/default/files/documents/green. pdf ；*Le rapport du conseil d'Administration à l'Assemblée générale des actionnaires*，http：//www. societegenerale. com/sites/default/files/documents/rapportducaaag. pdf. 钱亦楠：《法国兴业银行公布丑闻调查报告》，http：//www. caijing. com. cn/2008-05-24/100064833. html。

② *Le rapport de l'inspection Société Générale : La Mission Green*，http：//www. societegenerale. com/sites/default/files/documents/green. pdf ；*Le rapport du conseil d'Administration à l'Assemblée générale des actionnaires*，http：//www. societegenerale. com/sites/default/files/documents/rapportducaaag. pdf.

③ *Société Générale：l'opinion française exonère le trader Jérôme Kerviel，31 janv. 2008.*

④ *Jérôme Kerviel ou l'itinéraire d'un trader presque ordinaire，le 29. 01. 08，le monde.*

制并控制交易的票面价值，并将对票面价值的评估引入到负责操作部门的每日赢利分析中；对于交易对手是内部的交易，要完善对其步骤和程序的确认，从而减小其被用作掩盖真实交易的风险；对取消或修改交易的操作进行控制；加强对警报和不正常信息的监视。这些措施会被整合进一系列跨部门的修复计划中，它们不但会被应用于股票套利业务，也会在该行全球的所有业务活动中推行。对于其中的主要措施，计划在 2008 年底前完成，2009 年一季度时完成全部的措施。

其远期改进方案，则为结构性调整，主要措施包括：通过借鉴金融产品控制模式的一些原则，对于交易处理的组织结构进行重新设计，从而在对交易审查的一些关键步骤上，加强部门间的合作；建立一个跨部门的实体，来保障风险控制系统的整体运行；加强对信息和安全技术的投资，加强鉴定系统和非正常信息识别的能力；明确每个职工的职责，为他们提供防范欺骗性交易的培训。该报告称，这些措施已经开始启动，大部分措施计划于2009 年前半年完成，而对信息技术的投资一直会持续到 2010 年。①

但正如前文所述，制度漏洞在一定程度上已经不再成为当今防范风险的关键，这是法兴银行事件所给予世人的最直接的警示。内控机制的重要性虽然已经在各界获得了极其广泛的赞同，但严格的执行机制却仍在很大范围内被有意无意地忽视甚至漠视。法兴银行事件也再次警示：内控机制并不简单地等同于内控制度，缺乏强有力的执行力保障，再严密的内控制度也会在人为的越轨面前形同虚设。如何构建保障有力的执行系统，是更为艰巨的任务。

2. 监管的艰难困境

金融市场的复杂性、极度专业性以及其日新月异凶猛的发展势头，使得对其进行有效和成功监管极为不易。金融监管，无疑已经成了困扰当今世界各国的一个极其宏大且极其难以驾驭的世界性难题，2008 年美国的次贷危机及其引发的金融监管系统整改事件和法兴银行"无名小卒重创金融巨擘"欺诈案，再次昭示了这一点。如何构建一个高效的监管体制，如何成功应对金融混业背景下的巨大风险，无论对于学界还是实务界来讲，都是一个极为严峻的课题。

在法兴银行案件中，官方监管机构的表现尤其难以令人满意。

就目前法国的金融监管体制而言，现行监管体制是 2003 年通过《金融安全法》（*la loi de sécurité financiére No 2003-706 du 1 aout 2003*）确立的，至今变动不大。② 2003 年法国通过《金融安全法》对其机构设置冗繁的金融监管体制进行了大刀阔斧的改革，改革后虽然撤并了很多机构，但依然奉行分业监管原则：

在对金融市场的监管方面，该法"合三为一"，将以前的三家机构——证券交易委员会（*La Commission des opérations de bourse*, COB）、金融市场委员会（*le Conseil des marchés financiers*, CMF）及金融管理纪律委员会（*le Conseil de discipline de la gestion financiére*,

---

① *Le rapport de l'inspection Société Générale : La Mission Green*, http：//www. societegenerale. com/sites/default/files/documents/green. pdf；*Le rapport du conseil d'Administration à l'Assemblée générale des actionnaires*, http：//www. societegenerale. com/sites/default/files/documents/rapportducaaag. pdf.

② *Jean-Paul VALETTE.*, *Droit de la régulation des marchés financiers*, Gualino éditeur, 2005, pp. 108-112.

CDGF）合并为一家机构即金融市场管理局（*l'Autorité des marchés financiers*，AMF）。

在银行业监管方面，在 2003 年的《金融安全法》实施之前，对银行业的监管，除了法兰西银行和经济财政部部长外，还存在众多专门委员会：国家信贷和证券委员会（*le Conseil national du crédit et du titre*，CNCT）、金融和银行管理委员会（*le Comité de la réglementation bancaire et financière*，CRBF）、咨询委员会（*le Comité consultatif*）、投资公司和信贷机构委员会（*le Comité des établissements de crédit et des entreprises d'investissement*，CECEI）和银行委员会（*la Commission bancaire*），在该法实施之后，只有 CECEI 和银行委员会还继续存续，其他机构均被撤销。①

《金融安全法》还彻底打破了保险领域旧有的监管格局，在该法之前，保险业领域存在一系列的监管机构：保险监督管理委员会（*la Commission de controle des assurances*，CCA）、全国保险业委员会（*Le Conseil national des assurances*，CNA）及保险业、医疗互助保险业和互助机构监督管理委员会（*la Commission de controle des mutuelles et des institutions de prévoyance*，CCMIP）。《金融安全法》实施之后，以上机构均退出了监管舞台。其合并了保险业监管机构 CCA 和 CCMIP，将两者权力集于一身，创建了保险业、医疗互助保险业和互助机构监督管理委员会（*la Commission de controle des assurances*，*desmutuelles et des institutions de prévoyance*，CCAMIP），由其负责对保险领域进行监管。

具体就银行业的主要监管机构——银行委员会（*la Commission bancaire*）来说，其前身是 1941 年成立的银行业监控委员会（*la commission de controle des banques*），在 1984 年的《银行法》中，其获得了现在的名称。在 2003 年的《金融安全法》颁布实施后，银行委员会同 CECEI 一样，依然继续存续。该委员会没有法人资格，也没有被立法者明确确认为独立行政机构。

银行委员会主席由法兰西银行行长担任，除主席外，还设有国税局代表（*le directeur du Trésor ou son représentant*），4 名由经济财政部令状任命的人员，任期 6 年，可连任一次，其具体包括：1 名由最高行政法院副院长提名的法官（*un conseiller d'Etat*）、1 名由最高法院第一院长提名的法官、2 名金融和银行领域的专业人士。②《金融安全法》对这种组织机构进行了确认。

银行委员会负责对投资服务业进行审慎监管，但证券管理公司（*la société de gestion de portefeuille*）除外。在尊重相关法律法规的前提下，其行使监管职能，并对发现的违法行为进行惩处。其有权对企业的管理领导层进行监督，通过发布命令的形式采取措施巩固其管理状况或纠正其管理经营方式。在经营管理失败的情况下，其有权发出警告训诫（*le avertissement*），或撤回许可，或处以罚金。1999 年 6 月 25 日第 99-532 号关于储蓄和金融安全的法律进一步强化了银行委员会的职权，授予其有权对违反法定义务的投资服务机构进行处罚，如果情况进一步恶化，则还有权限制或禁止对股东分配股利，亦可对拒绝执行相关法律规定的股东提起诉讼。与此同时，其还有权对投资服务机构的经营条件和财政状况质量等进行监督。银行委员会在行使这一系列权力的时候，必须尊重金融市场管理局

---

① *Jean-Paul VALETTE.*，*Droit de la régulation des marchés financiers*，*Gualino éditeur*，2005，p. 97；*Philippe Neau-Leduc.*，*Droit bancaire*，*DALLOZ*，2007，pp. 48-60.

② *Article L 613-3 du Code monétaire et financier.*

（*l'autorité des marchés financiers*）的权限。①

在法兴银行事件中，监管机构的身影是在案件发生之后才出现的，这也是为何法国业界不少人将案件责任归咎于银行业委员会和金融市场管理局的重要原因——其认为法国官方监管机构并没有尽到与其职能相应的监管责任。然而，无独有偶，不论是法兴银行事件，还是美国的次贷危机，抑或近年世界金融界的其他重大事件和危机，监管机构的出面总是在危机发生之后，这似乎已经成了共性或者惯例。

那么，监管机构屡屡监管不力的原因何在呢？

大多数国家的金融市场，其监管体系均是一个由政府部门监管、交易所的一线监管、行业协会的自律监管以及各金融机构自身风险内控机制所共同构建的多层次监管体系。层层监管体系的构筑，似乎构建了一道道安全网。但在金融衍生品高度繁荣发展的当下，这一道道安全网并不坚固，相反，在很多情形下，其甚至有形同虚设的危险。

以量子基金发动金融风暴横扫亚洲的索罗斯最近曾有过一种解释：当新的金融衍生产品的复杂程度到了监管当局无法计算风险，并开始依赖银行自身的风险管理手段时，目前这轮超级繁荣周期就失去了控制。同样，评级机构也依赖合成产品发明者提供的信息。这是一种令人震惊的不负责任。②

近20年来世界金融领域的一个最为突出的现象就是金融创新及其衍生工具的日益复杂化。在金融产品创新的过程中，各种拆分、打包、信用增级的金融技术被广泛运用，使得各种复杂到眼花缭乱的金融产品让一般的投资者，甚至很多金融业内人士都难以明了，金融创新产品从而也就在从业人员与金融监管机构之间造成了严重的信息不对称，再加之监管人员的"非专家性"，③ 使得金融监管部门的适应与跟进严重滞后于金融创新的飞速发展，监管乏力滞后甚至监管空白因而也就无法避免。

然而更为艰难的是，在官方监管受制于有心无力的同时，事实也一再证明很难对行业协会的自律监管、交易所的一线监管以及金融机构的内控机制期望过高。大型金融机构与行业协会千丝万缕甚至是直接的联系，公司制改革浪潮下的交易所本身也是股东利益的载体，金融机构自身的内控机制往往让路于利益追逐和风险偏好。在三者均难脱利益纠葛与羁绊的情形之下，寄望其担当起监管重任，这种寄望很难会得到有效实现。

政府层面的金融监管已无法跟上金融创新的步伐，行业自律则面临严重的利益冲突，这些都使市场监管处于扭曲状态。然而，金融创新的发展并不会止步。在这种情形下，有效监管的构筑之路，路在何方？这是一个极其难以求解的世界性难题。这恐怕是法兴银行事件留给我们的更为根本的思考题。

五、简短的结论

近年来，"做大"资本市场份额即等同于提升市场竞争力的迷思，使欧美金融监管部门遵从了盛行于20世纪80年代的"反监管"思潮，解除了诸多意在保护投资者和强化

---

① *Article L 621-15 du Code monétaire et financier.*

② 刘奥南：《法国兴业银行危机启示》，载《金融实务》2008年第7期。

③ 孙少勤、邱斌：《基于监管视角的美国次贷危机成因分析及其对我国的启示》，载《国际贸易》2008年第11期。

市场诚信的举措，甚至一度抛弃了监管立场。芝加哥"自由放任"的新自由主义思潮大行其道。然而，肆虐全球的金融危机再次暴露了"经济人假设"与"有效市场假说"的局限性，各国不断强化监管的努力及重大举措也在某种意义上昭示着新自由主义理念的失败和放任自流的监管时代的终结。我国证券市场也长期在"发展与规范孰者为先"的论争"迷雾"中彷徨前行，历尽曲折。毫无疑问，我们理应以创新的态度、发展的眼光打破不利于市场发展的"管制"，但这决不意味着我们应当放弃监管和规范，对于我们同样需要在金融创新和有效监管之间寻找平衡。

国际金融法若干晚近发展[*]

■　张庆麟[**]

一、区域货币联盟的晚近发展

（一）欧洲经济和货币联盟及单一金融区[①]

1. 欧盟内的金融服务整合

在欧盟内部试图创造单一金融区的众多努力在 2004—2005 年期间得以深化，在这一时期完成了《金融服务：构建金融市场框架：行动计划》（FSAP），其中包括意图在社会层次上促进欧洲金融系统的有效整合的一系列被采纳的措施。提出的 42 项措施已有 41 项被采纳，最后一项也处于最后阶段。

在此时期发生的最重要的一系列发展情况如下：

（1）2004 年 7 月，委员会发布了一份指令草案，该草案将巴塞尔银行监管委员会制

---

　　* 本论文是武汉大学 2008 年度海外人文社会科学研究动态追踪计划项目"国际金融法的发展"的最终成果，本文根据相关资料编译而成，受版面限制有些内容予以删节。同时，由于成文较早，一些新发展未能反映。

　　** 张庆麟，武汉大学国际法所教授，法学博士。

　　① 有关欧盟的相关资料请参见欧盟官方网站（http：//europa. eu）。

定的新巴塞尔协定中的资本充足率融入了共同体法的高度；该指令最终在 2005 年 11 月定稿。

（2）2005 年 6 月，防止利用金融系统洗钱及恐怖主义融资的第三指令被采纳。该指令主要包括以下方面内容：

a. 出于审慎调查及披露目的，受益人的定义进行了修改；

b. 强化了对洗钱及恐怖主义融资可疑交易报告人员的保护；

c. 为完成客户尽职调查需求而采取的互相承认措施；

d. 协助欧盟委员会处理这些问题的委员会的设立。

（3）2005 年 11 月欧盟委员会发表一份白皮书，设立了 2006 年到 2010 年金融服务领域的方针政策。主要的创新部分如下：

a. 认知"规制暂停（regulatory pause）"的必要以使市场能有效吸收近几年采取的措施。谨慎地进行新立法，根据公开咨询和影响力分析以确保起草的法律法规全面并能简化、法典化以及清理现存立法（"较好的规则"）。

b. 强调新立法的合理实施——"Lamfalussy 程序"① 层次 III 和 IV——贯穿金融领域和国家监管机关间合作和信息交换的加强，伴随欧盟委员会通过金融一体化监管报告对现存共同体法规的合理适用以及对金融市场的影响进行不断评估。

c. 明确指出适当的规制与监管结构的问题。

一般来说，在某种程度上最低协调和部分协调原则依然盛行，单一市场内的规制裁决仍就可行。在此种安排下，欧洲银行业监管者委员会（CEBS）、欧洲证券业监管者委员会（CESR）和欧洲保险业与职业养老金监督者委员会（CEIOPS）所追求的目标是将欧盟条款转化到国家法律体系中以最小化上述风险。如果金融服务的单一市场能建立起来，未来的立法应该集中在最大融合原则的实施上，特别是通过"单一执照原则"的实施来实现，以充分考虑各个国家的特点和针对重要金融中介的适当监管结构。

由于欧盟内部市场的积极发展，一些保护主义趋势出现了。在这个时期，一些迹象显示出在国内经济"敏感"领域限制"外国"投资的趋势。如欧盟委员会最近审查了法国的一项法令，以判断其是否违背有关资本自由流动的欧共体法规。该法令规定了部分"敏感"领域，并要求来源于法国外部的投资需要事先的批准。在波兰，欧盟委员会批准了对一个较大的波兰银行的收购，但却受到了波兰政府的干涉。所有这些问题导致欧盟委员会应经济与金融事务理事会的请求展开了对如何修订《银行合并指令》(the Consolidated Banking Directive) 的研究。该指令要求主管机关许可信贷机构评估其重要股东的合适性。对《银行合并指令》的修订可能会限制接收国主管机关在几个成员国的金融机构并购时评估股东合适性的权力。另外一个重要的修订可能是废除《并购规章》(the Merger Regulation) 中的"审慎例外"。同时，欧盟委员会在《欧盟金融服务领域内部投资问题答复》中表达了其对当前条款的理解。认为竞争和监管之间的相互作用和单一市场中监管机构合理的归责原则问题是解决当前单一市场不完善的核心。

---

① The Lamfalussy Process 是由欧盟使用的促进金融法规发展的一种方法。其始于 2001 年 3 月，是以其创始者欧盟咨询委员会主席 Alexandre Lamfalussy 命名的。它包括四个层次，每个层次关注立法实施的特定阶段。

2. 金融服务结构一体化

（1）实现单一欧元支付区（Single Euro Payments Area，SEPA）的计划旨在使面对国内支付系统的公司和公民能在日常支付中使用单一的货币。

a. 银行已经在统一使用欧元完成跨境小额支付的合理架构问题上达成了一致；

b. 欧盟支付理事会（EPC）完成了遵循单一欧元支付区内信贷转移，直接借贷以及信用卡支付的特定指南。

欧盟银行及其客户将会从 2008 年开始遵循向单一货币支付区域的转变并于 2010 年完成这种转变。

（2）欧盟委员会在 2005 年提交了一份关于支付服务的指令草案。该指令草案的目标是在内部市场建立一个共同的支付体系，因此规定了国内支付系统一体化和合理化的条件并为单一欧元支付区域补充行业性立法。该指令草案提出了一种专门的"支付服务提供者的单一执照（与存款及电子货币没有任何联系）"，规定了关于支付系统权限以及支付交易透明度问题。尽管很多关于支付的国内法律规定目前还没有受到影响，通过颁布一系列欧盟单一市场欧元支付的法规，该领域将会有相当大的进步。

（3）欧洲中央银行欧盟支付体系（TARGET）从 1999 年开始运行，该体系包括 15 个欧盟国内实时结算系统（REGS）和欧洲中央银行支付机制（EPM）并提供 16 个欧盟成员国国内欧元的转账。该系统在欧盟银行领域有很高的认可度并因此在欧元区拥有最高的营业额；它是欧洲的最主要的支付系统。

因该支付系统以 15 个不同国家的、在 15 种不同的技术系统上运行、适用 15 个不同国家法律的即时支付结算系统为基础，因此，仅能够取得有限程度的协调性以确保相互的信息互通和可操作性。在这种背景下，欧洲的银行业明确要求一个建立在单一技术系统上新的共同的欧洲中央银行支付系统平台。

在新的共同的欧洲中央银行支付系统中，欧元区的各国中央银行以及一定程度上其他欧盟成员国的各国中央银行，将可以在国内和跨境范围内提供普遍和谐的、高质量的银行服务。同时，各国央行和银行业将可以在同一个技术平台上建立他们的即时支付结算系统；现有的建立在不同的技术基础设施和不同的软件、硬件环境上的平台将被淘汰。

新的共同的欧洲中央银行支付系统可以归类为一种优化了的即时支付结算系统。尽管支付系统操作将大部分集中于由德国、意大利和法国的中央银行维护的平台，欧洲央行系统中的每个央行将继续全权负责维护与各自客户的商业关系。新的共同的欧洲中央银行支付系统由整个欧元系统拥有。它将为了整个欧洲银行业而设计。

3.《稳定和增长公约》（SGP）的重新审视

《稳定和增长公约》（the Stability and Growth Pact）是欧盟关于财政纪律的规定，并在这一方面补充完善了《欧共体条约》（第 99～104 条）的相关规定。根据欧洲理事会 2004 年 6 月 18 日在《欧共体条约》的一个附件声明中所作的要求，委员会于 2004 年 9 月 3 日启动了对《稳定和增长公约》进行重新审视的程序。同时，欧洲法院 7 月 13 日作出的一份裁决（case C-27/04，Commission v. Council）认为，一方面，欧洲理事会应该遵守《稳定和增长公约》制定的程序，另一方面，欧洲理事会在执行《欧共体公约》第 104 条及《稳定和增长公约》规定的程序中获得尊重。

《稳定和增长公约》的修改包含在经济与金融事务理事会（Ecofin Council）的报告中，并在欧洲理事会 2005 年 3 月 25 日的决议和经济与金融事务理事会 2005 年 6 月 27 日采用的两个规章中得到支持和体现。这些文本分别被增加到 1997 年的欧洲理事会决议和规章中。

对此，欧盟内部的主流观点认为，改革必须给《稳定和增长公约》引入更多的灵活性和有效性，才能保证财政纪律得到顺利执行，才能弥补公约原先的不足。并认为《稳定和增长公约》通过参考过分赤字的标准以允许暂时的和例外的保留（除了出于成员国控制能力之外的非正常事件）方面的规定过于僵硬，它在经济繁荣时期和经济不景气的时期所做的要求不够均衡，这导致经济衰退时期的自动稳定因素无法正常运行，而且 1467/97 号规章规定的时间表也并不实际。修改后的公约显现出了对原条文强化和弱化的结合，引入了达到减少赤字目标的可能性。

对《稳定和增长公约》的审视修改，并没有为减少公共债务提供严格的规则，仍然保留着需要观察《稳定和增长公约》的实施在多大程度上是均衡的。一些人担心被修改的公约会变得更加薄弱和复杂，其更多的是需要依赖于改进的实施情况，因为机制仍然还是建立在观察者的控制和实施上。

4. 扩大欧元区的程序

欧盟新加入成员国负有尽快采纳欧元作为经济及法定标准的义务。为此，欧盟于 2005 年 12 月 21 日颁布了《欧共体理事会规章 2169/2005 号》（Council Regulation （EC） 2169/2005 号），对其基本货币法——《欧共体理事会规章 974/98 号》（Council Regulation （EC） 974/98 on the introduction of the euro）进行了调整，为进一步扩大欧元区作了准备。在该修正案中，原先的规则仍然保留，而成员国加入欧元区有下列可选方案：

（1）不超过三年的过渡期方式：过渡期内，将本国货币单位重新定义为欧元非十进制细部单位，本国现钞及铸造货币保留法定货币地位；

（2）一步过渡至欧元方式：经过非常短的双币流通阶段过渡到欧元（大爆炸方案）；

（3）"大爆炸方案"与"递减期间"相结合方式：为制定具体实施方案，在不超过一年的过渡期内，允许保留使用本国货币。

其他欧盟货币法，尤其是《欧共体理事会规章第 1103/97 号》（Council Regulation （EC） 1103/97 on continuity of contracts, conversion rates and rounding rules）关于合同连续性、兑换率和规整规则仍保持不变，适用于新的兑换情形。

2004 年 6 月 28 日，爱沙尼亚、立陶宛和斯洛文尼亚加入欧洲汇率机制（ERM II）。2005 年 3 月 2 日，塞浦路斯、拉脱维亚及马耳他加入欧洲汇率机制（ERM II）。在欧元汇率机制（ERM II）的两年会员期内，除相对贬值情况外，欧元为趋同标准之一。

（二）海湾货币联盟

根据 1981 年的经济合作条约建立的海湾合作理事会（以下简称为"GCC"）是一个海湾地区六个国家（沙特阿拉伯、阿联酋、科威特、卡塔尔、巴林和阿曼）的区域合作组织。这六个国家拥有相同的语言、文化、社会和宪法原则以及最初建立在碳氢化合物之上的经济关联性（现在越来越依赖于提供金融服务）。GCC 涵盖了广泛的政治、行政、法律和经济合作领域。从 1981 年开始，建立区域货币联盟的目标就被明确提出。2001 年新签署的经济合作协议将货币联盟的建立提上了日程，并为其附上了宏观经济融合、立法协调以及由政府首脑组成的委员会制定货币项目议案的功能。GCC 的最高理事会在 2001 年决定，一个货币联盟将在 2010 年 1 月开始生效。作为第一步，在 2003 年六个国家的货币和美元的汇率被统一调整。这些政府首脑预期在 2004 年设立一个过渡性准备机构——海湾货币理事会，该理事会在 2010 年将转变为海湾中央银行。在 2004 年，这些政府首脑还预期制定五项宏观经济融合指标，这些指标需要在货币联盟生效前达到并作为永久的基准：货币膨胀，利息，中央银行外汇储备，预算赤字以及国债。但这一计划的推行并不顺利，先是阿曼于 2007 年宣布因本国经济准备不足将无法参加货币联盟，而后阿联酋由于不满海湾货币委员会（海湾中央银行）总部落户沙特首都利雅得，在 2009 年 5 月决定退出海湾统一货币计划。

目前，沙特阿拉伯、科威特、卡塔尔和巴林四个海湾国家 2009 年 6 月 7 日在利雅得签署海湾货币联盟协议，这意味着海湾国家在统一货币的道路上又迈出了重要一步。统一后的海湾货币将会与美元挂钩，但这一货币的名称尚未确定。已经签字的四个海湾国家的政府已陆续在 2009 年年底之前完成了对这一协议的批准程序。

（三）西非货币区（WAMZ，法文简称 ZMAO）

1987 年的《货币合作条约》里所规定的类似合作计划以失败告终。目前的计划（西非货币区）旨在统一不在现存西非货币联盟中的西非国家经济共同体（ECOWAS）成员国的货币，并最终合并两个货币区域。2000 年的条约建立了一个位于阿克拉（加纳）的准备性组织（WAMI），并重新筹建了一个位于弗里敦（塞拉利昂）共同的外汇管理机构（WAMA）。共同的中央银行法规以及共同的金融监管机构（WAFSA）的计划都已经得到了批准。其他的技术准备工作被推迟了。

西非国家经济共同体内 6 个不属于西非法郎区的国家（尼日利亚、塞拉利昂、加纳、几内亚、冈比亚和利比里亚）成立的西非国家经济共同体内的第二个货币区，并争取于 2009 年 12 月 1 日按期实现单一货币。西非国家经济共同体 15 个国家中的另外 8 个国家，贝宁、布基纳法索、科特迪瓦、几内亚比绍、马里、尼日尔、塞内加尔和多哥等属于西非法郎区。15 个国家中只有佛得角仍然未加入上述任何货币区。西非国家经济共同体（西共体）第二货币区峰会 2009 年 6 月 21 日在尼日利亚首都阿布贾举行。西非货币区成员国加纳、冈比亚、几内亚、塞拉利昂和尼日利亚 5 国领导人一致表示，西非货币区将加强与其他区域性组织以及成员国之间的货币合作，为实现地区单一货币创造良好环境。此前，西共体已经批准对西非单一货币"路线图"进行修订，并定于 2020 年开始实行单一货币。

按照新的"路线图"，西非货币一体化进程将分"三步走"：首先，在 2013 年一季度前，对各成员国银行及其他金融机构的职能进行调整，进行跨境支付体系基础设施建设，完善几内亚、冈比亚及塞拉利昂等国金融支付体系；其次，于 2014 年成立西非货币区银行，建立西非货币区银行秘书处和西非金融监管机构；再次，最晚不迟于 2015 年 1 月推动建立西共体中央银行，并使用西非第二共同货币"埃科"（Eco），到 2020 年将第一货币西非法郎和第二货币"埃科"合并，实现西非单一货币的目标。

目前，在西共体 15 个成员国中，仍有佛得角和利比里亚两国游离于两大货币联盟——西非法郎区和西非货币区之外。西共体已敦促这两个成员国加入其中一个货币联盟，以推动货币合作计划，加速实现西共体内流通单一货币的目标。

（四）东南非货币合并

在 1994 年，20 个非洲国家签署了一份条约建立东南非共同市场①的条约，该条约将单一货币的货币联盟作为一体化计划的最后一步，该一体化计划包括关税联盟，货物的自由流动，资本的自由流动，工人的自由流动，服务的自由流动以及设立的自由。政府首脑组成的委员会已经开始了技术准备工作并建立了一个货币机关。国家元首已经拟定了拥有单一货币和共同中央银行的货币联盟的完成时间为 2025 年。

该计划将合并两个正在建造中的分区域货币联盟。

一个就是 1999 年 5 个东非国家（可尼亚、坦桑尼亚、乌干达、布隆迪和卢旺达）签署的建立东非共同体的条约中预期的东非货币联盟，条约中的一体化计划包括全面的关税同盟（2004 年实现了）以及到 2010 年统一货币（名为"先令"）。

另外一个就是南部非洲货币联盟。1992 年在温得和克签署的《宣言和条约》建立的南部非洲发展共同体（以下简称为"SADC"）取代了南部非洲发展合作会议（SADCC）（1980 年 4 月 1 日在赞比亚的卢萨卡形成），现在由 15 个国家组成。在 2006 年《金融和投资议定书》签署之后，SADC 中由各国中央银行首脑组成的委员会正式形成，该委员会负责准备货币合作和金融一体化事宜。从 1974 年开始存在的南部非洲河边高地货币区域以及周边国家和南非都包含在了一体化进程中，原来这些区域的货币都是和南非的货币挂钩的。在 1986 年，现存的安排被修补到共同货币区域中，现在适用于四个南部非洲国家（南非、莱索托、斯威士兰和纳米比亚），南非货币被赋予了在这些区域的法律资格，但仍然由南非中央银行和四个中央银行的合作下发行。SADC《区域指示策略发展计划》将2016 年设立货币联盟以及 2018 年统一区域货币确立为发展目标，适用于那些拥有宏观经济和外汇储备管理的国家，并规定共同内部市场将在上述发展目标之前完成。在金融治理和监管，金融结构，数据统计，中央银行以及专业培训方面的技术准备工作正在稳步发展中。

---

① 东部和南部非洲共同市场（简称东南非共同市场）（Common Market for Eastern and Southern Africa，COMESA）是非洲地区成立最早、最大的地区经济合作组织，其前身为 1981 年 12 月成立的东部和南部非洲优惠贸易区。1993 年 11 月，优惠贸易区首脑会议通过了把贸易区转变为共同市场的条约。1994 年 12 月，优惠贸易区首脑会议正式批准了这一条约，东南非共同市场正式成立。COMESA 现有 20个成员国，即安哥拉、布隆迪、科摩罗、刚果（金）、吉布提、埃及、厄立特里亚、埃塞俄比亚、肯尼亚、马达加斯加、马拉维、毛里求斯、卢旺达、塞舌尔、苏丹、斯威士兰、乌干达、赞比亚、津巴布韦和利比亚。坦桑尼亚、纳米比亚和莫桑比克在历史上先后退出了该组织。2009 年 6 月，东南非共同市场在津巴布韦举行的第十三届东南非共同市场首脑会议上宣布正式成立关税同盟，实现该地区对外贸易的高度统一；共同市场的最终目标是在 2025 年实现货币同盟，采用统一货币。

（五）加勒比货币联盟

2001 年，加勒比经济共同体（CARICOM，建立于 1973 年）① 的 15 个成员国在拿骚（巴哈马）签署了一个条约。一个由政府首脑组成的委员会被授权筹建一个将吸收现存东加勒比货币联盟的区域货币联盟并接管多边净值区域支付和结算安排。这是在加勒比区域建立更大货币联盟的第二次尝试：前一次在 1992 年的计划失败是因为宏观经济的不对称以及缺乏良好运作的内部市场。现在的计划是在 2010 年实现市场一体化，2015 年实现宏观经济融合，其后再实现货币联盟。

（六）非洲货币联盟

2000 年签署的《洛美条约》模仿欧盟的概念将非洲统一组织转换为了非洲联盟，并包含了一个非洲经济共同体的计划。通过分六步合并现存的分区域一体化组织而最终形成该共同体，最后一步是合并计划中的分区域货币联盟并建立单一货币和一个非洲中央银行。货币联盟的目标实现日期为 2028 年。非洲联盟的政府首脑委员会已经建立起来。

二、主权财富基金和治理

（一）与主权财富基金相关的风险

和主权财富基金相关的潜在风险可以划分为四个核心领域：金融传染的风险，通过软政治权力的行使延伸外国政策，国内安全考虑以及在个别公司和在整个市场改进公司治理程序的透明度和责任的潜在不一致。

1. 金融传染的风险

SWFs 作为金融市场运作者存在似乎本身不会影响到金融稳定，因为风险的承担和杠杆的力量主要由国内监管者通过资本充足要求来控制。然而，SWFs 其他方面的做法的确会引起涉及金融稳定的担心。首先，SWFs 一般不受国内金融机关的监管并因而不需要遵循和其他基金公司相同的资本充足率要求或对风险承担的控制。其次，在 SWFs 投资策略，基金分布以及持股方面欠缺透明度使得 SWFs 成为相对不透明的市场参与者，并可能引起金融市场的不确定性。最后，如果债权人和主权财富基金的相对方认为主权财富基金

---

① 加勒比共同体（Caribbean Community）是加勒比地区的经济组织，是根据巴巴多斯、圭亚那、特立尼达和多巴哥及牙买加总理 1973 年 7 月签署的《查瓜拉马斯条约》于 1973 年 8 月 1 日正式建立的。加勒比共同体取代了 1968 年成立的加勒比自由贸易协会。秘书处设在圭亚那首都乔治敦。加勒比共同体的目的是促进本地区的经济合作，实现地区经济一体化。主要任务是通过加勒比共同市场进行经济合作；协调成员国外交政策；在卫生、教育、文化、通讯和工业等领域提供服务和进行合作。成员国政府首脑会议为最高决策机构；共同市场部长理事会由成员国指定的部长组成；共同体秘书处为常设工作机构；共同体下设 11 个部长级常设理事会：卫生、教育、劳工、外交、财政、农业、矿业、工业、运输、科技和旅游等。成员共 13 个（至 2004 年 11 月）：安提瓜和巴布达、巴巴多斯、巴哈马、伯利兹、多米尼克、格林纳达、圭亚那、圣卢西亚、圣基茨和尼维斯、圣文森特和格林纳丁斯、特立尼达和多巴哥、蒙特塞拉特、苏里南。原有成员 15 个。2004 年 2 月，海地前总统阿里斯蒂德被推翻后，加共体冻结了海地的成员资格。而牙买加则因允许阿里斯蒂德暂时避难也被停止成员资格。

具有绝对的主权担保（事实上没有），市场纪律可能被破坏。

一些 SWFs 尝试通过发展更多的间接渠道来阻挡潜在的批评，最显著的是通过和私募银行团加深合作机制。这是有先例的，如中国政府在黑石集团首次公开发行中的投资，中国投资公司通过在弗劳尔斯投资公司建立的主要基金中的出资来投资各种金融股票，新加坡政府投资公司在德克萨斯太平洋集团建立的相似基金中的主要投资者地位。一个不可避免的结果是过去很多和私募基金、对冲基金相关的风险迅速地扩大，特别是内幕交易和市场操纵的风险。对前述风险的担忧当然是由 SWFs 消极的投资方式来缓解，这似乎意味着通过和管理层的约定获取非公开信息（不管是不是实质性的）的方式将受到限制。市场操纵的担心可能更加强烈，特别是将私募作为一种渠道时，因为在这种情况下，交易似乎更容易被操作，投资者和被投资者未受监管的本质引起透明度的双重壁垒。

同时，SWFs 投资组合的内外流动也可能对公司和金融市场造成潜在的破坏。在这一点上，欧盟拟制定 SWFs 的行为守则以效仿澳大利亚采取的方法；这两种方法都是建立在加强披露转换的可能性上。加强披露可以提供一个特定环节内资金异常变化的预警系统，并能降低资金突然撤出造成或扩大金融危机的可能性。此外，投资策略的明确化能使认为 SWFs 投资是用来推进外国政策目标的观点弱化，并为政府持股者提供了一个说明和解释的机制。

2. 软权力的行使

SWFs 日益重要的角色使得市场的动态有了基本的转变，因为 SWFs 可能通过不透明的方式来混合政治和商业目的。尽管 SWFs 的投资策略和传统的养老基金的投资策略没有实质的区别，但 SWFs 的透明程度使得通过"软权力"的行使达到外交政策的延伸成为可能性。直接和间接投资的获取确实提出了一个目前还未解决的问题，即这些新发展是否威胁到了"公共利益"。SWFs 本身是反对威胁观点的，例如，阿布扎比投资局明确表示"阿布扎比政府从来没有也将不会把投资组织或个别投资用作外交政策工具"。该政府还同时强调其投资的 80% 是由金融专家管理的。但是，该政府警告"在一个急需流动性的世界，接收国应该注意保护主义者的虚夸和草率立法的信号"。

3. 国内利益的威胁

很多国家对外国直接投资实施限制。例如出于国家安全的考虑，美国否决了 2005 年中国海洋石油公司对美国加州联合石油公司的收购以及 2006 年迪拜港口世界公司对美国东海岸港口的投资。尽管上述两个案例都是涉及的国有企业收购而不是 SWFs，但是适用了相似的对价。2007 年《外国投资和国家安全法案》的通过是为了在美国的外国投资评估程序中引入更多的确定性。尽管是出于明确问题和减少争议的目的，外国投资委员会（以下简称为"CFIUS"）仍然是政治争议的舞台。特别是对于来自中国的投资者，如贝恩资本公司和华为科技公司在最近几个月试图控制 3Com 公司的尝试被否决。

但是，3Com 公司的收购尝试和那些金融环节的投资间有着重要的结构和政策区别。最近的金融收购的架构都确保了不受到政府的强制检查。如在美国，少于 10% 的被动投资一般不受 CFIUS 的检查（尽管还是存在不到 10% 但仍需受到检查的情形）。

澳大利亚外国投资评估委员会的程序也存在着相似的问题。为了避免仇视外资的心态并保持对来自中国的投资敞开大门，澳大利亚联邦政府表明外国投资评估委员会的工作将遵循 6 个运行原则（同时表明最终的决定机关仍是财政部）。英国一直对外国投资采取一种自由主义的态度，所以并没有和美国或澳大利亚相似的专门的法律架构。政府有权禁止或限制违背公共利益的并购或收购，但主权财富基金投资一般没有达到启动并购控制体制的程度。更多的可能性是 FSA 在 SWF 持有银行股份达到 20% 进行审批，这是以 SWF 运行的法律或行政框架可能损害有效监管为基础的。

4. 公司治理的动力变化

上市公司中主权财富基金作为大股东的出现对公司治理提出了挑战。一方面，SWFs 一般采取的被动投资的方式趋向于缓和那些关于它们使用软权力的担心。另一方面，这种被动但是强大的股东的出现向近些年在世界范围内出现的更加积极的公司治理模式提出了挑战。这种趋势在欧盟最为明显，《公司治理法案》的采纳将提升董事会的积极性和责任。乍看起来，SWFs 不会对积极模式产生威胁（即使它们选择不适用），但如果 SWFs 通过和私募和对冲基金间的联系来参与更加侵略性的积极形式（近些年已有所表现），它们似乎就不是那么友好了。这种结果是很难预料的，因为即使 SWFs 是朝着更加积极的方向发展，它们的目的仍然存在很大的不确定性。正如挪威政府养老基金表明的，SWFs 运作的长期性使得它们有一定的自由来寻求治理和公司权力的方法，而这种治理和公司权力可能不适宜于短期性的以及具有较窄利益基础目标的私有环节基金。从这个角度来看，限制 SWFs 购买无投票权股票的想法是识别了和主权财富基金积极主义相关的风险，而不是为了潜在利益。

（二）制定 SWFs 规则的实践

鉴于其对金融市场的稳定作用，2006—2007 年主权财富基金对银行业的投资普遍受到欢迎。然而，这也引发了公众的一些负面情绪，人们要求对主权财富基金的投资实施监管限制，特别是以国家安全为由。国际机构，例如国际货币基金组织和经济合作与发展组织正在制定针对主权财富基金外国直接投资的原则和指导方针。

发达国家的政策制定者已经意识到在关键领域增加的外国投资（特别是来自于中国、俄罗斯和海湾地区的 SWFs）可能触发经济保护主义的复兴。例如，欧盟委员会认为尽管 SWFs 已经成为金融全球化引擎的必要传送带，SWFs 管理安排中的不透明使得很难判断投资的扩展是否会威胁到合法的国内利益。

为了提前阻止这种新出现但是快速发展的保护主义趋势获取更多的动力，欧盟委员会倾向于说服 SWFs 遵循自律的惯例守则。拟定的守则规定了共同的披露标准，这些标准的制定是用来确保在定义什么构成阻碍潜在投资的公共利益时政策的连贯性。2008 年，美国财政部与阿布扎比投资局、新加坡投资公司等达成了一套原则，这套原则要求这些基金明确承诺投资决定将仅仅建立在商业基础上而不是出于直接或间接控制政府的目的。根据美国财政部的说法，"更多的信息披露（如目地、投资目标、组织安排和金融信息）……能降低不确定性并增强投资接受国的信任"。这些用来改变 SWFs 欠缺责任和透明度观点的步骤似乎有助于构建跨国监管披露，特别是在国际货币基金组织。但基金组织也特别认识到对 SWFs 实施限制所具有的外交敏感性。IMF 的副总裁指出"如果'最佳惯例'由其他人制定并要求 SWFs 遵循，这将根本达不到预期目标"。

一般认为，习惯国际法允许国家监管 SWFs 的投资，因为国家在内部事务上拥有有效的主权，包括对外汇进行控制以及监管投向国内的投资的权利。

就处理准入问题（如设立或投资收购）而言，双边投资协定（BITs）可能赋予外国投资者在和本地投资者享受同等权利的基础上在另外一个国家投资的权利。然而，该项权利将仅仅赋予那些来自签署了双边投资协定的国家，通常不包括主要SWFs的母国。欧盟条约可能赋予了外国投资者（如SWFs）在监管方面的最多保护，因为该条约禁止所有对"成员国间或与第三国间"资本流动的限制。然后，欧盟理事会（一致决定）可能会限制投向不动产，金融服务以及上市证券的资金流，成员国有权保护武器、军需品和战争材料的生产或交易相关的国家安全利益。

一些国家已经在监管外国投资方面制定了强制性法规（包括美国、冰岛、西班牙、墨西哥和澳大利亚）。进一步的立法引起了两种截然不同的政治回应：强制性和自律性监管。强制性立法已经在加拿大、德国、法国和日本得到了发展，而最佳实践的自律规则正处于英国、IMF、OECD和欧盟委员会的拟定中。

IMF拥有的专业资源的深度和质量使得IMF理所当然地成为推动SWF发展的主要并且是积极的角色。在2007年10月，G7财政部长和中央银行行长在华盛顿参加了IMF/世界银行年度会议，他们要求IMF发展一套在国家间普遍实施的主权财富基金最佳惯例。2007年G7在最后的公报上总结道："跨境的，基于市场的投资是全球发展的主要促成因素……我们看到了在这个领域发展主权财富基金最佳惯例的价值，特别是在组织结构，风险管理，透明度和问责性领域。"

作为对G7集团的回应，主权财富基金国际工作组（IWG）在2008年5月设立，IMF以秘书处的形式给予了支持。26个主权财富基金参加了IWG（包括来自阿曼、沙特阿拉伯、越南、OECD和世界银行的常驻观察员）。

IWG的主席包括Hamad Al Hurr Al Suwaidi（阿布扎比财政部的副部长），Jaime Caruana（IMF货币和资本市场部主任），一位西班牙银行的前行长和巴塞尔银行监管委员会的主席。IWG的既定目标是"在审慎和全面的基础上识别出能够正确反映主权财富基金合理投资行为，问责安排以及治理安排的原则和实践架构"。

IWG设立了一个由澳大利亚未来基金监管委员会主席David Murray担任负责人的小组，专门负责起草工作。在起草的过程中，IWG使用了IMF对主权财富基金当时的结构和实践的调查材料以及"在相关领域已经获得广泛认可的国际原则和实践"。

2007年11月，国际货币基金组织与各主权财富基金召开会议，就主权财富基金、投资接受国和国际金融市场的主要关切点交换看法。2008年4月底，主权财富基金国际工作小组（IWG）正式成立，包括拥有主权财富基金的26个IMF成员国①。随着工作小组的成立，确保了这一进程的推动。

2008年经过多次会议讨论，IWG通过了一套自律原则，即《主权财富基金普遍接受的原则和实践》（也称为"圣地亚哥原则"）。圣地亚哥原则在该年10月11日正式在IMF华盛顿召开的会议上提交，并随之予以发布。这是关于主权财富基金性质、目标、公司治

---

① IWG的成员国是：澳大利亚、阿塞拜疆、巴林、博茨瓦纳、加拿大、智利、中国、赤道几内亚、伊朗、爱尔兰、韩国、科威特、利比亚、墨西哥、新西兰、挪威、卡塔尔、俄罗斯、新加坡、东帝汶、特立尼达和多巴哥、阿联酋、美国。IMG的永久观察员是：阿曼、沙特阿拉伯、越南、经合组织和世界银行。

理、投资和风险管理的重要文件。"圣地亚哥原则"号召主权财富基金经营基于经济与财务原则，并且是参照相关领域已被广泛接受的国际准则和实践制定而成。

圣地亚哥原则（GAPP）的主要内容包括：

（1）主权财富基金的目标是：（a）帮助维护一个稳定的全球金融体系以及资金和投资的自由流动；（b）遵守其所投资国家所有适用的监管与披露要求；（c）从经济和金融风险以及相关的收益考虑出发进行投资；（d）制定一套透明和健全的治理结构，以便形成适当的操作控制、风险管理和问责制。

（2）GAPP的目的是制定一套公认的原则和做法，旨在为主权财富基金根据其政策目的和目标而制定的制度框架、治理和投资操作提供支持，并与稳健的宏观经济政策框架保持一致。普遍接受的原则和做法将能够帮助主权财富基金，特别是新近设立的主权财富基金制定、评估或强化其组织、政策和投资做法。

（3）为实现GAPP目标和目的，主权财富基金国际工作组（IWG）成员已经或打算在自愿基础上实施下述原则和做法，合计共有二十四条原则和做法，可以概括为包括三个关键领域的做法和原则。包括：第一，法律框架、目标以及与宏观经济政策的协调；第二，体制框架和治理结构；第三，投资和风险管理框架。第一个领域中健全的做法和原则为主权财富基金拥有一个稳健的体制框架和治理结构奠定了基础，它促进了适当投资策略的形成，这些投资策略与主权财富基金所说明的政策目标是一致的。一个将所有者、治理机构与管理层功能分离开来的稳健治理结构，可促使主权财富基金管理具有操作上的独立性，以便使投资决定和投资操作免受政治影响。一个明确的投资政策可以表明主权财富基金对有约束的投资计划和做法的承诺。同样，一个可靠的风险管理框架将促进其良好的投资操作和问责制。

（4）GAPP的原则和做法更加集中凸显了主权财富基金的重要角色和运作特点。突出体现在以下方面：第一，要求SWFs建立完善的治理结构与问责机制。第二，要求SWFs履行明确而具体的信息披露义务（透明度要求）。第三，要求SWFs制定明确的投资政策与风险管理体系。

无论主权财富基金的规则是强制性的还是自律性的，在很多方面都仍然存在问题。第一，为了使特定法规专门适用于SWFs，很重要的一个问题就是在SWFs术语的精确定义上达成一致。第二，SWFs寻求其他跨境投资地区的风险需由东道国承担。第三，在解释"透明度"上存在的文化差异可能导致东道国和主权财富基金间存在紧张关系。第四，被动投资策略（传统上由SWFs使用）与创造财富和加强收益是背道而驰的。第五，自律规则不能像强制性规则一样强制执行。

主权财富基金十分明确地指责专门起草适用于它们的法规的行为。尽管阿布扎比投资局和新加坡都和美国签署了自律行为规则，其他主权财富基金对起草SWF规则的前提表示异议。这些主权财富基金表示，主权财富基金不应该单独列出，"应该有共同的和平等的平台提供给所有的基金"，针对主权财富基金立法的尝试反映了"保护主义和国家主义"，"在资本市场关于透明度的要求应该是共同的，不应该针对特定来源的资本"。

在这些争辩当中，有一个前提似乎是没有争议的：减少政府在世界经济中的作用而加强自由市场的作用，竞争对于经济繁荣发展来说起到了至关重要的作用。

三、国际金融标准

（一）国际金融标准

最近几年，在这个领域最重要的议题主要还是"新巴塞尔协定"——例如巴塞尔银行监管委员会在 1988 年对关于国际银行资本标准的巴塞尔协议的修改。其中最为重要的发展是其实施的问题。在原巴塞尔协议中协调资本充足率标准的目的是创造一个国际银行的"公平竞争平台"并促进国际金融的稳定。

全球金融市场的日益复杂使得 1988 年巴塞尔协议中采取的相对简单的方法变得过时，也直接导致巴塞尔银行监管委员会于 1999 年 6 月宣布将对巴塞尔协议进行修订。新巴塞尔协定资本充足率框架的发展是在一个公开和透明的环境下进行的，公开的咨询一直在不断进行中，包括对金融产业的市场调查以了解这些建议在实践中的运作情况。

新巴塞尔协定的基本结构由三大支柱组成，包括数量上的资本要求（支柱 1），一个监管检查程序（支柱 2）和市场纪律（披露要求，支柱 3）。就支柱 1 而言，不像根据原巴塞尔协议所有的金融机构都适用同一的风险评估方法，新巴塞尔协定规定了三种不同的风险评估方法。第一种标准方法是建立在分级部门提供的客户信用等级上（例如，BBB 级别的债务相比于 AAA 级别的债务将遵循更高层次的风险评估）；它将区分风险等级建立在了一个更加广泛的范围内。另外两个方法建立在根据过去的经验考虑各个银行自身的风险评估的银行内部特点上（基本和先进的内部风险基础"IRB"方法）。尽管金融机构采取 IRB 方法会更加复杂，人们还是认为对于全球最大的金融机构针对特定的风险量身定做资本要求会是非常有用的。支柱 2 的监管检查将确保银行自身的 IRB 方法是健全的。支柱 3 鼓励银行保持充足的资本。除了用于防范金融机构的倒闭，资本要求还能：（1）使银行系统远离特定的风险；（2）防止在监管不完善地区的银行国际扩展而破坏在监管完善地区的银行；（3）为早期干涉快倒闭机构提供了基础。因为，尽管原巴塞尔协议框架设计的强制性是仅仅针对国际性银行的，但它还是被大部分国家的监管机构应用在了所有的银行业上。在美国，新巴塞尔协定将适用于大约 10 个国内银行，而大约有另外 10 家银行是自愿选择是否遵循。相反在欧盟，一项执行新巴塞尔协定的指令将适用于欧盟内的所有银行业而并不仅仅是国际性银行。

在美国国内，各个联邦银行监管机构（以下简称"各个机构"）在研究和发展新巴塞尔协定的过程中和银行组织的特别小组有着紧密地合作工作关系。在 2004 年 6 月 26 日，巴塞尔银行监管委员会发布了新巴塞尔协定，自从 2005 年 11 月 15 日对其进行修订后，各个机构就发布了一份"联合声明"勾勒出拟将新巴塞尔协定规定的防范风险和资本方法融入美国机构的监管指南中的计划。接着各个机构就发布了一系列声明以详细说明各自的想法；但是这些声明还没有被转化到具有法律约束力的法律法规中。尽管如此，这些声明指出了即将实施的一些重要问题。例如，在保持和巴塞尔银行监管委员会为了减缓金融系统突然的资金变化而进行的数量影响研究一致的前提下，一份声明设立了数量限制，即各机构风险导向的资本可以根据新巴塞尔协定的适用而减少（联邦储备局 2005 年 9 月 30 日联合新闻发布）（2009 年最低 95%，2010 年最低 90%，2011 年最低 85%）。监管机构在 2007 年 12 月 7 日发布了《高级方法》(the Advanced Approach) 的最终条款，并于 2008 年

4月1日生效，强制性适用于"核心银行"而选择性适用于其他银行。该规则包含了一系列保护措施：巴塞尔 II 框架下运营之前有一个一年平行运作的期间，相关权力机关承诺持续对该框架进行分析，保留杠杆比率和快速纠正行为要求。相关权力机构准备公开发布一个拟制定的根据巴塞尔 II 而适用于所有"非核心"机构的标准方法的规则以供公开评论。现存的基于巴塞尔 I 的监管框架将为那些"非核心"机构保留，这些"非核心"机构也倾向于保留在该机制下。

在欧盟内部，欧盟委员会将发布一项指令，然后紧接着转化为各成员国的立法。在欧盟层面，立法将通过所谓的强化的 Comitology① 程序而包含一个双重结构：一个正式指令设立总则性指南，然后通过 Comitology 程序将技术性细节体现在指令的附录中。2005 年 9 月 28 日欧洲议会一读通过了资本要求指令（Capital Requirements Directive）的草案。在 2005 年 10 月 11 日，经济与金融事务理事会的部长们在欧洲议会的立法决议上达成了一致，计划的实施日期是在 2006 年年底。为了允许合理的过渡安排，机构可以选择性适用现存法规直到 2007 年年底。

巴塞尔委员会最近提出了国际执行情况的一致性问题。在 2005 年 11 月，委员会发布了一份新的名为《为有效执行新巴塞尔协定而实行母国信息分享》（Home-host information sharing for effective Basel II implementation）的参考性文件。该文件结合了核心原则联络组（Core Principles Liaison Group）的工作，该联络组是巴塞尔银行监管委员会的 16 个非正式成员组成的工作组。该文件将一份名为《新协议跨境执行的高标准原则》的声明作为附件。原则 2 是"母国监管者对并表基础上的银行集团实施新协议的过失负责"，原则 3 是"东道国监管者应让银行理解和识别其要求，特别是银行以子公司形式在东道国运作时"。

2008 年 2 月，巴塞尔委员会及时地发布了《流动性风险：管理和监管面临的挑战》（Liquidity Risk: Management and Supervisory Challenges），该文件从六个方面介绍了国际金融市场的变化对国际银行业流动性监管问题提出的挑战。它探讨了影响流动性风险管理的金融市场的发展，讨论了国内监管机制及其组成，勾勒出当前危机时期就流动性风险管理和监管的初步观察，并提出可预见的将来的相关工作。2008 年 9 月，巴塞尔委员会颁布了《稳健的流动性风险管理和监管原则》（Principles for Sound Liquidity Risk Management and Supervision）。为了说明金融市场的发展及其从金融危机中得到的教训，巴塞尔委员会彻底审视了其 2000 年颁布的《银行机构管理流动性良好实践》（Sound Practices for Managing Liquidity in Banking Organisations）从管理和监督流动性风险的基本原则、流动性风险管理的管理方法、流动性风险的测量和管理、公开披露、监管机构的作用五个方面，提出了关于流动性风险管理和监督的十七条原则，为国际银行业流动性风险监管构建了一套完整的框架。

2009 年 5 月巴塞尔委员会颁布了《稳妥压力测试和监管的原则》（Principles for sound stress testing practices and supervision - final paper）的最终稿。巴塞尔委员会认为，压力测试是银行用于其内部风险管理会资本规划的重要工具。该文件考虑到了压力测试项目在金融危机中所暴露出的弱点，针对银行列举了一套广泛的稳健治理、压力测试设计和执行的原则。2009 年 6 月，巴塞尔委员会又颁布了《有效存款保险制度的核心原则》（Core

---

① Comitology 在欧盟体系内表示由欧洲委员会监管授权行为实施的委员会系统。

Principles for Effective Deposit Insurance Systems - final paper）最终稿。巴塞尔委员会认为此次金融危机很好地揭示了有效存款保险制度对维持公共信心的重要性。在该文件中巴塞尔委员会和存款保险人国际联合会（the International Association of Deposit Insurers，IADI）共同推出了有效存款保险制度的核心原则，这些核心原则对各国建立或改革存款保险制度具有重要的作用。其包括了如下领域：（1）存款保险的范围；（2）基金；（3）迅速的补偿；（4）公众的意识；（5）失败机构的解救；（6）与其他安全体系的合作，特别包括中央银行和监管者。

巴塞尔委员会于 2010 年 9 月 12 日就《巴塞尔协议 III》达成共识，将迫使银行业把一级资本（即其必须持有的准备金比率）提高逾两倍至 7%，此举旨在避免国际金融危机重演。根据现行规则，银行必须持有的一级资本比率只有 2%。新规则可能要求银行业在未来 10 年筹集数以千亿美元计的新资本。德国银行业协会估计，该国最大的 10 家银行将可能需要 1050 亿欧元（约合 1410 亿美元）的额外资本。

但为了缓和银行和金融市场的负担，监管机构给予银行相当长的过渡期以遵循新规定。该过渡期在某些情况下可以延长至 2019 年 1 月或更晚，在时间上长于许多银行家的初始预期。

巴塞尔 III 规定，银行持有的核心第一级资本比例至少为总资产的 4.5%，这部分资本为最高品质的资本，包含股本或保留盈余。另外银行业也必须建立新的普通股权缓冲资本，该资本需占总资产的 2.5%。从而使得整体最优质资本达到总资产的 7%。若银行提用这部分的缓冲资金，其所能发放的奖金及股利将受到限制。

巴塞尔 III 还要求银行在信贷市场景气扩张时另外建立一项反周期缓冲资本，需占总资产的 2.5% 以内。各国监管机构将会自行决定何时为进入"整体信贷成长过度扩张"时期。他们期望这项缓冲资本将会在信贷市场存在过热威胁时减缓放款速度，避免危险的泡沫成形。然而该条款受到一些银行的强烈抵制。尽管抵制未见效果，但银行似乎成功地说服监管机构给予更宽的过渡期。

巴塞尔 III 规定，一级资本规定将在 2015 年全面实行，缓冲资本规定则将在 2016 年 1 月至 2019 年 1 月间逐步落实。

巴塞尔 III 协议已由 27 国央行行长及高阶监管机构主管达成共识，并在银行业及各国政府间历经了一年的协商及游说，从而充分保护各国的利益。

巴塞尔委员会同时宣布，新规则应在 2013 年至 2018 年底期间逐步实施。英美两国希望在 5 年或 6 年内完成实施过程，而其他一些国家则一直进行游说，希望将实施期限延长至 15 年。

（二）清算和结算的法律法规发展

近几年来，保障记账证券交易稳定性的国际法律方面出现了较大的发展。有的以适用法形式（如《海牙证券协定》），有的以临时形式（国际私法组织和欧盟间的部分法律项目）。

1.《海牙协定》

《海牙协定》是有关中间人持有的证券权利的法律适用的协定，于 2002 年 12 月 13 日在海牙国际私法会议的第 19 次外交会议上通过。它得到政府当局、法律从业人员、学者及业界代表的积极支持。海牙协定的目标是为中介机构持有的记账证券的跨境交易提供更强的法律确定性和可预见性。实现这一目标的途径主要是通过参考账户协议选择管辖的法律来决定这种记账证券的准据法。

目前为止，决定跨境账户中的证券适用哪一国法律在国际层面上存在很大程度的不确定性。这种法律上的不确定性导致了证券业和投资者的法律风险，在一定程度上管辖记账式证券的法律将决定在中介机构破产时提供给持有人的保护，以及对这类证券遵循创造、完善和实行抵押品约定的措施。各方预期外的法律适用可能会危及投资者的所有权或在不能满足此法律要求的情况下使其担保交易无效。

海牙协定已经在 2002 年底由包括美国、欧盟成员国、日本、澳大利亚、阿根廷、巴西、中国和俄罗斯联邦等的海牙会议的 53 个成员国"技术上"签字。现在此协定已被这些国家的政府正式地实施并已被各国签认。在欧盟，海牙会议的采用必须包含一些欧盟法令的修改。但是，由于自 2004 年起的来自欧盟内部的反对①，欧盟的正式签约仪式一直被暂停。欧盟理事会在 2005 年 6 月决定要求委员会做一个关于海牙协定影响的研究（关于其范围、对第三方的影响、证券结算系统和公共政策立法）。

2. 欧盟的发展

从 2004 年 4 月开始，欧盟委员会就清算和结算方面的法律壁垒进行了研讨。委员会的建议是考虑建立一个有关清算和结算的架构性指令来确保清算和结算服务提供者的服务自由流动以及准入的完整权利。

目前的进展是委员会下设的若干咨询工作组提出了一份识别壁垒以及建议协调欧盟的证券和税收体制可行措施的报告，交由委员会去决定是否会将全部或部分的这些建议转化为共同体法规（建议、指令、规章）。

3. 市场实践及相关法律法规的协调

市场参与者也对证券实践（ESCDA、欧洲银行票据交换所等）进行了评估并提出了一些协调的提议。

在法律方面，对授权持股的壁垒、对当地存在的要求、直接参与中央证券托管（Central Security Depository，CSD）② 的要求，市场申诉的处理和时间记录的协调都是目前热烈讨论的问题。

对法律协调的需求的一个很好的例证也能在证券所有权转移时间的区别中体现。如在同一个国家，所有权的转移可能被视为在交易日（在 2005 年 3 月以前的法国就是如此），而其他转移类型一般都视所有权的转移发生于结算日，这也是欧盟大多数国家中的规定。这种体制的不同对市场申诉和税收程序的成本具有很大的影响，因为每一个区别都导致一个不同的程序。这也可能产生一定程度的法律风险，如在所有权交易中，对方在交易日至结算日间破产，根据每国股票市场规则所有权的转移发生在交易日，而根据另一国法律所

---

① 主要是法国、西班牙、意大利、瑞典和波兰等欧盟成员国和欧洲中央银行反对海牙协议，因为他们认为这可能会导致更多的法律不确定性。

② 一种保管证券的服务，它使得证券的交易可以由簿记系统进行处理。实物证券可以固定地由托管机构保管而不进行实物交割，或是实现证券的无形化（即证券都是以电子记录的形式存在）。除了保管以外，中央证券托管可能还包含撮合、清算和结算功能。

有权的转移发生在结算日，这样将可能导致对所有权的争议。

4. 监管的发展

在 2001 年 11 月，十个国家的中央银行组成的结算系统委员会（CPSS）和证券委员会国际组织（IOSCO）的技术委员会联合发布了一系列标准：证券结算系统建议。这 19 条建议的目标是通过强化证券结算系统（已经成为全球金融基础架构的一个新的重要组成部分）来增强金融稳定性。CPSS 和 IOSCO 还为这些建议提供了评估方法，旨在建议的基础上提供一个明确和全面的评估方法。

在不同的地方，适用于清算和结算系统的监管标准有一定差异：

（1）"疏忽"标准旨在监管证券系统以避免系统风险。

（2）在欧元区，1998 年采用的 9 个欧洲中央银行"使用者"标准，即在欧洲中央银行货币政策操作中使用证券系统。它们将马上被重新审查。

（3）国内监管标准。

这些标准旨在在法律稳定，清算或结算效率和透明度、风险管理（包括信贷风险）、现金操作、终局性、操作可靠性、公司治理、准入/参与和其他系统间联系等问题上为清算和结算操作人员建立最佳惯例以及最低要求。疏忽标准不是法律并一般不直接约束证券系统。它们由共同监管者采用。

对不遵循这些标准（或监管者提出的建议）的制裁一般具有间接的特点：

（1）名誉风险：监管者可以公开做不合规的行为，这往往明显负面影响系统形象，特别在是面对外面的世界时，如客户、国外监管者等；

（2）外国监管者可能同样援用系统的不合规不批准一些项目（项目需要遵循国际标准）；

（3）根据国内立法，如果出现系统不遵循国内适用的标准，会导致特定的制裁（如罚款、刑事制裁）。

不同监管标准和制裁的同时存在可能会导致一定的风险，即让市场参与者和其客户对监管措施的迷惑和不确定。如果国际私法统一协会协定按现有条文采用，这种情况完全不会得到改进。欧盟关于清算和结算的指令很有可能会转化全部或部分 2004 年颁布的标准为其条文，因此，在目前的主要发展之外，将来肯定会有更多的发展。

四、银行的跨境破产问题

（一）跨境银行危机管理

跨境银行破产领域的法律制度仍然处于初始阶段；在冲突法或国际私法规则方面已经有了一定的发展，但到目前为止，银行方面的国际统一标准还没有形成。

不同国家的银行破产法区别很大，在许多方面都有差别。考虑到破产法和其他领域商法间的紧密联系，不同的法律传统（如大陆法系、普通法系）会导致不同的破产法规则。一些法规更加有利于储户，而另外一些则有利于债务人。

有些地区，银行和其他公司受到同等对待，比如遵循一般破产法。在司法程序或法院管辖程序盛行的英国（尽管 2008 年 5 月颁布的新法引入了针对银行的特别解决机制）和其他欧洲国家都是这样的。而其他地区，则遵循由银行监管者或储户保护机制管理的特别破产机制。

由于缺乏一个国际破产法律机制，在境外拥有分支或子银行的银行破产需要依赖于国内法律机制和不同国家主管机关间的自愿合作。这种合作常常是不容易的，而且母国和东道国权力机关间的责任划分常常是争论的焦点。目前，一般认为国际银行的清算协调最好通过采纳建立在联合国国际贸易法委员会（以下简称为"UNCITRAL"）工作基础上的跨境破产国际协定或机制来建立相关国际规则。在欧盟领域，有主张通过采纳一个和国家援助以及涉及紧急流动性援助和存款保险规则一致，并和其他欧盟有关破产和审慎监管领域指令和规章一致的、新的银行或银行集团重组和清算的法律框架。国际上现在最迫切的是在关于银行破产的定义和理解上达成一致，并在此基础上达成关于银行资本的国际条约。与此相关的主要问题有：

（1）建立国际权力机关。建立一个国际破产法院的观点似乎有些牵强，即使是在欧共体层面，单一权力机关的建立都似乎还很遥远。

（2）建立共同规则。规则的协调以及监管的趋同似乎是一种解决方式。一些规则是程序性的，一些规则是实体性的。在破产领域，一些冲突法或国际私法或规则种类的划分都得到了协调，但目前为止，适用于国际银行跨境破产的实体标准还没有形成。

（3）通过谅解书（双边和多边备忘录）以及其他机制进行合作和信息共享。然而，解决程序（特别是负担共享时）不能指望依赖于"根据过去经济形势的合作"。它们需要根据经济上预期变化的规则。

尽管没有关于破产法的国际条约，但有过达成一些共同协商一致的国际规则（大部分是"软法"）的尝试。巴塞尔委员会已经指出涉及监管责任划分（母国与东道国）、资本规则和其他国际银行有效监管原则的33年以来存在的各种问题。然而，巴塞尔委员会几乎没有提供涉及银行退出政策和涉及跨境银行危机解决问题的指南。

（二）破产的国际规则

UNCITRAL 于1997年5月在维也纳通过了《跨境破产的示范法》。然而，该示范法包含了一个选择性条款，即适用于银行的特别破产机制可以排除在其范围之外。该示范法规定了外国破产程序的认可，司法机关和行政机关间的合作以及其他涉及在多重管辖下破产程序的协调问题。

在1999年，UNCITRAL 开始着手起草涉及公司破产的《破产法立法指引》。工作进展是通过和国际破产执业者组织（INSOL）① 以及国际律师协会（International Bar Association，IBA）的联合研讨会。《立法指引》在2004年完成并由联合国大会于2004年12月2日通过。

世界银行将 UNCITRAL《立法指引》的努力和自己的全球银行破产法倡议结合，就银行/基金标准和规则而言制定了一套破产和债权人权利的标准。相应地，世界银行通过和国际货币基金组织，UNCITRAL 以及其他专家的合作，制定了一份文件，规定了统一的破产和债权人权利标准（ICR 标准），该标准融合了世界银行关于有效债权人权利和破产系统的原则（世界银行和国际货币基金组织联合标准和规则下的12个领域之一）以及

---

① 一个由专攻破产领域的会计师与律师国内协会组成的全球同盟。

UNCITRAL 的建议（包含在 UNCITRAL 关于破产的立法指引中）。该文件在 2005 年 12 月 21 日发布。

UNCITRAL 关于破产的第五工作组已经从 2006 年开始研究公司集团破产问题，包括国内和跨境问题。这可能是个发展涉及银行破产共同原则的正确平台。

近期一个可喜的发展是新巴塞尔工作组的设立，该工作组设立于 2007 年 12 月，由 Michael Krimminger 和 Eva Hüpkes 共同担任主席，研究跨境银行的清算问题。该工作组和 UNCITRAL 合作，将提供一定程度的涉及一些核心问题的协调，比如：程序启动的定义、监管者的角色、债权人和债务人最低限度的权利和义务、抵消的权利、净额结算、金融合同的问题以及支付系统的保护。

（三）欧盟破产机制

欧盟破产机制包括一个关于破产程序的规章（2000 年 5 月 29 日颁布的欧共体理事会 1346/2000 号规章）以及两个指令：一个关于信贷机构重组和清算的指令（2001 年 4 月 4 日颁布的欧共体 2001/24 号指令）和一个涉及保险机构重组和清算的指令（2001 年 3 月 19 日颁布的欧共体 2001/17 号指令）。

欧盟破产机制对所有欧盟成员国都有法定约束力。正因为如此，欧盟破产机制是在破产法领域拥有有约束力的超国家/区域规则以及专门的银行破产法的一个最清晰的例子。然而，欧盟规则主要具有国际私法的性质。它们引入了统一的原则和破产的通用观点，赋予母国排他的管辖，但没有尝试实质上协调成员国内涉及破产程序的立法（成员国间的相关立法还是存在差异）。

根据欧共体 2001/24 号指令，当在其他成员国有分支的信贷机构清算或重组时，清算或重组将根据该信贷机构被授权的成员国（即母国）权力机关的单一程序启动以及执行。该程序将受制于母国的法律。这种方式和欧盟银行指令规定的母国监管原则是一致的。

该指令没有定位于协调成员国立法，而是确保成员国重组和清算程序的相互认可以及相关权力机关间的必要合作。鉴于该指令具有很小的协调功能，成员国间的重组和清算程序仍然不同。因此，信贷机构的破产程序也有所区别。一些成员国对信贷机构的重组和清算适用同于一般公司的规则和破产法，而另外一些成员国则适用专门针对信贷机构的重组程序。

该指令仅仅适用于信贷机构在其他成员国的分支的破产，而不适用于银行集团在其他成员国的子公司。

欧共体 2001/24 号指令局限于涉及跨境银行集团的每一个法律实体的程序方面。这种局限的范围使得无法考虑银行集团的协同，而这种协同在重组中是有益于所有债权人的。缺乏集团范围的方式来清算和重组可能导致子公司甚至是整个集团的倒闭，相反则可能成功重组或保持整体或部分具有偿债能力。

2007 年 10 月 ECOFIN 的意见号召加强欧盟金融稳定安排并重新考虑防范危机，管理和清算的工具，包括信贷机构重组和清算指令的修订以及存款保证指令的澄清。欧盟委员会发动的涉及信贷机构清算指令的公开咨询的目的是考察该指令是否全面实现了其目标，是否能扩展到跨境银行集团以及如何能识别涉及这些银行集团内的资产转移的障碍。欧盟委员会计划在 2008 年年底发布一份《蓝皮书》。

考虑到欧盟成员国银行破产法的区别，大型银行机构和金融集团可以组建成"欧洲公司"（如诺迪亚银行），适用一个特别的破产机制。

（四）双边规则和谅解备忘录

由于缺乏正式的国际破产法律机制，国家求助于双边协定，常常以谅解备忘录的形式来建立在跨境设立管理上的合作原则。然后，谅解备忘录是自律性安排，没有法律约束力。而且，就目前达成的多边谅解备忘录（2005年5月18日签署的《欧盟银行监管者，中央银行和财政部在金融危机情形下的合作谅解备忘录》；2003年3月10日签署的《欧盟银行监管者和中央银行在危机管理情形下合作的高层面原则谅解备忘录》；2001年1月1日签署的《经济与货币联盟第三阶段银行监管者和支付系统监管者间合作的谅解备忘录》）而言，只有新闻消息的发布。2008年6月1日签署了一份新的谅解备忘录，该备忘录处理的是具有跨境业务的金融机构的市场混乱问题。

（五）近期国际立法动向

许多国际立法动向指向了目前发生的信贷危机。金融稳定论坛①在2008年4月12日发布了一份关于加强市场和机构恢复力的报告。国际金融学院（Institute of International Finance，IIF）② 在4月9日发布了一份其市场最佳实践特别委员会的报告，这是一次涉及自我管理的努力。巴塞尔委员会在2008年4月16日宣布了加强银行系统恢复力的很多步骤。其他的一些努力来自于美国（次级债抵押危机的起源地），比如美国总统的工作组，美国监管人员和金融官员委员会在近期发布了一份政策声明，提出改进未来金融市场状况的建议。

五、关于欧盟体系内"目标制裁"的司法审查

（一）欧洲经济与货币联盟关于资本自由流动和支付自由法律规定的欧盟法院解释

对于欧洲经济与货币联盟来说，资本的自由流动是一项基本原则。自由和一体化内部市场形成了引入单一货币和建立欧元体系的基础。欧洲司法机制在解释欧共体条约中关于资本和支付条款上起到了核心作用。特别是在私有公司投资，土地使用以及税务领域，欧洲法院（EJC）和欧洲初审法院（CFI）的裁定对开启目前为止关闭的市场起到了很大的帮助作用。目前，针对被怀疑从事恐怖主义活动的个人而采用的"目标制裁"（targeted sanctions）导致了欧盟权力范围的案例法的产生，它们和联合国安理会的权力以及出于人权考虑使用该种权力的审查纠缠在一起。

---

① 其现已由金融稳定理事会（FSB）所替代。

② 国际金融研究院是目前全球仅有的一个金融机构的联合会。它是由最发达国家的38家银行于1983年为应对当时的国际债务危机而成立的。其成员包括几乎世界上最大的商业银行和投资银行，也逐渐包括一些保险公司和投资管理公司。联系会员包括跨国公司、贸易公司、出口信贷机构和多边机构。目前，它拥有370多个成员。

（二）向欧盟法院提起的目标个人和实体名单的起诉

一些个人和实体已经质疑欧盟公布的目标名单。在一些案例中，这些起诉抨击了欧盟理事会和欧盟委员会原封不动接受联合国安理会根据《联合国宪章》第 7 章公布的名单。在其他案例中，欧盟采纳的单独制裁所存在的问题。

（三）CFI：不审查联合国安理会关于人权基础的决议（除非违背了强制法）

在 Yusuf 和 Kadi 案（2005 年 9 月）中，初审法院认为不能审查被认为和共同体法相一致的联合国安理会决议。即便共同体法包含了《人权和基本自由欧洲公约》保护的基本权利，该法院也只能在强行法被违背的情形下才能审查相关措施。初审法院认为由联合国制裁委员会审查相关案件会提供足够的保护，尽管这样需要目标的成员国提供外交保护以及个别不能行使该保护的权利。初审法院主张基金的冻结既不侵犯使用财产的基本权利，也不侵害一般比例原则（the general principle of proportionality）。初审法院认为冻结是一种限制相关个人财产可用性的临时预防措施。在 Ayadi 案（2006 年 7 月）中，初审法院则稍微前进了一步。它认为冻结构成了一项严厉的措施。但它仍然判决，冻结安理会认定的与本·拉登基地组织和塔利班有关联的个人的基金、金融资产以及其他经济来源并没有违背强行法的规定，这是因为根据与《联合国宪章》保持一致而采取的一切打击威胁国际和平和安全的恐怖主义活动的措施对维护国际社会公共利益是极为重要的。初审法院详述了当遇到要求从目标名单中除名时，成员国的义务是：听证——即使在没有充足数据的情形下的即时行动以及针对"名单"可能采取的国内救济。在一些案例中，初审法院特别考虑到安全的需要，判令将目标个人和实体的名字从名单中除去。欧盟理事会新近根据欧共体 2580/2001 号条例审核了"目标"人物和实体的名单，并采纳了一份新名单。欧盟理事会同时也发布了一份《通知》，要求今后应该将注意力放在对所有"目标"进行审查的程序、要求豁免必要的人类需求和一些基于特殊目的的限制的可能性、要求司法审查的可能性上。

应该注意的是，在欧盟自身的制裁处于危机的案例中，CFI 已经广泛地着手如何在个人和实体名单的背景下保护人权。此外，上议院的上诉委员会提及一个关于如何解释欧盟关于 ECJ 制裁的立法中用到的"为……的利益而融资"的问题。因此，国际法和欧盟法针对威胁和平和安全所采取的措施领域间的相互作用以及欧盟法所采取的金融制裁范围都需要在未来进一步明确，尽管欧盟法院已经在过去的裁定中解释了制裁的范围以及它们在内部市场的影响范围。

六、伊斯兰银行与金融

伊斯兰银行金融业的空前发展引起了全世界的关注。现在，伊斯兰银行金融机构在全球超过 60 多个国家开展业务，伊斯兰银行和有一个伊斯兰窗口的传统银行的伊斯兰金融资产的总额超过 4000 亿美元，伊斯兰共同基金总数已超过 3000 亿美元，伊斯兰国债和伊斯兰企业债券超过 150 亿美元，道琼斯伊斯兰指数全球市值在 10 万亿美元以上。在成熟的金融中心，伊斯兰金融业正得到越来越多的认可，被认为是具有极大增长潜力的行业。伊斯兰银行金融业的发展潜力主要来源于财富从石油消费国转移到石油生产国，而这些国家大部分都在中东地区。

因此，国际法学会下设的国际货币法委员会（MOCOMILA）于2005年4月23日在伦敦的英格兰银行组织了为期半天的咨询会，主题关于伊斯兰金融与第78次年会的结合。发言者来自英国金融服务管理局和有着伊斯兰金融产品和伊斯兰金融服务委员会工作经验的美国律师。英国金融服务管理局最近刚给伊斯兰银行在该的机构颁发了执照。伊斯兰金融服务委员会（the Islamic Financial Services Board，IFSB）是一个依照国际标准成立的服务于伊斯兰金融业的机构，成立于2002年，其总部设在马来西亚的吉隆坡。它已拥有超过84名正式会员、准会员和观察员，其中许多是各国的中央银行或著名的财务公司。伊斯兰发展银行就是其一名正式会员。国际货币基金组织、世界银行和国际结算银行都是其准会员。亚洲发展银行是其观察员。

伊斯兰银行和金融机构提供的商业活动包括以下几个方面：（1）资金来源包括：商业银行；基金管理和投资银行；（2）资金的运用：包括购买"实物"资产和赊卖，直接对合作企业和资本企业进行股权投资、出租以及交易不动产，持有商业存货和农业存货以再销售。

伊斯兰银行的经营活动决定了其风险不同于常规银行。如，如果要贷款，伊斯兰银行必须获取实物资产后要么赊售要么出租。伊斯兰银行拥有的用于出租的各种资产（不动产、商业存货、农业存货等）相关的风险不同于常规银行，这也意味着伊斯兰银行需要不同的风险管理方法和不同的资本监管要求。这也表明监管者必须全面认知和这些交易相关的风险以及如何管理这些风险。

伊斯兰金融另外不同于常规银行的是，如果一个伊斯兰银行想在资产负债表中拿掉风险，根据伊斯兰法律强制性的限制，银行没有选择权折价出售或重新打包和将其金融资产（如应收款）做抵押，而这部分风险往往在总资产中表现出一个很高比例。由于没有这种选择，伊斯兰银行的多样化受到限制，也避免了扩散危机而受到关注，特别在私人机构还很脆弱的情形下。因为伊斯兰银行只能持有直到期限届满并承担风险，他们比起那些常规的银行来说风险性更大。至于那些租赁资产、不动产、存货等的市场，伊斯兰银行也完全暴露在这些市场的经营风险中，而这种风险在银行业和证券业当中并不常见。

IFSB认为伊斯兰银行更加类似于全能制银行（混业银行），伊斯兰银行的交易也不太适合于常规的金融系统的法律框架。金融系统的法律框架主要分为两类，一种是对银行储蓄业务机构，其重点放在对储户的保护上，一种是对有价证券类业务，重点在于对投资者的保护。IFSB决定任何与伊斯兰银行和金融系统有关的证券发行都必须深入研究以保证任何潜在的风险都能被了解和控制。

至于那些实行伊斯兰式银行金融系统的国家，许多委员会委员初步认为要实施一种特别的立法和管制方式，以便能包容伊斯兰式的银行机构的一切金融活动范围，同时有足够的弹性和余地去应对伊斯兰式的金融系统面对的独特的风险。但是要处理各式各样的伊斯兰金融案例已超出了委员会的专业知识水平。

（一）伊斯兰债券概述

1. 定义

伊斯兰债券①是一种表示资产价值的文件或证明。伊斯兰金融机构审计和会计组织（The Auditing and Accounting Organization for Islamic Financial Institutions，以下简称为"AAOIFI"）对伊斯兰债券的定义是"代表有形资产所有权，特定项目资产的使用权和服务（或所有权）或特定投资权力的未分配股份等同价值的证明，然而，它的生效是在认购结束后收到伊斯兰债券价值用于债券发行的目的后"。

伊斯兰债券不同于股票，债券和票据，因为伊斯兰证券必须有真实价值。AAOIFI 界定了 14 种伊斯兰债券，其中有：Ijarah 伊斯兰债券（租赁凭证）、使用权凭证（包括 Manfa'at Al-Ijarah 伊斯兰债券）、Salam 伊斯兰债券（商品迟延交货凭证）、Istisna 伊斯兰债券（制造业或项目融资凭证）、Mudharabah 伊斯兰债券（合伙或资金托管凭证）、Murabahah 伊斯兰债券（订购单文件）以及 Musharakah 凭证（合资凭证）。

AAOIFI 表示，投资型伊斯兰债券不代表发行人或凭证持有人负有债务。因此，伊斯兰债券不能以债务或应收债务的方式发行。AAOIFI 规定的标准反映在很多地区的法律中。例如，科威特《证券和投资基金执行规则》第一条定义伊斯兰债券为"公司根据一定种类的合同（遵循于回教法）发行的具有等同价值的金融工具或投资机构在特定投资项目或行为中（根据相关法律规定）发行的具有等同价值的金融工具"。马来西亚的立法有些不同。因为马来西亚的回教咨询理事会（以下简称为"SAC"）能够接受 Ba'i al-dayn 和 Ba'i Inah 之间的合同，因此马来西亚证券委员会适用伊斯兰债券于所有种类的证券（包括股票、债券或票据）。《巴林中央银行债务证券指南》中也采用了相同的方式，将伊斯兰债券归为债务证券，包括公司债券、信用贷款、债券、伊斯兰债券、次级债、票据、其他证明或创设债务的金融工具或证券（无论是否担保，也无论是一般的还是伊斯兰的）以及期权、保证或类似的认购或购买上述可转让债务证券的权利。

2. 在不同地区伊斯兰债券发行的趋势

在过去的 5 年，伊斯兰债券在全球范围内的发行呈现出快速发展的趋势。2006 年的发行量为 2005 年发行量的 2.36 倍，市值也从 259 亿美元增至 526 亿美元。伊斯兰债券管理下的伊斯兰总资产大约为 5000 亿美元。

根据标准普尔的预算，在 2007 年超过 600 亿美元之后，全球伊斯兰债券市场价值将在短短的几年后突破 1000 亿美元。穆迪公司 2006 年报告道，用于伊斯兰债券架构的主要回教原则是 sukuk-al Musharakah，价值 129 亿美元，其次是 sukuk Al-Ijarah，价值 103 亿美元。这两个回教原则在世界范围内都是得到认可的，因为尽管 Ba'i al-dayn 和 Ba'i Inah 之间的合同（得到马来西亚的广泛认可）在中东国家中存在争论，但上述两个回教原则还是得到了中东学者的认可。

2006 年在马来西亚发行了世界范围内更加广泛接受的适用 Mudharabah、Musharakah

---

① 伊斯兰债券是一种可在二级市场上交易的债务工具，而这些交易必须遵从伊斯兰教的宗教规定，英文名称为 sukuk，即 certificate 的阿拉伯文，通常以信托凭证（trust certificates）或参与凭证（participation securities）的形式发行。

和 Ijarah 概念的伊斯兰债券。政府的相关企业也通过发行以全球接受的架构为基准的伊斯兰债券来表示对这一方面的认可和支持。这些发行的伊斯兰债券包括 Khazanah 可流通伊斯兰债券，这是全球第一个可流通的伊斯兰债券，价值 8 亿 5 千万美元。就价值而言，在 2006 年适用 Musharakah 架构的伊斯兰债券价值 294 亿马币，占到了批准发行的伊斯兰债券总额的 70%。

另一方面，海湾合作理事会（以下简称为"GCC"）市场预期将在近几年超越马来西亚，成为最主要的伊斯兰债券市场。伴随着去年公司伊斯兰债券的发行从 13 个增至 21 个以及友好的伊斯兰债券法规的颁布（特别是在阿联酋），GCC 市场非常迅速地发展。截至 2007 年底，仅仅在迪拜国际金融交易所上市的伊斯兰债券就价值 161 亿美元，2006 年才 76 亿美元，超过了 100% 的增长率。卡塔尔和巴林都已经采用了全面的法律结构，并表示要赶上阿联酋的步伐以扩大它们的伊斯兰债券市场规模。

快速发展的 GCC 市场完全改变了全球伊斯兰债券的发展趋势。东南亚（特别是马来西亚）市场相比于 GCC 市场，目前对中小型债券更加友好。GCC 市场发行的伊斯兰债券一般都是上百万甚至上十亿美元，而提供给小投资者的空间很小。2007 年在东南亚发行的 55 个伊斯兰债券的价值在 100 万到 1000 万美元之间，而在 GCC 市场发行的伊斯兰债券中没有这个范围内的。伊斯兰金融信息服务总结认为 GCC 市场对通过仅仅 5 个公司伊斯兰债券发行获得少于 1 亿美元的中小型借款者是"不友好的"。

发行伊斯兰债券已经进入了英国政府的议程。2007 年英国政府预算引入的对伊斯兰债券的新措施使伊斯兰债券（政府称之为"替代性债券"）能和公司债券一样发行，持有和交易。巴林主权伊斯兰债券已经在伦敦交易所上市，伦敦的二板伊斯兰债券市场也在稳步发展。交易已经在伦敦交易所之外存在，伊斯兰债券也很可能在伦敦交易所之外的地方发行。事实上，主权伊斯兰债券可能会于 2008 年在日本、中国香港和印度尼西亚发行。

（二）作为存款机构的伊斯兰银行

储蓄的构成要件，特别是法律上的构成要件如本金全额返还给伊斯兰银行带来了一些麻烦。如，新加坡金融主管机构发布的关于存款的定义的指导原则是：在定义一款金融产品是否属于"存款"时，金融主管机构主要考虑的是投入的本金是否能得到全部返还。就是说该金融产品的发行方是否有义务在产品到期时将全部本金返还给投资者；当一款产品的本金需要面对除了发行方信用危机以外的其他风险时，这款产品就不能称作是储蓄类产品。由于新加坡也是个普通法系的国家，指导守则反映的是普通法系对储蓄的经典定义，该原则在 Foley v. Hill 案和 Joachimson v. Swiss Bank Corporation. 案中得到确认。而根据伊斯兰法的原则，伊斯兰银行的储蓄业务不是建立在全额返还本金的基础上的，基于善意借贷、伊斯兰票据或安全托管的存款可以得到全额返还本金，但是基于分红或 modaraba 的存款就不能保证全额返还本金。因此在普通法系国家，伊斯兰银行要开展存款业务，立法上的干预是必要的。目前，如下关于存款的表述在伊斯兰银行法中较为普遍应用：

"存款"的定义就是一定数量的钱款依照遵守伊斯兰法的原则的协议支付和接收：

（1）在存款接受方的指示下收回全部本金，可以收取也可以不收取报偿；

（2）在安全托管的情形下：

（a）存款接受方获准使用存款资金；

（b）全额返还，存款双方同意收取或不收取存款的报偿金；

（3）出于投资目的，根据双方的协议全额或部分返还，参与或不参与分红；

（4）基于保管、分红、投资、借贷、购买、买卖、储蓄或同时具有以上各项的原因。

但是不包括以下善意支付的钱款：

（1）作为履行合同（除了依照伊斯兰法制定的金融合同）的一部分，如买卖、雇用或提供其他财物或服务，只有在财物或服务并未真正售出、提供的情形下才可以返还钱款；

（2）作为履行合同的抵押或作为不履行合同造成的任何损失的抵押；

（3）在不存在（B）的情形下，作为交付或返还处在特定状态下的财物（如维修等）的抵押；

（4）在其他另有规定类似情形下或由其他人。

伊斯兰银行作为以投资为目的的存款接受方也带来了透明度的问题，这也需要在立法上予以干预。因为这一类存款的存款方和接受方可以一起参与利润分红，同时也就不能保证全额返还本金，就公平来说，储户（有时也称作投资账户持有人）应该有权知道投资运行状况以及具体的总利润或总损失的数额。因此在伊斯兰银行界有些人建议给予投资账户持有人以权力去监督银行代他们作出的投资决策以及相关风险。而伊斯兰银行也有义务为投资账户持有人行使这样的权利提供合适的途径。为了适应伊斯兰金融业的发展，新加坡于 2005 年 9 月 29 日对自己的法律进行了修改，允许伊斯兰式的金融活动（murabaha）。这个决定是在国际伊斯兰企业论坛上，由新加坡金融主管当局（MAS）的主管 Heng Swee Keat 先生公布的："MAS 将调整法律，自今日起，所有新加坡境内的银行将获准提供各类特殊的或日常的伊斯兰式金融服务。先前的 MAS 规定广泛的限制了银行从事非金融性活动。MAS 将批准伊斯兰式的金融方式，这将允许银行代表他们的客户购买货物，然后加价卖出，这属于原先严格禁止的非金融性活动。"

（三）伊斯兰银行的金融交易

伊斯兰银行资产是由遵照伊斯兰法的伊斯兰金融交易创造的。一些伊斯兰银行的资产列在银行的详细目录上，为将来的合乎伊斯兰法的交易结算作准备。伊斯兰金融业务委员会（IFSB）已经为伊斯兰金融机构制作了如下一份典型的资产负债表（见表 6-1）：

表 6-1　　　　　　　　　　伊斯兰金融机构资产负债表

资产	负债
现金及其替代物	经常账户
销售应收款	其他负债
证券投资	
租赁投资 不动产投资	分红投资账户（PSIA）直接投资

资产	负债
合资企业股权投资	分红投资账户（PSIA）
投资企业股权投资	利润均衡补偿准备金
存货	投资风险储备金
其他资产	所有者权益
固定资产	

但是我们也看到伊斯兰银行业的资产负债表也体现了常规银行监管法律的一条核心原则：即银行作为经济的中介机构应该把自己的行为限制在中介服务上，而不应该介入到实体部门。举例来说，马来西亚1989年《银行金融业法案》第32章明确指出："未获许可的机构，不管是利用自己的账户或是受委托，单独或联合，批发或零售的，都不得参与交易，包括进出口贸易；除非是为了实现因已获批准的业务往来而取得的抵押品。"

在现今的马来西亚，尽管法律已经允许伊斯兰银行进行各类金融交易，伊斯兰金融资产还是只限于出售账款、租赁和股权投资。因此伊斯兰法中的金融系统的宗旨没有得到完全的实现这是因为马来西亚的伊斯兰银行安排金融交易时并不持有任何的非金融性资产或存货。

（四）伊斯兰银行和流动资金管理

由于货币在伊斯兰金融体系中不算是一种商品，也不能进行交易；而且支付利息是被禁止的，货币也就没有一种价格，因此伊斯兰银行的流动资金管理都是基于像投资或善意借贷这种方式。马来西亚政府找出了一种新途径来解决流动资金管理，就是发行一些可随时调用的相容的伊斯兰式的投资票据。最近相关的法律已经修改并规定在1983年《政府债券法案》2005年修正案中，授权政府可发行其他根据伊斯兰法的票据来加强伊斯兰银行间的货币市场流动资金管理。

（五）伊斯兰金融服务产业（以下简称为"IFSI"）有效法律和监管体系的特点

伊斯兰债券市场在马来西亚和GCC的快速而又成功的发展得益于有效的法律和监管体系。能确保IFSI成功发展的有效法律和监管体系的特点包括：（a）存在能容纳和促进IFSI发展的环境；（b）存在能保护伊斯兰金融合同执行的清晰和有效的体系；以及（c）存在能解决伊斯兰金融交易争议的可靠平台。

1. 有效环境的建立

不同国家目前正处于伊斯兰债券管理的不同发展阶段。马来西亚政府通过《2007资本市场服务法》（以下简称为"CMSA"）引入了全面的监管制度，适宜于包括伊斯兰债券在内的伊斯兰证券的发展。CMSA的支持文件包括《2007资本市场服务规则》、《许可手册》以及《市场规则指南》。所有这些文件都和CMSA同时生效。CMSA的第212节规定了从马来西亚证券委员会（SC）伊斯兰教法律委员会获得发行批准的程序。

在GCC，巴林货币机关（以下简称为"BMA"）已经设立了"审慎信息和监管框架"

（以下简称为"PIRI"），相关规则覆盖范围包括资本充足率、资产质量、投资账户的管理、公司治理和流动财产管理。PIRI 是第一个专门针对伊斯兰银行而全面建立的框架。PIRI 促进了巴林伊斯兰债券市场的发展并满足了遵循伊斯兰法律原则的要求。

IFSI 有效法律环境的营造需要具备如下关键因素：（1）和地方金融规则协调一致的明确的政策决定和政策方向；（2）确立伊斯兰金融服务机构（"IIFS"）的许可和监管法规并确保 IFSI 的设立以及 IFSI 与传统体系在定性上的区别；（3）全面和精确的机制确保 IFSI 体系对伊斯兰教法的遵循，由合格的伊斯兰教法学者来监督，该学者可以作为一种单独的伊斯兰权力机关或伊斯兰教法委员会的一部分来提出建议；（4）友好和中立的税收体系使合乎伊斯兰教法的产品和常规产品具有平行的竞争地位；（5）其他支持性的基础设施，比如会计标准，人力资源发展和其他必需的非财政规则；（6）参与国际规则的制定，比如伊斯兰金融服务委员会。由于宗教观点标准化的缺乏成为伊斯兰金融产品和服务广泛发展的障碍，根据创新的法律观点，深入的研究确保了提供的服务和产品遵循伊斯兰法律以及新的金融工具是在伊斯兰法律传统的基础上形成。

2. 合同的可执行性

在世界的大部分国家，英国法已经成为主要的法律资料。英国法院常常被选为处理交易争议的合适平台，特别是涉及合同的执行时。然后，当 IIFS 引入伊斯兰金融工具和服务时，这些法院被间接要求适用伊斯兰法律，特别是（但不限于）伊斯兰合同和商业法。

在各种司法管辖区引入伊斯兰金融服务所带来的法律难题主要是涉及二元论和多元论的传统问题。当传统伊斯兰合同法适用于国外环境时，管辖合同解释和执行的英国法或其他法常常忽视了伊斯兰合同法的适用，即使合同的双方是根据伊斯兰法律形式达成的协议。实践中，合同双方一般也不会将所有的伊斯兰法律规则吸收到合同中，但遗漏的很多规则（如禁止利息和过度风险的规定）都是伊斯兰法律原则的基础规则。因此，用在伊斯兰金融交易中的文件和工具不仅仅要遵循伊斯兰法律，同时必须遵循东道国的国内规则并按照东道国法院可执行的形式制定。即使伊斯兰教法咨询或监管理事会认可了金融工具的合规性，执行过程的混合性质还是可能导致伊斯兰法和东道国法间的矛盾，使得合乎伊斯兰教法的金融工具容易在东道国法院受到司法起诉。这些诉讼中的法官可能不会要求伊斯兰教法专家来做解释，而是直接适用地方法律原则来作出判决。

3. 法律争议的解决

遵循伊斯兰法律以及相关东道国国内法律的伊斯兰金融工具引起的法律争议的解决需要一个明确的法律框架。长远来看，特定交易的解决方法以及尝试在伊斯兰合同中起草相关条款对于 IFSI 来说都是不够的，需要一个详细计划的程序来持续改进法官和律师的能力，增强基于先例和法律报告的法院判决的透明度和可预见性以及发展多种争端解决方法（如调解和仲裁）。

为了面对未来法律基础建设中的挑战，下述措施是需要进一步研究和考虑的：（1）设立专门法院来处理所有涉及伊斯兰金融交易争议的案件或在地方法院设立专门的由受过伊斯兰法律培训的法官组成的审判庭，同时通过发布有特色的法律报告来为 IFSI 的指南确保先例的实用性；（2）设立一个国际裁判实体（如国际伊斯兰法庭或国际伊斯兰仲裁庭）来处理适用伊斯兰法律的跨境交易的争议；（3）制定全面的伊斯兰商法规则来为 IIFS 的争议解决提供总体指导。此外，伊斯兰教法专家应更多地研究使用调解和仲裁来解决争议，因为这是和伊斯兰教法的原则相一致的。其他可以开发的对 IFSI 有利的争议解决方法有简易审判以及调解和仲裁的混合。

（六）马来西亚的伊斯兰银行和金融系统

伊斯兰的经济从三十年前开始就以惊人的速度发展了，而今全球的伊斯兰金融机构数量也已经增至超过 300 个，分布超过 75 个国家。伊斯兰金融机构主要集中在中东和东南亚（其中包括巴林和马来西亚这些最大的枢纽），但是在欧洲和美国也有。全球的总资产据估计超过 2500 亿美元，并且以每年 15% 的预计增长量在增加。

关于"里巴"（riba）①和高利贷的禁止，通俗的说就是禁止支付利息，给伊斯兰银行的存贷、融资和流动性管理带来了挑战。由于常规的银行和伊斯兰银行都在马来西亚开展业务，伊斯兰银行面对着常规银行带来的巨大挑战。从 1983 年起，伊斯兰银行就成了马来西亚金融系统不可缺少的一部分，到目前为止总资产占到全国金融总资产的 10.5%。马来西亚现在一共有 8 家正统的伊斯兰银行，而其他那些常规银行则通过开设"伊斯兰窗口"来提供伊斯兰式的金融服务。马来西亚的伊斯兰银行提供超过 40 种的产品和服务。在资本市场方面，伊斯兰私人债券占了 42.2% 的市场份额，而基于伊斯兰法的联合信托占了 7.7% 的份额。

为了更有利于发展伊斯兰银行及金融业，马来西亚政府已经在基本立法上花费了相当大的努力。在马来西亚第九个计划中，政府也表示将继续进行战略性举措来增强本国作为全球伊斯兰金融枢纽的地位。马来西亚中央银行的行长 Tan Sri Dr. Zeti Akhtar Aziz 最近表示，发展伊斯兰金融市场的根本是强有力的管理以及执行国际金融标准（如资本充足）并提供可靠的财务资料披露的法律环境。

1. 马来西亚的金融体系及其法律基础

马来西亚是一个普通法系国家。伊斯兰教是马来西亚的国教，但是它并不反对其他宗教在国内和平的传教。尽管如此，1983 年伊斯兰式银行的建立却给法律体制带来了特别的挑战，使其转而支持和维护遵从伊斯兰法（沙里亚）建立的银行金融体系。马来西亚金融体系可分为三个部分：（1）银行业；（2）非银行金融中介机构；（3）金融市场。在这个体系中的补充着伊斯兰金融的发展的主要法规是 1983 年的伊斯兰银行法，此法管理着伊斯兰银行并提出遵循伊斯兰银行业惯例的要求。1989 年的银行和金融机构法（The Banking and Financial Institution Act 1989，以下简称为"BAFIA"）管理这些常规的银行。BAFIA 的第 124 章允许常规银行运作伊斯兰银行业务。BAFIA 是为了提供一个对马来西亚银行和金融体系进行监管的综合体系，为了使关于马来西亚的银行业和金融业的法律现代化而被引进的。

2. 马来西亚金融体系的监管架构

马来西亚监管当局的中心是马来西亚尼格拉银行（Bank Negara Malaysia，以下简称为"BNM"），这是马来西亚的中央银行，它在财政部的管辖下运作。根据 1958 年马来西亚

---

① Riba 即为高利贷，通常为伊斯兰法律所禁止。在伊斯兰法律中有两种 riba，一为可兰经（the Quran）禁止的 riba（即没有提供如何服务的资本增值）；二是由圣行（the Sunnah）禁止的 riba，即不等量商品的交换。

中央银行法第 4 章，BNM 的两个主要目标是要促进金融体系的稳定和稳定的金融结构并为了有利于马来西亚而影响信用状况。马来西亚证监会是根据证券监督法在 1993 年 3 月 1 日建立的。其任务是监督该国的资本和证券市场，为金融期货和资本市场文书（包括有关于伊斯兰资本市场的事项）把关，并监管这个行业（包括核发许可证和引进有关的指引）。

3. 国际标准的设置

除了 SC 和 BNM，伊斯兰金融服务委员会（以下简称为"IFSB"）于 2002 年在吉隆坡成立。它作为对确保稳健稳定的伊斯兰金融服务行业（包括银行业、资本市场和保险）的管理和监管机构的国际标准制定机构来提供服务。IFSB 通过引进新的或升级现有的与回教法原则相一致的国际标准，而发起了一个有先见之明的透明的伊斯兰金融服务业的发展，并将这些标准推荐予以采用。IFSB 的 84 个成员包括了 20 个管理监管当局，也包括了国际货币基金组织、世界银行、国际清算银行、伊斯兰发展银行、亚洲发展银行以及 16 个国家的 59 间金融机构。IFSB 的举办国马来西亚已经实施了 2002 年伊斯兰金融服务局法，以将一些通常是批准给国际组织和外交代表团的豁免和特权给 IFSB。

4. 近期发展

（1）伊斯兰房地产投资信托。在 2005 年 11 月 21 日，SC 公布了第一份伊斯兰房地产投资信托指南（以下简称为"IR 指南"）。IR 指南的实施进一步放松了外国投资条款，开放了伊斯兰金融领域并强化了马来西亚作为伊斯兰金融中心的地位。总的来说，伊斯兰房地产投资信托和传统房地产投资信托具有相似的特点：它们都是共同投资工具，向房地产投入了它们总资产的 50% 以上，而且它们都具有开放的投资结构（不像分红制和合作制都将投资者限定在一定比例内）。伊斯兰房地产投资信托投资必须遵循 IR 指南（该指南补充了以前有关传统房地产投资信托的指南）。IR 指南并没有取代传统的房地产投资信托指南，相反，两份指南在监管伊斯兰房地产投资信托方案时共同发挥作用。IR 指南的核心特征是要求聘用回教顾问或委员会来确保投资主题符合回教法。例如，不动产租用者必须进行不违背伊斯兰法的行为。在禁止的租用行为中包括建立在赌博、烟草、旅店和传统保险之上的金融服务。IR 指南同样要求伊斯兰房地产投资信托必须确保所有的金融工具应遵循会教法，并且房地产投资信托购买的保险必须遵循合作和共同保险原则。

（2）伊斯兰证券。SC 发布的伊斯兰证券募集指南（以下简称为"IS 指南"）设立了任何发行，募集和销售伊斯兰证券必须达到的标准。IS 指南发布于 2004 年 7 月，促进更加创新和先进的伊斯兰法律文件的发展，满足了地方以及全球投资者的要求，特别是中东投资者。因此，马来西亚伊斯兰债券市场自此见证使用利益分享和合作的回教原则的伊斯兰法律文件的发布。IS 指南同样为发行者提供了实现不同融资需要，使用不同金融结构和回教原则的灵活性。在 2005 年底，857 个伊斯兰证券得以发行，其中 85% 在马来西亚证券交易所上市。IS 指南要求聘任回教顾问来指导所有回教相关的文件条款。

5. 未来的发展。

在第 9 个马来西亚计划中，为了让马来西亚成为一个重要的银行和金融中心，未来马来西亚将把更多的重心放在伊斯兰金融和银行的发展上。实现这一目标将需要建立一个有效的监管体制以鼓励伊斯兰银行和金融产业的自由化和现代化，并增强投资者的信心。下一步的努力将包括：

(1) 在法规框架中注入文明回教原则（强调市场发展、与伊斯兰原则一致等）；

(2) 强化伊斯兰银行法（1983 年），明确伊斯兰银行业的特有特点；

(3) 调整 BAFIA 以进一步使伊斯兰银行业的独有特点能得到适应；

(4) 为伊斯兰银行设立一个单独的资本充足率、法定准备金和流动金要求；

(5) 协调关于伊斯兰银行和金融的回教观念以提升市场发展的效率；

(6) 吸引更多对非穆斯林投资者投资的伊斯兰银行和金融机构。

七、反恐融资

反恐融资在金融法领域已有重大发展，因为各国政府和金融产业已经明确接受共同合作打击非法融资（包括洗钱和新近出现的恐怖主义融资）的义务。

反恐融资旨在致力于通过识别、破坏和打击恐怖组织的金融体系来防范恐怖袭击。一项成功的金融反恐策略必须首先认识到：全球金融体系是相互关联的，如果恐怖分子可以在国际金融体系中通过一个不同的地点获得金融支持，那么在一国国内的反恐努力很可能成为无效的。恐怖分子进行融资的网络是全球性的，因此识别和切断恐怖分子的融资渠道也必须是全球性的。下面将讨论一些在全球范围内打击恐怖分子融资的有效措施。

(一) 反洗钱金融行动特别工作组

自其成立以来，反洗钱金融行动特别工作组（以下简称"反洗钱工作组"）已率先致力于采取和实施一些措施来对付罪犯利用金融体系的情况。1989 年，西方七国集团成立了反洗钱工作组。1990 年，反洗钱工作组制定了一系列的建议（分别于 1996 年和 2003年修订），建立了反洗钱的基本框架。这些被称为"反洗钱 40 项建议"的一系列建议成为各国建立有效的反洗钱制度的国际标准。"9·11"事件后，反洗钱工作组扩大了其任务范围，增加了恐怖融资内容。反洗钱工作组特别通过了"反恐融资 9 项特别建议"，这9 项特别建议和"反洗钱 40 项建议"一起构建了一个监测、防范和打击恐怖融资的总体框架。这些建议已被国际货币基金组织和世界银行用于评估其成员国的金融体系。上述两家机构还增加了对这方面的技术支持的投入。此外，国际货币基金组织、世界银行和反洗钱工作组一起制定了共同的方法来评估这些建议的执行情况。

在"反恐融资 9 项特别建议"的发展过程中，第七项特别建议十分引人瞩目。第七项特别建议发展的目的在于防止恐怖分子和其他犯罪分子通过公开的电汇途径转移其非法资金，而且使得这种汇款在其运作时能被监测到。具体而言，第七项特别建议旨在确保电汇汇款人的基本信息能够被及时获悉，便于执法部门进行调查，便于金融情报机构进行分析，以及便于收益人的金融机构能够识别和报告异常金融交易。

显然，由一个国家单独实施这些措施以打击恐怖分子的资金流动，进而在打击恐怖融资的战场上取得胜利是不可能的。"40+9 项建议"之所以令人瞩目，是因为他们代表了一种反恐的国际性技术模式。以上所讨论的措施表明的，在这一战场上最有效的方法，是那些可以监测到跨国流动资金的措施。

（二）美国的发展

1. 《美国爱国者法案》第 311 节

2001 年 10 月发布的《美国爱国者法》第 311 节（美国法典第 31 篇第 5318A 节），是美国用于反恐的一个关键法律条文。第 311 节授权财政部长——在咨询了司法部门、州和适当的联邦金融监管机构的意见的情况下——锁定某个外国司法管辖区、金融机构、交易等级或账户类型为"洗钱的主要关注点"，采取一个或五个中的多个"特别措施"。特别措施第 4 条要求那些与被锁定为"洗钱的主要关注点"的管辖区有直接业务往来的美国金融机构，以及是那些与指定管辖区有直接业务往来的金融机构有着交易活动的美国金融机构承担收集信息和保存记录的义务。根据特别措施第 5 条，如果一个外国银行的对应账户被锁定为"洗钱的高度关注点"，美国的金融机构可以禁止在美国开设或保留该对应账户。第 5 条措施有效地阻断了被锁定的经济实体与美国金融体系之间的联系。第 5 条措施十分有影响力，不仅是因为它使得美国的金融体系免受侵害，而且还因为它在全球的金融机构和司法管辖区范围内明确了什么情况应被视为存在重大风险。

迄今为止，美国已根据第 311 节锁定 3 个司法管辖区，9 个金融机构，以及中国澳门、拉脱维亚、缅甸、叙利亚和北塞浦路斯、土耳其共和国的多个经济实体为"洗钱的高度关注点"。2006 年 3 月 9 日，财政部发表了其根据第 311 节对叙利亚商业银行采取第 5 条特别措施的最终裁定，即禁止美国金融机构保留叙利亚商业银行的对应账户或是代表叙利亚银行间接进行交易。对此，财政部给出了很多理由，其中有一条为：叙利亚商业银行是国有银行并受叙利亚政府所控制，该银行可能存在恐怖融资。美国认为叙利亚是一个资助恐怖主义的国家。

对于美国根据第 311 节采取的行动（包括锁定"洗钱的高度关注点"和最终裁决），全球金融界的反应证明了这些措施的有效性。全球金融机构密切注意美国的这些行动并相应地调整其业务活动。最近的例子是，瑞士联合银行表示打算断绝其与伊朗和叙利亚之间的业务关系。由于亚洲德尔塔银行（Banco Delta Asia）对于朝鲜进行多项违法活动给予便利，美国根据第 311 节对其采取了行动，这使得大约 24 家全球金融机构限制或终止了其与朝鲜之间的金融交易。

2. 第 13224 号行政令

由于认识到国际合作的重要性，美国已通过联合国采取阻隔行动。美国已制定了一系列灵活的措施来锁定支持恐怖主义的个人和组织，并且通过美国总统第 13224 号行政令的授权锁定了超过 400 个支持恐怖主义的个人。第 13224 号行政令的授权与联合国安理会第 1267 号和第 1373 号决议（这两项决议旨在阻隔和冻结全球恐怖分子以及他们支持网络的财产）是一致的。

第 1267 号决议还设立了一个由所有安理会成员国组成的联合国制裁委员会。凡是通过第 13224 号行政令锁定的个人及实体，将提交给制裁委员会列入该委员会的恐怖融资者名单。一旦某个名字或名称被列在联合国的名单上，各成员国预期将通过国内法律规定来冻结其各自境内被锁定的个人或实体的资金或财产，由此来实现联合国家行动。因此，被锁定的个人或实体将被全球金融系统隔离开来。

公益诉讼论坛

日本公益诉讼考察报告[*]

■　秦天宝[**]

目　　录

一、日本公益诉讼的历史发展
二、日本公益诉讼中具有特色的法律制度
三、日本公益诉讼的支援力量
四、日本公益诉讼对中国的启示

一、日本公益诉讼的历史发展

公益诉讼在日本并不是一项独立的法律制度，尚未形成一个法律体系，其定义也比较模糊。在日本，作为"公益诉讼"一词的替代，现代型诉讼一词常被使用，一提到现代型诉讼，立刻会令人联想起环境权诉讼、公害诉讼、消费者诉讼，等等。[①] 虽然现代型诉讼的概念和外延还很模糊，但其组成部分的公益诉讼的性质和特点已经得到承认和关注。

日本的公益诉讼始于公害诉讼的出现。日本的《环境基本法》第 2 条第 3 款沿袭了日本《公害对策基本法》第 2 条的规定，对公害进行了定义。所谓公害，是指伴随着企事业单位的活动及其他人为活动而发生的相当范围内的大气污染、水质污染、土壤污染、噪音、震动、地面下沉以及恶臭等，造成的与人的健康或生活环境相关的损害。[②]

在 20 世纪 50 年代以后，伴随经济发展带来了严重的环境破坏，日本的公害问题一度

　＊　本文的研究得到林莉红教授主持之"亚洲国家公益诉讼"考察项目的资助，亦得到教育部人文社会科学重点研究基地重大课题"国外环境法理论与实践的最新发展——兼论新时期中国环境法律的发展"及武汉大学 70 后学者学术团队"可持续发展战略下的环境法治"的支持，系其阶段性成果。

　＊＊　秦天宝，武汉大学法学院/环境法研究所教授、博士生导师，法学博士。

　①　小岛武司：《现代型诉讼的意义、性质和特点》，载《西南政法大学学报》1999 年第 1 期，第116 页。

　②　冷罗生著：《日本公害诉讼理论与案例评析》，商务印书馆 2005 年版，第 24 页。

十分严重。起初，主要是以民事赔偿为主的环境侵权诉解决有关公害引起的纠纷。这种事后救济的方式，在解决影响范围较大的环境污染造成的公害问题时不可避免地受到其自身的局限性影响。为解决严重的公害问题，日本形成了包括公害救济法、公害控制法和公害防止事业法一整套的公害的体系，其中主要是通过公害控制这种防止公害于未然的方式来限制或禁止构成环境污染活动的行政行为来对公害加以防止和补救。因此，日本的环境公益诉所指的主要是环境行政公益诉讼。

在 20 世纪 60 年代以前，由于传统观念的影响，虽然可以通过法院解决纠纷问题，但日本国民也多倾向于选择行政部门来解决问题，其结果是：行政部门压制、反对环境公害的居民运动，对受害人的补偿要求进行介入，强行要求受害人接受微乎其微的补偿而放弃将来的权利，受害人的权利根本得不到救济和保护。这时，以"四大公害事件"为主的日本公害人开始寻求民事诉讼救济，即以向法院起诉的有效途径来维护自己的权利，这就有了著名的"四大公害诉讼"。

1967 年新泻、1969 年熊本两地水俣病诉讼、1967 年 9 月的四日市诉讼、1968 年 3 月富山妇女痛痛病诉讼、1969 年 12 月的大孤机场诉讼成为日本著名的"四大公害"审判，拉开了日本公害审判的序幕。"四大公害"案件原告的胜诉及全国范围内反公害舆论和反公害运动的高涨迫使国会修订立法 14 部。公害案件的发生和审判在社会上产生了巨大的反响——促进了人们环境意识的提高，加快了日本一系列环境保护政策和法律的出台，使公害成为社会性问题引起人们广泛的关注并自觉维护环境公益。

自 20 世纪 70 年代后期开始，日本与世界先进工业国的经济，由于受到石油危机打击而从高速增长期进入低增长时期。在经济界关于公害规制过于严格将导致无法顺利度过低增长时期的强烈要求下，国家政策开始向重视经济增长与安定方面倾斜。日本司法实务界也多追随政府的环境政策，所以，在这一时期，日本环境法制出现了停滞、倒退现象。80 年代以后的日本公害诉讼都是在这种法律环境中艰难前进。这种状况一直持续到 20 世纪 90 年代初。90 年代以来，在环境问题国际化以及保护环境国际化趋势的影响下，日本环境法制走出了停滞、倒退时期的困境，进入了新的发展时期。①

战后，日本经济实现了长期的高速增长，在短短的三十几年内，一跃成为世界第二大经济强国。但是，在日本全力发展生产的同时，在相当一个时期内，一些企业乃至政府部门忽视防止环境污染和保护消费者利益，出现了公害、伪劣产品、虚假表示等现象。因产品缺陷造成消费者人身、财产损害的事件多有发生。20 世纪 60 年代初，面对严峻的现实和在欧美现代消费者保护的理论和实践推动下，日本消费者的主权意识开始觉醒，1963 年提出了消费者的三大权利。60 年代中后期，消费者的意识觉悟达到高潮，社会舆论也形成了对消费者有利的形势。公害事件和侵犯消费者利益的情况，可以说是促使日本酝酿和完成 60 年代末至 70 年代初的系统的消费者保护政策与立法的直接原因。

随着消费者保护的法律制度建立，消费者诉讼逐渐增多，20 世纪 70 年代日本出现了食用油中毒事件。在福冈等地含有 PCB 多氯联苯这种有毒物质的食用油造成了大量的消费者受害。随后受害者提出了消费者诉讼。21 世纪日本导入了消费者团体诉讼制度，开

① 王红英：《日本公害诉讼及其对我国的启示》，载《华南热带农业大学学报》2006 年第 3 期，第 75 页。

启了消费者诉讼的新篇章。

与此同时，药害事件也在日本不断发生，催生了药害诉讼的产生和发展。萨利德迈畸形儿诉讼、SMON 诉讼、药害艾滋病诉讼、药害肝炎诉讼相继出现。这些诉讼对拥有监督责任、义务和权限的国家和地方公共事业行政机构追加了国家赔偿责任。

二、日本公益诉讼中具有特色的法律制度

对于日本公益诉讼，日本法秉持了较为保守的姿态，并未积极采用公益诉讼领域较为新锐的制度，而相关公益诉讼制度，也无被系统的规定，主要体现在相关的行政诉讼法和民事诉讼法里。

（一）行政公益诉讼的相关规定

1. 行政诉讼法

在行政诉讼法中，非常值得关注的是 2004 年 6 月日本《行政诉讼法》修改对原告资格的扩大。这一举措可以说是日本律师界呼吁多年的结果，也对公益诉讼的进展造成了极其重要的影响。1962 年颁布的《行政诉讼法》中判断原告资格具备与否通常以"法律利益"为标准。但由于"法律"与"利益"都具有抽象性，"法律利益"是一个不确定的概念，法律并未对其作出具体明确的界定，这为以后的学说及判例留下了解释的余地。

日本于 2004 年 6 月对《行政案件诉讼法》进行了实施 42 年以来的首次修改，其中扩大原告资格是修改的重点之一。日本在修改行政诉讼法时，曾考虑用其他用语来代替"法律利益"标准，例如"法的利益"、"利害关系"、"现实的损害"等。但由于考虑到这些词汇并非是法律术语，最终决定仍使用"法律利益"作为标准，但通过设置解释性规定以实质性地扩大原告资格的范围。

我们当然能比较理想地从条文的变革里分析出其动机和所指向的目标，然而在缺乏实践的情况下，我们难以将其和具体实际联系起来，什么情况下能够提起行政公益诉讼，在具有了原告资格后又以谁为被告，"法律利益"的内涵扩张在实际中是如何落实的？我们抱着这一系列的问题进行了一次行政诉讼法座谈会。在这场座谈会中，日方律师更加系统和深入浅出地解释了这一变革，在理论与实践之间我们搭起了一座桥梁。①

他认为行政诉讼有三个要素：一是对象，二是原告资格，三是恰当时机。② 日本行政诉讼的对象涵盖了行政的所有活动、单方面的改变权力关系的行为。比较微妙的是某些情况下民事诉讼和行政诉讼的区别，这里，日方律师以一个简洁的例子加以说明：国家因修路而向个人购地，在建设道路时所起的争执不属于行政诉讼，而属于民事诉讼。而此时若是因个人不愿出卖土地，而由此引发政府的某种强制性动迁行为时，就应按照行政诉讼的程序来处理。另外，如果铺设道路只是处于计划阶段，由于道路的所有者仍对道路有控制权，所以不能提起行政诉讼，而仅能在所有权受到损害的时候提起行政诉讼。更深入一步，在可以提起行政诉讼的情况下，原告应该是被为处分行为的一方，即上文所述其土地被为动迁行为的土地所有权者。但是，道路建设后，因过往车辆噪音而使周围居民受扰的

---

① 参见我们在日本进行的行政诉讼法座谈会的访谈记录，2008 年 8 月 22 日。

② 参见我们在日本进行的行政诉讼法座谈会的访谈记录，2008 年 8 月 22 日。

情况下，受扰居民不能成为提起诉讼的原告，因为这些人不是处分行为的对象。这即是日本行政诉讼法的基本原理。

2004 年改革以后，非常明显的变化在于，上例中建设道路的计划被许可以后实施以前、为阻止计划实施而提起的诉讼现在是受理的。另外，以前明确诉讼的对象非常难，如果诉讼对象应是行政机关的负责人，由于一般民众提起诉讼时很难知道负责人是谁，加之法律规定提起诉讼的时候必须很具体的指明诉讼对象，所以实际上为提起行政诉讼添加了一层难度。法律修订以后，规定可直接以国家或地方政府为被告，大大降低了起诉的难度。①

虽然对于改革以后的《行政诉讼法》，日本律师界仍存有不少质疑和意见，不过这种趋势已然予人希望和力量，使日本社会在多年的摸索和努力后逐渐明确了公益诉讼的前路。

2. 住民诉讼

根据中国学者的研究，民众诉讼是日本诉讼制度中体现公益诉讼的典型。民众诉讼是指请求纠正国家或公共团体的机关不符合法规的行为的诉讼，是以作为选举人的资格以及其他与自己的法律利益无关的资格而提起的诉讼。

有趣的是，在我们访问日本的过程中，几乎所有的受访者在我们提及"民众诉讼"这个概念时都流露出了疑惑不解的神情，当我们进一步询问时，他们则明确表示从未听说过这个名词，而仅认可了我们归于民众诉讼类型之一的"住民诉讼"。住民诉讼作为现代型的诉讼最近较为活跃，对于提高住民参加的程度、推进地方自治等具有重要意义。住民诉讼是指地方公共团体的居民基于地方自治法第 242 条之二的规定，对于该地方公共团体的机关或其职员的违法的财务支出、财产取得、管理或处分等财务上的一定行为或事实，请求停止、撤销该行为或确认无效、损害赔偿、返还不当得利等而提起的诉讼。住民提起的住民诉讼是实现参政权的一种形式，该诉讼的原告并不是为了自己个人的利益或地方公共团体本身的利益，而是为了包括原告在内的全体住民的利益，作为公共利益的代表者主张地方财政事务的正当化。可见，住民诉讼的意义在于保障居民直接参政、维护地方公共利益以及对地方财务会计运营的司法统制。因此，住民诉讼仅限于对该地方公共团体的机关或其职员的违法的财务支出、财产取得、管理或处分等财务上的一定行为或事实提起诉讼。根据住民提起诉讼时请求的不同，住民诉讼可分为停止诉讼、撤诉诉讼或无效确认诉讼、不作为违法确认诉讼、损害赔偿请求或不当得利返还请求。

（二）民事公益诉讼的相关规定

1. 选定当事人制度

在民事诉讼领域中，日本的选定当事人制度具有一定程度的保护公益的功能，它是指基于共同的利益，多数人共同起诉或应诉时，把诉讼委托给其中一个或数人并由他们出面作为当事人，而其他人在诉讼中不出头露面，以此使诉讼既简单又方便地进行的制度，至于是否利用这种制度，则由当事人自由决定。

选定当事人制度具有几个鲜明的特征：（1）选定当事人制度只适用于必要共同诉讼；

---

① 参见我们在日本进行的行政诉讼法座谈会的访谈记录，2008 年 8 月 22 日。

（2）被选出来的被选定人必须有全体当事人明确的——授权，一般要制成书面的选定书；
（3）法院的判决效力不具有扩张性，只及于有明确授权的当事人。通过以上的特征不难看出，选定当事人制度设立的目的并不是为了保护公共利益，从本质上来说是一种群体诉讼制度，是为了保护每一个受到损害的当事人的个体利益，而对于公共利益的保护是十分有限的，且不具有预防性功能。①

2. 讼外第三人的选定

根据民事诉讼法第 30 条第 3 款之规定，诉外第三人可以从既有的当事人中选择当事人。根据第 144 条之规定，既有当事人需要将选定人的份额加入已有之诉讼请求。诉讼外第三人的选定，从定义上来看可以说它是集团诉讼的一种。日本现在较为关注的集团诉讼的类型是一种完成形态的集团诉讼，也就是说如果没有除外申请，就应受判决效力的约束，但该制度在美国历史上也曾存在一种加入申请型的集团诉讼，即判决效力仅及于加入之人，日本现行法上的诉讼外第三人的选定则与加入申请型的集团诉讼相同。②

3. 大规模诉讼

诸如公害案件或医药侵害案件那样，当事人明显为多人、且应询问证人或当事人明显为多人的诉讼，被称为大规模诉讼。日本平成 8 年修订的民事诉讼法，对于大规模诉讼，规定一些特别规则，以期实现迅速的审理。至于多少人数构成此处的大规模，这取决于法院的裁量，超过 100 人的案件可以说属于大规模案件。在因果关系及损害额等的审理较为复杂、应接受询问证人等的人数较多、让受命法官分担整理争点、询问证人等工作有助于促进审理等程度的规模，应当构成此处的大规模。③

4. 国家赔偿诉讼

由于日本法上国家是可以作为民事主体的，所以日本的国家赔偿通常采用民事途径。在 1955 年以前，《国家赔偿法》作为民法的一部分便已经存在了。行政机关在环境等方面的违法措施给居民造损害时，受害的居民对国家或地方公共团体根据《国家赔偿法》的相应条款请求损害赔偿，间接地追究环境行政违法的情况。国家赔偿诉讼的应用方面，有四个非常重要的案例，那就是著名的四大公害案件，它们在胜诉的过程中，为后来的法律实践提供了一定的基础。

三、日本公益诉讼的支援力量

（一）政府法律援助

日本是建立法律援助制度比较早的国家之一，第二次世界大战后不久就建立了法律援助制度。法律援助制度是由法院之外的财团法人法律援助协会来运作的，其着眼点是解决诉讼当事人的律师费用，具体事务由日本各地的律师会担当。当事人提起诉讼时，可向当地的律师会提出法律援助申请，法律援助协会对其申请进行审查，决定是否给予法律援助。援助的内容主要是律师费用及诉讼费用。不过，援助的费用具有垫付金的性质，原则

---

①　[日] 新堂幸司著：《新民事诉讼法》，林剑锋译，法律出版社 2008 年版，第 557 页。

②　[日] 高桥宏志著：《民事诉讼法》，张卫平、许可译，法律出版社 2007 年版，第 267 页。

③　[日] 新堂幸司著：《新民事诉讼法》，林剑锋译，法律出版社 2008 年版，第 602 页。

上当事人必须返还。

1. 相关法律规定

现行的与日本公益诉讼联系较紧并且助益较大的制度和规定主要体现在两部法律中，第一部是 2000 年 10 月制定的《民事法律扶助法》。根据此法规定，日本法律援助的主管机关为法务省。① 具体的法律援助事务由"法律扶助协会"② 负责。

第二部是 2004 年 6 月开始施行《综合法律支援法》。这部法律是在日本内外社会经济态势不断变化、解决法律纷争的重要性进一步显现的情况下诞生的。目的有二，一是为了使解决纷争的相关法律的应用更加便利，二是为了使律师、律师事务所、司法代书人以及其他相关的法律职业者的服务更切实的普及。这部法律以信息提供的充实强化、民事法律扶助事业的发展、国选律师选任情况的确保、国家责任、地方公共团体的责任，日本辩护士联合会的责任等内容为基本框架，并为"司法援助中心"的创设提供了具体细则。

2. 相关机构

2006 年 4 月 10 日，以《综合法律支援法》为基础的"司法援助中心"③ 正式设立。"司法援助中心"在性质上属于独立行政法人。④

在这次对"札幌司法援助中心"（以下简称"中心"）的访问中，负责人大岛先生和前田女士为我们做了详细的介绍。

"中心"的第一类业务即是针对"市民不知以何种途径像法律从业者求助"的情况，即信息提供。主要是通过两种手段，第一是直接解决，包括电话和面谈两种咨询方式。在不能直接解决的情况下，负责咨询的工作人员会告知咨询者解决方式或途径。对于前来咨询的市民，"中心"负责为其介绍律师，对于经济困难无力负担律师费用的人，"中心"会通过另外的三种方式为他们提供帮助。其中，第一项业务被称为"法律磋商援助"，即为无经济能力的市民介绍律师；第二项业务则被称为"代理援助"，在律师成为代理人后，需要的时候，会为被代理人垫付资金；第三项业务为"书类作成援助"，这是在被援助者自己提起诉讼的情况下请求律师或者司法代书人帮助制作向法院提交的材料，"中心"会为其提供手续费。

中心的另外一项颇具日本特色的业务叫做"司法过疏化对策业务"。这项业务是指针对法律职业者稀少，难以接触到法律服务的司法过疏地区，由"中心"在这些地区设立"地区事务所"等的一系列业务，在"中心"工作的律师有些被派往"地区事务所"常驻。

---

① 姜秀元：《日本的法律援助制度概况》，中国政府法制信息网，2005 年 9 月 5 日浏览。

② "法律扶助协会"是 1952 年由日辩联设立的财团法人，目的在于维护需要法律扶助者的权利、确保正义的实现，已于 2007 年 3 月底解散。参见 http://ja.wikipedia.org/wiki/%E6%B3%95%E5%BE%8B%E6%89%B6%E5%8A%A9%E5%8D%94%E4%BC%9A。

③ "司法援助中心"是对法律扶助协会的继承和发展，于 2006 年 4 月由国家设立，是日本司法制度改革的三大支柱之一。参见 http://www.houterasu.or.jp/houterasu_gaiyou/。

④ 范纯：《当代日本司法制度改革评析》，载《日本学刊》2007 年第 3 期，第 41 页。

（二）民间组织

在日本，支持公益诉讼的民间组织有很多，全国性的有日本辩护士联合会、公设法律事务所、日本"全国信用、消费金融问题对策协会"①，在地方性的团体中，有些是这些全国性组织的分支，有些则是地方成立的，如首都圈青年劳工团体。② 因为与诉讼联系紧密，所以在这些组织中，有很大一部分是以律师作为主要成员的，而我们此行所拜访的机构，绝大部分都属于律师协会或者律师事务所，以下对我们所了解到的与公益诉讼相关的民间组织做了一个简单的分类。

1. 律师协会

顾名思义，律师协会一般都由律师组成。具有代表性的有：日本辩护士联合会③，公害辩联④等。

日本辩护士联合会是全国范围内具有相当规模的律师协会之一，在各种律师协会中具有相当的代表意义。《律师法》第1条规定，"律师以拥护基本人权、实现社会正义为其使命"，因此拥护人权活动是日辩联以及律师最为重要的活动。日本辩护士联合会并非一个专门的公益诉讼相关的组织，其业务范围非常广，支援公益诉讼只是其业务的一部分，方式除了通过委员会进行个别案例的解决以外，更主要的是通过调查研究、召开会议、提出议案以及推动司法改革等更加宏观的手段间接的推动公益诉讼，后种方式其实是大部分的律师协会的组织与工作模式。

在我们为了解日本公害诉讼而进行采访时，采访对象恰好是日本公害律师团联络会议的会长，在他的介绍下，我们对这个团体也有了进一步的了解。日本全国公害律师团联络会议简称公害辩联，是在1972年1月进行的青年法律家协会成功举办公害研究集会的基础上，为根据审判实务构筑具有实践意义的法学理论、确立辩护团互相的经验交流和支援体制以及强化受害者、支援团体、研究人员的联合为目的而设立的。

公害辩联的关注点涵盖了水质污染、土壤污染、大气污染、机场与基地噪音、新干线公害、食品公害、药品公害、道路公害，以及近年来的垃圾、废弃物问题、二恶英问题等。公害辩联的业务主要以损害赔偿请求和差止请求为基础，以对被害者的救济和公害（食品公害、药害）的根绝为中心。最近，以公害破坏区域的再生为目标的"环境再生"也被纳入其视野。

可见，公害辩联的业务范围已经超出了日本在《环境基本法》中对公害定义，而随着社会的发展和新问题的涌现将生态破坏等环境问题甚至食品公害、药害等重大社会问题也作为其事业之一。

---

① "全国信用、消费金融问题对策协会"是对因消费者金融、信用卡、商业贷款、非法高利贷而发生的多重债务受害者进行预防和救济的消费者运动团体。参见 http：//www. cresara. net/con_01. htm。

② 财团法人法律扶助基金会著：《财团法人法律扶助基金会考察日本法律扶助制度报告书》，2007年。

③ "日本辩护士联合会"是根据1949年制定的《律师法》而成立的，以律师、律师法人以及全国各地的（律师协会）（共有52个律师协会）为会员的团体。参见 http：//www. nichibenren. or. jp/cn/introduction. html。

④ 参见 http：//www. kogai-net. com/introduction. html。

对于公益诉讼来说，民间的支援较之政府支援，显然具有更及时的针对性并能提供更加多样化、多层次的助力。

2. 律师事务所

与律师协会的侧重点不同，律师事务所对公益诉讼的支援主要体现在个案实践上。不过许多律师事务所都与律师协会有着紧密联系，比如我们所拜访的公设律师事务所，即是由日辩联以及各地的律师会出资设立的。

（1）公设事务所①。

鉴于其名称有一定的混淆性，事务所的玉井律师特别强调此处的"公设"并非指国家出资设立，公设事务所的经费正如上文所说是由日辩联以及各地的律师会来承担的。公设事务所的开设以展开公益活动为目的，进行公益诉讼。不过在实践中，公设事务所承接的案件并不局限于公益诉讼，还包括诸如离婚、交通事故、未成年人和老人等相关案件。

与其他法律事务所比较起来，公设事务所有比较重要和特别的目标之一就在于："使弱势群体和一般市民能够简单轻松的与律师对话。"

日本社会中，在市民的印象里，与律师接触是很困难的事，所以大多数人惮于与律师接触，目前日本很多事务所也在致力于消除这种情况，但是公设事务所在这方面具有比较突出的优势，一是因为公设事务所比起一般的个人事务所，与政府机关的联系要紧密，尤其是与消费者中心以及高利贷受害者的主管部门的接触机会比较多。二是公设事务所与其他方面的专家取得联系的可能性比一般的事务所大，具体包括需得专门许可的税率师、建筑师等。具体方式是邀请这些专业人士来进行座谈会，从而给市民留下容易亲近的印象。

公设事务所颇具特色之处是按照地域特点分设了过疏地型公设事务所和都市型公设事务所。都市型公设事务所是在经济繁华、司法资源相对较丰富的地区所设立的法律事务所，而相对的，过疏地型公设事务所则是专门在律师过少的地区设立的法律事务所。这种区分使得公设事务所能有针对性地向律师过疏地派遣律师，一般来说，年轻的律师在具有一定的经验以后都会被派往过疏地，一方面是为过疏地区居民提供司法援助，另一方面也是对自身的锻炼，培养为社会、居民以及公益事业工作的意识和想法。在积累足够的经验后，被派遣的律师再回到都市公设事务所继续培养下一代的年轻律师。这种制度可以有效地增加公益律师的数量，并使居民与律师的接触更加普及。

（2）北海道合同法律事务所。

2008年8月25日，我们访问了北海道最大的律师事务所——北海道合同法律事务所。这间事务所是1972年由一位律师所设立的，到现在为止有15名律师和30位事务员。其特点在于历史悠远、根底深厚，培养了许多知名律师，这些律师很多都在独立以后又开设了自己的律师事务所，因此北海道合同法律事务所与许多其他的律师事务所和律师之间都有着密切的联系和合作。

北海道合同法律事务所在1972年成立之初主要围绕着两大主题，第一是保护劳动者的权利。事务所建立之时恰逢东京奥运会过后，当时，日本社会存在的许多问题，比如贫

---

① 公设事务所是由日辩联资助的以法律援助等公益事业为主要业务的律师事务所。参见 http://www.nichibenren.or.jp/ja/committee/depopulation/koueki_qa.html。

富差距、公害问题等均指向了损害劳动者的方面。第二是维护和平。具体事件涉及日本自卫队的违宪问题，为了维护日本宪法第九条，维持亚洲和平，因而设立了事务所。

当然，在事务所成立以后，主题就不仅止于这两点，也扩展到了其他社会问题上，具体包括消费者问题、刑事案件、交通事故、医疗事故、环境、公害诉讼等，这些业务与其他事务所业务相似，在此省略不提。值得一提的是，事务所明确将行政案件也纳入其业务范围内，包括：情报公开请求、住民监察请求以及其他的行政诉讼等。可以说，北海道合同法律事务所比其他任何的事务所都更积极、更早地直面"国家"这个强势主体，对公益诉讼在实践领域进行了特殊的突破。不过，事务所的业务范围并不限于公益诉讼，普通的商业案件也在受理范围内，这些案件的处理为公益诉讼提供了经济支持。

3. 相关权益保护组织

除了律师协会和律师事务所以外，日本民间还存在着其他形形色色的组织在直接或间接地支持着公益诉讼的进行。

（1）Human Rights Now（HRN）①。

这是一个由法律家、研究者、记者和相关 NGO 成员所组成的非政府组织，其宗旨在于推进世界人权标准在国内外的实现。从其名称可知，这其实是一个人权组织，然而人权与公益，本身就存在着很多交叉点。在我们对 HRN 的了解中，进一步明确了其与公益诉讼在某些领域的重合，如对公害、药害、甚至诉讼制度，如集团诉讼等的关注。

HRN 通过进行研究调查、召开会议、发表演讲、进行游行、抗议等方式组织活动，主要通过扩大影响力，提高社会认知度来争取人权的实现。HRN 重视国际力量，不仅与各国以及国际组织有着合作，并且也重视研究他国的人权现状和先进制度，这种理念也同样延伸至其对待公益诉讼的态度上，在对日本和他国公益诉讼制度的比较研究和日本对他国公益诉讼制度的借鉴方面，HRN 进行了不少工作。

HRN 是间接支持公益诉讼的民间组织代表，日本存在着许多类似的 NGO，它们虽不以公益诉讼为主要目标，但从事的事业间接对推动公益诉讼的发展起了很大的作用。与前面所介绍的律师协会、律师事务所比较起来，这些组织从不同的视角对公益诉讼有所认识并通过更多样更亲民的方式对各类群体进行传达与影响，在一定程度上对上述那些专门组织所起作用的单一性和局限性进行了补充和扩展。

（2）环境再生组织。

这类组织一般与公害诉讼紧密相关，最具代表性的应属因西淀川公害诉讼而组建的蓝天财团，除此之外还有水岛地域环境再生财团②等。它们都是以某个具体的公害诉讼的和解金或者赔偿金的一部分作为基金而设立的，其目标都是从受害者以及居民的立场出发，创造性地作有关地域和环境再生方面的调查研究和实践活动。

与其他公益诉讼相关组织不同的是，他们并不参与公益诉讼的准备阶段和进行阶段，而是公益诉讼的后续发展。它们以公益为目的，但非以诉讼为手段，不过其活动内容常常对后来的公益诉讼有所助益，比如其对公害诉讼的经验总结等。

---

① 参见 http：//www. ngo-hrn. org/index. html？http：//www. ngo-hrn. org/main. html。

② "水岛地域再生财团"是 2000 年 3 月以和解金为基础设立的财团法人，该财团的主要目标是致力于水岛地区的环境再生和城市重建。参见 http：//www. mizushima-f. or. jp/aboutus/aboutus. html。

（3）受害者联盟。

此类联盟的主要成员一般都是利益受侵害者、公益诉讼的原告方。主要包括公害病人联合会，全国信用、高利贷受害者联络协会①，全国药害受害者团体联络协会②等。

这一群体因为共同的经历和诉求而集合起来，由于亲身经历过，联盟成员对本领域问题的关注度相当高，资料搜集非常全面，并能作出更及时和细致的更新，许多法规与判例集都是由受害者联盟整理而成的，这些判例集详尽、系统、巨细靡遗，为其领域的公益诉讼提供了宝贵的资料。

（三）公益律师

日本1949年颁布的《律师法》，经前后几次修改后，目前共11章92条。对律师的使命、资格、权利和义务、组织、罚则等做了全面的系统的规定。日本律师法第1条就规定了律师的两点使命，其一是拥护基本人权，实现社会正义；其二是在诚实执行职务的基础上，努力维持社会秩序及改善法律制度。这是日本法对律师的基本要求，看起来简短，然而那些为公益诉讼不懈努力的，我们称之为公益律师的这个群体，他们所付出的，却难以用简单的文字来表达。

律师是诉讼活动的重要参与者，而对于公益诉讼来说，律师的存在不仅意味着案件的输赢、个人的得失，更担负着无数生命的期待和社会的良心。在进行公益诉讼的过程中，律师们对自己的要求是"心、技、体"的统一，即精神、技巧和行动的统一。具体到以下几个方面：③

（1）站在受害者的立场，与受害者产生共鸣。

（2）磨练法律技能，增加实务经验。

（3）利用策略赢得广泛的民众支援。

（4）寻求政策或者政治支持。

（5）培养年轻的律师团队。

在迄今为止的公益诉讼中，一代又一代的律师的不懈努力被流传下来，成为佳话。公益律师在推动公益诉讼和维护受害者权益中起到了关键的作用，即便在以判决或者和解的形式结束诉讼之后，受害者与律师团还在联合起来共同推进公益事业的进步。这正是支持公益诉讼走向胜利的巨大力量。

四、日本公益诉讼对中国的启示

随着我们考察的深入，在日本的点点滴滴带给我们关于公益诉讼的越来越多的启发。

---

① "全国信用、高利贷受害者联络会议"是由全日本47都道府县共89个团体构成，1982年创立以来，协会成员包括律师、司法书士、学者、劳动团体、消费者团体，工商团体等。这些志愿者通力合作，致力于信用与高利贷受害的预防与救济工作。参见 http://www.cre-sara.gr.jp/。

② "全国药害受害者团体联络会议"由各类不同的药害受害者团体组成，加盟者包括大阪HIV药害诉讼原告团、东京HIV诉讼原告团、药害肝炎诉讼原告团等各个团体。主要致力于推进药害诉讼并根绝药害的各项活动。参见 http://homepage1.nifty.com/hkr/yakugai/index.htm。

③ 参见我们对公设事务所的访谈记录，2008年8月22日。

（一）发展我国公益诉讼的新思路

1. 公益诉讼"制度"建立的必要性考虑

从长远来看，如果能建立和完善一套"公益诉讼制度"当然是最理想的状态。而根据我们对社会发展的预期，在未来的某一时期，建立起"公益诉讼制度"也是相当有必要和有可能的。但是对于现阶段来说，这个时期稍嫌遥远和不确定，如果只指望通过制度上的完善来推进我国公益诉讼的实践，可能效果并不理想。

日本并没有建立完善的公益诉讼制度，其现行法上与公益诉讼相关的规定从某种程度上来说甚至比我国的法律规定还要更加保守和传统，但是其公益诉讼实践却相当丰富，其成果也不容小觑。而中国社会科学院法学研究所公益法研究中心执行主任徐卉也认为，我们应该更多的将公益诉讼理解为一种方法论：怎样通过司法来改变立法当中不民主的状况以及怎样通过司法让法律能动起来。① 这在某种程度上给予我们一点启示——建立一个完善的"公益诉讼制度"并非是发展公益诉讼的唯一路径，我们没有必要只专注于条款上"公益诉讼"的被承认，更不能因为法律不能对其进行名正言顺的支持而停止我们公益诉讼实践的探索。在目前"制度"难以建立的条件下，我们更应该思考如何利用现有的条件、现有的制度，来推进公益诉讼的进步。

2. 可利用的现有制度

在上文中，我们对日本法中可以被用于公益诉讼制度的相关规定进行了一系列的介绍。实际上，中国的现行法中也有可以为公益诉讼所用的制度存在。

（1）支持起诉原则。

支持起诉原则来源于我国《民事诉讼法》第15条的规定："机关、社会团体、企业事业单位对损害国家、集体或者个人民事权益的行为，可以支持受损害的单位或者个人向人民法院起诉。"该项规定相当原则和简单，对支持起诉的方式、程序等都未作出具体的规定，这可能会为司法操作带来诸多困难。不过，我们仍可视其为进行公益诉讼的突破口之一。

不过现实中此原则在环境公益诉讼中的运用并不足够，因为检察机关支持起诉的案件大多数为国有资产流失相关案件，并未把关注点放在公益诉讼上。另外，由于规定的太过笼统，公益组织等NGO难以借此发挥作用。不过这些情况已经开始被意识到，2010年，甘肃出台规定明确督促起诉和支持起诉案件标准，并将因环境污染等造成不特定多数人人身、财产损害的；因产品质量存在缺陷造成不特定多数人人身、财产损害的；因垄断经营、虚假广告、串通投标等不正当竞争行为侵害消费者或者其他经营者合法权益的；因拒不支付劳动报酬、人身损害赔偿金等严重侵犯弱势群体合法权益，造成较大社会影响的列为支持起诉的情形。②

---

① 焦红艳：《专访徐卉：中国公益诉讼谨防口号式误区》，http：//news. sina. com. cn/c/2006-08-06/132910645086. shtml，2010年5月2日浏览。

② 宋长青：《甘肃出台规定明确督促起诉和支持起诉案件标准》，http：//www. lawyers. org. cn/info/128fbab133b1237bd121eae3937bed43，2010年6月3日浏览。

（2）代表人诉讼制度。

与日本的选定当事人制度类似，我国在《民事诉讼法》的第54条和第55条中规定了代表人诉讼制度。《民事诉讼法》第54条规定："当事人一方人数众多的共同诉讼，可以由当事人推选代表人进行诉讼。代表人的诉讼行为对其所代表的当事人发生效力，但代表人变更、放弃诉讼请求或者承认对方当事人的诉讼请求，进行和解，必须经被代表的当事人同意。"第55条规定："诉讼标的是同一种类、当事人一方人数众多，在起诉时人数尚未确定的，人民法院可以发出公告，说明案件情况和诉讼请求，通知权利人在一定期间向人民法院登记。向人民法院登记的权利人可以推选代表人进行诉讼；推选不出代表人的，人民法院可以与参加登记的权利人商定代表人。"①

这些规定的存在对于环境公益诉讼的开展提供了可操作性，然而就我国的司法现状来说，代表人诉讼制度在人民法院的适用率极低，在一些地区和一些法院该项制度几乎濒临消失。针对原告人数众多的案件人民法院根据各自的情况和理解采取了灵活多样的处理方式，多数法院一遇到此类案件就产生本能的紧张感，觉得这类案件社会影响大，案情复杂，无法操控，有可能会影响到本单位的社会声誉，严重者可能会影响到领导的政绩。因而大多数法院采取了单独立案、合并审理或者单独立案、分案审理的方式，甚而以各种借口和理由将其拒之门外。

另外，"搭便车"现象也对代表人诉讼产生了不利影响。我国《民事诉讼法》第55条对裁判效力扩张问题作出了规定："人民法院作出的判决、裁定，对参加登记的全体权利人发生效力。未参加登记的权利人在诉讼时效期间提起诉讼的，适用该判决、裁定。"②"搭便车"是指某些当事人认为加入到被代表人这一群体可能会分摊到诉讼费、律师费，那么他就等到胜诉后直接根据此项规定去提起诉讼，以期待法官同样根据民诉法的规定裁定直接适用以前的判决。③ 此项效力扩张的规定与日本的选定当事人制度比较起来，本来是一种进步，但是受这种心理影响，大家都不愿先提起代表人诉讼，都期待"搭便车"，导致最后无人起诉。

从某种程度上来说，法的运行比法的制定更具有现实意义。任何一项法律制度的有效实施均有赖于良好的政治社会生态，代表人诉讼制度也不例外。期待代表人诉讼制度在公益诉讼中发挥更大的作用，改变现在的不利环境是非常有必要的。对于"搭便车"者，有学者建议在具体的司法实践中由法官来掌握尺度，如果他不能提出合理的"搭便车"的理由，就应该在裁定适用以前判决时，降低他本可以享受到的与其他被代表人相等的利益，以迫使其积极参与之前的诉讼。而法院对于原告众多的公益诉讼，也应该转变观念，积极鼓励公民以这种文明、正当的途径来维护公益，而非以看待"刁民"的眼光来看待他们。

---

① 赵洁：《论群体性纠纷的诉讼机制——以完善我国的代表人诉讼制度为视角》，载《经济师》2009年第4期，第88页。

② 赵洁：《论群体性纠纷的诉讼机制——以完善我国的代表人诉讼制度为视角》，载《经济师》2009年第4期，第88页。

③ 施玮：《我国诉讼代表人制度评析》，载《法治研究》2009年第2期，第34页。

（二）日本公益诉讼中值得借鉴的经验

在上文对日本公益诉讼支援力量的介绍中，提到许多颇具日本特色的公益诉讼的实践经验，这些经验对于我国的公益诉讼实践来说也可能是非常有益的，下面将结合我国的国情来分析一下应如何借鉴日本公益诉讼中有价值的经验。

1. 公益律师的培养

（1）职业道德的提升。

日本的公益律师，对待公益诉讼，有着不计得失的心态、坚持到底的信念和优秀的专业素养。相对于日本的律师协会，中国同样存在律师协会，每一位律师同样被强制要求加入律师协会。中国也早已设立了法律援助制度，许多律师在实践中正在提供无偿服务。但是，在中国，律师提供这样的服务更多的是因为强制性的规定抑或借此成名的寄望，而非源于自发的对公益事业的关注。在日本，律师是把自己的执业与法治的推行、正义的实现紧密相连的，他们从来不否认自己作为正义的化身在法治进程中应该扮演的重要角色。而中国律师职业的发展，是缺乏这样的理念支撑的。① 在专业素养方面，日本的公益律师在按照传统的法律部门区分了专业领域的基础上，还专门针对环境公益诉讼的不同领域对各自的主攻方向进行了区分，主攻环境公益诉讼的律师会专门研究环境公益诉讼的相关理论和实践，并承接主攻方向的案件，很少出现笼统负责所有领域公益诉讼的情况，这一方面提高了办案效率，另一方面也有利于律师对某一类型案件的经验积累和深入研究。

（2）后备力量的储蓄。

在日本，律师的一项重要任务就是致力于对年轻律师的培养和建立有志律师团队，为此，日本一些公益律师事务所已经开始与各高校合作，接受法学专业学生到事务所实习，并有针对性的招募更多年轻的律师，对其进行公益诉讼方面的培养和锻炼。这种方式与较普遍的志愿者项目比起来，更具有职业针对性和实用性，能够有效地增加公益律师的数量。不过，在中国，这种方式对于律师和事务所两方面来说都是一种考验，在制度不完善的情况下，要使年轻律师褪去浮躁、抵挡诱惑而投身公益诉讼，又或者使律师事务所放松对经济利益的追逐，还需要一个复杂艰难的过程。

（3）解决律师地域分布不均的问题。

上文已经提及在日本针对地域分布不均问题所采取的过疏化对策，在中国当然更存在这种司法资源分布不均的现象，司法资源贫乏的地区，往往也是经济不发达地区、民众权利意识不强的地区。这些地区的司法条件差，很多诉讼要求得不到满足，甚至不知道通过诉讼路径来维权。在这种情况下，对司法资源贫乏的地区进行法律援助就更显必要。司法过疏化对策对这种问题的解决起到一定作用，除了被动地等待别人寻求帮助，要更主动的引导受害者发现侵害和点燃维权意识，这也许是更严格意义上的公益诉讼。

（4）律师力量的集结。

公益诉讼的特点在于其涉及范围广、受害程度深、诉讼难度大，往往面对着强势的

---

① 郑春燕：《日本律师与公益性事业》，http://www.lawtime.cn/info/lunwen/sifazd/2006102657938.html，2009 年 12 月 22 日浏览。

侵害者、漫长的诉讼历程和稀缺的法律支持，在这种情况下，单凭个人的力量太难坚持下去，因此一般公益律师都不会选择单独行动，而是要与众多律师结成团队，共同努力。

2. 环境再生组织的作用

上文提及的蓝天财团作为一个具有代表性的环境再生组织，不论是组织模式，资金来源或者设立目的，都给了我们更加深层次的思考。

（1）环境再生组织的目的和作用。

"在环境再生的理论下，公害被害的范围，不再仅仅局限于传统损害赔偿论关于对各个受害人个人的、受害人个别健康被害的赔偿范围之内，而是从为恢复人类生活之目的的恒久对策、从恢复包含对家庭影响的被害、从地域的再生等出发来把握公害被害。对公害被害范围的理解，正不断呈现出扩大趋势。从总体上把握被害，并从创造良好的居住地域、保障居民在良好环境下居住权利的环境权等出发。"①

蓝天财团的成立目的是对公害诉讼意义的突破，公害地域再生，从被动防卫转向主动保育，不仅扩大了环境公益诉讼的入口，更为环境公益诉讼提供了出路。它以一种可持续发展的思维，将眼光从单个的、具体的、一次性的受害补偿上拓展开，着眼于整体的、发展性的、可循环利用的效果，为公益诉讼的后续铺设了一条良性的道路。

（2）组织模式。

按照不同的分类方法，蓝天财团是财团法人，是非盈利组织（NPO），也是非政府组织（NGO）。

在中国没有财团法人制度，但是有与其类似的基金会制度。在我们突出其财团法人性质时，关注点应该在于其资金来源上。在西淀川公害诉讼案中，经过法院裁决，被告企业支付的和解金中的 15 亿日元用于环境的恢复建设，而另一部分则作为基本财产。以和解金为基础，蓝天财团被创立了。在与公害地区的受害者们妥善调节之后，赔偿金由蓝天财团这个以环境再生为目的的非盈利组织使用，不另分配给个人，而用于环境再生经费。

这样的行为对社会产生了巨大的影响。此后，在公害审判中胜诉的川崎、水岛、尼崎、名古屋等公害患者也同样拿出赔偿金用于环境的再生事业。②

这种模式为环境公益基金的募集开辟了一条新的途径，与传统的泛泛地向社会大众筹资的方式比较起来，这种模式能更加集中、快速地筹资。而在其 NGO 性质的引导下，这些资金用途明确而具体，资金分配和运作更加透明和有效，不论是相对于传统的运作效率低下、资金流向不明的公募基金会，还是新晋的囊括了各领域的公益事业的非公募基金会，抑或因为资金问题而难以为继的 NGO 都具有特别的优势。简而言之，其目的与途径的结合，正是对各种环境公益组织的优劣势的互补，为环境公益组织的组织模式提供了一个新的思路。

3. 重视诉讼技巧

现有的法律制度和国家政策中有不合理之处，这是一个国家或社会的正常现象，政府

---

① 罗丽：《环境侵权损害赔偿制度研究》，http：//www. riel. whu. edu. cn/，2010 年 3 月 2 日浏览。

② 胡展奋：《要 GDP，还是要 "活下去"?!》，载《新民周刊》2009 年 8 月 10 日，第 24 页。

和法院以维护整个社会的稳定为出发点，对急剧的变革常持保守和排斥的态度，要推动社会变革，根本上还要靠民众的推动和国家的利益抉择，无法在短时期内完成。仅仅通过诉讼活动的挑战来推动显然难以达到目的。然而，规则的暂时不可撼动并不代表诉讼的无法取胜。类似的案件，切入点的不同往往会获得不同的效果。面对制度的强硬，诉讼者完全可以避其锋芒，改道而行，此时，怎样选择一个最有利于己方的诉讼突破口，巧妙的绕开制度的缺陷，说服法官以达到诉讼的成功就需要高超的诉讼技巧。例如，在无法直接以公益为诉讼标的之时，不妨以私益为突破口，通过私益的保护间接维护公益。

这些都带给我们以丰富的启示，即在不对抗现有体制的前提下，努力以诉讼策略和技巧实现目标，此不失为一个有效和稳妥的公益诉讼模式。

其实类似的诉讼技巧在中国的公益诉讼实践中也有用到，例如我国第一起由 NGO 作为原告的公益诉讼中，为了确保起诉符合公益诉讼的定义，又同时让法庭准予立案，律师们动用了很多技术上的措施。例如，考虑到原告资格的问题，设立了两个原告。在诉状上，一个原告是黄田港村村民朱正茂，另一个是中华环保联合会。①

4. 与影响性诉讼的结合

"审判的主战场在法庭之外"——这是负责日本著名的冤案——松川事件的老刑事律师的名言②，这句话也完全适用于环境公益诉讼。

公益诉讼的特点决定了胜诉是艰难的，诉讼的目的也不仅仅在于胜诉。首先，公益诉讼的制度并不完善，现有的制度也不能很及时地跟上不停涌现的新的受害类型。想使受害者得到抚慰，并不在于单次诉讼的胜利。纵观日本公益诉讼的发展历程，几乎都是从败诉开始，经历无数次的败诉，才开始有了胜诉与和解。这无数次败诉的作用，不仅在于其为后来的诉讼提供了经验与教训，更大的意义在于，它们之中有许多同时也是影响性诉讼。

所谓影响性诉讼，就是那些个案价值超越本案当事人直接诉求，能够对类似案件，对法治完善和社会管理制度改进以及人们法律意识转变产生较大促进作用的个案。在公益诉讼中，当个案原告难以对抗强势被告或难以寻求法律帮助时，比较好的办法是转而寻求各种力量的帮助，包括民众、舆论、专业人士甚至司法机关，从而给相对主体以压力，进而使情势向有利于原告的方向扭转，影响性诉讼的最大目的不在于胜诉，而在于造成对原告有利的社会影响，而假以时日，这种影响最终会转变为对原告有利的结果，这种结果也许是面向社会的公开谢罪，也许是下一次的胜诉，也许是巨额的和解金，更可能是制度的完善和法律的修改。

为了能形成这样的影响性诉讼，或者说为了实现最终的目的，各个公益诉讼的团体通常会采取一些行动：上街散发传单、征集签名活动；寻求各种社会团体和个人的支援活动；参加各种机会，呼吁各方支援；举办集会或研讨会，宣传公益受害的严重性；积极让媒体和记者来采访、报道。敦促地方政府、地方议会、国会等解决问题。

对影响性诉讼的理解以及造成影响性诉讼的方式对我国的公益诉讼十分有借鉴意义，

---

① 黄祺：《中国 NGO 公益诉讼破冰》，http：//xmzk. xinminweekly. com. cn/fmgs/200908/t20090810_2423695. htm，2010 年 4 月 3 日浏览。

② 参见秦天宝教授对公设事务所的访谈记录，2008 年 8 月 22 日。

不计较个案的成败而持之以恒的将某一类诉讼一以贯之是我们面对公益诉讼时应该采取的正确姿态；相对应的有效手段，则是利用各种通道、集结各界力量，为公益和正义的实现四处奔走、不懈努力，而这又是一条充满考验的道路了。

菲律宾公益诉讼考察报告

■　张万洪 *

　　菲律宾的公益诉讼和公益法活动一直走在亚洲乃至世界的前列。2006 年，笔者在英国国际发展部的资助下，赴菲律宾考察，学习其在法律援助领域的经验；2008 年，我又加入"亚洲国家公益诉讼考察与研究"项目组，重返菲律宾。这两次考察，使我有机会广泛接触菲律宾的法官、律师、公益法机构、政府官员、大学师生、宗教团体，甚至深入社区，会见了渔民、蔗农、椰农、失地农民等，对菲律宾的法律制度、公益诉讼和公益法活动有了较为深入的、书本上不易获得的了解。本文即试图将我们的所见所闻，介绍给国内从事或关注公益诉讼的同行们。

　　公益诉讼在各国都有不同的形式。正如有的学者所言，"给出一个单独的、在不同文化背景下都适用的定义是不可能的"。① 按照菲律宾律师的说法，他们的公益诉讼肇始于马科斯独裁时期。当时主要针对马科斯所颁布的法律以及他统治下的军队和警察对权力的滥用。马科斯当权期间，有许多侵犯人权的事件。其中最为突出的是马科斯及其爪牙，不经法院与正当程序，而迫害其政治对手。这时，就有一些人权律师挺身而出，为那些在政治上受迫害的人辩护。此后，他们辩护的对象逐渐扩展到涉及政治的自由派领袖、法律助理、社区领袖，乃至受迫害的政府官员与政治家，比如阿基诺。这种为人权受害者提供法律服务的活动被称之为"公益法活动"（public interest lawyering）。

　　1986 年，马科斯独裁统治被推翻后，菲律宾人民制定了新的宪法，即 1987 年宪法。在这部宪法中，有许多关注社会正义与人权的条款。对农民、劳工、妇女、穷人和其他弱

---

　　* 张万洪，武汉大学法学院副教授，法学博士。

　　① Sarat and Scheingold, "Cause Lawyering and the Reproduction of Professional Authority: An Introduction", in Sarat and Scheingold （ed.）, *Cause Lawyering: Political Commitment and Professional Responsibilities*, 1998.

势群体多有关注。菲律宾的公益律师的工作焦点，就从传统的公民与政治权利，逐渐转向社会、经济与文化权利。他们以宪法和相关法律中的社会正义与人权条款为依据，致力于经济、社会、文化权利的实现，比如农民拥有土地的权利、享有社会保障的权利、劳工与妇女免于暴力、虐待和歧视的权利，等等。

一、菲律宾有关公益诉讼的法律

公益诉讼是公益法律人运用智慧，创造性地运用法律的一种活动。其法律依据的选择、诉由、论辩，往往从普通的法律条文中开发出新意，出人意料之外。本文仅选取菲律宾法律中对起诉资格的相关规定略加介绍和分析，同时将介绍菲律宾环境法中有关公益诉讼的新近发展。

（一）起诉资格

菲律宾最高法院大法官科罗纳认为，在严格意义上的公益案件，是通过法院，迫使政府积极作为，以使公民的公共权利得以实现，或当政府行为侵犯公民的公共权利时，由法院撤销或限制政府行为的案件。[1] 在菲律宾提起公益诉讼，要面临许多程序上的问题，首当其冲，就是起诉资格问题。当一个原告，代表公众声称一个官方行为侵犯了公共权利时，他不能简单地说他主张的利益对全社会成员而言都是普遍的。他必须证明他在案件中有个人和实际的利益（a personal and substantial interest），并且被告的官方行为已经或将要对他造成直接伤害（direct injury）。如果他不能证明这一点，他的起诉将会被驳回。

然而，在菲律宾，起诉资格只被看做一种程序性的技术细节（procedural technicality），法院可以运用其自由裁量权予以豁免。如果一个问题对公众而言极其重要（transcendental importance）的话，法院一般倾向于放宽对起诉资格的要求，即便原告没有遭受直接伤害，他的案件也会被受理。

通过一个叫做查维兹诉国土局（Chavez v. Public Estates Authority）[2] 的案例，我们可以看到法院对起诉资格的这种自由倾向。该案为一个公民起诉国土局，要求披露一块价值数十亿比索的土地的出卖的信息，同时要求禁止国土局将数十公顷的公有土地转让给一家私营公司，因为宪法明文禁止此种转让。政府质疑原告的起诉资格，声称他没有受到任何损害。但最高法院判决称，原告的诉求涉及其宪法上知情权的实现，同时该案涉及自然资源的公平配置，这对菲律宾人民来说是极其重要的，因此原告具备起诉资格。

鉴于法院在起诉资格上的自由立场，在很大程度上人们可以认为菲律宾是公益诉讼案件的沃土。其实公益诉讼案件中的原告的诉求往往关乎每一个或大多数普通百姓，因此起诉标准的要求不难满足：他们可以先试图证明自己受到了直接损害，如果证明不了，就去

---

① "Public interest cases in the Philippines, that is, those which have as their objective the enforcement or vindication of public rights by compelling the government, through the courts, to take positive action, or by having the courts nullify or restrain government acts that are offensive to these rights." See Justice Renato C. Corona, "Class Action, Public Interest Litigation and the Enforcement of Shared Legal Rights and Common Interests in the Environment and Ancestral Land in the Philippines", Speech on Asean Law Association 9th General Assembly (2006), available at http: //www. aseanlawassociation. org/9GAdocs/Philipines. pdf.

② 433 Phil. 506 (2002).

试图说服法院他们所提出的问题对公众而言是极其重要的。

公益诉讼一般不必采取集团诉讼的形式以扩大惠及人群的范围，因为公益诉讼案件如果成功的话，其判决结果往往是勒令政府停止一项侵害公民权利的行为，或采取积极的行动去保护或实现一项权利，这已经可以使每个人受益。但在与环境权相关的公益诉讼中，公益律师还不时使用集团诉讼的策略。

（二）环境公益诉讼法律规定的新发展

菲律宾最高法院于 1993 年 7 月 30 日所判决的欧普沙诉环境与自然资源部长（Oposa v. Factoran, Jr.）案，① 是环境公益诉讼上的一块里程碑。欧普沙案后，菲律宾国会相继出台多部环境法案，均有涉及集团诉讼的规定。

1. 1995 年矿业法

根据菲律宾 1995 年矿业法（共和国第 7942 号法案），人民有权保护环境免受矿业之害。任何土著文化社区，当其墓葬区域和文化资源被矿业活动损害时，可以提起诉讼。该诉讼请求应于损害发生之日起 30 日内联合环境与自然资源部（Department of Enviorment and Natural Resources，以下简称环资部）地方办公室主任提起。损害赔偿的数额应由社区、有关地方政府或国家博物馆确定。

根据矿业法，土著文化社区指的是菲律宾土著人群体或部落，自无法追忆之时起，② 他们即持续地生活在共同拥有的、确定的土地上，保留、维持、分享共同的语言、风俗、传统以及其他明显的文化特性，并且可被法律界定或描述。

这类案件比较适合集团诉讼。因为土著文化社区往往人口众多，难以同时出庭。此外，根据他们的传统，墓地和文化资源是他们共有的，他们有共同或整体的利益（a common or general interest）。

2. 1999 年清洁空气法

菲律宾 1999 年清洁空气法（共和国第 8749 号法案）规定任何公民可在适合的法院，对以下情形提起民事、刑事或行政“公民诉讼”（citizen suits）：

第一，任何人违反了本法之规定或其实施细则与条例；

第二，环资部或其他执法机构的命令、条例、规章与本法不一致者；

第三，任何公职人员有意或严重疏于履行本法或其实施细则与条例赋予其之职责；或在其履行职责过程中滥用权力；或以任何不恰当的方式履行本法或其实施细则与条例赋予其之职责。

在依据清洁空气法提起公民诉讼之前，有一个前置程序，即必须先给拟起诉的公职人员或所谓的违法者一个通知，如果他们在 30 日内没有任何改进，方得以向法院起诉。清洁空气法实施细则规定，违法者可以是自然人，也可以是法人。法院收到起诉书 30 日内，应当作出一个初步裁决，以裁定该诉讼是不是恶意或毫无根据的，如果是，法院驳回起

---

① · G. R. No. 101083. 对此案的介绍和评论请参见 Ted Allen, "The Philippine Children's Case: Recognizing Legal Standing for Future Generations", in *Georgetown International Environmental Law Review*, vol. 6 (1993-1994), p. 713.

② 参见后文“保护土著人民的人权”。

诉。如以行政案件的形式提起公民诉讼，并不排除其他公民另行提起刑事或民事的公民诉讼。

为防止有人报复公民诉讼的提起人，清洁空气法特别规定，如果提起公民诉讼的原告日后被起诉，检察官或法院有职责在 30 日内裁定该诉讼是否为了报复、骚扰该公民，或为了给该公民制造不正当的压力，以消耗其资源、精力。如果发现有上述情形，法院应当驳回对公民的骚扰诉讼，并由原告承担被告的律师费及双倍赔偿相关损失。

清洁空气法规定了呼吸清洁空气的权利和依据可持续发展原则利用、享有所有自认资源的权利。鉴于空气是大家共同呼吸的，那么依据该法提起的公民诉讼既可以由单个公民完成，也可以集团诉讼的形式提起。例如，有一个城市的一些居民提起一个集团诉讼，控告那些违反禁止火葬法令的人，其理由是火葬是燃烧有毒有害的生物医学物质，其散发出的烟尘对人有毒害。又如清洁空气法规定交通和通讯部应当执行机动车尾气排放标准。如果交通和通讯部疏于执行该标准，导致空气污染达到临界水平，对人体造成危害，人们也可以提起集团诉讼。再如，有某地居民曾提起集团公民诉讼，起诉地方政府未执行公共场所禁烟令。

3. 2000 年生态固体废弃物管理法

菲律宾 2000 年生态固体废弃物管理法（共和国第 9003 号法案）几乎逐字逐句照搬了1999 年清洁空气法关于公民诉讼的规定。所不同的是，依据生态固体废弃物管理法，成立了一个专门的全国固体废弃物管理委员会。该委员会由 14 名政府官员和 3 名非政府人士组成，监督固体废弃物管理规划的执行，制定为实施该法所需的具体政策，并可对违反法律及其实施细则的行为课以惩罚。因此，依据生态固体废弃物管理法所提起的公民诉讼，既可以向法院提起，也可以向委员会秘书处提起。

举例来说，依据生态固体废弃物管理法，地方政府应当在该法生效 5 年后，通过循环利用、制作有机肥料等方式，减少至少 25% 的固体废弃物。如果地方政府有意不达成这一目标，则当地居民可以提起公民诉讼。又如生态固体废弃物管理法禁止使用开放式垃圾场，如有人违反，也可提起公民诉讼。

4. 2004 年清洁水法

菲律宾 2004 年清洁水法（共和国第 9275 号法案）赋予人民免受水污染的权利和拥有全国整体水质管理项目的权利。如果有任何人违反了清洁水法及其相关命令、条例、规章中所规定的标准和限制，任何人都可以向环资部举报。环资部在查实后，应当启动相关的行政程序，向污染裁判委员会（Pollution Adjudication Board）或其他有管辖权的机构控告污染者。

二、菲律宾的公益诉讼举隅

和在许多国家一样，菲律宾的公益诉讼也是致力于通过法律策略，揭露、挑战各种不合理的法律制度、陈规陋习和法律问题。也许由于被挑战者不甘示弱，也利用法律"反扑"弱势群体，菲律宾公益律师和团体有时也处于"守势"，被迫卷入案件，作为被告捍卫公益。以下，我将用我们在访问中收集到的一个个生动的案例，来展示上述两方面的公益诉讼实践。

（一）挑战不合理的法律

1. 挑战流浪法

大约在 1994—1996 年间，站街女（女性性工作者）遍布奎松（Quezon City）。她们常常被依据修订后的《刑法典》第 202 条起诉。该条内容如下：

> 第 202 条　流浪罪与卖淫罪。下列人员属于流浪者：
> ……
> 任何人没有可见的维持生计的手段，而被发现在公共或半公共的建筑物、场所漫无目的地闲游，或者被发现在乡村、街道徘徊的。
> ……
> 对被证明实施了本条所规定的罪行的任何人，处短期拘留，单处或者并处不超过 200 比索的罚金；属于累犯的，在法庭的自由裁量权范围内，处长期拘留的中间刑至矫正监禁的最低刑，单处或并处 200 至 2000 比索的罚金。①

公益法团体之所以要挑战该条，是因为该条内容含混不清，过于宽泛，有违正当程序。同时，这种有关"身份犯罪"（status criminality）的规定，又违反了宪法中的平等保护条款。

1995 年，一些站街女被警察逮捕，并以流浪罪起诉。其中一名被告在妇女法律社（Women's Legal Bureau, Inc.）的帮助下，提出上述刑法条文的合宪性问题。她先向奎松市都会法院申请撤销该刑事案件，被驳回。随后，妇女法律社请求最高法院发出案卷调取令（a petition for Certiorari）。最高法院将此案指定由地区法院审理。地区法院宣布，下级法院对违宪案件也有司法管辖权，并宣布流浪法违宪。在判决书中，法官写道：

> 不能仅基于没有可见的维持生计的手段而闲游或徘徊就将一个人定罪，因为在这种情况下，他唯一有可能侵害或伤害的是他自己，而不是任何第三方。这种法律毫无保护社会之功，相反，其恰恰侵犯了权利法案所赋予个人的表达自由和行动自由等权利。我们不能认为没有可见的维持生计的手段是需要制裁的，除非其影响或侵害了其他人。我们不能将贫穷看做犯罪行为。菲律宾是一个民主社会，本院认为，该法侵犯了一个人生活在民主社会中的权利。只要一个人不以公开行为伤害他人，国家即不得行使其警察权，对没有可见的维持生计的手段而闲游或徘徊的人处以监禁或罚金。事实上，仅因贫困而对人施以惩罚是精英主义的思想，其侵犯了宪法中法律平等保护的条款。②

由于检察总长署（Office of the Solicitor General）未在法定时间内提出复议申请，该判决成为最终判决。后来奎松市当局继续抓捕站街女。在有些个案中，该判决被援引。尽管

---

① 译文采用陈志军译：《菲律宾刑法典》，中国人民公安大学出版社 2007 年版。
② 1996 年 8 月 28 日判决。奎松市 Civil Case No. Q-96-26153, RTC-Br. 215, pp. 6-7.

该案在全国范围内不具先例效力，仅对该案当事人有效，至多在奎松市有约束力，但其仍不啻为一个创举和突破。

2. 挑战妨碍生育自由的法律

2000 年菲律宾食品和药品管理局批准了 750 毫克保仕婷（Postinor，学名 levonorgestrel ［乙羟基二降孕甾烯炔酮，左旋甲基炔诺孕酮］，一种高剂量的雌激素和孕激素，可用于紧急事后避孕，在无保护性交后 72 小时之内服用可以防止妊娠发生）的注册。天主教团体"家庭战线"（Abayfamilya）认为对该药的注册侵犯了宪法中关于平等保护未出生之生命的条款，因为这种做法通过阻止受精，使他们不能"妊娠"。提出申请，要求撤销注册。于是，2001 年，菲律宾卫生部以 18 号文撤销了保仕婷的注册。

就"家庭战线"的申请，相关部门举行了听证，但没有通知在生殖健康领域和妇女权利领域工作的非政府组织参加。嗣后，妇女法律倡导与维权基金（Women Legal Advocacy and Defense Foundation，WomenLEAD，以下简称"妇女倡导"）代表生殖健康倡导网络（Reproductive Health Advocacy Network，RHAN）提出申请，要求开庭审理该案，原因是缺乏正当程序，将生殖健康和妇女非政府组织排除在听证之外。

该案涉及《菲律宾宪法》第 2 节第 12 条：

> 第 12 条　国家承认家庭生活的神圣地位，把家庭作为一种基本的社会自治单位予以保护和加强。国家保护母亲和包括胎儿在内的婴儿的生命。培养青少年成为有能力有道德的公民是父母的自然基本权利和义务，应得到政府的支持。

要求禁用保仕婷的"家庭战线"声称，口服避孕药和堕胎的性质是一样的。他们援引了菲律宾天主教神父及宪法学者伯纳斯（Bernas）的话作为论证的主要基础。这段话后来在卫生部食品和药品管理局的决定中也被直接引用：

> "［宪法］的意图是从一开始就保护生命。其假定是生命始于妊娠，而受精之时，妊娠就开始了。"

在反对禁用保仕婷的论战中，"妇女倡导"指出，食品和药品管理局的职权是确保食品、药品和化妆品的安全与良好品质，规范上述产品的生产、销售和运输，以保护人民的生命健康。在行使上述规制权力中，食品和药品管理局禁用保仕婷是没有法律依据的。因为没有发现保仕婷用于女性时有不安全或无效果的情形。而且，世界卫生组织和其他权威机构均认为保仕婷不是堕胎药。

"妇女倡导"进一步指出，食品和药品管理局的权限不能妨碍对上述宪法条款的司法解释。在撤销注册及禁用保仕婷的文件中，食品和药品管理局认为妊娠始于受精，这与"家庭战线"的主张别无二致。这纯属对宪法的误解。依据立宪委员会关于第 12 条的辩论记录，丝毫看不出有将受精看做妊娠开始的意图。甚至伯纳斯对该条款的解释也未被完整引用。伯纳斯接着写道：

> "然而宪法却未指出妊娠开始的准确时间。不过尽管该条款未明确界定生命于何

时开始，它却反映了这样一种观念，即在保护生命的问题上，有必要采取更安全的措施。"①

接下来"妇女倡导"从维护妇女权利的人权原则中找到了依据。妇女使用保仕婷作为合法、安全和有效的紧急事后避孕手段，合乎菲律宾所加入的国际人权公约，特别是《消除对妇女一切形式歧视公约》保证妇女在健康方面的平等权，包括其生育功能。关于妇女和健康的第 24 号一般性意见明确指出，国家应实施综合性的国家战略来保障妇女的健康，包括所有妇女能普遍享有高质量和可负担的医疗保健，例如，性和生育方面的健康服务。有关计划生育的保健服务要求告知妇女她们有该种选择。这些规定在卫生部的全国计划生育政策中也都有反映。关于健康权的第 14 号一般性意见亦指出，健康权是可执行和可司法的。

该案目前尚悬而未决。无论最高法院最终如何表态，妇女团体的行动既触及了具体的问题，也体现了对意识形态问题的倡导。

本案的战略性意义在于，它挑战了一种做法，即未经咨商妇女团体，就禁止了一种与她们生育健康息息相关的药物。当局没有听取反对意见就作出决策，而这种决策又妨碍了妇女行使生育自由的权利。政府，在本案中是卫生部和食品和药物管理局，被指控其行为侵犯了妇女的基本人权。这就将本案的意义提升到了人权的高度。其不仅事关法律、司法，而且关乎伦理和人性尊严。此外，这里还有妇女生育健康权和宗教自由的冲突问题。本案给人们一个机会去重新审视宗教自由与女性尊严、权利之间的界限。

3. 质疑矿业法的合宪性

发展权在司法中的适用，是一个很难的法律问题。法律权利与自然资源中心（the Legal Rights and Natural Resources—Kasama sa Kalikasan, Inc., 以下简称 LRC）在这个领域有一个大胆的尝试。

菲律宾 1995 年通过矿业法（Republic Act No. 7942）及其实施细则，允许外资公司通过金融与技术援助协议的形式，在菲律宾境内进行大规模的矿业勘探与开采活动。在矿业法及其实施细则颁布前后，跨国矿业公司提交了大量金融与技术援助协议申请。1996 年底，协议的数量达到了 100 个，涉及数百万公顷土地。这些土地绝大多数都是部落的传统土地、边远地区的山林乃至保护区的土地。一旦进行大规模矿业活动的话，就会导致土著人社区的搬迁以及环境的破坏。政府的目的十分明显，就是追逐利润，而罔顾本地发展和土著人对其传统土地的权利。

LRC 在 1997 年策划了一个案件，帮助巴兰（B'laan）社区的居民质疑该法及其实施细则的合宪性。原告包括土著人组织、本地居民、支持者、知名人士、土著人权利倡导机构等。原告诉请审查当前政府矿产资源使用政策对山地社区、特别是土著人社区的影响。国家应当严格控制和监督矿产资源的开发、开采和使用。同时，应优先考虑土著人和其他被边缘化的菲律宾人民，使他们能够行使宪法赋予他们的权利，真正、完全地参与相关的经济决策。

巴兰社区及其支持团体所进行的诉讼，是一个更大的策略性活动的一部分。该活动意欲阻止矿业公司进入其传统土地。为了达成上诉目的，他们采取了一系列能力建设、信息传播的活动，通过法律或法律之外的手段，来保证社区的参与权。

为了达到其经济目的，矿业公司也改变了应对的策略。一方面，他们也大肆散播信息，宣扬开矿的重要性和好处，另一方面，他们也采取更为强硬的手段：指名道姓地威胁社区的居民、阻止支持团体进社区、散播各种谣言，等等。在许多社区，他们甚至使用军队和执法部门来保护他们开矿，这往往导致针对社区领袖和居民的人权侵犯事件。上述行径有些被记录了下来，报送至包括人权委员会在内的国家机关。2000 年 12 月联合国土著人事务特别报告员访问菲律宾时，他们也做了汇报。矿业公司调兵遣将，雇用专人进行社区公关，以分散、瓦解本地力量。社区领袖和本地组织也承受着巨大的压力，因为他们也面临生计的问题，有时候需要矿业公司的"金融援助"。

2004 年 1 月，最高法院最终作出判决，宣告金融与技术援助协议以及矿业法中若干条款违宪。① 在司法胜利的基础上，土著人及其权利的倡导者、支持团体们将继续前行，继续加强社区组织和能力建设。具体措施包括：第一，监督、记录和控诉矿业公司对社区的人权侵犯事件；第二，提请媒体关注矿业公司在土著社区的不良行为；第三，抗议政府未经考虑土著居民和倡议人士的吁求，未经考虑环境因素，仅为了经济发展，就进行大规模矿业活动的产业政策；第四，将本地问题全国化，等等。

（二）作为被告捍卫公益

1. 保护土著人民的人权

1997 年，菲律宾颁布第 8371 号法案，即《土著人民权利法案》(*the Indigenous Peoples Rights Act*, IPRA, 以下简称《土著法》)。该法案旨在保护所有土著文化社区及土著人民的权利。1998 年，前最高法院大法官克鲁兹（Isagani Cruz）和一个律师欧若巴（Cesar Europa）提起诉讼，质疑土著法的合宪性。他们的理由如下：

第一，土著法有关传统土地和领土的条款（secs. 3 (a) & (b)，5-8，57-58）是违宪的。这与宪法中一切公用土地都归国家所有的规定相冲突。同时也有可能剥夺私人土地的所有权。

第二，依该法而建立的国家土著人委员会是专司执行该法的国家机关。其使用习惯法来解决争端有剥夺非土著人正当程序权利之虞（secs. 51-53，63，65-66）。

第三，土著法实施细则是违宪的。其声称国家土著人委员会和总统办公室的关系是"分支关系但独立自治"（国家土著人委员会行政命令 1998 年第 1 号，第 1 节，第 2 部分，第 7 条）。

国家土著人委员会被要求提交答辩状。在安塔尼奥人权中心（Ateneo Human Rights Center）的帮助下，国家土著人委员会主席对土著法的合宪性进行了辩护。检察总长代表环境、自然资源、预算与管理等各部部长也发表意见，支持原告，认为土著法将自然资源所有权赋予土著人民是违宪的。

有三个团体被允许发表求情调停意见（allowed to intercede）。具体机构及意见如下：

第一，大约 100 个来自土著社区的代表，与参议员法拉维尔（Juan Flavier）、1986 年

---

① La Bugal B'laan., et al, v. Ramos, et al, (G. R. No. 127882), 27 Jan. 2004.

宪法委员会委员本纳根（Ponciano Bennagen）教授，以及其他土著人民支持团体，在 LRC 的协助下，捍卫土著法的合宪性。他们的主要观点是宪法认可和保护土著对传统土地和领土的所有权，也包括自然资源在内。

第二，人权委员会作为法庭之友（Amicus Curiae），也参与了进来。委员会表示，土著法所表达的是政府监护原则（principle of parens patriae）①。政府有责任保护和保证像土著人民那样处于极端不利地位的人群的权利。

第三，依喀喇汗（Ikalahan）土著人民和哈利本自然资源保护基金会（Haribon Foundation for the Conservation of Natural Resources, Inc.）认为土著法并不违宪。

安塔尼奥人权中心、自然卫护（Tamggol Kalikasan）等机构在幕后做了大量支持性工作。经最高法院全庭审理（en banc），最终合议的结果是 7 票赞成、7 票反对。因无法获得宣布违宪所需要的多数意见，土著法被宣布合宪。

在这场"合宪性保卫战"中，尽管角度和观点上有细微的区别，但支持土著法的各团体在捍卫土著人民权利上体现出了高度的一致。他们旁征博引，论证充分，有理有据地支持了土著法的合宪性。特别是他们运用 Carino 原则，说明了传统土地的属性和法律地位。② 最高法院在判决中指出，传统土地"自无法追忆的时间起"，即为土著人民所有，因此不属于国家公用土地范围。

此外，尽管最高法院大法官意见不一，但对他们来说终于有机会在案件争论的焦点议题上深入地思考、辩论、交锋，他们会反思为什么土著法在传统土地与自然资源所有权上要给予土著人民特殊照顾。其中两位大法官的推理还颇有启发意义。

这个案子也给公益团体和律师一个机会去阐发土著人民权利的概念和原则，更凸显出战略研究在公益诉讼中的重要性。此外，他们认识到需要进一步理解不同群体的人权状况和需求，在其他利益相关群体中加强共识，要和司法界人士建立联系，要主动接近法官、大法官，让他们了解公益诉讼、理解人权。

2. 捍卫公共参与权

近年来，在菲律宾多见一种被称为"死赖扑"（SLAPP）的诉讼，其全称为 Strategic Litigation Against Public Participation，意为阻止公众参与的战略性诉讼。这种诉讼有以下特点：第一，其被提起的目的往往是为了私利而阻止公民行使他们的政治权利，或者试图去惩罚那些行使政治权利的公民；第二，这种诉讼通常以民事诉讼或反诉的形式出现，其诉求一般是经济赔偿或申请法院发出禁止令；第三，往往针对非政府组织和/或个人提起；

---

① "parens patriae"为拉丁文，英文直译为"Parent of his or her country."该原则意指政府在其人民无法照顾自己时，应为之提供保护。依据该原则，在公民无法提起诉讼时，政府有诉权代其起诉。参见 *Webster's New World Law Dictionary*（Wiley Publishing, Inc., Hoboken, New Jersey, 2006）相关词条。

② Carino 原则全称为"The Mateo Carino Doctrine"。其源于美国联邦最高法院的一个著名判例（Carino vs. Insular Government of the Philippine Islands, 212 U. S. 449（1909））。在该案中，首席大法官霍姆斯（Chief Justice Oliver Wendell Holmes）撰写了判决书，认为通过证词或记忆（testimonies or memories），证明土著人口"自无法追忆的时间"（since time immemorial）开始，即占有和使用一块土地，他们对该土地即享有"原住民地权"（native title）。这个原则影响深远，至今除菲律宾外，在处理有关加拿大和美国的印第安人、澳大利亚和新西兰的毛利人的土地争议时，仍频频援引此原则。该案在菲律宾也有先例之约束力，其在菲律宾案件索引系统中的编号为 Carino v. Insular Government, 9 Phil 150。

第四，原告通常与政府机关或官员过从甚密；第五，案件涉及的都是公共利益问题。① 这种现象其实颇具讽刺意味：一方面非政府组织、公益人士在使用法律武器，通过"战略性诉讼""影响性诉讼"来寻求正义和公益；另一方面，"凭借一些法律知识的败类"（费孝通语，见《乡土中国》之九，"无讼"），却也利用"战略性诉讼"来壅民之口，通过司法途径，既让案件被告不堪讼累，并"杀鸡给猴看"，让后来者闭嘴。LRC 介入的两起案件，就能很好地说明上述现象。

前些年，奎松市的一些农民稀里糊涂地和电力公司签订了土地通行协议（Right of Way Agreement）。后者以很小的代价，就获准从农场的土地上架设高压输电线。后来，经过组织和能力建设，这些农民认识到燃煤火电厂对环境有很大的负面影响。因此，他们就抗议火电厂的建设以及在他们的土地上架设输电线。

电力公司则先向法院提起履行之诉，后又更换诉讼请求，改为启动土地征用程序，并获法院支持。在电厂建成之后，电力公司仍不肯善罢甘休，再次向法院提起一系列损害赔偿之诉，被告是那些参与抗议以及在土地征用程序中阻挠其计划得逞的农民。这些案件没有在被告所在地提起，而是向原告住所地马卡提市法院提起。其索赔金额动辄高达数百万比索，甚至还主张其中一名被告赔偿 1735 万 3 千比索。据说这些钱将主要用来支付律师费。

这对那些农民来说可不是件小事。事态的发展和索赔数额之巨，完全超出了他们的想象。他们赖以生存之道就是务农，他们想保护的就是他们的生存和他们的家园，现在让他们出庭，面对百万比索之诉，被吓得手足无措。LRC 出面在法律上帮助这些农民，案件的结果目前我们尚不得而知，但无论如何，这对贫穷和被边缘化的农民进行组织和能力建设来说，是一次沉重的打击。

在最近的另一起案件中，被告是 LRC 在东明多洛（Oriental Mindoro）省的社区伙伴。案件缘于一个地区水务公司想迫使巴朗盖首领和其他老百姓同意他们在巴朗盖里建设并运营一口水井。而当地社区反对该工程，因为建设水井将会导致海水入侵含水层，对该地水资源的利用的产生极大影响。他们认为应当自己控制传统的水资源，依照水法，保持水质。而水务公司作为附近 21 个巴朗盖居民用水的供应商，一直有服务差、水质差的恶名。水务公司现在向法院提起诉讼，声称社区居民对施工工人进行了人身威胁，这导致施工公司无法施工。事实上经查明，所谓的威胁不过是在施工点的帐篷及附近树上的一些招贴画和海报。尽管这样，水务公司还是狮子大开口，索赔 62 万比索，并要求法院发出禁止令，禁止社区居民阻挠施工，以保证水井尽快投入使用。法院发出了暂时禁止令，案件还在审理中。

为了应对诉讼，有些巴朗盖的首领花巨资去找私人律师。显然，这会产生"阻吓效应"（chilling effect），其他社区居民在组织或参与类似的抗议活动时，就要三思而踟蹰不前了。

由上述案件可以看出，死赖扑诉讼毫无道理可言，其被提起的真实目的就是阻止社区居民反对各种各样的建设项目，阻挠他们行使公众参与的权利。另一方面，即使打赢一场

---

① 参见 George Pring and Penelope Canan, *SLAPPs: Getting Sued for Speaking Out*, Temple University Press, 1996.

死赖扑诉讼，代价也相当悲壮惨重：诉讼本身要耗费大量精力和资源，而且往往官司打赢，也还是阻止不了工程的建设。

从本质上来说，死赖扑诉讼就是利用了司法体系的弱点，剥夺了贫穷和弱势群体参与的权利，摧毁了他们的能力，耗费了他们的资源，侵犯了他们的人权。ALG 团体和其他公益倡导机构决心向大众阐明种诉讼的诡异奥妙之处，以及在当前社会背景下，该诉讼会产生哪些危害。呼吁立法者区分死赖扑诉讼和其他合理、合法、正当的诉讼，对其加以规范和限制，以防悲剧再度上演。

三、结论与启示

（一）菲律宾公益诉讼的特色

菲律宾律师坦言，他们从事公益诉讼，亦将 1954 年美国的布朗诉教育委员会案奉为经典，从中汲取不少力量和灵感。就战略角度而言，他们亦自信达到了美国公益诉讼的水平和效果。就提起公益诉讼的原因而言，一般都是政府的行为侵犯了宪法或法律赋予公民的权利，或者想通过公益法活动去影响政府未来的行为。然而他们认为在美国，达致社会正义的主要推手是法院，而在菲律宾从事公益诉讼，人们对准司法机关也同样重视并寄予厚望。换言之，法院和准司法机关都是改变贫困、弱势群体的重要力量。

我们注意到，菲律宾公益律师以更全面、整体的方式来看待、解决法律问题，更加重视改革法律体系和对弱势群体赋能。诉讼只是达成宣传、倡导、改变法律的一种策略。他们在法庭上质疑流浪法、矿业法的合宪性，维护妇女和土著居民的权利的侵犯；他们利用国际人权保护机制，使本国人权问题国际化，对国家行为形成一定制约，确保其履行国际人权义务和承诺；他们对大规模矿业活动带来的土著居民背井离乡、家园环境破坏等恶果忍无可忍，并使人们反思国家经济发展的方向；"死赖扑"诉讼固然可以看做是对公益诉讼、公益律师的"反扑"，对社区居民维权行动的阻吓，但之所以能产生，从另一个角度看，则是公益律师和组织对社区长期能力建设的必然和直接结果；他们十分清楚，公益诉讼所追求的是对正义、公益之实现有所贡献，在某些案件中要采取非传统的手段和进路，不能一味依赖法院或准司法机构来解决问题。

菲律宾公益律师有一个确信：法律援助对于确保公民基本的发展权利有着至关重要的意义。而在菲律宾，贫困者以及劳工、城镇贫民、渔民、农民等领域的弱者对法律服务的需求量远远超出了时下的供给。同时，大部分穷人和移民无法主张自己权利。这是因为：第一，他们不知晓自己的权利；第二，法律援助的机制还没有建立起来或严重缺失；第三，鲜有律师愿意投身这种公益性的工作并且掌握了足够的知识以应对穷人和移民的复杂的问题。

菲律宾公益律师对传统的法援制度进行了深刻的反思。他们认为，在传统的法律援助制度下，法援提供者对求助者的问题通常都会从纯粹法律的角度加以考虑。这一狭隘进路限制了对于如何获致对个体权利侵害的法律救济的探讨。相反，他们所主张的是一种非传统的法律援助进路，这种进路的关注焦点在于贫困者如何卫护和落实他们的共同权利，并变革那种减损他们作为人的尊严以及阻碍他们在社会中获取公平机会的制度。因之，公益律师在很大程度上应成为"非传统法律援助律师"，他们的任务就在于，帮助贫困者认识到要最终解决他们复杂得近乎无法解决的问题，必须依靠他们自己共同去申说和争取自己的政治、公民、社会、经济、文化权利。在这一争取的过程中，非传统法律援助律师的工作重点是教育贫困者认识自己社会问题的根源、获取法律知识。在进行诉讼时，优先考虑那些能冲击法律改革、政策倡导或引发一个新的判例或法理变动的法律问题。

菲律宾同行告诉我们，公益诉讼本身并不是目的，它只是更宏大的针对贫困和弱势群体的赋能和发展运动的一部分。这个运动的宗旨是以人民为中心，来型塑整个国家的政治、经济和社会发展的方向。因此，公益律师和他们的代理人要齐心协力，通过组织、教育、倡导等活动，不断提醒国家机关及其工作人员，告诉他们社会发展和人权保护的现状，使他们知道自己肩负人权保护的义务。尽管保守的法院十分不情愿运用国际人权法的条文和原则来保护贫困和弱势群体，但公益律师锲而不舍地在法庭或其他准司法机构中援引人权原则和规范，还是能够使他们在本土背景下加深对人权的理解。

（二）菲律宾公益诉讼对中国公益诉讼发展的启示

菲律宾公益诉讼所走过的道路，可以给中国同行们很多启示。

第一，单靠法律是不够的。在许多案件中，菲律宾公益律师就结合了社区组织与法律代理相结合的策略。① 他们将这种方式称作"超法律战略"（meta-legal tactics）。这个词是由已故的著名菲律宾人权律师何塞·迪克诺（Jose W. Diokno）发明的。"meta"一词既可能表示"位置或状态的变化"（connected with a change of position or state），强调变通法律人固有的思维定势和工作手法；也可理解为"高于；在上；在外"（higher; beyond），意在采取综合的、"法外"的行动。总之，菲律宾的公益律师认为法律之战不仅仅发生在法庭上，相反，需要动员和利用当事人的力量，要将案件公之于众、扩大影响，要寻求、集结来自各方的支持。② 公益法团体和机构也要加强对自己以及自己所从事事业的宣传。我们一个很突出的印象是菲律宾同行机构大多都有一个很响亮的名字，比如著名公益法机构"自由法律援助团"（Free Legal Assistance Group）的英文简称是 FLAG，意为"旗帜"，这么多年来在公益诉讼领域大旗不倒，给人印象很深。其他机构要么名字中暗藏玄机（如Alterlaw③），引人注意，耐人寻味，要么使用简称（如PAO④）或土语（如SALIGAN⑤），朗朗上口，一见难忘。

第二，公益律师之间要加强联动，一呼百应，相互理解，相互支持。菲律宾各公益机

① Maria Paz G. Luna, "Enforcing Environmental Laws in a Developing Country: An Alternative Law Approach," in *Tel-Aviv University Studies in Law*, vol. 14 (1998), p. 177.

② Romeo T. Capulong, "Lawyering for the Poor: A Social Responsibility of the Integrated Bar of the Philippines (IBP)", Paper delivered to the 7th National Convention of the Integrated Bar of the Philippines, Davao City, April 21-25, 1999. http://www. publicinterestlawcenter. org/content/position-papers/lawyering-poor-a-social-responsibility-integrated-bar-philippines，2009 年 10 月 11 日最后访问。

③ Alterlaw 是非传统法律研发中心（Alternative Law Research and Development Center, Inc. ）的英文简称。对 Alternative 含义的探讨，可参见杨睿：《序言：迈向正义的多条道路》，载杨睿、梅迪纳主编《菲律宾的公益法实践》，法律出版社 2010 年版，第 13 页。

④ PAO 是菲律宾公职律师办公室（Public Attorney's Office）的英文简称。

⑤ SALIGAN 是非传统法律援助中心（Sentro ng Alternatibong Lingap Panligal）的菲律宾语简称。

构与律师间良好、默契的合作关系，常令外国同行啧啧称奇，这在许多国家的非政府组织间都不易存在。这部分缘于历史原因：在那风雨如晦的军管专制时期，各机构的创始人、亦即同盟的先驱者之间结下了深厚的友谊。这种来自于艰苦的战斗岁月的情感是今天亲密合作、彼此信任的基础。同时，尽管在面对资助等问题时各机构间存在着某种程度的竞争，但他们意识到很多事情，或者说事业，是一个机构无法完成的，必须联合起来，发出更大的声音，达致更好的效果，更不必说日常互通信息、分享经验教训等便利。公益诉讼既然是为了公共利益、为了每个人的权利而斗争，因此就不应该只是一个人在战斗。面对强大的被告、巨大的社会阻力、根深蒂固的陋习或成见，公益律师在推动公益诉讼时所碰到的困难往往是一个人、一个组织难以承受的。这时，我们有必要学习菲律宾同行所采取的联合策略，不计得失，肝胆相照，协调行动，分工合作，形成强大的合力。

第三，要注意与立法机关、司法机关、行政机关的沟通，向他们"灌输"人权理念。他们不是公益诉讼的"敌人"，要与他们合作，争得他们的理解。菲律宾的公益律师认为，人权的原则、规范、乃至术语，在所有国内法和判决中都必须有所体现，在解释和执行法律时也不可或缺；法院一贯追求"法的统治"，也必须纳入人权原则。基于上述认识，他们坚持不懈地、屡败屡试地与作为公益诉讼的"利益攸关方"（stakeholders）和人权保护的"义务承担者"（duty-bearer）的各国家机关沟通，团结、争取、教育他们中对弱势群体报以同情、理解的议员、法官和其他国家机关工作人员，劝说他们接受国际人权标准，激发他们的社会责任感，而不是一味地"硬碰硬"地对抗。这种策略也起到了良好的效果。

第四，公益诉讼要着眼于对基层群众、社会弱者、法援对象的赋能。用菲律宾同行的话说，公益诉讼必须有一个发展性的视角，致力于对民众赋能以达致法律的结构变革。近年来法学界和国际发展界一个重要的话题就是法律赋能（legal empowerment）。① 对于法律赋能有不同的定义，但大致而言，都是强调运用法律手段，尤其是教会弱势群体自己运用法律武器，通过诉讼等法律途径，保护弱势群体的权益，提升其生活质量。菲律宾公益律师在从事公益诉讼活动的过程中，十分注意对弱势群体的赋能，不是"为弱势群体维权"，而是"和弱势群体一起维权"；不是"为当事人办案"，而是"和当事人一起办

---

① 国内学者和有关人士经常将 empowerment 译为赋权。笔者不同意这一译法，而将其译为赋能，具体原因将另文专述。对 legal empowerment 感兴趣的读者和研究者可参阅以下文献：Asian Development Bank, *Law and Policy Reform at the Asian Development Bank*, *Legal Empowerment*: *Advancing Good Governance and Poverty Reduction*, Manila: Asian Development Bank, 2000; J. Bruce, et al, *Legal Empowerment of the Poor*: *From Concepts to Assessment*, ARD Inc. for USAID, 2007; S. Golub, "The Legal Empowerment Alternative," in T. Carothers (eds.), *Promoting the Rule of Law Abroad*, *In Search of Knowledge*, Carnegie Endowment for International Peace, 2006, pp. 161-191; S. Golub, "Legal Empowerment: Impact and Implications for the Development Community and the World Bank," in C. Sage and M. Woolcock (ed.) *The World Bank Legal Review*, *Law*, *Equity*, *and Development*, Volume 2, Martinus Nijhoff, 2006, pp. 167-184; S. Golub and K. McQuay, "Legal Empowerment: Advancing Good Governance and Poverty Reduction," in Asian Development Bank (eds.), *Law and Policy Reform at the Asian Development Bank*, 2001 Edition, Asian Development Bank, 2001; D. Banik, "Legal Empowerment as a Conceptual and Operational Tool in Poverty Eradication", in *Hague Journal on the Rule of Law*, vol. 1, no. 1 (2009), pp. 117-132.

案"。这样，经过一个案件的观察、学习和实践，当事人就学会了如何利用法律保护自己，进而用法律武器保护自己的邻居、朋友和社区。2008 年，联合国对贫困人口法律赋能委员会出版了法律赋能报告，把法律赋能作为发展援助的首要手段，呼吁各国、各资助方在开展扶贫等项目时采取法律赋能视角和途径，在全世界引起了强烈反响。① 中国公益律师也应当思考在从事公益诉讼时，如何"授人以渔"，而不仅是"授人以鱼"，是一个案件中的当事人，成长为下一个案件中的代理人。

第五，菲律宾公益律师认为，要进一步促进菲律宾公益诉讼的发展，必须对公益诉讼在菲律宾的演进、变迁做进一步的研究，以加深理解。必须加强对公益诉讼活动及成功案例的宣传，让更多人了解司法机关的作用，以达成更大范围的社会变革。同样，我们也要加强对中国公益诉讼的研究，总结出公益诉讼在中国发展的经验教训。

第六，要注意对公益诉讼、人权保障后备力量的培植。在商品经济的大潮之下，在金钱利益的诱惑面前，公益、人权这些充满道德感和理想化的词语不时显得苍白和脆弱。经不起冲击和诱惑的人，就离开了公益律师的队伍。菲律宾的公益律师也面临着队伍流失、后继乏人的困境。在解决这一问题时，一些公益组织的策略是设立实习项目，招募法科学生在假期和课余参与机构的各种活动。在参与中，学生的技能被锻炼，激情被激发，往往在毕业后直接加入了其曾实习过的机构。现任非传统法律组织同盟（Alternative Law Groups，ALGs，是近 20 个非政府组织的同盟）秘书处主任的马龙（Marlon Manuel）就曾是非传统法援中心的实习生，后加入该中心并任主任。这种情况在菲律宾并不鲜见。可喜的是，中国也有了类似的例子。2009 年夏天，福特基金会和哥伦比亚大学公益法研究中心共同资助在中国开展公益法律服务志愿者项目。该项目旨在系统培养中国未来的公益律师，方式是选择优秀的本科毕业生、研究生，将他们派往全国各地的公益法律服务与援助机构从事公益性的法律服务。服务期限为两年，该项目支付志愿者工资、保险等费用，由志愿者接收机构、中国法学会项目组和项目指定的教师共同指导。② 我们乐见其成并希望这种项目会越来越多，为中国公益法事业的可持续发展奠定基础。

---

① CLEP, *Making the Law Work for Everyone*, *Volume 1 Report from the Commission on Legal Empowerment of the Poor*, New York: Commission on Legal Empowerment of the Poor, 2008.

② 武汉大学社会弱者权利保护中心：《简报》2009 年第 6 期（总第 50 期）。

马来西亚公益诉讼考察报告

■　项　焱[*]

在亚洲公益诉讼考察项目的支持下，武汉大学社会弱者权利保护中心一行 5 人于 2009 年 1 月 12—16 日访问了马来西亚主要的公益法组织及个人，包括：马来亚大学法学院副教授 Azmi Sharom 先生、万桡新村、雪兰莪州律师协会及法律援助中心、雪兰莪州法院、救救白小委员会、全国妇女行动协会（All Women's Action Society）、Taylor's University College 副教授 Rajeswari Kanniah 女士、马来西亚国家律师协会、马来西亚工会联合会（Malaysian Labour Union Congress）、国民醒觉运动（ALIRAN）、槟城消费者协会（Consumers Association of Penang）。通过实地考察结合文献研究，我们可以对马来西亚公益法活动和公益诉讼的发展和特征作出如下述评。

一、作为公益诉讼背景的主要社会问题

作为前英国殖民地，战后马来西亚的政治转型经历了从西方化到本土化[①]的历史过程。具体来说，可以分为两个阶段：第一阶段为 20 世纪 50 年代末 60 年代初至 80 年代从效仿的西方议会民主制向威权主义政治体制的调整与过渡，马来西亚放弃了效仿的西方议会民主制度，建立起以经济发展为导向的、对政党和社会团体严加控制的、政府权力高度扩张的威权主义政治体制；第二阶段为 20 世纪 80 年代开始从威权主义政治体制向民主体制的调整与过渡，[②] 政党制度获得完善和发展，选举由较少竞争或无竞争过渡到较多的竞

　　＊　项焱，武汉大学法学院副教授，法学博士。
　　①　王成：《从西方化到本土化：英国殖民统治与马来西亚的政治发展》，载《史学月刊》2003 年第 8 期。
　　②　李文：《东南亚国家的政治变革与社会转型》，载《当代亚太》2005 年第 9 期。

争，修改宪法以加强立法机构对行政权力的制约，出现了由行政集权向分权制衡方向发展的趋势，国家对社会的控制减弱，民众和利益集团的政治参与由沉寂变得活跃①。包括公益法组织在内的马来西亚非政府组织进入新的发展时期②，公益法活动和公益诉讼的活跃也始自这一时期。总体上看，作为马来西亚公益诉讼背景的社会问题主要有以下几个方面：

1. 民权团体的生存空间问题

马来西亚联邦建立之初，消灭共产党的武装、取缔各种共产主义组织和言论以及压制非马来人政治活动、建立马来人优先的体系是政府的两项根本性任务。长期的军事冲突和社会恐慌造成了 1948 年至 1960 年的紧急状态，大批的商业组织、工会、青年组织都受到政府——尤其是执政党巫统的严密监管。随着 1960 年紧急状态的解除，长期受英国民主制度影响的马来西亚政府很快就放松了政治控制，各类社团开始活跃起来。但 1969 年"5·13"骚乱使政府察觉到非马来人对政治发言权的强烈渴望，便着意予以打压——1972 年巫统下属组织接管了在舆论界有着很大影响的《海峡时报》集团及其派生的重要报纸《每日消息》，其余的英文和中文报纸也陆续被巫统的盟友们接收，媒体的自由日益缩小；同时《社团法》、《煽动法》、《工会法》等法律相继出台或修改，公民的政治权利实际上受到严格限制。

随着 70 年代政府的注意力转移到经济建设上来，政治空气又一度宽松。槟城消费者协会和安瓦尔领导的马来西亚伊斯兰青年运动等大批具有广泛影响力的组织出现，它们在一些不易触犯政府禁区的领域如反贪污、消除贫困、环境保护等问题上大做文章。随着批评的逐渐深入和尖锐，其活动渐渐引发了政府的不快——1974 年拉扎克政府逮捕了安瓦尔并判刑，1984 年马哈蒂尔又采取强硬手段将大批非政府组织领导人员投进监狱。不过随着民众民主意识的提高，政府的威慑力量受到削弱。1988 年最高法院的几位法官因指责巫统隐瞒 30 个支部，违反《社团法》的行为，与政府发生激烈冲突后被解职。这种公然为行政权横行扫清道路的行径激起轩然大波，马来西亚律师协会发动了对政府的强有力抨击。反对政府肆无忌惮妨害公民权利的各种势力逐渐形成互相配合、相互支援的态势，公民权利得到广泛宣传和重视。

20 世纪 90 年代以来，网络等新媒体的出现使得政府控制舆论的权力越发无力。1997年的经济危机引发民众对政府执政能力的质疑，政府故伎重演，依《内安法》将改革派主要领导人巫统的副主席安瓦尔抓进监狱。但不料安瓦尔被捕及被警察殴打的消息通过网络迅速传播，数十万支持者涌上街头，造成大规模骚动。政府不得不成立专门负责社团活动和消费者权益等工作的人权委员会，各种权利保障机构也趁此机会纷纷出现，把马来西亚的公民权利保障运动逐渐推向深入，民权运动呈现出蓬勃发展的趋势。

由此可见，马来西亚政府对民权团体的态度随时势的变化而不断在控制和放松之间摇摆，各民权团体也不断在夹缝中寻求发展空间。民权运动初期针对的是政治权利和种族不平衡，如社团的注册和活动、言论自由、集会游行等问题；20 世纪 70 年代始，随着民族

① 张蕴岭主编：《亚洲现代化透视》，社会科学文献出版社 2001 年版，第 240～245 页。
② 王虎：《马来西亚非政府组织发展史研究》，厦门大学 2006 年博士论文，第 45～66 页。

和解政策的推行及经济发展成为社会和政府面临的首要任务，消费者权益、环境污染问题、资源分配不合理等问题引发了民众对政府的疑虑和不满。同时，原有的民族平等和言论自由的诉求虽退居其次，但仍发挥着重要影响力。

马来西亚民权团体的地位在与政府的博弈中逐渐上升，但阻碍仍多，问题也不容忽视。首先，在立法层面，《内安法》、《煽动法》等法律仍然有效，政府可以随时对批评者以危害国家、挑动民族冲突为由不经审判直接逮捕，马来西亚重要反对派组织的领导人几乎都遭受过此类摧残。这些法律成为政府压制异议，控制舆论的利器。与此同时，宪法赋予政府总理宣布国家进入紧急状态、以政令进行管理的权力，更为政府采取强硬镇压手段提供了依据。其次，在司法方面，自 1988 年法官解职事件后，政府实际上能对法院的审判施加压力迫使司法系统就范。民众对司法系统的不信任使得他们表达诉求的方式主要是走上街头而非走进法庭，发泄渠道的错位给社会稳定带来巨大隐患，也给政府采取激烈措施提供了口实。第三，巫统一党独大的地位未根本改变，有多党制之名而无协商之实的状况，加上巫统保守独断的执政风格，构成了阻挡马来西亚民权运动的巨大阻碍。第四，由于经济发展不平衡，各阶层都对资源分配有不同的看法，经济冲突逐渐演变为政治角力，民众内部的分化和疏离客观上削弱了民权运动的向心力。

因此，尽管《社团法》和宪法都规定了民权团体存在的合法性，实践中却颇受政府掣肘，"独立以来持续扩大的行政权力几乎不能给个人的自由提供完全的保障。"① 马民权团体的生存空间与政治气氛的宽松与否呈正相关，这直接影响了公益法活动和公益诉讼的开展。

2. 族群矛盾问题

马来西亚族群②矛盾由来已久，诱因是多方面的，背景也非常复杂。其中华人与马来人积怨最久，冲突也最为激烈。早在明清时期，我国广东、福建就有移民前往东南亚谋生，殖民地时期马来西亚的经济稳定为"三重结构"：上层为总体上控制着马来西亚经济命脉的西方殖民者，中层为绝大多数从事工商业、生活相对富裕的华人移民，下层为从事农业生产、生活状况很差的本土马来人，独立前经济地位的差异造成了独立后族群之间的矛盾。二战期间，占领马来西亚的日本区别对待马、华两族导致族群矛盾激化，日本占领当局支持马来人的民族主义运动，利用马来人组成的准军事部队打击华人的抗日武装，日本宣告投降、撤出马来西亚地区时，还大量任用马来人接替各种政治职位，使马来人取得了对马来西亚地区的实际政治控制权。战争结束初期，马来西亚各地即爆发了两族之间的流血冲突，以至于英国当局要在某些地区出动巡逻队来维持秩序，这种对抗直接影响了战后马来西亚的政治进程。二战结束后，英国政府推行民族平等政策，拉拢华人阶层，但该方略因受到马来族资产阶级和封建贵族的强烈反对而无疾而终。1948 年，在各邦苏丹和

---

① ［澳］约翰·芬斯顿主编，张锡镇等译，《东南亚政府与政治》，北京大学出版社 2007 年版，第 175 页。

② 当今马来西亚的主要民族包括三大部分：本地马来人、华人以及印度人，各占人口比例的 50%、37% 和 11%。三个族群的生活方式、文化特点等方面差异颇多导致族群之间矛盾重重，隔阂很深。

马来民族统一机构（简称"巫统"）的强大压力下，英国政府宣布成立马来西亚联合邦，其宪法明确体现了对马来人的特殊保障：第一，承认了马来苏丹统治各邦的权力，并建立起马来统治者会议；第二，明确马来人在政治、经济上拥有特权；第三，马来人以外的居民申请公民的条件更加苛刻。

对这种政治压制，华人社会出现了组建政党以维护本族权利的需求。1949 年 2 月马华公会宣告成立，标志着华人与马来人之间的民族矛盾由分散的社会冲突逐渐集中到政治领域（主要是政党及选举活动）的有组织对抗。① 1957 年马来西亚独立后，巫统与马华公会、印度国大党共同组成联盟党掌握了国家政权，但马华公会一直未能取得联盟党的主导地位，保障华人权益的活动更多地通过政治协商来实现。但 1969 年的"5·13 事件"②标志着华人合法执政的企望成为泡影，并直接造成巫统温和派下台，强硬派取得主导权，华人政治力量受到巨大摧残。不过该事件也使双方的政治领袖认识到民族冲突的重大危害，执政的巫统改变了策略，力图在加强马来族的盟主地位基础上，赋予非马来人在一定范围内的权利——1971 年 2 月议会通过宪法修正案并修改了《煽动法》，巩固了马来人的特权地位，也杜绝了各种政治活动以此为借口引发冲突。与此同时，巫统领导下的联盟党大量吸收非马来人政党加入，并于 1974 年改组为"国民阵线"，最终实现了政治上的民族联盟。近年来，随着马来人经济实力的增强和总体文化水平的提高，认为民族的不平等阻碍了国家整体进步的有识之士越来越多，而非马来人持续不断的和平争取，也使其权益得到更多重视。但马来西亚的族群歧视至今依然存在并引发了很多冲突。

在马来西亚，种族区分对待、马来族享有特权是一项基本国策，其实施在政治、经济、教育等领域均有显现。政治层面上看，首先，《马来西亚联邦宪法》的主旨之一就是凸显马来人的特殊地位。著名的"种族歧视条款"——153 条列举了马来人的特权范围，并且强调最高元首具有采取措施保障这些特权得以存续的职责。在宪法修正案和其他法律中，还规定禁止讨论马来人特权等问题，借以从政治上保障马来人特权的稳定性和长久性。其次，在入籍问题上，非马来人也受到了不公正待遇。宪法中明确规定了马来西亚公民身份的取得资格，包括居住年限、品行状况、语言能力、年龄限制以及政治忠诚性等诸方面，要求极为详细和苛刻。这种严格限制的直接后果就是，直至 2000 年尚有数十万从独立前就生活在这里的老年华人未取得正式公民身份，权益保护极为薄弱。与 20 世纪 50、60 年代移民进入马来西亚的印尼人相比，后者不仅立即取得正式公民身份，而且在法律上还被划为"马来土著人"范围，拥有特权。再次，在公务员组成结构上，马来西亚的行政和司法机关实行严格的"固打制"，规定了马来人必须占据人数和职位上的优势。根据 2004 年的统计，非马来人在行政机关中的人数比例已降至 7%，这与其 33% 的

---

① 参见［马来西亚］潘永强：《马来西亚华裔的社会运动（1957—2007）》，载《东南亚研究》2009 年第 3 期。

② 1969 年马来西亚大选，华人反对党在地方选举中取得重大胜利，5 月 13 日广大华人在吉隆坡组织大规模的庆祝游行，其间采取了一些刺激性举动，被马来族视为对其政治地位的威胁和民族尊严的侮辱，巫统强硬派趁机掀起针锋相对的游行示威，进而迅速演化成流血事件并波及全国，变成马来族对华族的"大清洗"，大批华人丧生，最终酿成举世震惊的"5·13 事件"。

人口数明显不成正比。马来西亚是一个行政权占据优势的国家，公务员群体在利益分配和维护上都起着主导性作用。公务员结构的这种倾斜使得国家主要权力皆集中于马来人手中，而非马来人在经济、政治和文化权利等领域都处于被动地位。

经济方面。马来西亚殖民时期的"三重经济结构"在独立后的二三十年间变化不大——当然，从前的"殖民者"变成了外国资本家。由于在工商业经营方面起步很早，华人在金融、工矿、外贸、农场种植等经济领域的优势十分明显，为了改善马来人的经济地位，马来西亚政府于1970年到1990年实施"新经济政策"期间，通过各种方式引导和支持马来族资本的发展。这些政策和措施包括："垦殖移民运动"中，在开发的76万公顷土地上共安置移民111728人，其中95%以上是土著马来人；在第二和第三产业，严格限制非马来人的从业资格，如规定非马来人不得经营军火、交通和水电等重要行业，资本在10万元以上雇工在25人以上的企业需将股权、董事会成员30%的份额保留给马来人；金融贷款方面，规定金融机构优先向马来人提供低息贷款，并限定每年必须至少拿出20%的贷款发放给马来人私人企业以及"国营企业"；土地政策方面，严格推行《马来人土地保留法》，禁止非马来人租购马来人的"保留地"，且非马来人要取得国家出售的土地必须满足相应的条件。在20世纪80年代的国营企业私有化浪潮中，政府还将绝大部分企业出售给马来人资本家，以推进其经营规模的扩大，实现与华人资本的竞争。经过持续的帮扶措施，到1990年，马来人在全马股份有限公司的股本已经达到20.3%，非马来人则降至46.4%，就业结构上马来人在第一、第二、第三产业的就业人口分别达到该产业总就业人口的76.4%、49.8%和50.9%，从而基本上改变了原有的民族间财产分配状态和劳动分工，极大提高了马来人的经济地位[1]。华人的利益受到很大损失，马来西亚因而出现了大规模的资本外流现象。自1990年始，马来西亚政府开始实施为期十年、以全面推进经济发展为目标的"国家发展政策"，不过这场改革是在"新经济政策"的基础上进行的，并未改变重点支持马来人的方针。但在经济全球化的挑战下，政府不得不考虑华人族群资本流失、失业率居高不下等问题，在政策的制定和实施上开始重视非马来人合法权益的保障，族际关系也由原先的对立紧张逐渐转向强调各族群共同发展。[2] 尽管如此，非马来人尤其是华人的经济权利受到侵犯的实例时有发生。

教育方面。马来西亚宪法中明确规定马来语为国语，熟习马来语也是马来西亚入籍的基本条件之一。政府自20世纪90年代起就宣称要实现多民族多种文化的自由发展，但在国家教育政策方面，各大学在招生上实行马来人优先，规定了马来学生应占的比例，非马来人（主要华人）的入学名额则受到限制；中小学教育方面始终坚持优先发展马来文学校（"国小"），同时采取了各种措施限制华文中小学的发展，政府不给予华文学校物质支持，所有设施必须由当地居民自行筹措建设，且对这类学校的新建或扩建多方刁难，使学生人数超过学校承载能力，教育环境恶化。政府不承认华文高中、大学的文凭，致使很多

---

① 参见韩方明：《华人与马来西亚现代化进程》，商务印书馆2002年版，第266～267页。

② 参见童宁：《族际关系与政治发展：以马来西亚为个案的民族政治学考察》，载《经济与社会发展》2007年第3期。

华文学校毕业生不得不到中国内地、台湾等地留学。更有甚者，有国会议员公然宣称要逐步取消华文学校，将马来文作为唯一授课语言。① 2001 年的"白沙罗小学事件"② 则是这种干预的直接体现。虽经长达 8 年的斗争，这所小学得以保留，但历程之曲折艰难也足以反映出华人教育受到政府歧视和压制的现状。这种对公民受教育权的区分对待，也成为了目前非马来人（主要是华人）反歧视运动的重要斗争区域。

3. 环境保护问题

马来西亚经济在过去的几十年间一直保持高速增长，对自然资源的大规模开发利用和资源消耗量急剧增加，使得环境污染加剧，政府和民间组织都为环境问题的解决贡献了自身的力量。马来西亚政府于 1975 年成立了环境分部（the Division of Environment），后升格为现在的环境部（the Department of Environment）。1974 年通过的《马来西亚环境质量法》（Malaysia's Environmental Quality Act）被认为是环境管理的一次重大突破，它提倡使用全面的、综合性的方法来治理环境，为协调全国环境管理活动提供了法律基础。该法包括控制空气污染、噪音污染、水污染、水土污染、石油污染等内容，把污染控制作为一种治疗性的措施，规定新的工程在批准和实施前要预先作出环境影响评估。后来政府又增补了关于解决日益增长的危险废物导致的环境威胁；扩大环境执法部门的权力；加大环境保护力度，如加大罚款，对污染物的排放实施更加严格的标准，有权关闭污染严重的企业等内容。其他具体的环境法规也得以通过，如有关棕榈油生产业环境质量法和控制汽车污染的法规。③

跨国的环保组织也开始在马设立分支机构。早期的马来西亚环保非政府组织有"马来亚自然协会"（MNS）、槟城消费者协会（CAP）、马来西亚环境保护协会（EPSM）和世界自然基金会（WWF），70 年代末大马地球之友（Sahabat Alam Malaysia）加入，到 80 ~ 90 年代有更多的环保非政府组织得以建立，如湿地国际马来西亚组织（WIMP）、雪兰莪保河组织（SOS Selangor）和水生生命资源管理国际中心（ICLARM）等。几十年来，环保非政府组织的活动所涉及的议题很多，包括环保专业化、改善环境质量、环保倡导、环保教育、政策分析、可持续发展、稀有生态资源的保护、野生动植物贸易监管和社区参与等。围绕着这些议题，环保非政府组织开展了涉及环保、消费、治理、生态旅游、社区、贫困、健康和弱势群体权利等领域的丰富多彩的环保活动。④

人们对自身环境权利的关切和保护意识的觉醒，使得环境问题成为主要社会问题之一，环境纠纷大多出现在强势的国家机关或国有大公司的建设工程中，集中表现在采矿业

① 参见柯永红：《马来西亚和新加坡华语教育政策之比较》，载《东南亚纵横》2009 年第 10 期。访谈时间：2009 年 1 月 14 日上午，访谈地点：白沙罗小学原校址（阮梁公庙），访谈对象：白沙罗小学原校董事会。

② 全称"白沙罗华文小学"，地处华人聚居区白沙罗新村内。2001 年 1 月 2 日被所在州教育部以不合理的理由突然宣布关闭。村民们为此成立了"白小保留原校，争取分校工委会"，并在原校旁的阮梁公庙坚持上课，在马华公会、华人社团、华商和媒体等各方的艰苦努力下，白小于 2009 年在原址重新启用并开课。访谈时间：2009 年 1 月 14 日，访谈地点：白沙罗小学原校址，访谈对象：白沙罗小学原校董事会。

③ 王小民：《马来西亚加强环境保护的一些措施》，载《东南亚研究》2000 年第 3 ~ 4 期。

④ 参见王虎：《马来西亚非政府组织发展史研究》，厦门大学 2006 年博士论文，第 178 ~ 193 页。

和基建这两个领域。主要案例有亚洲稀土案、反对建设淡比灵大坝、拯救槟榔山和反对巴昆大坝工程等，这些案例涉及不特定多数的人或群体的利益，政府在决策时并未征求他们的意见，而且在这些案件中环境权利往往与土地等其他权利交织在一起，而我们访问的万桡新村案不仅涉及环境权利，更与族群歧视问题相联系——万桡新村位于雪兰莪州，居民以华人和印度人为主。2005 年电力公司因欲在该村附近兴建大型变电站而要求村民搬迁。因担心变电站的辐射，发现电线的最佳铺设线路为通过附近马来人聚居区的村民们拒绝了搬迁要求，州政府对村民下达了搬迁令。51 户村民以州政府为被告向雪兰莪州高等法院起诉，法院以该工程直接影响全体村民、须以全体村民为原告方可起诉为由认定原告无起诉资格。到我们访问时止，该纠纷仍未解决。①

4. 妇女问题

独立前的马来西亚是一个传统农业国，工业在国民经济中的比例极低，妇女多从事农业。直到 1962 年，西马农业人口仍高达 74.9%，绝大部分妇女仍从事农业劳动，少数妇女虽已开始进入政府公共部门及公司企业，但妇女在国家的政治、社会生活中并无很大的活动空间，因此这一时期马来西亚的妇女问题尚不突出。自 20 世纪七八十年代，随着马来西亚的经济快速发展，制造业的发展需要大量的劳动力资源，大批妇女走出家门进入劳动力市场。到 19 世纪 90 年代，非农业妇女劳动力下降到 28%②。一些妇女在劳工运动中表现积极，其组织能力和工作能力逐步得到了社会认可；受国际女权运动发展的影响，妇女问题也越来越受到关注。

马来西亚妇女受到的歧视主要表现在劳动就业和宗教观念方面。马来西亚工业化带来的经济发展、自由流动和教育水平提高间接促进了妇女地位的提高，但和其他发展中国家一样，女性在劳动就业领域仍受到歧视：首先，妇女更多地集中在农民、售货员、操作工人、酒店服务员等低技术、低职位领域，即使在电子、制衣、纺织等妇女最集中的行业，管理人员也大多是男子，妇女极少得到提升；其次，由于工作性质的影响，妇女收入往往不如男性，即使是同一性质的工作，女性员工的收入也不如男性员工；再次，妇女在工作场所更容易遭遇性骚扰③。就宗教观念而言，作为一个伊斯兰教国家，尽管马来西亚在伊斯兰教教规方面的规定比中东要温和得多，但是伊斯兰教教规对妇女特别是马来族妇女的限制仍比较严格。

马来西亚现有 250 多个妇女非政府组织，其中约 150 个非常积极和活跃，④ 较重要的三个妇女组织为 1963 年成立的马来西亚全国妇女组织理事会（NCWO）、1985 年成立的反对对妇女施暴联合行动组织（JAG-VAW）以及 20 世纪 90 年代初期成立的全体妇女行

---

① 访谈时间：2009 年 1 月 13 日，访谈地点：万桡新村，访谈对象：村委会及华人政党州议员。
② 参见〔马〕拉希玛·阿卜杜拉·阿齐兹：《马来西亚妇女的社会参与——其作用的变化与问题》，乔云译，载《南洋资料译丛》2005 年第 1 期。
③ 范若兰：《试论工业化对马来西亚妇女的影响》，载《东南亚学刊》1999 年第 2 期。
④ Ronana Ariffin. *Feminism in Malaysia: A Historical and Present Perspective of Women's Struggles in Malaysia* [R]. Women's Studies International Forum (1999) 22 (4): 47-72.

动协会（AWAM）①。它们的活动包括：反对对妇女进行任何形式的歧视，监督政府实现妇女的合法权益，关心家庭生活、教育、计划生育、妇女的法律和经济地位。在不同时期，马来西亚的妇女组织关注的焦点经历了从只关注妇女的福利发展到关注妇女的参政权的变化：独立前的妇女组织关注的是妇女的福利和教育；60~70年代关注的是争取同工同酬等基本权利；80~90年代则集中争取立法和修改有关法律以保护自身权益；90年代末以来聚焦于妇女组织推出代表妇女权利的候选人参加选举②。这种不断发展的结果就是妇女非政府组织活动的范围越来越大，妇女非政府组织的运作策略和措施也不断完善。在妇女组织的努力下马来西亚妇女问题得到了一定程度的缓解，但妇女问题依然存在。由于政府的消极态度，妇女问题在未来的一段时间内仍难以解决。

除上述问题外，商业领域的"裙带资本主义"和官僚资本等问题也对马来西亚的社会及公益法活动带来明显的影响：政府权力的触角因新经济政策实施而伸向经济的各个领域，并逐渐掌控了关键性的部门。官僚、资本、政党三者的利益纠缠不清并逐渐结合，造成商业领域"裙带资本主义"盛行。消费者权利保护案件、环境污染案件、城市工程建设案件等方面都能看到政府干预的影子。这些案件因损害民众权益而引起普遍反感。同时，这种"裙带资本主义"也使得企业过分依赖政府，逐渐丧失创新和独立自主的动力，效率较低而资源损耗巨大。1997年金融海啸的爆发将这种经济模式的缺陷暴露无遗，经济遭受重创、大批企业倒闭引发了大规模的群众抗议。政府行动迟缓和态度保守也使其承受了巨大的压力，并直接造成1998年的政治动荡。此后政府开始重视同资本的分离，实施了一些改革措施，并打击官商勾结。但由于原先的联系已盘根错节，要真正消除这种现象还需时日。

二、公益法活动和公益诉讼的状况分析

1. 公益诉讼的法律规定及障碍

目前，与马来西亚公益诉讼的发展关系比较密切的法律主要涉及族群特权、起诉资格、法院和行政机关的职权范围、资源开发和环境保护等方面。马来西亚继承了英国法的传统，以判例为主要的审判依据，对本国判例和法令尚未规范之事项可直接适用英国的判例和各种条例，但由于马来西亚的具体环境与英国本土千差万别，同样的判例往往造成截然不同的适用效果，故而在个案中法官对法律的运用既灵活多变又常常相互矛盾。下面将列举一些对公益诉讼影响重大的法律，阐述马来西亚公益诉讼的基础和平台。

（1）《马来西亚联邦宪法》。马来西亚宪法中对公益诉讼影响最大的是其族群歧视条款。如：第8条第5款第6项规定"只招募马来人参加马来军团"，第15至第19条关于个人加入马来西亚国籍的资格限定中要求"通晓马来语"；第153（1）条中，授权国家元首保护马来人及其他土著人的特殊权利；第153（2）条列出联邦公共服务的职位、奖

① 本考察组于2009年1月14日下午访问该组织，通过组织成员的介绍，我们得知组织于1985年由5个组织联合而成。该组织关注所有与妇女相关的领域，主要从事公共教育、培训以及相关的公益诉讼。

② 王虎：《马来西亚妇女非政府组织的发展》，载《南洋问题研究》2007年第3期。

学金、助学金、高等学府的入学名额、联邦政府提供的教育与培训设施、联邦法律规定需要准证与执照从事的行业或商业领域，执行土著优惠政策。1969年5·13事件后，为防止再次提及族群问题，在1971年由政府提交并经国会批准的宪法修正案加强了宪法中的族群歧视条款，明确规定禁止在国会中公开讨论敏感问题，并赋予国会通过法律禁止质询有关宪法中规定的国语、马来人特别地位、马来统治者的地位和特权及公民权的条文之权力，取消议员在议会内发言的司法豁免权。可见宪法为马来人的特权提供的保障贯穿了经济、政治、军事、文化教育等多个领域，它既是马来西亚独立时"马来人至上"观念的表达，后又成为"马来人至上"政策的最大支持。非马来人因此在很多方面失去了与马来人平等参与、平等竞争的权利，在受到马来族人的不法侵害时，其权益也往往得不到有效的保护。这种在当今世界已基本绝迹的公然的族群歧视条款所造成的现实不平等成为影响公益诉讼发展的重要因素。

另一个值得注意的问题是司法独立。马来西亚宪法规定最高法院法官由内阁总理提名，总检察长为内阁的下属官员。因此司法权实际上处于行政权之下，行政权力往往未受到有效监督，行政机关滥用职权侵犯公民合法权利也是公益诉讼的诱因之一。

（2）现仍适用1913年由英国殖民当局制定的《土著土地保留地法》和《马来人保留地法》。前者承认在保留苏丹制度的九个州内，苏丹及其封建贵族拥有大片土地的所有权；后者规定各州政府长官有权划出一些专属马来人、不得抵押或出租给非马来人的土地（主要是稻米地）。这两部法律是马来人经济特权最突出的反映，也奠定了马来人在土地占有上的优势地位。针对马来人取得保留地后不予利用或者将土地转让给非马来人的情况，1981年国会还专门通过了一部宪法修正案作为对马来人保留地制度的补充，规定政府可以从非马来人手中取回保留地，土地所有者不能有效利用土地的，政府亦可将土地收回。

（3）1974年通过的《马来西亚环境质量法案》。主要是包括控制空气污染、噪音污染、水污染、水土污染、石油污染等内容，并规定新的工程在得到批准和实施前要作环境影响评估。为加大环境保护力度，政府在法案颁布后又相继扩大了环境执法部门的权力，如加大罚款额度，对污染物的排放实施更加严格的标准，有权关闭污染严重的企业等。总体上看，这是一部规范全面、便于执行的法律，对日益严重的环境污染问题整治力度较大。然而，该法将环境污染的监管权过分集中于政府，现实中政府常因经济发展、增加财政收入等考虑，未严格处理造成污染的企业，使得环境污染问题成为公益诉讼的热点区域。

（4）《英国最高法院规则》。该规则最重要的影响在于第53条确定的"最高法院法官对于原告起诉资格有权予以裁定"的原则。在林吉祥案①和巴昆大坝案②中，最高法院的法官正是通过适用这条原则，先是将原告资格限于"与案件有利害关系"的范围内，后又将起诉资格分化为"形式起诉资格"和"实质起诉资格"，最终使起诉资格问题成为马来西亚公益诉讼中最复杂最困难的问题，从而对公益诉讼的发展产生了非常不利的

---

① *Goverment of Malaysia v. Lim Kit Siang, United Engineers (M) Brehad v. Lim Kit Siang*, ［1988］2 MLJ 12，林吉祥系民主行动党领袖，要求法院禁止政府和联合工程公司签下南北大道工程合约。

② *Kajing Tubek & Ors v. Ekran Bhd & Ors*，［1996］2 MLJ 388，本案主要涉及土著居民的权利问题。

影响。

（5）《特别救济法》。该法的主要影响在于确定了行政机关在特殊事项上拥有特别权力，其行为不受司法机关管辖，这些特殊事项主要包括：行使公共职权的行为以及原告与其行政活动没有直接利害关系时的行为。该法确立的原则通过林吉祥案得到最高法院的重申，日后行政机关往往以此为借口，阻挠司法机关介入，大量公益诉讼因此产生并长期未得到有效解决的原因正在于此。

（6）《内部安全法》。内安法的基本精神是对反政府分子可不加审讯直接逮捕，实质是行政权压制司法权。自20世纪70年代始逐渐成为政府排斥异己的强有力工具，在压制社会舆论和维护马来族特权方面起着重要作用①。该法对公益诉讼的主要影响在于，对那些影响较大且针对政府违法作为的案件，政府往往引据该法暂时拘捕诉讼活动的积极分子，以压制舆论，此时司法机关也无法介入以保障当事人权利。20世纪80、90年代，从事公益诉讼的非政府组织及法律工作者经常被政府视为"破坏社会稳定的不良因素"而成为该法的受害者。尽管近年来取消该法的呼声日高，政府运用时也比较谨慎，但该法对公益诉讼的影响仍不容忽视——我们访问过众多机构都提及该法对非政府组织及开展公益诉讼带来的严重阻碍。

除具体的法律规定外，马来西亚公益法活动和公益诉讼还面临其他一些法律障碍。

第一，起诉资格。起诉资格是公益诉讼的重难点问题，马来西亚在起诉资格方面适用的是前述《英国最高法院规则》第53条之原则，在林吉祥案中法官宣称："原告可在特定情况下参与诉讼，一是涉及公共利益的同时也涉及私人利益；二是在没有私人权利的同时，原告的公共权利在这些普遍损害中具有特定具体的损害。"从而否定了林吉祥的起诉资格；在巴昆大坝案中，法院把起诉资格区分为形式起诉资格（threshold locus standi）和实质起诉资格（substantive locus standi），所谓形式起诉资格即根据诉状中的事实可确定原告有权提起诉讼，所谓实质起诉资格即根据实体法上权利确定可否获得实体救济。法院认为起诉资格的扩大和限制取决于经济、政治和习俗的需要，各国并无统一的态度，一国之内也会根据不同的情势需要而改变，至于是否对某一公共利益的救济给予起诉资格，也需要在特定的情况下考察其与民族精神的吻合程度。因此法院并不支持原告在没有实质伤害或特定具体伤害时的起诉资格。法院的这种坚持实质起诉资格的态度给马来西亚的公益诉讼带来了很大的困难。②

第二，威权体制的影响。威权政治在马来西亚的出现包含着复杂的政治、经济和文化原因。具体而言有以下三个方面：（1）英国遗留下来的"资源"。持续了200年的英国殖民统治使马来西亚政治体制在独立后不可避免地留有"英式特征"，即某些形式上的民主政治的存在。（2）种族问题带来的必然结果。马来人、华人、印度人三大族群在文化、宗教等方面存在的极大差异更需要一个威权主义政府加以控制。③ 为了保证政策的推行，

---

① 阮金之：《功能异化的马来西亚〈内部安全法〉》，载《东南亚研究》2009年第4期。

② 马来亚大学法学院的Azmi Sharom亲身参与了巴昆大坝案，在谈及公益诉讼的最大障碍时，他首先提及并加以强调的就是起诉资格问题。

③ 陈晓律、陆艳：《在民主与权威之间——马来西亚政治发展特点剖析》，载《世界历史》2000年第4期。

必然要求政府执政过程中具有一定的压制性。由于马来人口比例优势并不明显，马来人政党不得不提出一些有利于其他族群的政策以获支持。复杂的种族问题也使马来西亚在民主政治和威权政治之间摇摆。（3）两大阶层的博弈。独立前文官系统中一批受过英式教育的马来西亚社会精英在英国殖民者的支持下取得了一定特权和社会地位，而经过马来西亚"本土化"的官员，为使自身区别于殖民政府，需要采取一种与西方民主政治不尽相同的政治体制，"本土化"官员与原先的社会精英在执政理念上的激烈冲突导致了马来西亚政治体制的摇摆。

与其他东南亚国家的威权体制相比，马来西亚的威权体制还兼具民主制的特征——政党须经合法的选举程序才能取得执政党地位，执政党在处理某些问题时会采取妥协的态度，也容许少数族裔在议会占有一定席位并通过政治途径来解决其诉求。体现在权力划分上就表现为行政权力居于国家权力的核心，立法权和司法权都在一定程度上受控于行政权力，马政党制度中对党员限制较多和具有明显的族群特征使立法机关从属于行政机关，为行政权力的膨胀提供了便利，而法官任命、提升乃至司法机关的财政预算都无法摆脱执政党的控制也使司法独立大打折扣。

第三，司法体制的限制。主要表现在两个方面，一是法律上的排除条款（ouster clause），即在一些法律明确规定的行政行为不受司法监督和审查的条款。如根据1966年《社团法》，法院不得受理涉及政治性团体的纠纷，《特别救济法》则规定行政机关在行使公共职权的行为及原告与其行政活动无直接利害关系时的行为等特殊事项上拥有特别权力，其行为不受司法机关管辖；二是检察官的地位问题。作为宪法和法律规定的国家和公共利益的合法代表，总检察长为内阁的下属官员，在财政上依靠政府并受政府的领导，这种检察官体制也使检察官未在公益诉讼中发挥其应有的作用。

2. 律师和非政府组织的参与及其风险

马来西亚的律师协会成立于1947年，主要受国会制定的《法律职业法》调整。东马和西马各有自己的律师协会，其中西马律师约有12000人。马来西亚律师协会的宗旨是：无畏无惧维护正义。在推动国家民主法治的发展上，律师协会也发挥了巨大的作用。律师协会可向政府施压，促进政府制定好的法律、废除恶法：如1981年推动的《社团（修正）法》的颁布，为很多非政府组织在马来西亚的生存赢得了空间，20世纪90年代维护司法独立等。① 尽管律师协会因在公民权利上所持的态度和立场与政府不同而招致政府不满，但律协并不完全站在政府的对立面，它在帮助人民的同时也会协助政府朝着"善政政府"的方向发展。

一般来说，律师参与公益诉讼的方式主要有三种：拥有自己的律师事务所的律师，可直接接手感兴趣的公益诉讼案件，通过这种方式参与公益诉讼的律师一般都有较大的自由度；为致力于公益诉讼的NGO担任法律顾问的律师，在这些NGO决定参与公益诉讼时律师就可直接接手这类公益诉讼案件，通过这种方式参与公益诉讼的律师一般无法选择案件的类型，主要取决于所任职的NGO关注的领域；除上述两类之外律师还可经由律师公会

---

① 在对雪兰莪州律师协会的访谈中，云大舜律师就提及律师会积极参与人权方面的活动，推动某些法令的颁布。

指派而参与公益诉讼，这种参与的方式在马来西亚的公益诉讼中比较常见。律师的参与与公益诉讼的成功有直接关系，如吉隆坡机场高速公路案与巴昆大坝案都涉及原住民的土地问题，前案由于有律师的参与而原告胜诉，后案则因原告未聘请律师虽经二审仍以败诉告终。

总体上看，马来西亚的非政府组织比较活跃，参与公益法活动的马来西亚 NGO 类型主要有两类，一类是倡导型的 NGO。这类非政府组织政治性较强，经常批评政府，致力推动"善政府"的建立。这类非政府组织包括：国民醒觉运动（Aliran）①、董教总、大马人民之声（SUARAM），槟城消费者协会（CAP）、伊斯兰姐妹（Sisters in Islam）、马来西亚伊斯兰青年运动（ABIM）、澳尔根组（AlAr qam）、妇女力量（Tenaganita）、公正世界运动（JUST），和平倡导中心（CENPEACE）。② 另一类是行业协会，包括马来西亚全国以及各地的律师协会，马来西亚全国及各地的工会组织，以及由法律界和政界相关人员组成的人权委员会等。

NGO 参与公益法活动的方式主要也有两种，一种是直接参与公益法诉讼，如我们访问的槟城消费者协会③。有些非政府组织会作为被告直接参与公益法活动，这类非政府组织以环保组织为主。如在柔佛新山案件中，环保组织的主席试图代表公众以原告身份参加公益诉讼。不过这并非马来西亚的非政府组织参与公益法活动的常态。第二种更常态化的参与方式是，以培训、公民教育、社区宣传等方式开展公益法活动，如我们访问的全国妇女行动协会主要从事反家暴方面的培训并为受害妇女提供庇护所，国民醒觉运动主要从事人权教育和宣传，马来西亚工会联盟大会④主要从事公众教育、为劳工特别是外来劳工提供法律援助服务、帮助工会进行集体谈判等。显然这类方式既可减小政府对 NGO 施加的压力，亦可避免身处舆论中心造成不必要的麻烦。显然，非政府组织性质上的区别使其公益法活动的方式存在差异——律师协会主要通过参与诉讼致力于在现有法律体系中解决问题，劳工组织或妇女组织通过舆论、资金方面的支持，求助于反对党用政治途径来解决公益问题。

律师参与公益诉讼也会面临政治风险和资金风险。就政治风险而言，《内部安全法》和《社团法》等法律赋予政府监控公开批评政府、具有潜在影响的非政府组织的权力，与这些组织关系密切的律师不可避免会受到来自政府的压力。另一方面，公益诉讼的原告基本是弱势群体，公益案件要花费大量时间和精力，律师往往无法兼顾其他案件而无法获得经济来源，这是律师面临的资金风险。而非政府组织参与公益法活动的风险在于，一旦参与了敏感问题的公益法活动，该组织可能面临被取缔的危险，而负责人甚至可能被捕入狱。

---

① 2009 年 1 月 16 日上午，我们访问了位于槟城的国民醒觉运动，根据该组织的总裁 Ramakrishnan 先生的介绍，该组织主要通过自己的杂志对政府侵犯人权的行为提出批评，从而唤醒人们对人权问题的认识。由于长期坚持斗争，该组织的活动多次受到政府干预。

② 王虎：《马来西亚非政府组织发展史研究》，厦门大学 2006 年博士论文，第 65 页。

③ 访问时间：2009 年 1 月 16 日上午，该组织是马来西亚最早的现代非政府组织。尽管名为消费者协会，但是关注的领域包括环保、健康、公共交通、住房、工人权利等。

④ 即 Malaysian Trade Union Congress，为马来西亚全国性的工会组织，在各州都有自己的分支机构。访问时间：2009 年 1 月 15 日下午。

三、马来西亚公益法活动和公益诉讼的特点

1. 马来西亚公益诉讼的范围

马来西亚的公益诉讼范围不如印度广泛，主要集中于消费者权利保护、环境保护、公民权利与自由等领域。尽管我国公益诉讼已获得了长足发展，但在公益诉讼的范围方面，马来西亚仍有如下值得我们学习的方面。

首先，消费者权利保护。马来西亚的消费者权利保护组织是非政府组织中的翘楚。1969 年建立的槟城消费者组织（CAP）① 被认为是马来西亚第一个现代非政府组织，其成员主要是印度人和华人，另外马来西亚全国的消费者组织还联合成立了马来西亚消费者联盟。和其他国家消费者组织所从事的监督消费品的质量安全、投诉制造假冒伪劣消费品的厂家和公司以维护消费者的权益等功能相比，马来西亚消费者组织的功能远超这一范围，这些组织为社区居民提供了内容非常广泛的服务，包括处理民众对行政部门和私人公司的投诉、提供法律支持、开展调查、提出处理建议、就各种社会议题对消费者进行宣传教育等。消费者组织的活动除消费者权益保护外，还包括住房、城市发展、医疗保健、环境保护、人权等，并与其他非政府组织联合开展权利倡导活动。马来西亚消费者组织功能扩大化的重要原因在于，马来西亚的族群优惠政策使公共服务供给在各族群间分配不公②，消费者组织对这种偏袒马来人政策持批评态度，其成员和服务对象主要是非马来人。

消费者权利保护组织的这种突出特点是由马来西亚的体制决定的，但由此可反观我国这类组织的不足——现有的消协在功能上显然与马来西亚消费者组织有天壤之别，消协作为一个准官方组织，在消费者权益维护上受到诸多限制，而建立全国性非政府维权组织在目前的体制下障碍重重，弱小的民间力量无法形成统一和有效率的维权组织。对此，马来西亚消费者权利保护的有益经验就在于，从区域性消协组织发展壮大，充分地利用有限资源并消除政府的疑虑——槟城消费者协会从一个单一地区的非政府组织，通过影响力的逐渐发展壮大，彭亨消费者协会则用实力证明其专业性、便给性和富有效率，既不和政府冲突又尽力保持自己独立的志愿者角色，甘当政府发展项目的有益补充。

其次，环境保护方面。伴随着经济和工业化的发展而来的环境急剧恶化，是发展中国家经济建设中不可回避的一项重大难题。随着民间力量的崛起和公众环保意识的提高，环境公益诉讼也逐渐增多。环保公益诉讼被视为马来西亚公益诉讼取得明显成就的一个领域，不仅表现为案件取得成功，更表现为其影响力——巴昆大坝案的影响就波及英国，当时就有英国民众起而反对英国参与该项目的投资。由于环境诉讼一般不涉及政治，障碍小而影响面广，容易得到推行。马来西亚政府也作出了努力——1974 年环境质量法为公益诉讼的进行提供了合法依据。该法不仅设置了环境法的实体内容，更规定了程序和负责机构，明确的环境诉讼程序规定、严格的依法执行体制和"为环境付费"的制度建构是马来西亚环境诉讼取得成功的原因之一。相比之下，我国环境法尽管有诸多实体规定，但同时又规定了严格的起诉资格且无具体的起诉机构，这种制度层面的不协调，导致了环境公

---

① 本考察团于 2009 年 1 月 16 日访问该组织。

② 王虎：《马来西亚非政府组织发展史研究》，厦门大学 2006 年博士论文。

益诉讼实践的举步维艰。① 因此，我国应尽快完善环境法的程序性，从而推进环境公益诉讼的进行。

再次，公民权利方面。除沿袭了英国的人权传统外，马来西亚对公民权利的关注还在于其社会根基。马来人的特权条款使其他族群更关注自身权利，如华人等少数族裔争取母语教育权的抗争得到了社会关注，不过遗憾之处在于，这种抗争对马来西亚政府仍无足够影响力；马来人的宗教信仰自由问题也是这个奉伊斯兰教为国教的国家的敏感问题，如伊斯兰教信徒的离婚、信仰改变等问题。② 马来西亚宪法中的人权保护条款有明显缺陷，《内安法》、《社团法》等法对公民权利的实现限制极严，Raja Aziz Addruze 指出：极具讽刺意味的是，通常掌握着议会三分之二多数的行政机关能轻而易举地修改宪法规定的人权。③ 这类诉讼在马来西亚并不多见的原因也正在于政府的严格控制。

2. 马来西亚公益法活动和公益诉讼的特点

综上，我们认为马来西亚公益法活动和公益诉讼的特点主要有以下几个方面：

第一，尽管有威权政府的压制，马来西亚的非政府组织比较活跃，相关的公益法活动形式多样，在公民教育、权利倡导、公益诉讼等方面发挥着重要的作用，各类公益组织都有自己的活动范围、定位、针对对象和行之有效的策略，它们一方面积极参与弱势群体的保护，另一方面也在合适的情况下介入公益诉讼。这些组织中最具马来西亚特色的是消费者权利保护组织——和其他国家消费者组织相比，马来西亚消费者组织为社区居民提供的服务包括处理民众对行政部门和私人公司的投诉、提供法律支持、开展调查、提出处理建议、就各种社会议题对消费者进行宣传教育等。除消费者权益保护外，其活动还涉及住房、城市发展、医疗保健、环境保护、人权等。马来西亚消费者组织功能扩大化的原因在于，马来西亚的族群优惠政策使公共服务供给在各族群间分配不公④。

第二，威权体制的存在直接决定了非政府组织和公益律师的活动方式。以 Rajeswari Kanniah⑤ 的经历为例，她在大学毕业伊始就成立了自己的公益律师事务所，通过与公益组织合作筹集资金和参与公益法活动，基于对社区的需要的了解找出整个社区的受益点，同时与媒体或相关政府部门合作，多途径地解决社区问题。她们并不排斥法律手段的运用，但认为法律手段可能是最后一个选择。因此，为应对威权体制的束缚，马来西亚非政府组织和公益律师不得不避免与政府直接冲突，提出自身的目标在于改善而非威胁政府的统治。

第三，开展公益诉讼的政治空间。马来西亚的威权体制同时具有民主制因素，反对党的存在和议会民主制的运行为公益诉讼和公益法活动提供了政治上的空间——在诉讼手段无法解决公益诉求时，相关当事人或组织可通过游说、集会、媒体和反对党的活动等政治

① 如松花江污染案等。从现有案例来看，起诉资格是导致环保维权难以进行的重要原因。

② 在我们对全国妇女行动协会（AWAM）的访谈中，组织成员就谈及伊斯兰教妇女改宗问题，与马来人结婚的妇女必须改宗伊斯兰教。作为妇女组织，他们主张任何一方改教时，双方应有充分的理解，一方有改教的自由，另一方有得知的权利。

③ 参见 Raja Aziz Addruze：*Fundamental Rights and the Rule of Law Their Protection by Judges*，*supra*，n 271.

④ 王虎：《马来西亚非政府组织发展史研究》，厦门大学 2006 年博士论文，第 193～194 页；

⑤ Taylor's University College 法学院副教授，访问时间：2009 年 1 月 14 日；访问地点：其办公室。

手段促使政府正视问题并最终解决问题，① 这说明马来西亚公益诉讼中法律争端的最终解决途径包括政治手段。用政治手段解决公益诉求正是马来西亚公益诉讼的重要特征之一。

第四，马来西亚律师协会的积极参与对法律援助和公益诉讼具有重要影响。对前者来说，律师协会下属的法律援助中心②是政府法律援助的有益补充；对后者来说，律师的积极参与是现有公益诉讼的成功案例的有效保障。事实上，在我们访问的雪州律协和国家律协，律师们始终强调律师协会是一个独立于政府、不受政府控制的行业协会，有权就人权和弱势群体保护发出自己的声音，提出自己的看法。

第五，马来人优先的国策之毋庸置疑。族群矛盾是马来西亚社会的主要矛盾，但基于复杂的历史和文化原因，任何非政府组织都未以此为其明确诉求。尽管我们的考察中不断听到和看到对华人的歧视，但几乎所有的华人社团似乎都放弃了在这个问题上的公开抗争。

---

① 万桡新村案就是通过政治手段解决问题的一个典型例子，华人政党对此事的介入使案件似乎有了转机。

② 律师协会是马来西亚民间法律援助的重要力量，律协通过下属的法律援助中心向低收入者提供法律援助，每位在册律师每年向律协缴纳的作为其注册费用的100林吉特就是法律援助中心的经费来源，不过律协对律师参加志愿服务并无强制性规定，是否接受法律援助案件完全取决于律师的个人意愿。法律援助中心还与某些NGO合作，向这些组织派出实习律师为其提供法律服务。访问时间：2009年1月13日，访谈地点：雪兰莪州律师协会及其法律援助中心，访谈对象：法律援助中心主任 Alan Goh 先生。

印度尼西亚公益诉讼考察报告[*]

■ 黄启辉^{**}

一、印度尼西亚法律概况

（一）印度尼西亚法律体系

深受三个截然不同的法律文化和法律体系的影响，印尼的法律制度非常繁杂。16 世纪末和 17 世纪初，即荷兰商人和殖民者在印尼出现之前，印尼土著王国盛行和应用阿达特（adat）① 法律和伊斯兰法。随后荷兰殖民统治了印尼 350 年，其间荷兰殖民法律在印尼社会中发挥主导作用。第二次世界大战结束后，荷兰殖民地法律成为了印尼最为宝贵的法律遗产。这种殖民地法律，有很多直至今日仍然在印尼适用。1945 年 8 月 17 日印尼宣布独立之后，印尼人真正开始以自己的法律理论以及对正义的诉求来制定属于自己的法律，制定法相继大量出现。

目前，阿达特、荷兰殖民法和印尼共和国制定法并行不悖，形成了印尼独特而复杂的法律体系。荷兰殖民法的影响主要体现在民商事领域，阿达特和伊斯兰法主要规范婚姻家庭和继承方面等，制定法则侧重于国家制度建构和人民权利保护等公法领域。印尼受荷兰殖民统治长达三个半世纪之久，荷兰的法律制度对印尼的法律架构产生了

＊ 本文的研究得到林莉红教授主持的"亚洲国家公益诉讼"考察项目的资助，亦得到武汉大学 70 后学者学术团队"可持续发展战略下的环境法治"的支持，系其阶段性成果。

＊＊ 黄启辉，武汉大学法学院讲师，法学博士。

① Adat，可翻译为"自定义"或者"传统"，如今 adat 的含义在印尼已经发生转变，主要指经国家合法承认的，具有法律效力的古老习俗，它涉及的范围包括农业生产、宗教习俗和婚姻礼仪等方面。

深远的影响，印尼的现行法律体制打上了深深的荷兰烙印，印尼 1945 年宪法第二章关于过渡性法规的规定即可见其一斑，而且影响至今犹在。所以，印尼法律体系大体上归属于大陆法系。

现代印度尼西亚立法表现为若干层级。为了厘清立法的类别和各种来源，为了给寻求法律保障的人了解印尼法律，为了剔除认识和使用法律的障碍，2000 年 8 月印尼人民协商会规定了众多不同层级法律的效力层次，确立了法律的位阶。

处于法律位阶顶端的是 1945 年的宪法，尾随其后的是人民协商会议的决议，接下来是人民代表会议制定的法律，紧挨着法律的是政府基于授权制定的政府规则，以及政府基于组织内在属性颁布的政府规例，再下面层级就是区域规例了。另外，有些在日常司法实践中使用的法律文书，如总统的指示、部级法令及通函等，也可能成为法律的构成部分，处在法律位阶的最底端。①

（二）印度尼西亚的宪政制度

宪政制度，是一国法律之基石。为了了解现代印尼的法律制度，必须知晓印尼宪政体制。从 1945 年至今，印尼先后颁行了三部宪法，即 1945 年宪法、1949 年宪法和 1950 年宪法。1957 年，印尼"独立之父"苏加诺宣布 1950 年宪法无效，开始施行 1945 年宪法。其后，苏哈托执政，32 年苏哈托执政时期内，印尼的 1945 年宪法从未修改。苏哈托于 1998 年 5 月辞职之后，1945 年宪法修订过四次，即 1999 年、2000 年、2001 年和 2002 年。这些修订主要集中于对权力和对总统任期的限制、中央权力的下放，设立的宪法机构（如设立内务区域代表和宪法法院）等。1945 年宪法经过四次修改后，印尼国家政体趋于稳定，确立了三个国家代表机构，即人民协商会议、人民代表会议和最高评议院。

人民代表会议有 550 名代表，他们通过人民直接选举，从 69 个选区被选举出来，其主要职能是审议并通过立法。根据 2001 年修改后的宪法规定，最高评议院有议员 128 名，印尼的 32 个省中每省有 4 名参议员。最高评议院的主要职责是评估和监察立法，同时，它还有权对税收、宗教和教育方面的立法发表意见。人民协商会议有 678 名代表，其中包括 550 名人民代表会议代表和 128 名最高评议院议员。在 1999 年宪法修改之前，人民协商会议是最高国家机关，其拥有广泛的宪法权力，比如修改宪法，任命总统和副总统，解决立法和政策问题。经过四次修宪后，人民协商会议的权力受到了很大的限制，其权限主要是修改宪法和弹劾总统和副总统。

2002 年宪法修正案规定，总统和副总统是直接由人民选出。第一次直接选举总统和副总统在 2004 年进行。根据这些修正案总统和副总统的任期为 5 年，最多连任 2 届。总统是国家元首和政府首脑以及武装部队最高统帅。

（三）印度尼西亚的司法体制

印尼的法院系统包括宪法法院、普通法院、宗教法院、行政法庭和军事法庭等。

印尼 2001 年的宪法修正案，规定设立宪法法院（Mahkamah Konstitusi），2003 年印尼宪法法院正式成立。印尼宪法法院有 9 名法官，总统、最高法院和人民代表会议各提名 3

---

① 参见 http://www.llrx.com/features/indonesia.htm，2008 年 11 月 21 日访问。

人，然后由人民协商会议任命和罢免。宪法法院负责审理因宪法实行引起的宪法性争议，如解散政党，解决选举结果争端，决定总统和副总统行为是否违宪，以及审理法律是否合宪等。①

印尼普通法院分三级，即最高法院、高等法院和地区法院。全印尼大约有 250 个地区法院，对本辖区内的一审案件行使管辖权。不服地区法院的判决，可以上诉到高等法院。印尼有 20 个高等法院，对高等法院的上诉不服，可向最高法院上诉，最高法院设在雅加达。最高法院除受理上诉案件之外，还可以处理下级法院之间的权限争议。②

印尼的宗教法院实际上是伊斯兰宗教法庭。它管辖伊斯兰信徒因婚姻、遗产继承和财产捐赠等引发的纠纷。1986 年，印尼设置了行政法庭，负责审理因政府及其机关，或者因宗教管理而产生的纷争。1998 年，印尼当局设立的商业法院。最初，商业法院的职责是处理破产和破产申请。现在它的管辖范围已经扩展到其他商业事宜。对商业法院判决的上诉可以直接向最高法院提出。另外，印尼还有专门的军事法庭，负责管辖和审理军政纷争和军人之间的纠纷。③

据 2007 年印尼最高法院年度报告中称，全印尼法官一共 7000 名，该年印尼全国一审案件共计 3514709 件，其中民商事案件 159157 件，家庭案件 217084 件，刑事案件 3134120 件。④

在印尼，至少有 3 类法律服务群体。他们是公证人、律师和法律顾问。公证人是受过法律训练的半公职人员由司法和人权部任命。律师经过正规的法律培训后为私人提供法律服务，据 2008 年 10 月 8 日统计，印尼全国律师总数为 15000 名。法律顾问作为法律专业人士独特的群体出现在 60 年代末和 70 年代初，当时外国投资者开始将在印尼开设大量的合资企业。法律顾问大多是提供咨询，他们往往不接受诉讼。许多法律顾问已完成国外先进的法律培训，然后回国专门提供跨国事务的法律咨询。⑤

二、印度尼西亚公益诉讼发展与分析

（一）印度尼西亚公益诉讼的发展

1976 年，美国哈佛大学的 Abram Chayes 教授首次提出"公益诉讼"（public interest litigation）的概念，用它来指称那些律师通过法律实践的形式要求法院推动法律实施、促使政府改革和推进公众伦理变革的活动。活动的主要方式包括提起集团诉讼或者提起涉及学校、监狱、福利机构等方面的公法诉讼。⑥

公益诉讼不是一种单独的诉讼形式，而是一种以诉讼目的为基准界定的概念，旨在描述公益性团体或个人所进行的具有公益性质的诉讼活动。与维护个人和组织自身的合法权

---

① 徐书艳：《二战后印度尼西亚政治民主化研究》，厦门大学 2008 届硕士研究生论文，第 14 页。

② 参见 http：//www.llrx.com/features/indonesia.htm，2008 年 11 月 21 日访问。

③ 参见 http：//www.llrx.com/features/indonesia.htm，2008 年 11 月 21 日访问。

④ 参见 http：//www.mahkamahagung.go.id/，2008 年 11 月 26 日访问。

⑤ 参见 http：//www.llrx.com/features/indonesia.htm，2008 年 11 月 21 日访问。

⑥ Helen Hershkoff, Public Interest Litigation: Selected Issues and Examples.

益的私益诉讼相比较，公益诉讼的诉讼目的是维护公共利益和既定的法律秩序。

公益诉讼是公益法运动的主要形式之一。印尼公益诉讼的兴起得益于印尼公益法运动的蓬勃发展。印尼公益诉讼发端于 20 世纪 80 年代，在 20 世纪末逐步迈向勃兴。考察印尼公益诉讼的发展进程，以是否有法律规范支持公益诉讼为标准，可以把印尼公益诉讼的发展历程大体分为三个阶段：无法律规制时期、单行法规制时期和综合规制时期。

1. 无法律规制时期

第一阶段为无法律规制时期，即从 1986 年到 1997 年之前。与其他国家一样，印尼的公益诉讼在得到法律规范正式肯定之前，走过了一个漫长而艰巨的无法律规制阶段。20 世纪 80 年代后期，印尼开始零散地出现公益诉讼案件。但由于缺乏法律制度上的保障，外加原告起诉资格的缺陷，被提起的公益诉讼案件要么无法进入法院的大门，要么无法得到法官的支持，其发展举步维艰。

1986 年，一位叫 RO Tambunan 的律师认为 Bentoel Remaja 烟草公司通过 Prambors Niga Radio 广播台做烟草广告违背了教育准则，侵害了青少年的身心健康。于是他代表自己的儿子和跟他儿子差不多年龄的青少年向地区法院提起诉讼。这起案件被认为是印尼的公益诉讼第一案。① 1988 年，一位名为 Muchtar Rakpahan 的法律工作者患上了登革热病。他认为自己患上登革热是因为 DKI Jakarta 地区卫生行政部门工作失职所致，遂代表登革热患者提起诉讼。印尼的法院受理了这两起公益诉讼案件，但是最后都认为提起诉讼者并不具备原告资格，驳回了诉讼，拒绝对案件进行实体上的审理。

1988 年的 WALHI 案是印尼第一例胜诉的公益诉讼案件。印尼环境发展基金会（WALHI）向一家造纸公司要求获取该公司的环境评估报告和有关环境破坏的信息，但遭到拒绝。WALHI 认为基于环境保护的目的，公众有权获得这家造纸公司的环境评估和环境破坏的信息，该公司拒绝提供，侵犯了环境知情权，于是向法院提起诉讼，要求法院判令该公司提供相关报告和信息。法院受理了 WALHI 的诉讼，并一改传统的原告资格理论，认为环境发展基金会具备原告资格，支持 WALHI 提出的诉讼请求。此案催生了印尼公益诉讼立法的发展。

2. 单行法规制时期

第二阶段为单行法规制时期，是从 1997 年到 2002 年。此阶段印尼零星地出现一些单行法律规范对公益诉讼予以肯认，赋予一些民间组织或者受害群体代表原告资格，允许其提起公益诉讼。1997 年以后印尼正式以立法的形式肯认了集团诉讼。1997 年第 23 号法令关于环境保护的规定赋予了环境保护组织为了保护环境具有起诉资格；1997 年关于核能源的规定和 1999 年第 8 号涉及消费者权益保护的规定确立了消费者可以代表所有同类受害者的起诉资格。不过这些单行法律确立的公益诉讼，也主要集中在环境保护、消费者权益保护和森林资源保护等领域。

虽然单行法律规定了集团诉讼中原告的起诉资格问题，授予民间组织或者消费者代表提起诉讼的权利，但是这并不意味着印尼的法官对公益诉讼的认识取得了一致。有些法官

---

① Mas Achmad Santosa, Class Action in Indonesia, Indonesia National Report, Indonesia. 我国公益诉讼概念一时也难有统一的界定，关于公益诉讼之相关界定，可以参见林莉红：《法社会学视野下的中国公益诉讼》，载《学习与探索》2008 年第 1 期。

支持此类诉讼，而有些法官则以民事诉讼法并未对此类案件的程序作出规范，而将集团诉讼拒之门外。①

自 1997 年以来，至少有 20～30 个公益诉讼案件采用了集团诉讼程序的方式提出。② 这些案件可分成两个时期，划分标准为 2002 年最高法院关于集团诉讼的程序规则的颁行。程序规则颁行之前，环境、消费者权益保护和森林保护三种类型案件可能被提起。但是集团诉讼在印尼的展开并不顺利，如法官拒绝接受 1997 年爪哇和巴厘岛电灯管制组织提出的集团诉讼，理由是按照 1997 年第 23 号法令中环境管理规定，此案并不属于环境案件。程序规则颁行之后，集团诉讼逐渐得到法官的支持，但是也有拒之门外的案件。

1996 年北苏门答腊的印尼森林可持续组织（APHI）代表北苏门答腊人民及其他受害居民提出诉讼，诉森林可持续产业引发的森林火灾造成的浓烟和窒息烟危害。法庭宣判被告赔偿重建受破坏环境和受害者五百亿盾。此判决十分有趣，因为原告是一个权益并未受损的社会组织，其次不能证明原告或北苏门答腊省人民作为团体成员是受害方，所以不明白为何法官将此案归为集团诉讼。这个案件应按照法例 1997 年第 23 号法令采用 NGO 起诉方式宣判。

1999 年印尼的石油价格突涨了 40%，9 位使用液态石油的用户作为所有液态石油用户集团的代表，对印尼国有石油和天然气公司（Pertamina）和政府提起诉讼。法官宣布此为非法提价，并于最终裁决中宣判赔偿金按每月 144000 印尼盾计算。值得关注的是，法官还宣判被告制定赔偿款佣金，由起诉者中的三个代表和被告的两个代表来实施。当时对此并无诉讼请求，但现在已在最高法院规则 2002 年第 1 条中明确规定。另外即使没有做选择，判决同样适用于参与者和退出者。

3. 综合规制时期

第三阶段为综合规制时期，2002 年开始，其标志是 2002 年印尼最高法院为了系统规制零散的集团诉讼，制定并颁布了一项关于印尼集团诉讼的程序规则，旨在指导全印尼法院如何处理公益诉讼案件。如前所述，由于不同法官对集团诉讼的认识分歧较大，为了统一司法实践，印尼最高法院遂颁行了《集团诉讼程序规则》。程序规则颁行后，印尼的集团诉讼较之以前，有明显的增加。但是，由于民事诉讼法上关于集团诉讼规范的缺乏，使得集团诉讼始终缺少了程序立法上的支撑，所以，近些年来，印尼国内关于修改民事诉讼法，增加关于集团诉讼的程序性规定的呼声不断高涨。

自从 2002 年集团诉讼规则颁布后，出现了一起针对总统的公益诉讼。2002 年西爪哇遭受水灾，水灾中有 52 位居民死亡，22860 人受伤，350000 人撤离雅加达。西爪哇的地方长官代表水灾中受害者们向印尼总统提出诉讼，要求赔偿损害。法官受理了此案，但由于原告不能证明被告违法，诉讼请求被驳回。2003 年 1 月，西爪哇的加鲁特山发生山崩，事故中 20 人死亡，1 人失踪，165 栋房屋被完全毁坏，67 户房屋遭严重损毁，大约 1769 人不得不撤离到避难中心。据调查显示，因为当地森林管理局过于追求获取经济利益而破坏了森林和生态系统，转变用地而违反了森林法律法规，导致事故的发生，因为他们受害者代表提起诉讼，万隆区法庭法官受理了此案。经审理，法院判决森林管理局赔偿 100 亿

---

① Mas Achmad Santosa, Class Action in Indonesia, indonesia National Report, Indonesia.

② Mas Achmad Santosa, Class Action in Indonesia, indonesia National Report, Indonesia.

盾，受害者按比例获得赔偿，并责令由西爪哇地方长官成立小组，解决赔偿分配。另外，法官的判决还要求被告应恢复森林和土地情况。成立的小组也应负责监督和承担法律责任，以防止环境复原并未按法庭宣判进行，并安置和赔偿依法认可的受害者。若该小组并未履行职责，则法庭将采取强制实施。①

最高法院的集团证据规则在某种程度上为法官提供了处理集团诉讼的程序保障，但是由于缺乏实体法上的综合规制，印尼的公益诉讼适用的领域依然有限。

（二）印度尼西亚公益诉讼的法律规定及其分析

从印尼现行法来看，涉及公益诉讼的法律渊源主要是 5 个法律条文和一部最高法院的诉讼规则，即 1983 年第 5 号法令关于专属经济区的规定、1997 年第 23 号法令关于环境保护的规定、1997 年关于核能源的规定、1999 年第 8 号法令涉及消费者权益保护的规定、1999 年第 41 号法令关于森林保护的规定和 2002 年最高法院关于集团诉讼程序的规定。上述法律规定主要从涉案领域、原告资格和诉讼程序三方面对公益诉讼加以规范。

1. 涉案领域的规定

印尼最高法院颁行了关于集团诉讼的程序规则，为公益诉讼提供了程序上之便利，但是印尼实体法对公益诉讼的适用领域有严格规定，且适用仅仅局限在某些特殊领域，如森林资源保护、环境保护和消费者权益保护等。

（1）森林资源保护。1999 年第 41 号法令明确规定：公众应有权向法院提出代表诉讼和向法律实施者报告关于危及人类生命的森林破坏；以森林资源保护为宗旨的民间组织有权为了保护森林资源而提出诉讼。

（2）环境保护。如上文所说，印尼第一起胜诉的公益诉讼案件（WALHI 案）即发生于环境保护领域。该案之后，1997 年第 23 号法令规定：公众有权向法院提出集团诉讼以及、或向法律实施者报告各种危及他们生命的环境管理问题；以环境保护为宗旨的民间组织有权为了保护环境而提出诉讼。

（3）消费者权益保护。关于消费者保护的法律 1999 年第 8 号法令规定，关于从商人员的违法的诉讼可以由主张有共同利益的消费群体提出。

2. 原告资格的规定

所谓原告资格，是指谁有权利向法院提出诉讼。它是当下世界各国公益诉讼发展的瓶颈。践行公益诉讼，必须突破传统诉讼中关于原告资格的规定，触及乃至推翻既有法律体系的逻辑起点。各国立法例一般较为慎重。印尼关于公益诉讼原告资格的规定主要体现在民间组织、消费者代表团体和一般公民上。

（1）民间组织的原告资格。1997 年第 23 号法令赋予了环境保护组织在其活动宗旨范围内为保护环境时，有提起诉讼的资格。1999 年第 41 号法令规定，森林资源保护组织在其活动宗旨范围内为保护森林资源时，有权提起诉讼，赋予森林组织原告资格。

（2）消费者或消费者团体的原告资格。1999 年第 8 号法令规定，消费者或者消费者团体有权代表全体消费受害者提起诉讼。

（3）公民的原告资格。1999 年第 41 号法令规定，公众应有权向法院提出代表诉讼和

---

① Mas Achmad Santosa, Class Action in Indonesia, Indonesia National Report, Indonesia.

向法律实施者报告关于危及人类生命的森林破坏。赋予了任何公民都可以在为保护森林资源时，提起诉讼的资格。

3. 公益诉讼的程序

尽管上述的许多法例已规定了集团诉讼的应用基础，但印尼还是缺乏集团诉讼的审查、审判及决定等程序上的法律规定，给实践中法院审理集团诉讼案件带来很多困难。2002 年 4 月 26 日，印尼首席大法官颁布了有关集团诉讼的最高法院规则 2002 年第 1 号令。此令旨在确保诉讼程序有序、审查顺利、审判有效作出。

（1）普通民事程序与集团诉讼规则。印尼关于集团诉讼程序的规定主要集中于民事诉讼法（HIR）和最高法院制定的集团诉讼程序规则。民事诉讼法关于民事诉讼程序的规定是集团诉讼的一般程序。印尼民事案件的审理程序大致可以分为六个阶段：第一阶段是案件的提交，法官审查原告的起诉是否符合管辖要求；第二阶段是提交证据；第三阶段是原告方和被告方的相互辩护阶段；第四阶段是双方总结陈词；第五阶段为法院作出判决；第六阶段为执行判决。

最高法院的集团诉讼程序规则相较于一般民事诉讼程序而言，其特殊之处在于：一是第一阶段的审查不同。集团诉讼的审查阶段比一般民事诉讼程序增加了证明和通知阶段，即原告必须证明自己具备起诉资格，而且法院可以通知可能会参加到诉讼中来的原告参加诉讼。二是判决阶段不同。集团诉讼程序增加了审查或审判解决提议和分配索赔金通告等程序。

（2）集团诉讼规则。最高法院集团诉讼程序规则规定了集团诉讼的定义、程序、通告、确定代表人、判决等几个方面的内容。

该规则将集团诉讼定义为，集团诉讼是指由一人或多人代表某一团体或多数人提出的诉讼，提起诉讼的代表是被代表集团的成员，或者被代表者之间具有同样事实或法律依据。一般来说，集团诉讼具备以下特征：第一，案件的人数要多到不适合由个人提起诉讼的程度，则最终形成团体提出一个诉讼。第二，要有共同的事实或事件，同时具有同样的、基本的法律特性，在集团代表和团体成员中有相同类型的诉讼和索赔。第三，集团代表始终维护其代表团体的利益。

此外，集团诉讼的提起应涵盖以下六个要素：第一，集团诉讼的代表身份信息完整；第二，详细的团体定义，团体成员并不需要每位出面具名；第三，符合强制通知规定的团体成员信息；第四，应明确详细指出事实陈述和相关法律，包括集团代表和团体成员的利益；第五，由于特征和损失的不同造成团体需求不同，所以诉讼可以分为几个不同的小团体；第六，应明确详细指出赔偿请求，提出对所有团体成员的索赔分配程序，该程序包括成立团队或小组的提议，使得索赔分配顺利进行。

集团诉讼中法官职责与一般民事诉讼略有不同。在听审初级法庭阶段，法官应检验和重视提起集团诉讼的代表是否符合要求。法官可就集团诉讼要求而言，为双方提出建议。由法庭确定集团诉讼是否合法。如果法官宣布给予"集团诉讼"资格，不久法官将指导诉讼方提供接受法官批准的通知。否则，法官将决定根据他的宣判终止诉讼调查。在这样的集团诉讼程序中，法官应有义务在开始和审判过程中鼓励双方寻求庭外和解。

集团诉讼有特别的通告程序。第一次通告发生在当法官宣布给予"集团诉讼"资格时，即法院同意立案时，法院必须发出通告。通告的目的是使具备原告资格的人知晓该案已经诉讼，其可以申请加入到诉讼中来。第二次通告是当法官同意诉讼的解决方案和索赔分配时。为了涉案人都了解即将判决的内容，根据最高法院集团诉讼程序规则的规定，法院应该通过邮寄方式或电子媒体通知集团诉讼的成员，还可以通过街道办、村办、法庭等的政府官员进行通知；或直接提交给经过法官批准已识别的团体成员。

　　根据最高法院集团诉讼程序规则的规定，在法官指定的时间内，经团体成员的通知，参与诉讼的代表可以通过填写表格有机会退出诉讼。宣布已退出的一方不再受有关集团诉讼法庭判决的约束。

　　集团诉讼中，当起诉者的诉讼请求得到支持时，特别是赔偿请求得到支持时，法官须确定详细的集团或小团体都有权获得的赔偿金额、赔偿分配机能和在审判过程和分配中的集团代表所经步骤，并有发出通知的义务。

　　在集团诉讼实践的最初，印尼公益诉讼律师援引关于司法权的1970年第14号法令的一般规定，主张有权提出公益诉讼。现已由法例2002年第4条取代，该条指出"法庭起诉应依照简洁、迅速、经济的司法程序执行"和"法庭应协助那些寻求正义的人并帮助克服所有障碍和阻碍来实现简洁、迅速、经济的司法程序"。

　　4. 公益诉讼法律规定分析

　　从印尼现有关于公益诉讼的法律规定以及上述分析，基本上可以将印尼的公益诉讼分为三类：民间组织诉讼（NGO诉讼）、集团诉讼和公民诉讼。

　　（1）民间组织诉讼。所谓民间组织诉讼，是指法律明确赋予与案件没有实体上利害关系的民间组织在其组织活动范围内为保护公共利益，作为原告而提起的诉讼。此类诉讼存在于环境保护和森林资源保护领域。民间组织诉讼除了适用领域有限制外，法律对提起诉讼的民间组织自身和诉讼请求有严格要求。

　　对NGO的组织自身要求一般有三：首先，要求民间组织依法成立的法律实体；其次，要求民间组织成立目的是为保护环境或者森林资源；最后，按照组织章程活动。

　　对诉讼请求的限制是，NGO组织在诉讼中不得提出赔偿性请求，除诉讼中所耗的实际支出外。之所以如此限制，目的在于以保障诉讼目的的纯洁性。

　　如印尼1997年第23号法令第38条规定，鉴于按照合作模式执行环境管理的环境组织有权为了保护环境而提出诉讼；环境保护组织在此类诉讼中提出的诉讼请求不得有赔偿性质的事项，但诉讼程序中真实开销或费用（实付开支）除外；起诉诉讼的环保组织应该是法律实体或基金会，并于组织章程中明确规定其旨在保护环境，且依组织章程活动。1999年第41号法令第73条中规定，为了履行保护森林的责任，相关森林组织有权提出诉讼来保护森林资源；有权提出诉讼的森林组织应符合以下要求：第一是独立的法律实体；第二是在其组织章程中规定组织宗旨是保护森林资源；第三是按照其章程规定进行活动。

　　（2）集团诉讼。所谓集团诉讼，是指法律赋予共同受害人中的某人或者某些人代表全体受害人提起诉讼的诉讼形式。某人或者某些人属于受害人中的一部分。集团诉讼主要特征是：第一，案件的人数多，不适合由单独个人提起诉讼，只能以代表的形式引发诉讼。第二，案件要有共同的事实或事件，同时具有同样的、基本的法律特性，在集团代表和团体成员中有相同类型的诉讼和索赔。第三，集团代表始终维护其代表团体的利益。这类诉讼发生于消费者权益保护领域。如印尼关于消费者权益保护的1999年第8号法令规定，关于商业人的违法的诉讼可以由深受影响并能依法证明受害的有共同利益的消费者或者消费者群体提出。集团诉讼的特征是，部分受害者代表全体受害者提起诉讼，最后的诉讼结果可能及于全体受害者。

（3）公民诉讼。① 所谓公民诉讼，是指根据法律的规定，任何公民可以非因自身受到特别损害，而针对政府违法行为提起的诉讼。此类诉讼对原告资格放得比较宽，所以适用的领域限制特别严。印尼目前法律规定，任何公民可以针对政府在森林资源保护方面的违法行为提起诉讼。如印尼1999年第41号法令第71条规定，公众应有权向法院提出代表诉讼和向法律实施者报告关于危及人类生命的森林破坏；上述中关于提出诉讼的权利应限制于政府的森林管理行为违反现行法例和法规关于森林管理的规定。也就是说，为了公益，公民仅能针对政府在森林管理方面的违法行为提起诉讼，其他非政府不得成为被告，非政府在森林管理方面的行政行为也不得成为诉讼之标的。

（4）集团诉讼和NGO诉讼的区别。同为公益诉讼，两者的差异主要有：首先，集团诉讼的原告必须是集团的代表或者团体成员，他们都是受害者或受害团体。相反，在NGO作为原告的诉讼中，NGO并不是受害团体，也不是受害者成员。其次，在有关环境的诉讼中，作为环境保护的代表团体，NGO起诉关于破坏的权利并不是其受法律保护的权利，因而没有要求赔偿的诉讼请求。相反，一般在集团诉讼中，是其权利受到侵害，通常有获得赔偿的诉讼请求。最后，集团代表诉讼的目的在于获得对已造成损害的赔偿，所以诉讼中，原告必须证明自己因被告的行为受到损害，而NGO作为原告起诉的目的则在于引起公众、政府和相关人士的关注，其自身并未因被诉行为而遭受明显的损害，诉讼中也无须证明受到损害。

5. 公益诉讼存在问题剖析

相对于亚洲其他国家来说，印尼不仅有承认并支持公益诉讼的实体法律规定，还有最高法院专门针对公益诉讼程序所发布的程序规则，可以说立法已经是相当完善了。但是公益诉讼的发展在印尼却依然是困难重重，举步维艰。概括言之，印尼的公益诉讼存在以下问题。

（1）公益诉讼原告资格过窄。与较多数国家一样，从现有的法律体制来看，印尼的原告资格基本上还是传统的私益诉讼标准，即权益受侵害标准。公益诉讼的目的区别于传统的私益诉讼，公益诉讼的实践，需要打破传统私益诉讼的原告资格的限制，承认没有实体权益受害者或者与涉案无关的组织或个人提起诉讼的权利。虽然印尼的某些单行法律承认了环境保护组织的起诉资格，但是该类组织，也是唯一被法律所认可的没有权利受侵害可以起诉的原告资格。而且，最高法院颁布的集团诉讼程序规则，其核心目的在于规范集团诉讼，并未就权益未受害者诉讼的程序作出规范。所以，从总体上看，印尼的公益诉讼原告资格仍然十分狭窄。

（2）公益诉讼涉案领域狭小。印尼是一个种族冲突、宗教冲突比较激烈的国家。军政问题、种族问题、宗教问题和妇女问题，是印尼社会矛盾的集中地。应该说，这些社会矛盾应该是印尼公益诉讼的酝酿地和滋生地。但是印尼现有的公益诉讼立法，仅仅涉及环

---

① 从原告资格上讲，此处公民诉讼，大体相当于日本行政诉讼中的住民诉讼或者美国的纳税人诉讼，但是适用领域不同，含义上也有差异。

境保护、消费者权益保护和森林资源保护等少数几个方面，而且从印尼的公益诉讼实践来看，其案件也主要集中于环境保护、消费者权益保护和森林资源保护等领域。纵然其他领域也有些案件被起诉到法院，但是法官都将其拒之门外。可见，印尼的公益诉讼涉案领域仍然有限。

（3）缺乏统一的法规范。印尼的多部单行法肯认了公益诉讼，赋予环境保护组织为保护环境提起诉讼的原告资格，赋予某一或者某些消费者代表全体受害消费者的起诉资格等，但是由于缺乏诉讼法，特别是民事诉讼法的规范，许多法院以各种借口将大量此类的案件排除在法院之外。即使最高法院针对此问题，专门颁行了集团诉讼规则，但是该规则只是一个操作规则，法院内的操作规则，没有立法效力，所以实践中公益诉讼的程序，依旧很难进行。印尼法学界近些年来强烈呼吁修改民事诉讼法，增加关于公益诉讼的规定。① 但是此类修改尚未完成，使得单行法的规定因缺乏程序法的支持而丧失了其功效。

（三）民间组织在公益诉讼中作用

传统私益诉讼的逻辑起点是个体主观权利遭受侵害，现代公益诉讼旨在通过诉讼引起社会关注某一问题或者保护较多数人的权益。前者目的是保护自己权利，所以受害者会起诉；后者为解决社会问题或者公共利益而引发，只有热心社会或者热衷公益者方会起诉。故而，公益诉讼的存在的前提是社会上存在着热衷公益之士。换句话说，公益诉讼的目的决定了民间组织在其间必然发挥着至关重要的作用。从全球范围来看，公益诉讼突破了固有的私益诉讼模式，完全超越了传统私益诉讼的既有构架，打破了传统的诉讼理念，法官在其发展中扮演的角色十分重要，但从公益诉讼的发展历程分析，不难得出，公益诉讼是民主化思潮与公民运动发展的必然产物，是公民运动的内容与方式之一，致力于推动公民社会进步的人士和组织起到的作用最为关键。

印尼公益诉讼的发展过程中，NGO 组织发挥的作用主要体现为：引发公益诉讼案件；提供法律援助；宣传、培训和增强公益诉讼技巧和理念等方面。

1. 提起公益诉讼

从上文对于印尼公益诉讼的发展论述中，可以看到，不管是印尼的第一件被提起的公益诉讼案件，还是印尼的第一件胜诉的公益诉讼案件，都非由一般的民众所引发，而是律师或者印尼环境保护组织提起。从印尼现有的公益诉讼立法来看，关于环境保护和森林资源保护的法令，就明确赋予环境保护和森林资源保护的民间组织提起公益诉讼的原告资格。司法实践中，公益诉讼也有很多由 NGO 提起，民间组织成为公益诉讼的主力军。

2. 援助公益诉讼

公益诉讼，特别是集团诉讼，被告一般要么是政府，要么是较大的公司企业，代为提起诉讼的原告相对较弱，而且在诉讼技巧上也相对缺乏。民间组织为此类案件提供法律帮助，不仅可以增强原告代为诉讼的勇气，提高诉讼的可行性，也可以在案件中教育、培训和宣传公益诉讼的理念，更能够让隐藏在案件背后的社会问题被民众所关注。印尼的很多民间组织都是通过帮助或者支持法律援助的方式，来实践公益诉讼，推动公民运动的发展。印尼的民间组织认为，案件不仅是案件，关键是需要挖掘深藏于案件背后的社会问

---

① Mas Achmad Santosa, Class Action in Indonesia, Indonesia National Report, Indonesia.

题。如万隆的民间环保协会从事的公益诉讼活动便是最好的例证。访问中，该协会工作人员告诉笔者：万隆民间环保协会 2007 年设立。协会不仅自己提起环境保护类的公益诉讼，从 2008 年起，协会协助当地居民解决污染问题，指导他们如何保护环境，如何提起环境诉讼。协会会挑选一些当地居民一起学习。协会也同其他协会一起合作，并与他们保持联系。现在我们协会与当地的 NGO 一起合作。在十一家企业中有两家被警告污染情况已经非常严重，应及时解决。还有其他种类的污染也越来越严重。在得出结论之前，企业可以为自己辩解，先做简单测试，测试他们的排水，再去环保局检测，领取化验结果。现在协会与美国进行项目来往，建立当地教育网络。协会负责解决较严重的环境问题和环境诉讼。

3. 实施特殊公益诉讼案件

由于印尼的特殊国情，印尼民间组织在公益诉讼实践中，特别关注公民权利和政治权利类公益案件。印尼国家种族众多，语言繁杂，外加长期的军政统治，导致印尼民主化进程中暴力事件频繁发生。与其他国家不一样，印尼的民间组织更多地关注此类公益诉讼案件。如印尼最大的民间法律援助机构自成立以来 LBH 已处理了大量的普遍侵犯人权案件和刑事案件。由 LBH 处理的大部分案件涉及侵犯公民权利和政治权利，如酷刑、任意拘留、法外杀戮或非自愿失踪等案件。

4. 传播公益诉讼技巧和理念

公益诉讼活动是公民运动的重要形式之一。公民运动的兴起，离不开社会大众权利意识的觉醒。对于印尼来说，岛屿众多，种族繁杂，权利意识普遍不高，因此，如何使民众意识到权利，捍卫权利，便成为公民运动的首要任务之一。民间组织通过对民众宣传法治观念，培训公益诉讼技巧，增强诉讼能力，使民众自身具备公民运动的活动能力。我们考察过程中访问的雅加达社区法律援助机构（LBH Masyarakat）的活动方式就以此为主。社区法律援助机构为社区成员提供法律教育，增强他们的法律意识，使他们能够拿起法律的武器保护自己。该组织的目的旨在使社区的每个成员都能独立地提起诉讼，或者帮助别人诉讼，了解他们每天日常生活中可能面对的各种法律、各种权利和纷争。社区法律援助机构认为每个社会成员都有潜力，也有能力去独立地完成法律活动。社区法律援助来自社会，服务于社会。访问过程中，该组织负责人谈及该组织：我们是一个法律援助组织，不同于其他组织的是，我们是与社区紧密联系的组织。我们经常深入社区，形成这样的传统，让人们行使某种权利，知道人权，了解民权。经常遇到的问题是人们对人权、民权的意识不高。这也是我们努力改善的一个方面，我们会深入社区，与几个社区维持长期的接触。我们也经常与居民探讨什么是人权、民权。例如，环境、教育、人权等。他们要了解一些基本的权利如选举权。我们有好几个这样的社区，在几个小型社区里，我们尽力使之行为合法化。社区自己也需要在这方面努力建设。若有需要，我们会帮助他们。首先，他们至少需要理解这些基本权利。当他们理解这些基本权利后，我们会挑选一些知法的人来当做联系人。我们将给予人权、法律上的援助。我们从实践中学到了很多，在处理案件中吸取教训。我们社区法律援助机构的活动方式主要有：（1）通过不断增强社区法律咨询能力，提供公民教育和有关其权利以及社会法律援助培训；（2）公共事件和公共政策宣传；（3）研究公共问题。我们通过结构性法律援助的做法实施法律援助，规定了案件的处理，必须从根本上解决侵犯人权和普遍贫困。因此，我们已在法院或通过其他法律程序即诉讼和非诉讼，包括组织群众示威活动和媒体宣传运动从事公益法活动。

三、印度尼西亚公益诉讼之总结

虽然学界一直认为公益诉讼起源于古罗马法，但是现代意义的公益诉讼实践和概念的提出却发端于美国。20 世纪 60 年代，美国经济飞速发展，民权运动开始兴起，造就了美国公益诉讼和公益法运动的勃兴。虽然民主、人权是当下世界各国所普遍追求的价值，但是不同于传统的私益诉讼，公益诉讼起诉者的目的在于维护公共利益，或者引发人们关注某一社会问题；或者引起某项法律体制的改变，或许在于改变政府的执政观念等。这类诉讼或者相关运动，必须紧跟本国实际，针对一国法治进程或者政治进程中现实存在的矛盾而提出，所以公益诉讼与公益法运动有很强的国家特性，与该国的文化传统、政治体制、法律体制、经济发展和国民素质密切相关。考察完印尼的公益诉讼与公益法运动后，我们认为，印尼的公益诉讼与公益法活动有以下几个特点：

（一）律师和法官在公益诉讼中作用突出

不管在大陆法系，还是在英美法系，法律体系的建构皆以古典自由主义为基础。公益诉讼却背离了自由主义的基本假设，对传统法律理论提出了挑战。践行公益诉讼，不仅需要有发现问题的眼睛，还需要有挑战既有法律体制下存在的法律问题的勇气。印尼的公益诉讼发展进程向我们展示了印尼的律师和法官在这方面的勇气。在印尼法院正式受理第一个公益诉讼案件之前，律师们不断地提起诉讼，给法院和法官施加压力，希望能够通过司法途径解决存在的社会问题。当法院开始慢慢受理公益诉讼案件后，律师们便开始采取多种方式启蒙民众，让民众参与其间，使更多的公益诉讼被发掘，推动公益诉讼实践和立法。

在律师们和社会各界不断提出的公益诉讼面前，法官开始逐渐突破传统的法律规定，放宽原告资格，有限制地受理公益诉讼案件。印尼最高法院考虑到全国各法院对公益诉讼的做法不统一，直接制定了关于集团诉讼的程序规则，以指导公益诉讼的展开。正是印尼法院和最高法院这种突破现行法的勇气，才使得印尼的公益诉讼得以渐次进行。同时，这样的勇气和司法能动主义也鼓励了更多的人参与到公益诉讼中去，让公益诉讼的功能得以发挥。法官在公益诉讼发展中的作用相当关键。虽然在 WALHI 案件之前，印尼也有很多公益诉讼案件被提起，但是都被拒之诉讼门外，WALHI 案胜诉之后，印尼相继出现关于公益诉讼的单行法和最高法院的集团诉讼规则，可见 WALHI 在印尼的公益诉讼发展进程中的重要意义，以及该案中法官对印尼公益诉讼发展功不可没。[①] 可以说，在公益诉讼中，法官的使命已不仅仅是提供权利救济，也是社会的塑造者。

（二）法律有限地承认公益诉讼

同世界上绝大多数国家一样，虽然印尼在立法上确立了公益诉讼，但是并非广泛承认，而是通过单行法有限地承认公益诉讼。承认的方式，一般是通过单行法有限地放开某类特殊领域案件的原告资格。从印尼的现行法和司法实践分析，其公益诉讼表现出的特质

---

① Helen Hershkoff, Public Interest Litigation: Selected Issues and Examples.

有：第一，将公益诉讼分为 NGO 诉讼、集团诉讼和公民诉讼。NGO 诉讼是指赋予某一领域的 NGO 组织在其章程范围内，为实现组织目标，可以非因自身权益受害而提起诉讼的原告资格。环境保护组织为保护环境，可以环境破坏为由，提起诉讼。集团诉讼则即代表人诉讼，是指共同受害人有多数或者是大团体时，某些人或者某个小团体，可以代表多数人或大团体提起诉讼。第二，印尼并不允许个人因为他人权益受害，而提起诉讼。也就是说，除了 NGO 组织，个人或者检察官，并不能代为起诉，即使有公民诉讼的存在，也仅仅只能针对政府违法性的森林资源管理行为。第三，公益诉讼所实施的领域有限，即森林资源保护、环境保护和消费者权益保护等少数领域。

（三）实施结构性的法律援助

所谓结构性的法律援助（structural legal aid），是指作为提供法律援助的组织，不应将目光仅仅局限于援助的案件本身或者援助对象本身，而是应该把援助的案件视为是一系列社会问题的集合体，是众多社会因素合力作用导致了案件的发生，所以，在提供法律援助时，不要为了解决案件而解决案件，而应该通过提供法律援助的方式透析出深藏于案件背后的深层次问题，发挥援助案件的最大潜能，彰显援助案件的社会意义，让被援助者或者社会大众看到案件发生的真正原因之所在。印尼很多法律援助组织，如 LBH、PBHI 和社区法律援助机构，都是通过这种方式提供法律帮助。实施结构性的法律援助时，为了挖掘潜藏于案件之后的冲突，援助者有可能故意延缓案件的审判进程，也有可能借助媒体或者大众来影响案件的审判进程。

如印尼雅加达 LBH APIK 组织的发起者之一 Nursyahbani Katjasungkana 认为既有的法律体制和法律援助形式并不能使人们意识到妇女问题作为人权问题的一部分的重要性，于是提出结构性性别法律援助概念。在实施关于性别类案件的法律援助时，借助女权主义法律理论，纠正现行法律体制中关于性别歧视的规定，阐释出日常生活中禁锢妇女行为的现象，以求推动社会对于性别歧视概念的变革。① 为了实现这些目标，该组织制定以下目标的战略计划：为贫苦妇女（尤其是女工）和遭受暴力的妇女提供法律援助。进行群众教育和培训，特别注重对执法人员：警察、检察官、法官、律师和律师助理培训。研究和评论关涉妇女的公共政策，以求影响政策制定。收集关于妇女权益具有里程碑意义的案件，以及公布各种法律资料，进行分析，将性别观点，特别是暴力的案件。开展与其他妇女组织、其他人权组织和海外组织的联系。加强组织的人力资源，财务资源和基础设施建设。

结构性法律援助的实质是通过法律人与专业人士的结合，避免法律人对法律条文的笃信，而忽略了案件的现实性，让法律人与社会更好地结合，以便发挥出每一个法律援助案件更大的社会效用。

（四）活跃的公益法运动推动公益诉讼发展

印尼是个多样性统一的岛国，部族多，宗教多，语言多。再加上长期以来的殖民统治和军政统治，印尼社会矛盾和冲突几乎无处不在。社会矛盾的大熔炉，催生了民间进步力量的成长。许多社会和政治问题，如原教旨主义的崛起和身份政治，国家机构中的腐败，

---

① http://blog.world-citizenship.org/wp-archive/1285.

贫穷和群体间的冲突仍困扰着这个庞大的国家，这个国家有超过 13 000 群岛，200 多万居民，300 多个族裔群体。非政府组织发挥重要作用，在促进这个国家的民主过渡，为边缘化的人口开放更多的社会，政治和经济途径方面起着重要的作用。虽然在显著改变人们的生活方面，非政府组织尚未成功，但是它们已经成功引起人民和政府对社会问题的关注，并且它们扮演着一个施压群体的身份以迫使政府有更好的治理。目前，印尼已成为亚洲民间组织最为活跃的国家之一。在印尼，几乎每个政府部门都有相对应的民间组织存在，以监督政府行为。民间组织的公益法运动领域广、形式多。这些民间组织涉及法律援助、人权保护、环境保护、流浪者救助和失踪人员救助等各方面。虽然很多民间组织并没有直接参与公益诉讼或者支持公益诉讼，但是他们在民主、人权和法治等宣传、教育，以及在社会生活中为保护弱势群体，监督政府，推动权利事业发展等方面却异常活跃，为法制完善、社会进步和政府善治作出的贡献非常巨大，为公益诉讼的兴起和发展培育了土壤。

（五）公益诉讼中偏重于教育和培训

"授之以鱼，不如授之以渔。"访问与走访完印尼众多法律援助机构和其他民间组织，留给我们影响最深刻的便是印尼公益诉讼与公益法运动中的"增能"（empower）思想。"增能"并非指赋予权利或者授予权利，而是指通过学习、培训和研讨等形式传播公益理念、传递法律知识，培训诉讼技巧，交流经验，使更多的普通民众具备权利意识和诉讼技能，以便更多的人参与到公益诉讼和公益法的运动中来，使更多的人有能力，有意识地拿起公益诉讼的武器，推动某项法律制度或者某种社会观念的变革。

公益诉讼是一场艰难的诉讼，公益法运动是一项艰巨的事业。艰难的诉讼，需要大量的投入，需要整合大量的资源，才能使诉讼本身释放出大效果。艰巨的事业，需要长期的投入，需要调动大批的潜在源泉，才能使事业卓有成效。印尼从事公益诉讼和公益法运动的人士，在事业中热爱民众；在日常生活中启发民众；在诉讼实践中培训民众。正是他们的努力，才使得印尼的民主人权运动蓬勃发展。

（六）启示

公益诉讼是当代民主和人权运动的内容和形式之一。它打破了传统诉讼中原被告之间的权利义务关系格局，非为己身利益而诉讼，起诉者可能与争议的纠纷有利害关系，也可能与争议的纠纷不存在任何利害关系，之所以会提起诉讼，是希望通过诉讼这种方式改变某项法律制度，或者引发公众对某社会问题的关切，或者触动政府行为的改善，或者公共政策的形成，或者转变某些社会观念，概言之，诉讼目的是实现公益。何为公益？公益是一个不确定的法律概念，也是一个开放性的和妥协性的概念。那么，以公益为鹄的的诉讼，也必然是妥协的、多样的、开放的。这样的诉讼，跳出了传统的藩篱：首先，它不要求起诉者一定要与案件有实体法上的利害关系；其次，目的是公益。案件获得胜诉纵然是预期的结果，但绝不是最终，也不是最后结果，这类诉讼不必然追求胜诉，其所致力者，是一种社会效果或者法律效果，即达致公益；再次，公益诉讼是社会力量的集中博弈。公益诉讼在原被告之间对抗，法官主持原被告的竞技，在对抗与竞技中揭露潜藏于其后的深层次议题，它需要发起、调动和整合一切可用资料，尽量使议题暴晒在阳光之下。最后，公益诉讼是一场运动。所谓运动，指政治、文化、经济等方面有组织、有目的、规模较大的群众性活动。公益诉讼就是为政治、文化和经济等领域的变革，由社会进步人士、法官和民众借助国家诉讼程序所推进的活动。这样的诉讼，也必然需要我们用崭新的眼光去审视。

图书在版编目(CIP)数据

珞珈法学论坛. 第 10 卷/武汉大学法学院;本刊顾问:马克昌,李龙. —武汉:武汉大学出版社,2011.6
ISBN 978-7-307-08648-7

Ⅰ.珞… Ⅱ.①武… ②马… ③李… Ⅲ.法学—文集 Ⅳ.D90-53

中国版本图书馆 CIP 数据核字(2011)第 059505 号

责任编辑:田红恩　　　责任校对:黄添生　　　版式设计:支　笛

出版发行:武汉大学出版社　　(430072　武昌　珞珈山)
　　　　(电子邮件:cbs22@whu.edu.cn　网址:www.wdp.com.cn)
印刷:湖北睿智印务有限公司
开本:787×1092　1/16　　印张:17.25　字数:414 千字
版次:2011 年 6 月第 1 版　　2011 年 6 月第 1 次印刷
ISBN 978-7-307-08648-7/D·1077　　定价:38.00 元